삼국사기 유리창을 깨다 I

고구려 역사의 부활

고구려 역사의
부활

정재수 지음

논형

고구려 역사의 부활을 꿈꾸며

역사는 과거이고 현재이며 또한 미래이다. 남북이 하나되면 한반도 전체는 우리의 영토가 된다. 통일한국, 바로 우리의 미래이다. 그러나 남북이 하나되지 못하면 한반도 북쪽은 중국 영토가 된다. 중국의 조선성이나 조선자치구로 변한다. 상상조차 하고 싶지 않은 또 다른 미래이다.「동북공정」, 중국이 우리 고구려 역사를 중국의 역사로 편입한 프로젝트이다. 중국은 고구려를 그들의 지방정권으로 규정한다. 중국 길림성 집안현을 가보자. 고구려의 대표 무덤양식인 수천 개의 돌무지무덤(적석총)이 말끔히 정비되어 있다. 특히《광개토왕릉비》는 사면을 유리벽으로 감싸놓고 있다. 그렇다면 중국은 우리 고구려 유적을 선의로 보존하고 있는 것일까? 결코 아니다. 중국은 고구려 유적을 그들의 지방정권 차원에서 보존하고 있는 것이다. 왜 이런 일이 벌어진 것일까?

이제 과거로 가보자. 고구려의 역사는 『삼국사기』에 기록되어 있다. 그런데 『삼국사기』〈고구려본기〉 기록을 읽다보면 분통이 터진다. 우리의 역사인지 아니면 중국의 역사인지 도통 감을 잡을 수 없다. 『삼국사기』는 중국사서의 기록을 상당부분 인용한다. 또한 인용한 부분에 대해서는 토씨 하나 바꾸지 않고 그대로 인용하는 경우가 태반이다. 예를 들어 하나의 전쟁장면이 있다고 하자. 『삼국사기』는 중국이 승리한 경우에는 중국의 장수 이름, 동원된 병력, 전쟁 진행상황 등을 상세하게 잘도 기록해 놓는다. 그러나 고구려의 승리는 단지 중국을 이겼다는 정도이다. 장수 이름도 없고 어떻게 승리하게 된 것인지 실체가 모호하다. 어찌 이를 고구려의 역사기록이라 할 수 있는가?

『삼국사기』〈고구려본기〉는 고구려 역사를 기록하면서 뜬금없이 한무제가 설치한 한사군의 낙랑군을 평양에다 갖다놓는다. 그러다 보니 나머지 현도군, 진번군, 임둔군도 자연스레 한반도 북쪽지역에 펼쳐진다. 중국사서는 한사군의 위치를 중국 동북방지역으로 기록하는데도 『삼국사기』

는 극구 부정한다. 일본은 이를 왜곡하고 철저히 악용한다. 일제 식민사학자들은 우리 역사가 중국의 식민지로부터 시작되었다고 대못을 박는다. 조선병합의 역사적 근거라고 주장하는「타율성론」의 허구이다. 이병도는 한술 더 떠 중국의 만리장성이 황해도까지 뻗쳐 있다고 주장한다. 또한 일본은 고구려의 최초 건국 장소는 물론 고구려의 수도를 모두 첩첩산중인 압록강 중류지역의 중국 길림성 집안현 일대에다 몰아넣는다. 이는 대한민국 수도가 강원도 평창 정도에 있는 꼴이다. 이 모든 허구의 역사는『삼국사기』의 모호한 기록에서 비롯한다. 어찌 식민사관과 동북공정을 탓만 할수 있겠는가?

『삼국사기』는 고려시대에 편찬한 삼국의 역사서이다. 우리는『삼국사기』를 정사로 믿는다. 조선은 최소 3번 정도『삼국사기』를 손본다. 그럼에도 조선 왕실과 지배층은『삼국사기』기록에서 한 발짝도 앞으로 나가지 않는다. 오히려『삼국사기』기록을 유교적인 틀에 맞춰 보다 엄격한 도덕 교과서로 만든다. 조선은 우리 역사의 진실마저 철저히 외면한 것이다. 도대체 조선은 500년 동안 무슨 일을 한 것일까?

"고조선의 옛 강토는 싸워보지도 않고 줄어 들었다." 연암 박지원이『열하일기』에 남긴 탄식의 말이다. 연암이 말한 고조선의 강토는 중국 대륙의 동북방지역이다. 비단 이 땅이 고조선의 옛 땅일수만 있겠는가? 고조선을 계승한 부여가 있고, 부여를 계승한 고구려가 있다. 고구려의 강토는 오늘날 중국의 요녕성, 길림성, 흑룡강성 등 동북3성을 비롯하여 동쪽으로는 러시아의 연해주, 서쪽으로는 화북성, 남쪽으로 산동성 북부, 북쪽으로는 내몽골자치구의 일부를 포함하는 참으로 광활한 영토를 지배한 대제국이다. 규모만 놓고 보면 한반도 전체 면적의 5배에 달한다. 진정 저 광활한 대륙의 땅은 영원히 되찾을 수 없는 것인가?

『삼국사기』〈고구려본기〉에 고구려사서의 편찬 기록이 나온다. 600년(영양왕11년) 이문진이 5권의『신집』을 편찬하는데, 이때 참조한 기록이『유기』100권이다. 고구려는 광대한 영토뿐 아니라 방대한 역사기록도 가지고 있었다. 이 기록은 다 어디로 갔는가? 정말 김부식과『삼국사기』편찬자는『유기』의 존재를 몰랐을까? 일제강점기 남당 박창화가 일본 왕실도서관에서 필사해온 삼국의 역사기록이 있다. 이 중 고구려 편은 시조 추모왕의 일대기를 다룬『유기추모경』과 고구려 역대 제왕의 편년기록인『고구려사략』이 있다. 역사학계는 이들 기록을 모두 위서로 낙인찍는다. 가짜라는 얘기이다. 정말 가짜일까? 인쇄술이 발달하지 않은 시절 한 글자 한 글자 정성을 다해 필사하여 후세에 남기고자 노력한 선조의 피땀을 감히 가짜라고 단정할 수 있는가? 이는 선조의 노고를 폄하하는 지독한 무례가 아닌가? 일본은 없는 역사도 만들고, 중국은 있는 역사도 그들 입맛에 맞게 고친다. 우리 스스로 있는 기록도 가짜로 치부해 버리면 고구려 역사는『삼국사기』기록대로 중국의 역사가 될 뿐이다. 남당필사본은 바로 고구려인이 기록한『유기』의 일부분이 아닐까?

이 책은「삼국사기 유리창을 깨다」시리즈의 첫 번째 고구려편이다. 제목은『고구려 역사의 부활』이다. 일본이 감추고 중국이 빼앗아간 고구려 역사를 이제는 부활시켜야 한다. 지금이야 말로 고구려 역사를 바로 세울 적기라 믿어 의심치 않는다.『삼국사기』를 비롯하여 중국 정사와 문헌,『일본서기』등을 참조하였다. 특히 남당필사본인『고구려사략』을 통해 우리가 몰랐던 고구려의 위대한 역사를 상당부분 복원하였다. 그럼에도 해석과 해설은 오류가 있을 수 있다. 나머지 부분은 독자 여러분의 노고에 맡긴다. 초등학교 시절 선생님의 말씀이 새록새록 기억난다. 주몽왕, 광개토왕, 을지문덕, 그 영웅담이 내가 기억하는 고구려 역사이다. 뒤늦게 철이 들어 고구려 역사를 다시 접하고 과연 내가 무얼 배웠는지 스스로에게 되물어본다. 또 다시 나와 같은 고민에 허덕이는 사람이 나타나지 않기를 간절히 바랄 뿐이다. 중국 지명이 생소하여 공간을 이해하는데 조금은 어렵다. 중국의 동북3성이 나오는 지도 하나를 옆에 두고 보면 도움이 될 것이다. 미우나 고우나『삼국사기』를 같이 보면 더욱 좋다.

【고구려왕 계보도】

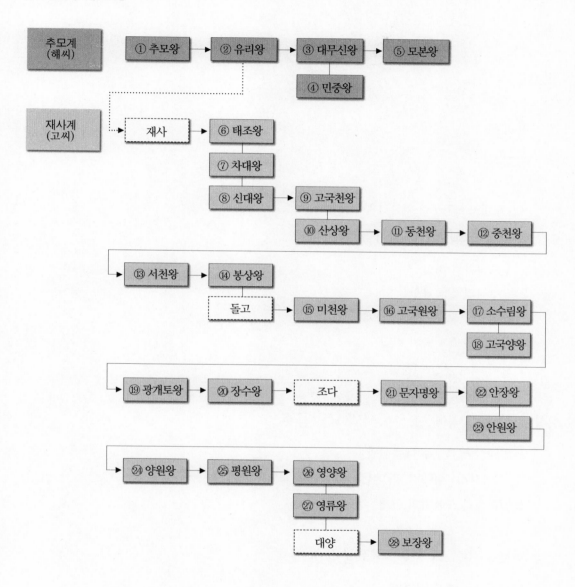

차례

1장
위대한 신화
천제의 아들 추모

1. 추모신화의 비밀

박기자 : 두 분 선생님과 함께 고구려 역사 찾기 여행을 떠나게 되어 무엇보다 기쁘고 설렙니다. 고구려는 광활한 만주대륙을 지배한 우리의 역사입니다. 광대한 영토를 개척한 광개토왕, 중국의 수隋와 당唐을 물리친 을지문덕의 살수대첩, 양만춘의 안시성 전투는 우리 역사의 자부심입니다. 철갑을 두른 고구려의 무사, 그 진취적인 기상은 항상 우리의 가슴속에 살아 숨 쉬고 있습니다. 그렇지만 우리 민족은 반세기 이상 남과 북으로 갈리어 대치하다보니 고구려 강역인 만주대륙은 아예 잊혀진 땅이 되었습니다.

정교수 : 최근 중국은 「동북공정東北工程」[1]을 통해 고구려를 중국의 '지방정권'으로 규정하고, 이제는 고구려 역사마저 탈취하려 합니다. 역사학자로서 막중한 책임을 느낍니다. 역사를 빼앗기는 것은 영토를 빼앗기는 것보다 엄중합니다. 역사는 존재가치이며, 또한 우리가 살아야할 이유입니다.

고선생 : 지금이라도 늦지 않았습니다. 고구려 역사는 반드시 지켜야 합니다. 고구려 역사를 중국이 가져가면 다가올 남북통일에도 심각한 영향을 끼치게 됩니다. 중국은 북한 땅마저도 그들의 역사와 영토로 편입하려 들 겁니다. 이렇게 되면 통일은 우리의 희망사항으로 끝날 수도 있습니다. 고구려 역사는 우리 모두가 뜨겁게 품어야할 소중한 문화유산입니다.

박기자 : 우리의 미래가 매우 엄중하군요. 이 시간은 역사 찾기를 뛰어넘어 역사 지키기 여행이 되겠군요. 고구려는 어떻게 시작합니까?

---

1 중국 국경 안에서 전개된 모든 역사를 중국의 역사로 만들기 위해 2002년부터 중국이 추진한 동북쪽 변경지역의 역사와 현상에 관한 연구 프로젝트이다.

고선생: 고구려 건국과정은《광개토왕릉비》에 잘 정리되어 있습니다. 통상적으로 사서기록보다 비문기록의 신뢰도가 높습니다. 사서는 후대에 정리된 기록이지만 비문은 당대의 실제 기록이기 때문입니다.

①-1. 옛적에 **시조 추모왕鄒牟王이 북부여北夫餘에서 나와 나라의 터전을 잡았다. 천제天帝의 아들이고 어머니는 하백河伯의 따님이다.** 알을 깨고 태어나니 성스러움이 있었다. □□□□□□ 길을 떠나 남쪽으로 내려가다 부여의 엄리대수奄利大水를 건너게 되었다. 왕이 나룻가에서 "**나는 황천皇天의 아들이며 하백의 따님을 어머니로 한 추모왕이다. 나를 위하여 갈대를 연결하고 거북이 무리를 짓게 하여라.**" 외쳤다. 말이 끝나자마자 곧바로 갈대가 연결되고 거북이 무리가 물위로 떠올랐다. 그리하여 강물을 건너가서, **비류곡沸流谷 홀본忽本 서성산西城山 위에 도읍都邑을 정하였다.** 왕이 세위世位를 즐겨하지 않으므로 황룡을 내려 보내 맞이하게 하니, 왕이 홀본 동쪽 언덕에서 황룡을 타고 하늘로 올라갔다.《광개토왕릉비》

고구려의 건국자는 추모鄒牟입니다. 북부여 출신이며, 아버지는 천제이고 어머니는 하백의 딸입니다. 알에서 태어나 엄리대수를 건너 홀본에 도읍을 정하고 고구려를 건국합니다. 「추모신화」입니다.

박기자: 천제와 하백은 누구입니까?

고선생: 천신天神(하늘신)과 수신水神(물신)을 지칭합니다.《광개토왕릉비》는 천제와 하백의 딸이 누구인지 명기하지 않았지만, 『삼국사기』에 두 사람의 이름이 나옵니다. 천제는 해모수解慕漱이고 하백의 딸은 유화柳花입니다.

박기자: 추모는 알에서 태어납니까?

고선생: 난생신화라고 합니다. 교수님께 설명을 부탁드립니다.

정교수: 아시아 국가의 시조신화는 크게 두 가지 계통입니다. 하늘에서 내려온 북방 유목민 계통의 천손신화天孫神話와 알에서 태어나는 남방 농경민 계통의 난생신화卵生神話입니다. 천손신화의 주인공은 하늘天, 산山, 나무木 등에서 땅으로 내려오며, 난생신화의 주인공은 알卵, 박瓠, 궤짝櫃, 배舟 등에서 나옵니다. 난생신화를 채택한 대표적인 국가는 신라입니다. 박혁거세, 석탈해, 김알지

이 세 명의 시조는 모두 알에서 태어납니다. 일반적으로 북방 유목민과 남방 농경민이 하나의 국가체제를 형성할 때 두 계통의 신화는 결합하며, 소수의 북방 유목민이 다수의 남방 농경민을 지배하는 형태로 나타납니다.

천손신화와 난생신화 분포지역

　박기자 : 추모는 북방 출신이니 난생신화보다 천손신화가 어울릴 듯싶군요.

　고선생 : 고구려의 구성원은 예맥족濊貊族[2]입니다. 중국 동북평야를 삶의 터전으로 삼은 민족입니다. 따라서 유목민족이 아닌 농경민족입니다. 우리 민족의 본류인 한반도 한족韓族과는 구별되는 또 하나의 부류입니다. 그렇다고 해서 고구려 건국신화에 난생신화만 있는 것은 아닙니다. 추모의 아버지로 묘사된 해모수는 하늘에서 내려와 북부여를 건국합니다. 천손신화입니다.

　박기자 : 북부여는 어떤 나라입니까?

　정교수 : 『삼국유사』에 북부여 건국에 대한 설명이 나옵니다.

①-2. 『고기古記』에 이르길, 전한前漢 선제宣帝 신작3년 임술壬戌* 4월 8일에 천제가 흘승골성訖升骨城 [대요大遼의 의주醫州 경계에 있다]에 내려왔는데, 오룡거五龍車를 타고 왔다. 도읍을 정하여 왕이라 일컫고, 국호를 북부여北扶餘로 하며 스스로의 이름을 해모수解慕漱라 일렀다. 아들을 낳아 이름을 부루扶婁라 하고 해解를 성씨로 삼았다. 해부루는 훗날 상제上帝의 명으로 도읍을 동부여東扶餘로 옮겼다. 동명제東明帝는 북부여를 계승하여 일어나 졸본주卒本州에 도읍을 정하고 졸본부여卒本扶餘가 되니, 이는 곧 고구려의 시조이다. 『삼국유사』〈기이〉 북부여

☞ *서기전59년

일연은 『고기』를 인용합니다. 임술년(서기전59년) 천제가 흘승골성에 오룡거(다섯 마리 용이 끄는 수

---

2 예족(濊族)과 맥족(貊族)을 일컫는다. 예족은 중국 동북방인 요동과 요서지역에, 맥족은 그 서쪽에 분포한다. 고조선의 중심세력이다. 예맥을 단일 종족으로 보는 견해도 있다. 한반도의 한족(韓族)과 더불어 우리 민족을 구성하는 핵심종족이다.

레)를 타고 내려와 북부여를 건국하고, 스스로 이름을 해모수라 칭합니다. 이어 아들인 해부루解夫婁가 동부여를 건국하고, 시조 동명왕은 북부여를 계승하여 졸본卒本에 도읍을 정하고 고구려를 건국합니다.

박기자 : 홀승골성은 어디입니까?

정교수 : 『삼국유사』는 중국 요遼대의 의주醫州지역으로 비정합니다. 지금의 요하遼河[3] 서쪽인 중국 요녕성 북진北鎭의 의무려산醫巫閭山[4] 근처입니다. 『삼국사기』도 중국의 『통전』과 『한서지』, 『주례』 등을 인용하

홀승골성의 위치

여 『삼국유사』와 동일한 지역으로 비정합니다. 그러나 일반적으로 압록강 중류의 중국 요녕성 환인현桓仁縣의 오녀산성으로 추정합니다.

박기자 : 두 사서 공히 의무려산 근처로 기록하는데 굳이 오녀산성으로 추정하는 이유는 무엇입니까? 더구나 두 지역은 공간적으로 너무 멀리 떨어져 있군요.

정교수 : 오녀산성은 일제 식민사학자의 비정입니다. 이를 적용하면 북부여의 건국 장소가 압록강 중류지역이 되는 모순이 발생합니다. 일반적으로 북부여는 중국 길림성 장춘長春과 농안農安에서 발원한 것으로 이해합니다.

고선생 : 『고려사』 공민왕 기록을 보면 오녀산성은 오로산성(우라산성)으로 나옵니다. 홀승골성과는 무관합니다. 홀승골성은 《광개토왕릉비》 기록(①-1)의 홀본 서성산입니다. 홀승골성의 정확한 위치 비정은 고구려 역사의 첫 단추를 꿰는 매우 중요한 문제입니다. 홀승골성이 의무려산이면 고구려의 출발이 중국 동북방 요하 서쪽지역이며, 오녀산성이면 압록강 중류지역이기 때문입니다.

---

3 요하는 중국 동북지방의 평원을 북에서 남으로 가로질러 발해만으로 흘러드는 길이 1,400km의 강이다. 대흥안령산맥에서 발원하는 서요하와 장백산맥에서 발원하는 동요하가 삼강구 근처에서 합쳐 하나의 요하를 이룬다. 황하, 양쯔강과 더불어 중국 3대강 중의 하나이다. 고구려 건국의 요람으로 고구려 역사의 숨결이 면면히 흐르고 있는 강이다.

4 의무려산(醫巫閭山)은 '상처받은 영혼을 치료하는 산'이다. 옛적의 이름은 백악산이다. 조선중기 유학자 허목(許穆)은 '진산(鎭山) 의무려산 아래 고구려 주몽씨가 졸본부여에 도읍했다.'고 하여, 의무려산을 고구려 최초 도읍지로 설명한다.

박기자 : 북부여와 고구려의 건국 장소는 같은 곳입니까?

고선생 : 아닙니다. 『삼국유사』는 『고기』[5]를 인용(①–②)하여 북부여의 건국과정을 설명하고 있으나, 『고기』 기록 자체에 오류가 있습니다. 북부여의 건국년도와 건국장소 설정이 잘못되었습니다.

①-3. **임술壬戌원년***, 제는 본래 타고난 기품이 영웅의 기상으로 씩씩하고 신령한 자태는 사람을 압도하여 바라보면 마치 천왕랑天王郎같았다. **나이 23살에 하늘로부터 내려오니 단군 고열가高列加**** 57년 4월 8일이다. 웅심산熊心山의 난빈蘭濱에 제실을 지었다.** 머리에는 오우관烏羽冠을 쓰고 허리에는 용광검龍光劍을 찼으며 오룡거五龍車를 타고 다니니 따르는 무리가 5백여 였다. 아침이 되면 정사를 보고 날이 저물면 하늘의 뜻에 따랐다. **이 해에 이르러 즉위하였다.**

『북부여기』 시조 단군 해모수

☞ *서기전239년 **고조선 제47대 단군

『북부여기北夫餘紀』는 고려말 범장范樟이 찬술한 북부여의 역사기록입니다. 먼저 건국년도를 보면, 『고기』와 『북부여기』 기록이 같습니다. 둘 다 임술년입니다. 그러나 『고기』의 임술년은 서기전59년에 해당하고, 『북부여기』의 임술년은 서기전239년에 해당합니다. 180년(3주갑)의 시간격차를 보입니다. 또한 건국장소는 『고기』가 홀승골성이고, 『북부여기』는 웅심산입니다. 웅심산은 북부여의 발원지인 중국 길림성 장춘지역입니다. 홀승골성은 북부여의 도읍이 아니라 고구려의 도읍입니다.

박기자 : 『고기』의 오류는 어떻게 이해해야 합니까?

고선생 : 결론적으로 『고기』는 북부여 역사 180년을 잘라냅니다. 시작과 끝은 있는데 중간이 없습니다. 가슴과 허리부분은 몽땅 잘라내고 머리와 발을 억지로 붙인 격입니다. 그래서 추모의 아버지가 북부여의 건국시조 해모수가 되고, 홀승골성이 북부여의 건국장소가 됩니다. 다만 『고기』는 '해모수를 자칭自稱한 사람'으로 표현하여 실제 해모수는 전혀 다른 인물임을 암시합니다.

박기자 : 해모수를 자칭한 사람은 누구입니까?

---

5 『해동고기』와 『단군고기』를 지칭한다는 견해도 있다. 두 사서는 현전하지 않는다.

고선생 : 『고기』는 추모의 고구려 건국에 초점을 맞추다 보니 북부여 역사 자체를 생략합니다. 그러나 『북부여기』에 따르면 북부여는 6대에 걸쳐 180년간 존재한 고조선의 국통을 이은 나라입니다. 이중 마지막 왕인 제6대 고무서가 바로 해모수를 자칭한 인물입니다(『북부여기』는 작은(小) 해모수라 함). 추모는 고무서의 뒤를 이어 고구려를 건국합니다.

	이름	재위기간
1대	해모수解慕漱	전239~전195
2대	모수리慕漱離	전194~전170
3대	고해사高奚斯	전169~전121
4대	고우루高于婁	전120~전107
5대	고두막高豆莫	전108~전60
6대	고무서高無胥	전59 ~ 전58

박기자 : 그런데 앞의 『삼국유사』 기록(①-2)에는 고구려의 시조가 동명으로 나오는데요. 동명이 추모입니까?

고선생 : 아닙니다. 여기에는 북부여 역사의 숨겨진 비밀이 있습니다. 먼저 용어를 정리합니다. 졸본은 홀본忽本의 또 다른 표현입니다. '卒'은 '갑자기, 돌연히'라는 뜻이 있어 '忽'과 같습니다. 다만 '卒'은 졸병의 의미를 내포하고 있어 졸본은 '졸병의 본거지'가 됩니다. 다소 비속어적 표현입니다. '忽'은 우리말의 고을, 마을을 나타내는 '골'과 같습니다. 홀본은 '마을의 본거지'로 사람이 모여 사는 '도성'을 의미합니다.[6] 홀본이 아닌 졸본이란 용어가 어떤 사유로 사용된 것인지 정확히 알 수 없습니다. 더구나 '卒'에는 '죽는다.'는 뜻도 있어 처음 개국하는 고구려가 하필이면 '卒'자를 썼는지 의구심마저 듭니다. 졸본보다는 홀본이 좋습니다.

박기자 : 어떤 비밀입니까?

고선생 : 동명제(동명왕)는 고구려 건국시조 추모왕이 아닙니다.[7] 북부여 제5대 천제인 고두막高豆莫입니다(도표 참조). 북방 유목민족의 왕 칭호인 '한汗(간)'을 사용한 인물로 고두막한이라고 부릅니다. 『후한서』에 동명신화가 자세히 나옵니다.

---

6 홀본의 '홀(忽)'을 '해'로 읽어야 한다는 견해도 있다. 홀본 즉 해본은 태양(광명)의 근원지이다. 해본은 또한 일본(日本)이다. 일본은 우리 민족의 광명사상을 국호로 삼는다.

7 1922년 중국 하남성 낙양에서 출토된 천남산(연개소문의 셋째아들) 묘지명의 기록이다. '옛날에 동명은 하늘의 기운에 감응되어 사천을 넘어 나라를 열었고, 주몽은 광명으로 잉태되어 패수에 임하여 도읍을 열었다.〔昔者東明感氣踰㴉川而啓國 朱蒙孕日臨浿水而開都〕' 동명과 주몽을 명확히 구분한다. 동명은 계국자이고 주몽은 개도자이다.

①-4. 처음에 **북이**北夷 **색리국**索離國 **왕이 출타 중에 시녀**侍女**가 임신하였다.** 왕이 돌아와 죽이고자 하자 시녀가 말하길 "전에 하늘 위에 달걀만한 기운이 있어 저에게로 떨어져 몸 안에 있게 되었나이다."하였다. 왕이 시녀를 옥에 가두었는데, 후에 사내아이를 낳았다. 왕이 돼지우리에 버리게 하였으나 돼지들이 입김을 불어 주어 죽지 않았다. 다시 마굿간으로 옮기니, 말 또한 이와 같이 하였다. **왕이 이를 신이**神異**하게 여겨 곧 어미가 거두어 기르게 하고, 이름을 동명**東明**이라 하였다. 동명은 장성하여 활을 잘 쏘니, 왕이 용맹함을 꺼려하여 다시 죽이려고 하였다. 이에 동명은 남쪽으로 도망하여 엄사수**掩㴲水**에 이르렀고, 활로 물을 후려치자, 물고기와 자라가 모두 모여 물위에 떠올랐다. 동명은 이를 밟고 강을 건너서 부여에 이르러 왕이 되었다.** 『후한서』〈동이열전〉 부여

동명제는 색리국[8] 출신입니다. 색리국 왕의 시녀가 하늘의 기운을 받고 임신하여 동명이 태어나고, 왕이 동명의 용맹함을 두려워하여 죽이려 하자 동명이 탈출하여 물고기와 자라의 도움으로 엄사수를 건너 부여(북부여)에 이르러 천제가 됩니다.

박기자 : 물고기와 자라 이야기는 추모신화(①-1)에도 나온 내용이 아닙니까?

고선생 : 추모신화와 동명신화는 기본적인 골격이 같습니다. 하늘의 기운을 받아 탄생한 점과 우리 속의 돼지와 말이 아이를 서로 해치지 않고 보호한 점은 똑같습니다. 차이가 있다면 두 사람 모두 위협을 피해 탈출하는 과정에서 강을 건너는데, 추모는 강을 향해 황천의 아들이라고 외치고, 동명은 별다른 외침 없이 활을 강에 내리칩니다.

정교수 : 동명신화는 문헌상으로 크게 3가지로 분류합니다. ㉮ 부여의 건국신화로서의 동명신화입니다. 『논형』과 『후한서』(①-4), 『삼국지』〈위서〉 부여전에 나옵니다. ㉯ 고구려와 백제의 출자를 밝히는 과정에서의 동명신화입니다. 『양서』 고구려전과 『수서』, 『북사』 백제전 기록입니다. ㉰ 『삼국유사』에 전하는 북부여의 해모수 신화입니다. 이 중 시기적으로 가장 오래된 것은 ㉮ 기록입니다.

---

8 고리국(槀離國), 탁리국(橐離國)이라고도 한다. 서기전5세기~서기전2세기까지 만주 송화강 북쪽지역에 존재한 나라로 이해하나, 동(東)몽골 또는 바이칼호 근처에 존재한 코리국(Kohri, 고리국)으로 보기도 한다. 몽골 징기스칸의 후예인 부리야트(Buriyats)족의 구전에 따르면, 이 일대는 코리국 발원지로서 아주 옛날에 부족의 한 일파가 동쪽으로 건너가 부여, 고구려의 뿌리가 되었다고 전한다. 『몽골비사』에는 징기스칸의 시조모인 알랑고아가 고구려 시조 고주몽(코릴라르타이-메르겐)의 딸로 나온다. 몽골이 가장 강성했던 원(元) 시기 몽골은 고려를 정복하고도 자국 영토로 편입하지 않고 대신 속국으로 삼은 이유는 새겨볼만 하다.

일반적으로 고구려 추모신화가 북부여 동명신화를 차용한 것으로 이해합니다.

박기자 : 차용한 이유는 무엇입니까?

고선생 : 북부여 동명제(고두막한)는 고조선의 옛 강토를 회복한 당대 최고의 영웅입니다. 『북부여기』에 따르면 고두막한의 재위원년은 서기전108년입니다. 이 해는 중국 한무제(서기전141년~서기전87년)가 위만조선을 무너뜨리고 한사군[9]을 설치한 해입니다. 이후 한은 중국 동북방 지역에 대한 군사적 압박을 강화하는데, 서기전75년을 전후하여 북부여 고두막한이 한사군의 하나인 요하유역의 현도군을 몰아내고 이 지역을 장악합니다. 또한 본거지를 장춘지역의 웅심산에서 요하유역의 홀승골성으로 옮깁니다. 동명제는 서기전60년(재위49년)에 세상을 떠납니다.

박기자 : 동명은 전쟁영웅에게 붙여진 칭호이군요.

고선생 : 동명제는 한의 동방정책을 무력화시킨 영웅입니다. 동명제의 존재는 북부여를 계승한 고구려인에게 크나큰 자부심입니다. 시조 추모신화에 동명신화가 결합된 것은 지극히 자연스런 현상입니다. 교수님께서 고구려 건국신화를 정리해 주시기 바랍니다.

정교수 : 어느 국가이건 건국시조의 기록은 비교적 길고 상세합니다. 이는 건국 당시가 아니더라도 후대의 필요에 의해 추가해서 삽입합니다. 이유는 건국시조의 권위와 국가의 정당성 확보차원에서 확대 재생산합니다. 『삼국사기』는 많은 지면을 할애하여 고구려 건국신화를 설명합니다. 크게 네 부분으로 나눕니다. ㉮ 해부루와 금와왕 설화, ㉯ 자칭 천제의 아들 해모수와 유화부인 설화, ㉰ 금와왕과 유화부인 설화, ㉱ 추모의 탈출과 고구려 건국설화입니다. 개략적으로 살펴보면 ㉮는 북부여왕 해부루가 금빛 개구리를 닮은 금와를 얻어 태자로 삼은 것과 자칭 천제인 해모수가 나타나 북부여왕이 되어 자리를 비켜 달라 하자 해부루는 가섭원(길림성 길림)으로 옮겨 동부여를 건국합니다.(서기전86년) ㉯는 하백의 딸 유화가 자칭 해모수와 통정하여 집에서 쫓겨나고, ㉰는 동부여 금와왕이 쫓겨난 유화부인을 동부여로 데려오는데 유화가 햇빛의 기운으로 임신을 하여 알을 낳고

---

9 한무제는 서기전108년 낙랑군(樂浪郡), 임둔군(臨屯郡), 진번군(眞番郡)을 설치하고, 이듬해인 서기전107년 현도군(玄菟郡)을 설치한다. 진번군과 임둔군은 서기전82년 낙랑군과 현도군에 합쳐지고, 현도군은 서기전75년 동명제(북부여 제5대 천제 고두막한)에 의해 서쪽으로 축출된다.

알에서 추모가 태어납니다. 마지막으로 ㉘는 마굿간지기 추모가 금와왕의 아들 대소의 핍박을 받아 동부여를 탈출하고 홀본부여로 건너와 고구려를 건국합니다. 물론 탈출과정에서 물고기와 자라의 도움으로 엄사수[10]를 건넙니다.

박기자 : 동부여는 어떤 나라입니까? 또한 고구려의 건국신화에 동부여의 건국신화까지 삽입된 이유는 무엇입니까?

고선생 : 동부여는 가섭원에 도읍하여 가섭원부여라고도 합니다. 시조는 해부루입니다. 『북부여기』에 따르면, 해부루는 북부여 제4대 천제 고우루高于婁(해우루)의 동생입니다. 동명제 고두막한이 북방의 색리국(고리국)에서 내려와 북부여 왕실을 접수하면서 해부루는 쫓겨나 동쪽으로 이동하여 동부여를 건국합니다. 고구려 건국신화에 동부여 건국신화가 삽입된 이유는 추모가 동부여에서 태어났기 때문입니다.

박기자 : 유화부인은 햇빛의 기운을 받아 추모를 임신하는데요. 이는 어떻게 이해해야 합니까?

정교수 : 햇빛의 기운이 여자를 임신시켜 아이를 낳는 것을 일자감응日子感應설화라 합니다. 이는 태양숭배사상의 표현입니다. 태양 즉 '日'은 우리말 '해', '밝'과 같습니다. 동명왕의 칭호도 같은 연장선이며, '해'의 성씨도 태양을 의미합니다. 신라의 경우, 시조 박혁거세는 '밝'으로 해석되어 역시 태양숭배사상과 맥을 같이 합니다.

박기자 : 추모의 생부生父는 누구입니까? 혹시 북부여의 마지막 천제 고무서입니까?

고선생 : 아닙니다. 『북부여기』에 따르면, 추모의 생부는 고무서 천제가 아닌 북부여 왕족 출신인 고모수高慕漱(혹은 불리지弗離支)입니다. 해모수의 둘째 아들 고진高辰(제2대 모수리 천제 동생)의 손자입니다.[11] 북부여 왕력과 추모왕의 계보도입니다.

---

10 엄호수(奄淲水)(『논형』), 시엄수(施掩水)(『위략』), 엄사수(淹㴲水)(『후한서』), 엄체수(淹滯水)(『양서』)라고도 한다. 《광개토왕릉비》에는 엄리대수(奄利大水)로 나온다. 압록강 또는 동부여 건국지인 중국 길림지역의 송화강으로 비정하나, 고구려의 건국지를 감안하면 요하의 상류 또는 그 지류일 가능성이 높다.

11 『태백일사太白逸史』 기록이다. '고리군왕 고진(高辰)은 해모수의 둘째 아들이며, 옥저후 불리지(弗離支)는 고진의 손자이다. 이들은 위만을 토벌한 공로로 제후에 봉해졌다. 불리지가 우연히 서압록(요하)을 지나가다 하백의 딸 유화를 만났다. 불리지는 기쁜 마음으로 그녀에게 장가를 들고, 유화는 고주몽을 낳았다.〔槀離郡王高辰解慕漱之二子也 沃沮侯弗離支高辰之孫也 皆以討賊滿功得封也 弗離支嘗過西鴨綠 遇河伯女柳花 悅而娶之生高朱蒙〕'

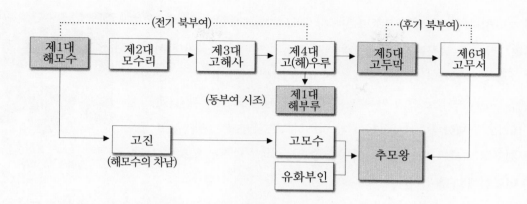

(전기 북부여) / (후기 북부여)

| 제1대 해모수 | 제2대 모수리 | 제3대 고해사 | 제4대 고(해)우루 | 제5대 고두막 | 제6대 고무서 |

(동부여 시조) 제1대 해부루

고진
(해모수의 차남)

고모수
유화부인

추모왕

박기자 : 뜻밖의 인물이군요.

고선생 : 추모가 북부여 왕족의 혈통을 이어 받은 사실이 중요합니다. 이는 추모가 동부여를 탈출한 후 최종 목적지로 홀본부여를 선택한 이유입니다. 결국 추모의 고구려 건국은 추모 개인의 영웅적 행동보다도 혈통이 배경입니다. 이로 인해 고구려는 북부여 역사와 정통성을 그대로 이어받습니다. 만일 추모가 북부여 왕족 혈통이 아니라면 고구려는 결코 우리 역사에서 이름을 남기지 못했을 겁니다.

2. 고구려의 건국과정

박기자 : 고구려의 건국과정을 좀 더 알 수 있습니까?

고선생 : 동부여를 탈출한 추모는 일행과 함께 홀본땅에 도착합니다. 『삼국사기』는 추모가 처음 비류수 강가에 초막을 짓고 살았다고 합니다. 고구려의 출발은 매우 빈약합니다. 고구려 건국직전의 상황이 『고구려사략』에 자세히 나옵니다.

박기자 : 『고구려사략』은 어떤 사서입니까?

고선생 : 일제강점기 남당 박창화朴昌和(1889~1962) 선생이 일본 왕실도서관에서 필사해온 사서 중

의 하나입니다. 남당필사본[12] 또는 남당유고南堂遺稿라 합니다. 이 중『고구려사략』[13]은 고구려 역대 제왕의 역사를 본기 형태로 기록한 사서입니다.『삼국사기』가 신라인에 의해 쓰여진 제3자의 기록이라면『고구려사략』은 고구려인 스스로가 기록한 사서입니다. 내용도『삼국사기』에 비해 방대하고 상세합니다.『삼국사기』가 의도적으로 삭제 또는 생략하고 왜곡한 고구려 역사의 상당부분을 복원할 수 있습니다. 앞으로『고구려사략』은 비중있게 다룰 겁니다.

남당 박창화

박기자 : 남당선생은 한때 위서僞書 논란이 있었던『화랑세기』필사본을 세상에 알린 분이 아닙니까?

고선생 : 남당필사본이 알려지지 않았다면 우리 삼국 역사의 실상은 여전히『삼국사기』테두리에서 벗어날 수 없었을 것입니다. 일본 왕실이 우리 사서를 보관하고 있어 매우 유감이지만 또 한편으로는 다행입니다. 가끔 고사서가 발견되면 위서 논란에 휩싸입니다. 개인적으로 위서는 없다고 봅니다. 인쇄술이 발달하지 않은 시절에 한 글자 한 글자 필사하여 후대에 남긴 선조의 피땀과 노고를 폄하하는 것은 후손의 도리가 아닙니다. 이는 우리 역사와 선조에 대한 지독한 무례입니다. 다만 기록당시의 시대상황으로 일부는 수정될 수 있습니다. 그렇다고 해서 이를 전부 부정하는 것은 결코 올바른 행위는 아닙니다. 수정된 부분에 대한 옳고 그름은 오늘의 역사학과 고고학이 얼마든지 밝혀낼 수 있습니다.

정교수 : 남당필사본의 진위여부는 일부 학자들에 의해 연구 검토된 바 있습니다. 대부분 위작의 흔적이 많다는 결론입니다. 하지만 모든 내용을 부정하기에는 안타까운 부분이 분명히 존재합니

---

12 일본 왕실도서관인 궁내청 서릉부에서 필사해온 삼국의 역사서와 개인 문집 등 총 86권의 서책이다. 이 중 고구려편은『유기추모경留記鄒牟鏡』,『고구려사략高句麗史略』,『고구려사초高句麗史抄』,『개소문전蓋蘇文傳』,『을불대왕전乙弗大王傳』,『천강태후기天罡太后記』이며, 백제편은『백제왕기百濟王記』,『백제서기百濟書記』이고, 신라편은『신라사초新羅史抄』,『위화진경魏華眞經』,『상장돈장上章敦牂』,『화랑세기花郞世記』등이다. 2001년 국사편찬위원회가 남당의 후손 박인규가 소장하고 있는 유고서책 일부를 촬영하여 보관중이다.

13 『고구려사략高句麗史略』은 제1대 추모왕으로부터 제23대 안원왕까지(제21대 문자명왕은 없음)의 편년체 본기기록이다.『고구려사초高句麗史抄』로 분류한 일부 기록도 있는데,『고구려사략』과 내용이 거의 동일하다.『고구려사략』으로 통칭한다.

다. 『삼국사기』 기록의 폐쇄성을 인정하면서도 쉽사리 『삼국사기』 테두리를 벗어나지 못하는 점도 우리 학계의 현실이며 딜레마입니다.

고선생 : 『고구려사략』이 전하는 고구려 건국 직전의 상황입니다.

①-5. **신사**辛巳(서기전40년) 여름, 호걸4명四豪*과 함께 남쪽으로 와서 현무玄武를 타고 보술普述 땅에 이르렀다. 현자3명三賢**와 함께 호랑이를 몰아내고 **말갈**靺鞨을 **쫓아내 순노국**順奴國**을 개척하였다.**
　☞ *오이, 마려, 협보, 부분노　**재사, 무골, 묵거

①-6. **임오**壬午(서기전39년) 봄, **낙랑국**樂浪國, **졸본국**卒本國**과 경계를 정하였다.** 가을, **소서노**召西奴**를 거두어 비로 삼았다.**

①-7. **동명**東明원년(서기전37년) 2월, **졸본왕 연타발**延陀勃**이 죽고 소서노**召西奴**가 나라를 바쳤다. 순노와 졸본사람들이 상을 황제로 받들어 모시어 비류곡**沸流谷 **서성산**西城山**에서 즉위하였다. 국호를 고구려**高句麗**로, 년호를 동명**東明**으로 하였다.** 『고구려사략』 추모대제기

먼저 서기전40년입니다.(①-5) 고구려 건국 3년 전입니다. 동부여를 탈출한 추모 일행은 말갈을 쫓아내고 순노국을 개척합니다. 순노국은 고구려의 효시인데 훗날 고구려를 떠받친 5부족 연맹체의 하나인 순노부로 재편됩니다. 순노국의 위치는 『삼국사기』 기록에서 확인됩니다. 추모가 처음 비류수가에 초막을 짓고 살았으니 순노국은 홀본에 인접합니다. 다음은 서기전39년입니다.(①-6) 순노국에 둥지를 튼 추모는 인접국인 낙랑국, 졸본국과 경계를 정하고, 이어 소서노召西奴와 혼인합니다.

박기자 : 낙랑국은 어디에 있는 나라입니까? 오늘의 북한의 수도인 평양입니까?

고선생 : 아닙니다. 당시 정황으로 보아 고구려의 첫 도읍지 홀승골성에서 수천리 떨어진 한반도에 낙랑을 만난다는 것 자체가 난센스입니다. 낙랑의 위치를 추정할 수 있는 단서가 『유기추모경』[14]에 나옵니다.

---

14 『유기추모경留記鄒牟鏡』은 남당필사본 중의 하나이다. 고려 초기 황주량(黃周亮)이 광종(제4대)의 칙명을 받아 수찬한다. 북부여 해모수와 이를 승계한 고구려 추모왕의 일대기를 본기형식으로 기록한다. 내용이 방대하며 고구려 초기역사를 알 수 있는 귀중한 사서이다.

①-8. **임오壬午(서기전39년) 3월… 낙랑왕 시길柴吉과 나라의 경계를 정하였다.** 시길이 엄수奄水 동쪽과 개사수盖斯水 땅을 가지고 싶어서 **"저는 본래 남옥저南沃沮이니 옥저沃沮의 옛 땅을 가졌으면 하오이다."** 하니, 상上(추모왕)이 허락하였다. 이에 오이烏伊가 간하길 "우리는 말갈末曷을 몰아내고서야 그 땅을 얻었는데, 시길은 앉아서 그 땅을 차지하는 것이 될 일인지요?" 하니, 상이 "시길은 작은 적敵이며 교만하고 무모하니 잠시 안심시켰다가 뒤에 잡아도 늦지 않을 것이다. 말갈이 비록 무리를 잃었어도 필시 보복하려 할 것이니 대비하지 않을 수 없다." 하였다. 『유기추모경』

추모가 낙랑국과 경계를 정한 전후의 사정입니다. 낙랑국 왕은 시길柴吉입니다. 시길이 옥저의 옛 땅을 달라하여 추모가 허락한 내용입니다. 옥저의 옛 땅은 북옥저를 말합니다. 엄수의 동쪽과 개사수(『삼국사기』는 엄수와 개사수를 동일한 강으로 기록함)땅으로 추모가 남하하면서 말갈을 쫓아내고 획득한 지역입니다. 요하의 중상류 지역에 해당합니다. 당시 옥저는 요하 동쪽을 연하여 북쪽에는 북옥저, 남쪽에는 남옥저가 있습니다. 시길의 낙랑국은 남옥저 땅에 소재합니다.

박기자 : 옥저는 함경도 함흥지역이 아닙니까?

고선생 : 고구려 건국당시 옥저는 고구려와 인접한 지역입니다. 『삼국지』〈위서〉에 남옥저의 위치를 판단할 수 있는 단서가 나옵니다.

①-9. 한漢초, 연燕 망인亡人 위만衞滿이 조선朝鮮에서 왕이 되니, **이때에 옥저沃沮가 모두 조선에 복속하였다.** 한무제 원봉2년*에 조선을 쳐서 위만의 손자 우거右渠를 죽이고 그 땅을 나누어 **4군四郡을 설치하고, 옥저성沃沮城을 현도군玄菟郡으로 삼았다.** 뒤에 이맥夷貊의 침입을 받아 현도군을 고구려 **서북쪽으로 옮기니 지금 현도고부玄菟故府라 말하는 것이 바로 이것이다. 옥저沃沮는 다시 낙랑樂 浪에 속하였다.** 『삼국지』〈위서〉 동이전 동옥저

☞ *서기전109년

옥저는 원래 고조선(위만조선)에 속한 땅입니다. 이 땅은 한무제가 한사군을 설치하면서 현도군이 되고, 이후 현도군이 이맥夷貊의 공격을 받아 서북쪽으로 쫓겨나자(북부여 제5대 천제 고두막한에 의해 축출됨) 또 다시 그 땅은 낙랑이 됩니다. 청淸대 학자 심흠한(1775~1832)은 『명일통지』를 인용하여 옥저의 위치를 설명합니다. '해주위海州衞는 본래 옥저국의 땅이니 지금의 봉천 해성현海城縣이며, 또한 봉천 개평

현蓋平縣이다.〔海州衛 本沃沮國地 今奉天海城縣 又奉天蓋平縣〕(『후한서』 동옥저 편에 주석을 단 내용임). 옥저는 지금의 요령성 해성현海城縣에 소재합니다. 해성현은 요하하류 동쪽인 요녕성 개주蓋州와 요양遼陽의 중간지점입니다. 남옥저는 처음 옥저로 불린 땅입니다. 요하 동남쪽에 위치하며, 현도군이 퇴출된 후 남옥저 땅에는 시길의 낙랑국이 들어섭니다.[15]

옥저의 위치

박기자 : 졸본국은 어떤 나라입니까?

고선생 : 졸본이 홀본이니 홀본국입니다. 『유기추모경』에 홀본국에 대한 설명이 나옵니다. 당시 홀본국 왕은 연타발延陀勃입니다. 원래 홀본국은 북부여의 제후국으로 을족乙足이란 사람이 제후인데, 을족이 죽자 당시 공이 많던 국상 연타발이 을족의 식솔을 거두면서 제후직을 승계하고 홀본국으로 독립합니다. 홀본국은 고구려의 실질적인 모체입니다.

박기자 : 홀본국은 어디에 있습니까?

고선생 : 『유기추모경』을 보면 고구려의 첫 수도 홀승골성(의무려산)을 동도로 지칭합니다. 서도도 나오는데, 홀본국의 수도 우양牛壤을 가리킵니다. 이로 미루어 보아 홀본국은 홀승골성의 서쪽에 위치합니다. 지금의 의무려산 서쪽의 요녕성 조양朝陽 정도가 유력합니다. 홀본국은 조양을 포함하는 대릉하[16]유역 일대입니다.

박기자 : 소서노는 누구입니까?

고선생 : 홀본국 연타발 왕의 딸입니다. 소서노는 고구려 건국의 키를 쥐고 있는 매우 중요한 인물입니다. 추모를 받아들인 소서노의 결정으로 고구려는 홀본국 땅에 건국기반을 마련합니다.

---

15 낙랑국은 서기전57년 시길(柴吉)에 의해 건국되어 4대 80여 년간 명맥을 유지해오다 대무신왕(제3대) 때에 고구려 공격을 받고 멸망한다. 마지막 왕은 최리(崔理)이다. 호동왕자와 낙랑공주 설화의 배경이 되는 나라이다.

16 대릉하(大凌河)는 중국 요녕성 서부의 강줄기를 합쳐 요동만으로 흘러드는 강이다. 요하와 더불어 고구려 초기 역사의 숨결이 잠들어 있다.

박기자 : 소서노에 대해 좀 더 알수 있습니까?

고선생 : 유감스럽게도『삼국사기』〈고구려본기〉는 소서노의 이름조차 언급하지 않습니다. 다만 〈백제본기〉에 소서노 기록이 일부 나옵니다. 소서노는 추모를 받아들이기 전에 우태優台라는 사람과 혼인합니다. 〈백제본기〉는 우태가 죽어 소서노가 추모를 선택하지만,『유기추모경』에는 소서노가 남편 우태를 버리고 추모에게 재가한 것으로 나옵니다.

박기자 : 참으로 매정한 여인이군요.

고선생 : 그 매정함이 우리 역사의 분화를 촉발시킵니다. 고구려와 백제의 출발은 소서노의 매정함에서 비롯됩니다. 단순히 도덕적 관념으로만 판단할 수 없는 이유입니다.

박기자 : 그렇다고 해도 소서노의 행위는 선뜻 받아들이기 어렵군요.

고선생 : 여기에는 소서노의 변명이 있습니다.『삼국사기』를 비롯하여『고구려사략』마저도 백제 건국 시조인 비류와 온조의 생부를 추모로 설정하나, 남당필사본의 하나인『백제서기』에는 두 시조의 생부가 전 남편인 우태로 나옵니다.[17]『백제서기』는 백제인의 기록이니만큼 후자에 무게를 둡니다. 이를 근거로 추론하면 소서노와 추모는 큰 협상을 벌입니다. 소서노는 홀본국과 홀본땅을 추모에게 넘기는 조건으로 전 남편 우태의 자식인 비류와 온조의 장래를 보장받습니다. 그러나 역사는 소서노의 선택이 잘못되었다고 기록합니다. 훗날 추모의 전前 부인 예禮씨의 소생인 유리가 동부여에서 고구려로 건너와 추모왕의 뒤를 잇습니다. 이로 인해 소서노는 고향 홀본땅과 고구려를 버리고 비류, 온조 두 아들과 함께 한반도로 남하하여 백제를 건국합니다.

박기자 : 소서노의 선택이 또 하나의 역사를 만든 셈이군요.

고선생 : 마지막으로 서기전37년입니다.(①-7) 고구려 건국년도입니다. 소서노로부터 홀본국과 홀본땅을 인수한 추모는 새로운 나라를 건국합니다. 국호는 고구려이며, 연호는 동명(북부여 제5대 천제 고두막한의 칭호)입니다.

17『백제서기』에 따르면, 동부여 해부루왕의 서손인 우태가 졸본으로 건너와 연타발의 딸 소서노와 인연을 맺어 백제의 시조인 비류,온조를 낳는다. 이때 동부여 금와왕은 아들인 우태를 졸본국 왕으로 삼는데, 우태가 동부여 왕족출신인 까닭에 부여의 명칭이 추가되어 졸본국이 졸본부여가 된다. 이해가 서기전47년이다. 우태의 졸본부여는 백제의 모체이다.

박기자 : 고구려를 국호로 정한 이유는 무엇입니까?

정교수 : 고구려 명칭이 처음으로 언급된 문헌은 『한서』〈지리지〉입니다. '(한)무제 원봉4년(서기전107년)에 설치하였다. 고구려현은 왕망王莽이 하구려下句麗로 고쳤으며 유주幽州에 속한다.〔武帝元封四年開 高句驪 莽曰下句驪 属幽州〕'는 현도군 조 기록입니다. 한무제가 설치한 초기 현도군은 고구려현高句麗을 비롯하여 서개마현西蓋馬, 상은태현上殷台 등 3개의 속현입니다. 이들 현의 위치를 두고 논란의 여지는 있으나, 과거에는 한반도 중북부 지역으로 보았으나 최근의 연구는 요하지역으로 비정합니다. 이는 고구려란 명칭이 이전부터 존재한 것으로, 당시 고구려 건국세력이 국호로 차용한듯 보입니다. 참고로 초기 현도군은 서기전75년 토착민의 반발로 요하 서북쪽으로 이동합니다. 후기 현도군입니다. 이후 12년 왕망(新,8~23)은 고구려현을 하구려로 고치고 유주에 속하게 합니다. 유주는 지금의 중국 수도인 베이징(북경)입니다. 후기 현도군은 베이징근처에 소재합니다.

고선생 : 중국 기록만 놓고 본다면 고구려 명칭이 현도군의 고구려현과 유관합니다. 그러나 『유기추모경』은 고구려 국호를 달리 소개합니다.

①-10. 원년(서기전37년) 2월, …단丹공이 한소漢素, 정공鄭共, 마려馬黎, 협보陜父, 길사吉士 등과 더불어 의논하여 국호를 정하였다. 마려가 아뢰길 "신이 듣기엔 상고시대 사람들이 산山으로 나라를 삼은 것은 하늘이 자시子時에 열리고 땅이 축시丑時에 열렸으며 사람들은 인시寅時에 생겨났기 때문입니다. 축인방丑寅方은 간방艮方으로 산山이고 문門이며, 문門이 나라國가 되었음은 혈穴에서 살던 까닭입니다. 부여扶餘는 '장차 밝아 옴'에서 소리를 따고 문門을 형상하는 나무木라는 글자입니다. 지금 부여의 운수運數가 다하였으니, 마땅히 소리는 혈穴에서 취하고, 뜻은 '발을 말아 올려捲簾 빛을 받아들임納明'에서 취하면 좋겠습니다. '발麗을 높이 걸어 올림(高勾)'은 '밝은 빛을 받아들이는 것'을 뜻하며, '구려句麗'는 '혈穴(굴)'의 소리이니, 마땅히 고구려高句麗로 나라이름을 정하면 장차 검은 말이 흘승紇升하는 상서로움이 있을 것이옵니다." 하니, 상이 기뻐하며 그 말을 따랐다. 한소가 아뢰길 "부여는 좋은 벼佳禾를 이름으로 삼더니, 백성들 스스로 먹을 것은 족하지만 몽매함을 면하지 못합니다. 지금 밝음을 받아들이는 것으로 이름하였으니, 백성들이 장차 스스로 밝아지기에 족할 것이옵니다. 마땅히 동작東作*을 보태시어 백성들이 힘쓰게 하시옵소서." 하였다.

『유기추모경』동명제

☞ *봄에 파종하고 가을에 거둠

　부여는 '장차 밝아 옴'에서 소리음을 땄으나 이제 그 운수를 다해서 '밝은 빛을 받아들인다.'는 '고구高勾'와 '구려句麗(穴(굴)의 소리음)'를 결합한 '고구려高句麗'를 국호로 정했다고 설명합니다. 부여와 고구려 공히 광명을 나타냅니다. 다만 부여는 현상의 수동적 표현이라면, 고구려는 실체의 능동적 표현입니다. 고구려 국호에는 고구려인들이 지향하는 이상세계가 담겨있습니다. 바로 광명사상입니다. 이는 고구려뿐 아니라 우리민족 역사 전체를 관통하는 대표적인 사상체계입니다. 예를 들어 단군조선은 '조광선수지지朝光先受之地', 즉 '아침 햇살을 가장 먼저 받는 땅'이며, 고구려의 뒤를 이은 발해渤海(대진국)는 해가 뜨는 동방의 땅입니다. 신라의 건국시조 박혁거세는 밝다는 뜻의 태양을 나타냅니다.

3. 애석한 추모왕의 짧은 생애

박기자 : 추모는 본명입니까?

　고선생 :『유기추모경』에 추모의 본명이 나옵니다. '금와왕(동부여 제2대)이 크게 기뻐하며 추모를 취하여 아들을 삼고 이름을 상해象鮮라 지으니 해(日)와 같다는 뜻이다.〔蛙王大喜 取之爲子 名以象鮮 如日之義〕'는 기록입니다. 태양을 상징하는 상해(『삼국사기』는 중해衆解라 함)가 본명입니다. 일반적으로 추모는 주몽朱蒙과 같은 뜻으로 이해합니다. 주몽은 활을 잘 쏘는 사람을 가리키는 부여의 속어입니다. 그러나『유기추모경』기록은 추모를 고구려 왕의 칭호로 설명합니다.[18] 따라서 추모와 주몽

---

18 『유기추모경』동명7년(서기전31년) 기록에, 신하들이 '선우(單于)'의 칭호 사용을 제의하자, 동명왕은 "선우는 추모와 같은 말로 글자만 다른 것이다. 선우는 하늘(天)로 여김이고 추모는 신(神)으로 여김이다. 어찌 선우라야만 된단 말인가?"하며 되묻는 대목이 나온다. 선우는 북방유목민족이 사용하는 왕의 칭호이다. 추모는 선우와 같은 말이다. 추모의 의미는 신으로 여김을 받는 것이다. 왕의 칭호인 추모가 시조의 이름으로 변화한다.

은 다릅니다. 참고로 일본 고대 씨족의 족보 『신찬성씨록』에는 도모都慕로 나옵니다.

박기자 : 추모의 성씨는 무엇입니까?

고선생 : 추모는 북부여의 건국시조 해모수의 후손이니 해解씨입니다. 추모의 직계후손인 민중왕(제4대)과 모본왕(제5대)의 이름은 각각 해색주解色朱와 해우解憂입니다. 역시 해解씨입니다. 그러나 『북부여기』는 추모의 선조를 북부여 제2대 모수리 천제 동생인 고진高辰으로 기록합니다. (23쪽 추모왕 계보도 참조) 고高씨입니다. 고진은 해씨에서 고씨로 성씨를 바꾸며 분화합니다. 이는 추모가 해모수의 직계가 아닌 방계임을 나타냅니다. 따라서 추모는 해씨가 아닌 고씨일 가능성도 배제하기 어렵습니다.[19]

박기자 : 추모왕의 치세는 어떠합니까?

고선생 : 어느 나라든지 건국 초기의 최대 목표는 영토 확장입니다. 일정의 영토를 확보하지 않으면 국가의 미래는 보장되지 않습니다. 영토 확장의 방법은 크게 두 가지입니다. 하나는 힘의 우위를 기반으로는 하는 군사적 정복인 하드hard적 방법이며, 또 하나는 혼인 등을 통해 결합하는 소프트soft적 방법입니다. 고구려는 두 가지 방법을 병행하여 영토 확장을 꾀합니다. 소프트적 방법의 대표적인 경우가 홀본국 출신의 소서노와의 혼인입니다. 추모왕은 소서노와 혼인을 통해 홀본국을 흡수하고 고구려를 건국합니다.

박기자 : 추모왕의 영토 확장은 어떻게 전개됩니까?

고선생 : 1차 목표는 비류국입니다. 추모왕이 비류국을 정복하기에 앞서 송양왕松讓王과 나눈 대화가 『삼국사기』에 나옵니다. 일종의 담판입니다. 개략적으로 살펴보면, 먼저 송양왕이 일찍이 '군자君子'를 만난 적이 없다며, 자신의 가문은 여러 대에 걸쳐 이곳에서 왕 노릇을 하였으니 이제 갓 태어난 고구려는 비류국의 속국이 되어야 한다고 말합니다. 송양왕의 주장에는 두 가지 의미가 담겨 있습니다. 하나는 추모왕의 출신이 자신보다 미천하다는 것과 또 하나는 신생국 고구려 자체를

---

19 『조선사략』(1923년, 김종한)에는 '주몽은 스스로 고신(高辛)의 후예라 하여 국호를 고구려라 하고, 성을 고씨로 하였다.'는 기록이 있다. 고신은 중국역사의 시작을 알리는 전설적 제왕인 '삼황오제(三皇五帝)' 중의 한 사람이다. 주몽의 혈통기원을 삼황오제(고신)까지 소급한다.

인정할 수 없다는 뜻입니다.

　　박기자 : 송양왕의 주장에 대해 추모왕은 어떻게 대응합니까?

　　고선생 : 군자君子는 일반적으로 '행실이 점잖고 어질며 덕과 학식이 높은 사람'을 지칭합니다. 그러나 여기서 송양왕이 말한 군자는 고조선 왕의 후손인 '단군檀君의 아들子'을 지칭합니다. 『유기추모경』 기록을 보면 송양왕은 자신을 선인仙人(『고구려사략』은 선족仙族이라 함)으로 소개합니다. 고조선 왕족의 후손입니다. 이에 대해 추모왕은 자신을 천제의 아들로 소개합니다. 북부여 왕족의 후손입니다.

　　박기자 : 결국 두 사람은 정통성 문제를 두고 논쟁을 벌인 것이군요.

　　정교수 : 『삼국사기』 동천왕(제11대) 기록을 보면, '평양은 본래 선인왕검仙人王儉의 집이었다.〔平壤者 本仙人王儉之宅也〕'는 기록이 있습니다. 선인왕검은 고조선 단군왕검의 다른 표현입니다. 원래 선인은 도가에서 사용하는 말로 불로불사不老不死의 신선神仙을 일컬으며 영생의 통치자를 지칭합니다. 『삼국사기』가 도가사상을 차용한 것으로 이해할 수 있지만, 선인사상 자체를 우리민족의 고유사상으로 해석하기도 합니다. 선인왕검을 위만조선으로 보기도 하고, 위만조선에 의해 멸망당한 기자조선으로 보는 견해도 있습니다.

　　박기자 : 이후 비류국은 어떻게 됩니까?

　　고선생 : 『삼국사기』는 두 사람이 말다툼을 하다가 서로 활을 쏘아 재주를 겨룬 후에 송양왕이 추모왕에게 항복한 것으로 나옵니다. 그러나 『유기추모경』은 추모왕과 송양왕 사이에 한두 차례 군사충돌이 있은 후에 송양왕이 패하여 항복합니다. 사실여부는 확인할 수 없으나 추모왕은 고구려를 건국한 후 가장 먼저 비류국을 합병합니다.

①-11. 2년(서기전38년) 6월, **송양松讓이 나라를 바치며 항복해 오므로 그 땅을 다물도多勿都로 삼고 송양을 그곳의 군주로 삼았다.** 고구려 말에 옛 땅을 회복하는 것을 '다물'이라 하였기 때문에 그곳의 이름으로 삼은 것이다. 『삼국사기』 시조 동명성왕

『삼국사기』 동명성왕 기록입니다. 추모왕은 비류국을 다물도로 삼습니다. 다물多勿은 옛 땅의 회

복을 가리키는 고구려 말입니다.

박기자 : 고구려가 회복한 옛 땅은 어느 나라 땅입니까? 고조선입니까? 아니면 북부여입니까?

고선생 : 북부여입니다. 『고구려사략』은 '다물은 고향의 뜻으로 해모수의 땅이다.〔多勿故鄕之意 解慕漱之地也〕'고 기록합니다. 비류국은 옛 북부여 땅입니다. 『유기추모경』 기록을 보면 추모왕은 비류국을 정벌하고 그 땅을 탕동湯東, 탕서湯西, 탕북湯北 등 3개 군으로 나누며 송양왕을 다물후로 삼습니다. 또한 북부여의 건국시조 해모수 천제의 압록행궁이 탕동 땅에 있어 추모왕이 북부여 옛 땅의 일부(비류국)를 되찾은 것이라고 설명합니다.

박기자 : 압록행궁은 무엇입니까?

고선생 : 행궁은 왕이 궁궐 밖으로 행차할 때 임시로 머무는 별궁입니다. 당시 압록수는 지금의 요하입니다. 해모수의 압록행궁 위치는 요하중류지역으로 추정됩니다.

박기자 : 추모왕이 가장 먼저 비류국을 정벌한 이유는 무엇입니까?

고선생 : 비류국은 건국초기 추모왕이 반드시 극복해야할 가장 큰 강대국이자 경쟁국입니다. 당장은 국경을 맞대고 있는 지리적 특성과 북부여 건국시조 해모수의 압록행궁이 소재한 점이 우선적 고려대상이지만, 무엇보다도 송양왕이 고조선의 맥을 잇고 있는 선인출신이라는 점이 크게 작용합니다. 추모왕의 비류국 정벌은 고구려가 북부여 뿐 아니라 고조선까지 계승하는 보다 큰 의미를 담고 있습니다.

박기자 : 이후 추모왕의 정복활동은 어떻게 전개됩니까?

고선생 : 『삼국사기』에 비류국에 이어 추모왕이 추가로 정복한 나라는 딱 2개가 나옵니다. 행인국과 북옥저입니다.

①-12. 6년(서기전32년) 10월, 왕이 **오이**烏伊**와 부분노**扶芬奴**에게 명하여** 태백산 동남쪽의 행인국荇人 國을 정벌하고, 그 땅을 빼앗아 성읍으로 삼았다.

①-13. 10년(서기전28년) 11월, 왕이 **부위염**扶尉猒**에게 명하여** 북옥저北沃沮를 정벌하여 멸하고, 그 땅을 성읍으로 삼았다. 『삼국사기』 시조 동명성왕

동명성왕(추모왕) 기록입니다. 추모왕은 재위 6년(서기전32년)과 10년(서기전28년)에 각각 행인국과 북옥저를 정벌하여 고구려에 편입합니다. 북옥저는 추모왕이 홀본 땅에 진입하기 전에 말갈을 쫓아내고 확보한 지역입니다. 또한 고구려 건국 직전에 추모왕은 낙랑국과 경계를 정하며 시길왕의 요청을 받아들여 선뜻 낙랑국에 내준 땅이기도 합니다.(26쪽 참조)

박기자 : 행인국은 어디에 있습니까?

고선생 : 『삼국사기』는 행인국의 위치를 태백산의 동남쪽으로 설정합니다. 참고로 『삼국사기』 기록 중 나라의 소재지를 명기한 것은 행인국이 유일합니다. 일반적으로 태백산을 지금의 백두산으로 보고 함경북도 북부 산악지대로 추정합니다. 그러나 건국초기 정황으로 보면 이는 어불성설입니다. 고구려의 건국지인 요하의 홀본에서 한반도 함경북도까지는 수천리 떨어져 있습니다. 더구나 군사를 동원한 정벌입니다. 곡물 생산이 용이한 평야지대도 아닌 경제적 효용가치도 떨어지는 산악지대까지 찾아가서 행인국을 정벌하는 것은 명분도 실익도 없습니다.

박기자 : 『삼국사기』 기록이 잘못된 겁니까?

고선생 : 아닙니다. 고구려 건국초기의 행인국은 백두산의 동남쪽인 한반도가 아닙니다. 홀본의 북서쪽에 소재한 중국 내몽골자치구 적봉赤峰을 포함하는 노로아호산奴魯兒虎山 주변 일대로 추정합니다. 노로아호산은 '어리석은 호랑이가 사람이 되어 보려고 노력한 산'이라는 뜻입니다. 이는 고조선 단군왕검의 탄생신화에 나오는 사람이 되지 못한 호랑이를 연상시킵니다. 우리민족의 발원지로 이해되는 지역입니다. 적봉지역은 요하문명의 상징인 「홍산문화」가 꽃핀 장소입니다. 『유기추모경』에 당시 행인국의 위치와 성격을 추정할 수 있는 몇 가지 단서가 있습니다. 첫째는 추모왕이 북갈北鞨(하북河北 말갈)이 행인국과 상통하여 골머리를 앓고 있다는 기록입니다. 이는 행인국과 하북지방의 말갈이 인접해 있음을 나타냅니다. 둘째는 행인국내에 있는 염산(소금산)과 염정(소금우물)의 존재입니다. 행인국의 주산품은 소금입니다. 고대에 있어 소금은 가장 값어치 있는 물품이며 부의 상징입니다.

박기자 : 결국 고구려의 행인국 정벌은 소금전쟁이군요.

고선생 : 소금이 전부는 아닙니다. 셋째는 행인국의 출자입니다. 『유기추모경』은 행인국을 통치한 왕의 칭호를 천제로 기록합니다. 천제는 북부여 왕의 칭호입니다. 행인국 왕인 해존解存과 해문解

文의 이름도 나옵니다. 모두 해씨입니다. 행인국은 북부여 왕족출신 일부가 서북쪽으로 이동하여 세운 나라입니다. 행인국보다 늦게 북부여 계승을 천명하고 건국한 고구려로서는 행인국의 존재 자체가 껄끄러운 일입니다. 하나의 하늘아래 두 개의 해가 존재할 수 없는 이치입니다. 결국 추모왕의 행인국 정벌은 소금확보라는 경제적 이득과 고구려 정통성을 재확립하는 사건입니다. 추모왕은 행인국을 정벌하고 행동行東, 행서行西, 행남行南 등 3개 군을 설치합니다.

　박기자 : 추모왕이 정복한 주변국은 이들 말고 또 있습니까?

　고선생 : 외람되게도 『삼국사기』는 3개 나라(비류국, 행인국, 북옥저)만 기록하나, 『고구려사략』에는 이외에도 여러 나라가 나옵니다. 대부분 군사적 정복이 아닌 왕실 혼인과 더불어 사신을 주고받은 교류 내용입니다. 『삼국사기』가 3개 나라만 꼭 집어 기록한 것은 나름 의미가 있습니다. 비류국은 옛 고조선을 계승한 것이고, 행인국은 북부여의 정통성 싸움에서 고구려가 승리한 것이며, 북옥저는 마치 낭인浪人(떠돌이)집단처럼 활동하는 말갈집단의 제압입니다.

　박기자 : 어떤 나라들입니까?

　고선생 : 황룡국黃龍國, 개마국蓋馬國, 비리국卑離國, 자몽국紫蒙國, 구다국句茶國, 환나국桓那國, 섭라 국涉羅國(신라의 전신으로 추정됨) 등입니다. 모두 고구려의 주변국입니다. 대부분 요하 서쪽에 위치합니다. 이들 나라는 고조선과 북부여의 제후국이라는 공통점이 있습니다. 고구려가 북부여 계승의 정통성을 확보하면서 이들은 고구려를 인정하며 교류합니다. 일부는 추모왕 시기에 고구려에 복속되기도 하나, 계속해서 독립적으로 국가체제를 유지합니다. 한 가지 특이한 점은 이들 중 일부는 고구려의 압박을 피해 한반도로 이동하여 새로운 거점을 마련합니다. 비리국은 전북지역, 황룡국은 평북지역, 개마국은 함북지역(개마고원은 개마국에서 유래함)입니다. 행인국도 마찬가지입니다. 『삼국사기』가 설정한 백두산 동남쪽인 함남지역입니다.

　박기자 : 추모왕의 다른 기록은 무엇입니까?

　고선생 : 『삼국사기』 추모왕(동명성왕) 기록은 『고구려사략』과 『유기추모경』에 비해 분량이 매우 적습니다. 마치 증류수와 같이 어떤 필요에 의해 잘 정제된 기록만 살아남은 느낌입니다. 또한 내용도 단편적이어서 전후사정을 알 수 없는 경우가 대부분입니다. 예를 들어, 『삼국사기』 동명성왕 3년(서

초기 고구려와 주변국

기전35년)에 '3월, 황룡이 골령鶻嶺에 나타났다.〔春三月 黃龍見於鶻嶺〕'는 기록이 있습니다.[20] 황룡은
무엇이며, 황룡이 나타나서 어떤 결과가 생긴 것인지 전혀 알 수가 없습니다. 우리의 상상만을 자
극합니다. 그러나 『고구려사략』은 '3년(서기전35년) 3월, 황룡 두 마리가 골령鶻嶺에 나타났다. 왕이
도읍할 자리를 살폈으나 도성을 건설하지는 않았다.〔三月 二龍見于鶻嶺 相都未營〕'입니다. 황룡의
실체성은 모호하나 이로 계기로 추모왕이 어떤 상서로움을 받고 도성을 옮길 생각을 했다고 부연합
니다. 또 하나 주목할 기록은 추모왕 14년(서기전24년)에 추모왕의 생모인 유화부인이 동부여에서 죽
습니다. 동부여 금와왕이 태후의 예로 장사지내자 추모왕은 답례로 사신을 파견하여 토산물을 바치
고 금와왕의 은덕에 감사를 표합니다.

  박기자 : 유화부인이 추모왕을 따라 가지 않고 동부여에 머문 이유는 무엇입니까?

---

20 『삼국사기』에 용의 출현 기록이 16번 나온다. 고구려는 1번, 백제는 5번, 신라는 10번이다. 일반적으로 용의 출현은 정변(政
  變, 쿠데타)에 비유한다.

고선생 : 처음에 유화부인은 임신한 몸으로 동부여 금와왕을 따라가 그 곳에서 추모왕을 낳습니다. 『고구려사략』 기록을 보면 추모왕의 이복동생 해소解素가 나옵니다. 유화부인이 금와왕에게 재가하여 낳은 아들입니다. 이는 유화부인이 추모왕을 따라가지 못한 이유입니다. 유화부인은 금와왕과 혼인합니다. 『북사』 고구려전에 '신묘神廟가 두 곳에 있는데, 하나는 부여신扶餘神으로 나무를 깎아 부인상婦人像을 만들고, 또 하나는 고등신高登神으로 시조인 부여신扶餘神의 아들이다. 모두 관청을 설치하여 사람을 보내 지키게 하니 대개 하백河伯의 딸과 주몽朱蒙이라고 한다. 〔有神廟二所 一曰 夫餘神 刻木作婦人像 二曰高登神 云是始祖夫餘神之子 並置官司 遣人守護 蓋河伯女朱蒙云〕'는 기록이 있습니다. 하백의 딸 유화부인은 사후 추모왕과 더불어 각각 부여신과 고등신으로 추앙됩니다. 고구려 왕실의 상징이자 고구려 사회의 정신적 지주로 승화합니다.

박기자 : 북부여를 계승한 고구려의 정통성을 고려한다면 부여신은 응당 북부여의 건국시조 해모수가 어울릴 것 같군요. 유화부인이 부여신으로 추앙받은 이유는 무엇입니까?

고선생 : 추모왕의 바탕에는 유화부인의 탁월한 지혜와 가르침이 있습니다. 유화부인이 추모왕에게 활쏘기를 가르치고 말을 골라주며 곡식을 건네주고 또 동부여를 떠나 다른 곳으로 가서 나라를 창업하라고 권합니다. 유화부인의 추모왕에 대한 남다른 지도와 열성, 그리고 무엇보다도 유화부인이 추모왕을 낳은 사실에 대해서 고구려 사회가 이를 인정하고 신성神聖을 부여한 것으로 판단됩니다. 유화부인은 가톨릭의 성모 마리아와 같은 존재입니다.

정교수 : 고구려는 매년 10월이면 '동맹東盟'이라는 축제 한마당이 열립니다. 일종의 추수감사제의 성격을 띤 제천행사입니다. 『후한서』에 '10월에 제천대회를 여는데 이름하여 동맹이라 한다. 그 나라 동쪽에 대혈大穴이 있는데 수신隧神이라 부르고, 역시 10월을 맞이하여 제사한다. 〔以十月祭天大會 名曰東盟 其國東有大穴 號隧神 亦以十月迎而祭之〕'는 기록이 있습니다. 대혈(큰 동굴)은 여성의 자궁에 비유됩니다. 신성한 동굴에서 나무로 만든 신상에 신을 접신시키고 천신과 지신이 만나 생명을 탄생시키는 과정입니다. 이는 천제인 해모수와 유화부인이 만나 추모왕을 탄생시키는 고구려 건국신화의 재현입니다.

고선생 : 추모왕의 재위기간은 19년입니다. 『삼국사기』 기록대로라면 추모왕은 나이 22세인 서

기전37년에 고구려를 건국하고, 이후 19년 동안 나라를 다스리고 서기전19년인 나이 40세에 명을 달리합니다. 건국시조 치고는 비교적 짧은 생애입니다. 『고구려사략』 찬술자는 추모왕의 죽음을 애석해하며 사론史論을 남깁니다.[21]

> 논하길 '동명東明은 세상에 다시없는 뛰어난 왕이었다. 나이 40세 이전에 동토東土를 석권席卷하여 7백 년의 기초를 열었으니 가히 성인이라 할만하다. 후세의 아골타阿骨打*나 홀필열忽必烈**도 미치지 못하는 곳이 있었다. 다만 아직 속하지 못한 미개척지가 남아 있었다. 처음에 후비后妃 제도가 맑지 않아 후세까지 폐단을 끼쳤고, 나라를 창업하는 것이 급하였기에 자신의 수명을 극복하지 못한 것이 참으로 애석하도다.'

☞ *금金 태조 완안 아골타 **원元 세조(몽골 제5대 칸) 쿠빌라이

정교수 : 북한의 평양시 역포구역 왕릉동에 고구려 동명왕(추모왕)의 무덤이 있습니다. 동명왕은 고구려의 첫 도읍지인 홀본에서 사망하여 용산에 장사지낸 기록으로 보아 그 실제성은 다소 떨어집니다. 그러나 아주 오랜 옛날부터 평양에 소재한다는 전설이 이어져 내려오고, 조선 세종 때에 이르러 확고히 자리 잡습니다. 이와 같은 인식은 동명왕의 사당인 동명묘가 홀본을 비롯하여 국내성, 평양성과 같은 고구려 도읍에 세워졌다는 믿음에 근거합니다. 조선시대 왕들은 동명왕 무덤의 수축과 관리에 지속적인 관심을 보입니다. 왕이 직접 제수祭需 비용을 내리기도 하고 지방관으로 하여금 봄, 가을에 제사를 지내게 합니다. 조선말기인 고종 때에는 동명왕 무덤을 동명왕릉으로 명칭을 부여하고 대대적인 개수改修와 사당도 정비합니다. 일제강점기인 1917년 조선총독부가 중수한 기록도 있습니다. 1974년 북한이 발굴조사를 진행하고, 1994년 대대적으로 재건하여 동명왕릉에 대한 성역화 작업을 마쳐 오늘에 이릅니다.

---

21 『고구려사략』의 찬술자와 찬술시기는 밝혀져 있지 않으나, 금의 시조 아골타와 원의 쿠빌라이 등이 언급된 것으로 보아 고려 말로 추정된다. 원의 간섭기를 거치면서 고구려 역사를 지키기 위해 찬술한 듯하다.

동명왕릉(평양시 역포구역)

4. 고명세자 유리왕의 비밀

고선생 : 추모왕의 뒤를 이은 제2대 왕은 유리왕琉璃王입니다. 이름은 유리類利(유류儒留, 주류朱留, 누리累利)이며 훗날 유리명왕瑠璃明王의 시호를 받습니다. 유리왕은 추모왕이 동부여에 있을 때 예씨부인을 통해 낳은 추모왕의 적자嫡子입니다. 《광개토왕릉비》는 유리왕(비문은 유류왕儒留王 임)을 가리켜 '고명세자顧命世子'로 기록합니다.

박기자 : 고명세자는 무엇입니까?

고선생 : 고명은 왕이 죽기 직전에 최후로 남기는 말입니다. 유명遺命입니다. 고명세자는 왕이 유명을 통해 후계자로 지명한 왕자를 말합니다. 태자입니다. 유리왕이 고명세자가 된 것은 당시의 정치상황을 반영한 결과입니다.

박기자 : 어떤 정치상황입니까?

고선생 : 유리왕은 추모왕의 아들이라는 증표(부러진 칼 조각)를 가지고 동부여에서 고구려로 추모
왕을 찾아옵니다. 당시 상황을 전하는 기록입니다.

①-14. 19년(서기전19년) 4월, 왕의 아들 유리類利가 부여에서 그의 어머니와 함께 도망쳐왔다. 왕은
기뻐하며 그를 태자로 삼았다. 9월, 왕이 죽었다. 이때 나이는 40세이다. 용산龍山에 장사 지내고 호
를 동명성왕東明聖王이라고 하였다. 『삼국사기』 시조 동명성왕

①-15. 17년(서기전21년) 8월, 해소解素*가 예씨禮氏와 유리類利를 비류땅 송의松義의 집에 보냈다. 이
때 상은 왜산倭山에서 사냥하고 있는데, 유리가 와서 칼 조각을 바쳤다. 옷은 모두 상의 옛 옷이었다.
18년(서기전20년) 10월, 상이 예씨, 유리와 더불어 신수神隧를 알현하고 군신들을 모아 정윤正胤**
을 세울 것을 의논하였다. 황후***가 크게 화를 내며 구도仇都, 구분仇賁 등을 데리고 우양牛壤으로 가
버렸다. 상이 시름하고 한탄하여 병이 더했으나 감추었다. 19년(서기전19년) 정월, 유리를 정윤으로 삼
았다. 4월, 상이 서도西都 신궁新宮에서 죽었다. 정윤인 유리 태자에게 칼과 옥새를 넘겼다. 9월, 용
산龍山에서 크게 장사지냈다. 춘추 40세이다. 순장殉葬을 금하라는 명을 남겼다. 『선기仙記』에 이르길
'상이 위位를 좋아하지 않아 태자에게 명하여 나라를 다스리게 하고, 황룡이 오자 하늘로 올라갔다. 옥
편玉鞭****이 남겨진 곳이 용산릉이 되었다.' 전한다. 『고구려사략』 추모대제기(異本)

☞ *추모왕의 이복동생 **태자 ***소서노 ****추모왕의 채찍

『삼국사기』는 유리왕이 서기전19년(추모19) 4월 고구려에 도착하고, 곧바로 태자가 됩니다. 추모
왕은 그해 9월에 죽어 용산에 장사지냅니다. 그러나 『고구려사략』은 다르게 기술합니다. 유리왕은
서기전21년(추모17) 고구려에 도착합니다. 이듬해인 서기전20년(추모18) 유리의 태자책봉 문제를 놓
고 추모왕과 소서노왕후 사이에 갈등이 벌어지고, 이듬해인 서기전19년(추모18) 정월 유리는 태자가
되며, 4월 추모왕이 죽고 10월 용산에 장사지냅니다. 『삼국사기』는 한 해에 발생한 사건으로 기록
하나, 『고구려사략』은 3년에 걸쳐 벌어진 사건으로 설명합니다.

박기자 : 어느 기록이 맞습니까?

고선생 : 『고구려사략』 기록이 사실에 가깝습니다. 유리왕이 고구려에 나타나기 전까지 태자
는 소서노의 아들인 비류입니다. 소서노의 홀본계가 고구려 조정을 장악합니다. 홀본계 입장에

서 보면 동부여계인 유리왕은 외부에서 굴러 들어온 돌입니다. 고구려내 정치기반이 전무한 상태입니다.

박기자 : 그렇다면 추모왕은 고구려 조정을 홀본계가 장악하고 있다는 사실을 뻔히 알면서도 무리를 해가면서 유리왕을 후계자로 지명한 이유는 무엇입니까?

고선생 : 혈통에 대한 남다른 애착으로 이해합니다. 추모왕은 비록 소서노의 도움으로 고구려를 건국하지만, 19년을 재위하며 이룩한 신생국 고구려를 자신의 혈육이 아닌 소서노의 혈육에게 넘겨주는 것이 영 못마땅합니다. 추모왕으로서는 선택의 여지가 없는 외길 수순을 밟은 셈입니다. 그럼에도 문헌기록과는 달리《광개토왕릉비》는 유리왕을 고명세자로 기록합니다. 추모왕이 임종 직전에 후계자로 지명한 것으로 설명하고 있어 논란의 여지는 여전히 존재합니다.

박기자 : 어느 기록을 믿어야 합니까?

고선생 : 역사의 실체성을 해석하는 용어로 '사실'과 '진실'이 있습니다. 사실은 실제 있는 그대로이고, 진실은 결과를 말합니다.《광개토왕릉비》의 고명세자가 사실이라면 두 사서 기록은 진실입니다. 추모왕이 죽고 유리왕이 태자가 되어 왕위를 승계한 것 자체가 진실입니다.

박기자 : 혹시 추모왕 사후에 내분이 일어난 겁니까?

고선생 : 내분은 없습니다. 다만 유리왕은 즉위이후 소서노의 홀본계와 정치적 타협을 모색합니다. 유리왕은 소서노의 아들인 비류, 온조와 함께 고구려 강역을 3분할하여 통치합니다.

①-16. **3년**(서기전17년) 정월, **순노**順奴와 **불노**芾奴는 비류에게 다스리게 하고 도읍을 미추홀彌鄒忽로, **관노**灌奴와 **계루**桂婁는 온조에게 다스리게 하고 도읍을 우양牛壤으로 하였으며, **연노**涓奴와 **황룡**黃龍, **행인**荇人, **구다**句茶, **비리**卑離는 상이 소召황후와 함께 다스리기로 하여 소황후의 마음을 위로하였다. 『고구려사략』 광명대제기

고구려 초기 부족연맹체인 5부가 나옵니다. ㉮ 소노부(연노부,비류부)입니다. 옛 비류국입니다. 동쪽입니다. ㉯ 순노부입니다. 추모왕이 처음 정착한 옛 순노국입니다. 서쪽입니다. ㉰ 관노부입니다. 남쪽입니다. ㉱ 절노부(발노부)입니다. 북쪽입니다. ㉲ 계루부(환나부)입니다. 옛 환나국입니다.

계류는 환나국 여왕의 이름을 땄습니다. 중앙입니다. 이 중 비류는 ㉯ 순노부와 ㉱ 절노부 즉 서쪽과 북쪽을 담당하고, 온조는 ㉬ 관노부와 ㉰ 계루부 즉 남쪽과 중앙을 담당하며, 유리왕은 소서노와 함께 ㉠ 소노부 즉 동쪽과 황룡국, 행인국, 구다국, 비리국 등을 담당합니다. 당시 비류와 온조는 각각 엄표왕과 한남왕의 봉함을 받습니다.

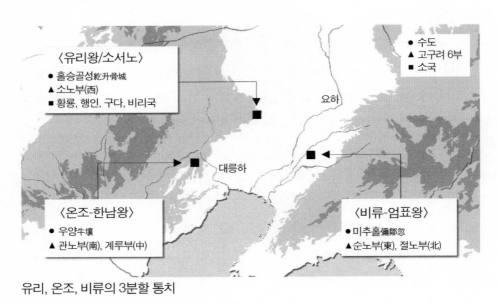

유리, 온조, 비류의 3분할 통치

박기자 : 비류가 도읍으로 삼은 미추홀은 어디입니까? 미추홀은 인천입니까?

고선생 : 당시 미추홀은 한반도가 아닙니다. 비류가 담당한 서쪽과 북쪽을 감안하면 오늘날 요하 중상류 강가입니다. 한반도 미추홀은 비류가 소서노, 온조와 함께 남하하여 한반도에 백제를 건국하면서 고구려 지명이 한반도로 이동합니다. 일반적으로 한반도 미추홀을 인천으로 비정하나 실제는 충남 아산의 밀두리입니다.[22] 참고로 온조의 우양은 옛 홀본국의 도읍입니다.

박기자 : 이후 3분할 통치는 어떻게 됩니까?

고선생 : 3분할 통치가 시작된 해는 서기전17년(유리3) 정월입니다. 『고구려사략』을 보면 그해 7월

---

22 『삼국사기』와 『삼국유사』 공히 한반도 미추홀을 인주(仁州)로 기록한다. 인주는 충남 아산의 밀두리이다.

온조가 우양에서 위나성(유리왕이 천도한 위나암성과 다름)으로 도읍을 옮긴 것 말고는 3분할 통치에 대한 기록은 없습니다. 다만 이 해는 백제의 건국년도입니다. 유리왕과 소서노 사이에 어떤 정치적 간격이 발생하여 소서노의 홀본계가 고구려를 떠납니다.[23] 이 시기 유리왕은 옛 비류국 송양왕의 딸을 왕후로 맞아들입니다. 유리왕의 동부여계와 비류계가 정치적으로 결합합니다. 두 세력이 손을 잡고 소서노의 홀본계를 고구려에서 축출합니다.

박기자 : 유리왕의 치세는 어떠합니까?

고선생 : 유리왕은 재위기간은 서기전19년~18년까지 37입니다. 재위초기 가장 큰 정적政敵인 소서노의 홀본계를 축출하고 정치적 기반을 확고히 구축합니다. 유리왕의 대표 상품은 〈황조가〉입니다. '훨훨 나는 저 꾀꼬리, 암수 서로 정답구나, 외로워라 이 내 몸은, 뉘와 함께 돌아갈꼬.〔翩翩黃鳥 雌雄相依 念我之獨 誰其與歸〕' 『삼국사기』는 〈황조가〉의 배경을 자세히 묘사합니다. 유리왕은 왕비 송宋씨(비류계)가 죽자 화희禾姬(골천 출신)와 치희稚姬(한漢 출신) 두 여인을 맞이하는데, 이들 두 여인은 서로 유리왕의 총애를 다툽니다. 유리왕이 사냥을 나가 궁궐을 비운 틈에 화희가 치희를 모욕하여 한漢으로 쫓아 버립니다. 유리왕이 사냥에서 돌아와 이 말을 듣고 곧 말을 달려 뒤를 쫓아가나 화가 난 치희는 돌아오지 않습니다. 이때 유리왕이 탄식하며 나무 밑에서 쉬며, 짝을 지어 날아가는 황조(꾀꼬리)를 보고 지은 노래입니다.

정교수 : 〈황조가〉는 단순한 사랑노래가 아니라 고구려 건국 초기의 정치세력의 다툼을 배경으로 합니다. 치희와 화희의 다툼은 결국 외래세력과 토착세력의 권력다툼이며, 〈황조가〉는 왕권을 강화시키려다 좌절한 유리왕의 심정을 보여주는 서정시로 이해할 수 있습니다. 또한 우리나라 최초의 서정시라는데 의의가 있습니다.

고선생 : 〈황조가〉가 유리왕의 감성을 보여주는 장면이라면 유리왕의 냉혹한 면을 보여주는 사례도 있습니다.

박기자 : 어떤 사례입니까?

고선생 : 유리왕은 9년(유리28) 당시 태자인 해명解明에게 자살을 명령하고, 해명태자는 유리왕이

---

23 정재수, 『백제 역사의 통곡』(논형, 2018) 제1장 참조

내린 칼에 몸을 던져 자살합니다.

　　박기자 : 유리왕이 해명에게 자살을 명령한 이유는 무엇입니까?

　　고선생 : 사건의 발단은 한 해전인 8년(유리27)으로 거슬러 올라갑니다. 황룡국 왕이 해명태자가 거주하는 옛 도읍을 찾아와 활을 바치며 해명태자의 기세를 시험합니다. 해명태자는 고구려 태자의 위엄을 보이기 위해 활을 부러뜨립니다. 이에 황룡국 왕은 불쾌하게 여겨 이를 위나암성에 있는 유리왕에게 알립니다. 그리고 유리왕은 해명태자에게 죽음을 명령합니다. 아래는 유리왕이 해명태자에게 죽음을 명령하며 한 말입니다.

> ①-17. "내가 도읍을 옮긴 것은 백성을 편안하게 하고 나라를 튼튼하게 하여 위업을 다지려는 것이다. **그런데 너는 나를 따르지 않고 힘센 것을 믿고 이웃나라와 원한을 맺었으니, 자식 된 도리가 이와 같을 수 있느냐?**"『삼국사기』유리왕
>
> ①-18. "진珍공주*를 아끼지 않음은 부모를 거역함이요, **나라의 노신老臣**을 모욕함은 사직을 가벼이 여김이요, 후궁들과 교통交通함은 음란할 징조이다. 사는 것이 죽는 것만 못하겠다.**"
> 『고구려사략』광명대제기
> ☞ *해명태자의 처　**황룡국왕 오이烏伊(고구려 개국공신)

　　그런데『삼국사기』와『고구려사략』의 내용이 전혀 다릅니다.『삼국사기』는 해명태자의 행위가 외교에 해를 가한 것으로, 이는 자식의 도리가 아니라고 설명합니다. 참고로『삼국사기』편찬자는 한 술 더 떠서 이 사건은 해명태자가 불효한 탓이며, 유리왕이 잘못 가르친 탓이라고까지 사론을 덧붙입니다. 한마디로 유교적 관념에 어긋나니 해명태자의 죽음은 당연하다는 논리입니다. 그러나『고구려사략』은 해명태자의 여자문제와 노신을 모욕한 것으로 나옵니다. 유교적 관념과는 무관합니다.

　　박기자 : 어느 기록이 맞습니까?

　　고선생 : 역사적 진실은 유리왕이 해명태자에게 죽음을 명하고, 해명태자는 아버지 유리왕의 명을 거부하지 않고 따른 겁니다. 그러나 역사적 사실은 다를 수 있습니다. 더구나 역사는 시대의 필요에 따라 얼마든지 각색될 수 있습니다. 굳이 진위여부를 따지면『고구려사략』이 사실에 가깝습니다.

박기자 : 『삼국사기』는 무슨 이유로 인용글마저 바꾼 겁니까?

고선생 : 『삼국사기』를 읽다보면, 가끔 역사서가 아닌 유교의 도덕교과서를 대하고 있는 듯한 착각을 일으키게 합니다. 이와 유사한 사례는 『삼국사기』 기록 곳곳에 나옵니다. 현재 우리가 알고 있는 『삼국사기』는 조선시대에 최소 3차례 수정된 사서입니다. 조선은 유교를 기반으로 하는 사회입니다. 『삼국사기』는 유교적 관점에서 재정리된 사서입니다.

박기자 : 그렇지만 활 하나를 부러뜨렸다고 해서 해명태자에게 죽음을 명령한 유리왕의 태도는 선뜻 이해할 수 없군요.

고선생 : 좋은 지적입니다. 해명태자의 죽음은 다른 해석을 해야 합니다.

박기자 : 어떤 해석입니까?

고선생 : 유리왕의 권력에 대한 집착입니다. 유리왕은 추모왕으로부터 고명을 받아 즉위하지만 재위초기 경쟁자인 소서노의 홀본계로부터 시달림을 당합니다. 3분할 통치는 권력을 지키기 위한 고육지책입니다. 유리왕은 비류계와 손잡고 홀본계를 축출합니다. 이어 유리왕은 비류계 제거에 나섭니다. 대표적인 사례는 추모왕의 개국공신 협보의 제거입니다. 비류계인 협보는 유리왕에게 직언했다는 이유로 당시 국무총리격인 대보에서 파면당하며 고구려에서 쫓겨납니다(『삼국사기』는 협보가 파면에 분개하여 남한南韓으로 갔다고 함). 그리고 이제 화살은 자신의 아들이자 후계자인 해명태자에게까지 미칩니다. 유리왕은 해명태자를 왕권을 위협하는 경쟁자로 인식합니다.

박기자 : 유리왕이 권력에 집착한 겁니까?

고선생 : 권력의 속성을 단편적으로 보여주는 사례입니다. 권력은 부자지간이 결코 공유할 수 없다는 이치입니다. 그러나 해명태자를 죽음에 이르게 한 이유는 따로 있습니다.

박기자 : 무엇입니까?

고선생 : 해명태자는 유리왕이 옛 비류국 송양왕의 딸을 왕후로 맞이하여 낳은 아들입니다(서기전 12년(유리7)에 출생). 해명태자의 후원세력이 바로 비류계입니다. 유리왕은 재위22년(3년)에 추모왕이 수도로 삼은 홀승골성紇升骨城을 버리고 국내에 위나암성尉那巖城을 쌓고 천도합니다. 이때 유리왕은 해명태자로 하여금 홀승골성을 지키게 하고 자신은 위나암성으로 거처를 옮깁니다. 유리왕이 굳이

해명태자를 데려가지 않고 홀승골성에 남겨 놓은 것은 해명태자가 비류계이기 때문입니다. 결국 해명태자의 죽음은 비류계 제거의 연장선입니다.

박기자 : 위나암성은 어디입니까?

고선생 : 『고구려사략』은 유리왕이 천도한 위나암성을 북도로 분류합니다.[24] 정확한 위치는 알 수 없으나 『삼국유사』에 단서가 있습니다. '도읍을 국내성으로 옮겼는데 불이성이라고도 한다.〔移都國內城 亦云不而城〕'는 기록입니다. 국내성(불이성)은 옛 북부여의 수도입니다. 유리왕의 위나암성 천도는 북부여를 계승한 고구려의 정통성을 재확립해가는 과정입니다.

박기자 : 국내성과 국내의 위나암성은 다른 겁니까?

고선생 : 엄밀히 따지면 다릅니다. 『고구려사략』에 따르면, 국내를 웅심熊心, 합환合歡, 위나암尉那岩 등으로 구분합니다. 다시 말하면 국내는 하나의 성을 지칭하는 국내성이 아니라 포괄적인 지역 명칭입니다. 참고로 웅심은 북부여의 건국시조 해모수의 도읍인 웅심산이 소재한 지역입니다.[25]

박기자 : 앞서 북부여의 발원지를 길림성 장춘지역으로 비정하였는데요.(17쪽 참조) 그렇다면 위나암성도 장춘지역에 있는 겁니까?

고선생 : 이 부분은 해석을 달리해야 합니다. 『북부여기』가 기록한 해모수의 도읍지는 분명 장춘지역에 소재한 웅심산입니다. 국내지역 내에 웅심이 있으니 일견 타당합니다. 그러나 고구려의 첫 도읍지인 요녕성 북진의 홀승골성(의무려산)과 길림성 장춘의 웅심산은 수 천리 거리여서 현실성이 떨어집니다. 위나암성을 장춘지역으로 비정하는 것은 절대 무리입니다. 국내는 '나라의 안쪽'을 가리킵니다. 나라를 북부여로 본다면 국내는 옛 북부여의 강역 전체를 가리키는 용어로 이해할 수 있습니다. 위나암은 북부여 강역내의 남쪽지역으로 추정됩니다. 북부여의 제5대 천제인 고두막한은 해모수의 도읍인 웅심산을 떠나 남하하여 홀승골성이 있는 홀본지역으로 이동합니다. 고두막한이 활동한 지역을 감안하면 위나암성은 홀승골성에서 크게 벗어나지 않습니다. 요하 중류 정도가 유력합

---

24 『고구려사략』에 따르면, 추모왕이 처음 도읍한 홀승골성은 동도(東都)이다. 이후 추모왕은 옛 홀본국과 순노국의 경계에 서도(西都)를 건설하고 도읍을 옮긴다. 추모왕은 서도에서 사망한다. 서도의 위치는 정확히 알 수 없으나 방위상으로 동도인 홀승골성(의무려산)의 서쪽으로 추정된다.

25 『고구려사략』에는 '해모수와 유화가 만난 곳이어서 국내라고 한다.〔解慕漱與柳花相逢故曰國內〕'는 기록이 있다.

니다. 이는 추모왕이 비류국을 정벌하고 설치한 3개 군(탕동, 탕서, 탕남) 중 하나인 탕동지역입니다. 『유기추모경』에 나오는 해모수의 '압록행궁'이 소재한 장소입니다(33쪽 참조).

5. 왕이 되지 못한 여율왕

박기자 : 유리왕 시기 접촉한 주변국은 어떤 나라입니까?

고선생 : 해명태자의 죽음과 관련된 황룡국은 앞에서 설명드렸습니다. 이 외에도 유리왕은 선비鮮卑[26], 동부여, 한漢과 만납니다. 모두 전투를 동반합니다. 이는 추모왕이 개척한 고구려 강역을 보다 확장해 나가는 과정입니다. 먼저 서북쪽의 선비입니다. 9년(유리11) 유리왕은 부분노扶芬奴(추모왕의 개국공신)를 시켜 선비를 공격하여 승리합니다. 구체적인 전투 장소는 기록이 없습니다. 그러나 당시 선비의 활동지역이 서요하(시라무렌강)의 상류인 몽골지역을 감안하면 고구려 강역이 대단히 넓었음을 알 수 있습니다. 동부여와는 두 차례 전투기록이 나옵니다. 서기전6년(유리14)과 13년(유리32)입니다. 서기전6년 전투는 두 나라가 인질교환을 두고 협상을 벌이는데 고구려 도절태자가 동부여에 인질로 가는 것을 거부하자 동부여왕 대소(제3대)가 5만 군사를 이끌고 고구려를 침공합니다. 그러나 대소는 큰 눈이 내려 공격을 멈추고 되돌아갑니다. 13년 전투는 고구려 무휼왕자가 동부여를 학반령鶴盤嶺에서 크게 무찌릅니다.

박기자 : 한漢은 어떻게 만납니까?

고선생 : 먼저 『삼국사기』 기록을 봅니다.

①-19. 31년(12년) **왕망王莽이 우리 군사를 징발하여 흉노를 치게 하였다. 우리 군사들이 가지 않자 왕망이 강제로 보냈는데, 모두 변방으로 도망쳐 법을 어기고 재물을 약탈하는 도적이 되었다.** 요서대윤遼西大尹 전담田譚이 추격하다가 죽임을 당하자 한漢의 주州·군郡은 우리에게 잘못을 돌렸다. 엄

---

26 고대 몽골지역에 존재한 유목민족이다. 춘추전국시대 중국을 자주 침입하고, 후에 흉노(匈奴)에게 멸망된 동호(東胡)의 후예라고도 하나 분명하지 않다. 선비족이 처음 역사에 등장한 시기는 고구려 건국초기인 서기전1세기 무렵이다. 선비족의 활동무대는 시라무렌강(서요하) 지역이다.

우엄尤가 왕망에게 아뢰었다. "맥인貊人이 법을 어겼으나 마땅히 주·군에게 그들을 위로하고 안도하게 하여야 합니다. 지금 그들에게 함부로 큰 죄를 씌우면 마침내 반란을 일으킬까 두렵습니다. 부여의 무리 중에 반드시 응하여 따르는 자들이 있을 것인데, 우리가 흉노를 아직 이기지 못한 터에 부여와 예맥穢貊이 다시 일어난다면 이것은 큰 걱정거리입니다." 왕망은 이를 듣지 않고 엄우에게 공격을 명하였다. **엄우가 우리 장수 연비延丕를 유인하여 머리를 베어서 한의 도성으로 보냈다.** [『한서漢書』와 『남북사南北史』에서는 모두 '구려후句麗侯 추騶를 유인하여 목을 베었다.'고 이른다.] **왕망이 기뻐하며 우리 왕을 '하구려후下句麗侯'라고 고쳐 부르고, 이를 천하에 포고하여 모두 알게 하였다.** 이로부터 고구려는 한의 변경을 침범하는 일이 더욱 심해졌다. 『삼국사기』 유리왕

처음 이 기록을 보고 눈을 의심했습니다. 우리사서가 아닌 중국사서를 보고 있는 느낌입니다. 왕망이 고구려 군사를 징발해서 흉노를 치게 하고, 이에 고구려 군사가 왕망의 명을 따르지 않고 오히려 도적이 된다는 등 내용자체가 황당합니다. 더구나 왕망이 고구려왕을 '하구려후'로 고쳐 불러, 마치 고구려가 한의 제후국으로 표현된 것은 더욱 믿기 어렵습니다.

박기자 : 사실입니까?

고선생 : 그래서 중국사서를 뒤져보니, 『후한서』〈동이열전〉에 동일한 기록이 나옵니다.

①-20. **왕망王莽** 초에 구려句麗의 군사를 보내어 흉노를 정벌케 하였으나, 그들이 가지 않아 강제로 보내니 모두 국경 너머로 도망하여 오히려 변방을 노략질하였다. 요서대윤 전담田譚이 그들을 추격하여 싸우다 죽었다. 왕망이 장수 엄우嚴尤를 시켜 치게 했는데 **엄우는 구려후句麗侯 추騶를 꾀어 국경 안으로 들어오게 한 뒤 목을 베어 그 머리를 장안長安으로 보냈다. 왕망은 크게 기뻐하며 고구려 왕의 칭호를 '하구려후下句麗侯'로 고쳐 부르게 하였다.** 이에 맥인貊人이 변방을 노략질하는 일이 더욱 심해졌다. 『후한서』〈동이열전〉 고구려

『후한서』 기록은 앞의 『삼국사기』 기록(①-19)과 두 가지 차이가 납니다. 하나는 대상이 고구려가 아닌 구려이고 또 하나는 고구려 장수 연비가 구려후 추騶로 대치됩니다.

박기자 : 고구려와 구려는 다른 겁니까?

고선생 : 구려는 고구려와 전혀 다른 별개의 세력입니다. 현도군 소속의 고구려현을 가리킵니다.

박기자 : 구려후 추는 유리왕입니까?

고선생 : 『삼국사기』 기록만 본다면 구려후 추는 유리왕입니다. 아니 유리왕일 수밖에 없습니다. 그러나 『삼국사기』는 유리왕이라고 하지 않습니다. 더구나 당시 정황으로 보아 유리왕이 멀고먼 한의 국경까지 직접 군사를 이끌고 출정한다는 것 자체가 무리입니다. 『고구려사략』에 구려후 추에 대한 단서가 있습니다.

①-21. 31년(12년) 7월, 한漢의 전담田譚이 색두索頭와 싸우다가 구추勾鄒에게 도움을 청하였다. 이에 **구추가 연비延丕를 보내서 전담을 공격하여 죽였더니 엄우嚴尤가 쳐들어왔다. 엄우의 장졸 2천을 사로잡고 무수한 병마와 병장기 및 인과印顆 12개를 노획하였으며 땅도 7백여 리를 빼앗았다.**
『고구려사략』 광명대제기

구려후는 구추勾鄒입니다. 구추는 고구려 유리왕이 아니라 당시 한의 현도군 속현인 고구려현의 별칭인 구려의 지도자입니다.(『고구려사략』에는 유리왕이 구추를 현도태수로 파견한 기록이 있음) 그래서 처음부터 '왕'이 아닌 제후의 호칭인 '후侯'입니다. 결론적으로 『삼국사기』는 『후한서』기록을 인용하면서 현도군의 고구려현 기록을 고구려 기록으로 둔갑시킵니다. 『고구려사략』은 『삼국사기』와 『후한서』 기록과 달리 오히려 이 싸움에서 고구려가 한의 고구려현 7백리 땅을 더 확보한 것으로 나옵니다. 물론 이후 전투에서 구추는 한에 사로잡혀 목이 베어집니다. 또한 이 사건으로 인해 고구려현의 지도자 칭호도 구려후가 아닌 하구려후로 낮추어 부르게 됩니다.

박기자 : 흥미롭군요.

고선생 : 현도군내의 한과 구려의 싸움을 지켜보던 유리왕은 2년 후인 14년(유리33) 고구려현을 공격하여 아예 고구려의 영토로 편입합니다.

①-22. 33년(14년) 8월, 왕은 오이烏伊와 마리摩離에게 명하여 **군사 2만을 거느리고 서쪽으로 양맥梁貊을 정벌하여 그 나라를 멸망시켰다. 계속 진군하여 한의 고구려현을 습격하여 빼앗았다.**
『삼국사기』 유리왕

①-23. 33년(14년) 8월, 오이烏伊가 **군사 2만을 거느리고 섭신涉臣*을 쳐서 구려성勾麗城을 빼앗고,** 섭

신을 사로잡아 돌아왔다. **자몽紫蒙 12국을 모두 평정하였다.** 『고구려사략』 광명대제기

☞ *자몽국 왕

『삼국사기』 기록에 나오는 양맥은 고구려와 고구려현의 경계지역에 위치합니다. 당시 고구려 개국 공신인 오이와 마리는 황룡국과 비리국의 왕(고구려의 제후)입니다. 황룡국과 비리국은 양맥과 현도군의 고구려현에 인접합니다. 유리왕의 명을 받은 두 사람은 2만 군사를 거느리고 양맥과 고구려현을 공격합니다. 『고구려사략』은 이때 점령한 곳이 고구려현의 구려성이라고 구체적으로 명기합니다. 고구려와 구려가 전혀 다름을 다시 한 번 설명합니다.

박기자 : 유리왕의 치세는 어떠합니까?

고선생 : 『삼국사기』를 보면 왕자들에 대한 기록이 적잖이 나옵니다. 태자는 3명이 나오는데 첫 번째 태자 도절都切은 동부여에서 병사病死하고, 두 번째 태자 해명解明은 유리왕의 명으로 자결합니다. 이후 세 번째 태자는 무휼無恤입니다. 왕자 중에는 여진이 있는데 물에 빠져 죽습니다. 그런데 중국 사서인 『북사』에 흥미로운 기록이 있습니다.

년도	내용
1년(유리20)	도절都切태자 죽음
4년(유리23)	해명解明, 태자에 봉함
9년(유리28)	해명解明태자 자결함
14년(유리33)	무휼無恤, 태자에 봉함
18년(유리37)	여진如津왕자 죽음

①-24. 주몽朱蒙이 부여에 있을 때 아내가 아이를 뱄는데, 주몽이 달아난 뒤에 아들을 낳았다. **처음에는 이름을 여해閭諧라고 하였다.** 여해는 커서 주몽이 왕이 된 사실을 알자 어머니와 함께 주몽을 찾아갔다. **주몽은 여달閭達이라 새로이 이름 짓고 나랏일을 맡겼다. 여달이 죽자 아들 여율如栗이 섰다.** 여율이 죽자 아들 막래莫來가 섰다. 이어 부여夫餘를 아울렀다. 『북사』 고구려

고구려 초기 왕력(왕의 계보)이 나옵니다. 추모(주몽) → 여달閭達(여해) → 여율如栗 → 막래莫來 순입니다. 이 기록은 중국사서 『수서』, 『위서』에도 동일하게 나옵니다. 다만 마지막 막래를 추모왕의 손자로 기록합니다.[27] 이를 『삼국사기』 왕력과 비교해보면, 여달은 제2대 유리왕이고, 마지막 막래는 추모왕의 손자인 제3대 대무신왕인 무휼입니다. 따라서 여율의 존재가 애매합니다.

---

27 중국사서는 다른 나라의 왕력을 표기할 때, 앞뒤 두 왕의 관계를 잘 모르면 무조건 부자관계로 설정한다.

박기자 : 여율은 누구입니까?

고선생 : 『삼국사기』 기록에 없는 존재입니다. 그렇다고 중국사서 기록을 무시할 수도 없습니다. 중국사서가 제3자의 객관적 입장이라는 전제하에 여율의 존재를 찾아봅니다. 『삼국사기』와 『고구려사략』의 기록입니다.

	『삼국사기』 유리왕	『고구려사략』 광명대제기
4년 (유리23)		송후松后가 은천銀川 신궁新宮에서 무휼無恤을 낳았다.
①-25 13년 (유리32)	11월, 동부여가 침입하자 왕은 아들 무휼無恤을 시켜 군대를 통솔하여 막게 하였다. 무휼은 군사가 적어서 대적할 수 없을까 걱정하여 기이한 계책을 썼는데, 직접 군사를 거느리고 산골짜기에 숨어 기다리는 것이었다. 부여군이 곧바로 학반령鶴盤嶺 아래에 이르자 숨어 있던 군사들을 출동시켜 불의에 공격하니, 부여군이 크게 패하여 말을 버리고 산으로 올라갔다. 무휼은 군사를 풀어 그들을 모두 죽였다.	
①-26 14년 (유리33)	정월, 왕자 무휼을 태자로 삼아 군국軍國의 일을 맡겼다. ----------------------------- 유리왕 재위33년 갑술(14년)에 무휼을 태자로 삼았다. 당시 나이는 11세이다. 『삼국사기』 대무신왕	정월, 무휼을 동궁東宮*으로 삼고, 활쏘기와 말타기, 용병술을 가르쳤다. ☞ *태자
①-27 18년 (유리37)	4월, 왕자 여진如津이 물에 빠져 죽었다. 왕이 애통해 하며 사람을 시켜 시체를 찾으려 하였으나 찾지 못하였다. 후에 비류 사람 제수祭須가 시체를 찾아서 알렸다. 마침내 예로써 왕골령王骨嶺에 장사 지내고, 제수에게 금 10근, 밭 10경을 주었다. 10월, 왕이 두곡이궁豆谷離宮에서 죽었다. 두곡 동원東原에 장사 지내고 호를 유리명왕瑠璃明王이라고 하였다.	4월, 해술解術이 여진礪津에서 익사하였다. 제수祭須가 그 시신을 찾아, 왕골령王骨峯에 장사지냈다.
23년 (대무신6)		11월, 대불帶弗이 쳐들어와서 학반령鶴盤嶺 아래에서 그 군사를 크게 쳐부수었다.
28년 (대무신11)		10월, 왕이 두곡이궁豆谷離宮에서 죽었다. 왕의 춘추는 68세이다. 동궁이 두곡이궁에서 즉위하였다.

☞ 유리왕의 사망년도가 『삼국사기』는 18년이고 『고구려사략』은 28년이다. 10년 차이가 난다.

먼저 『삼국사기』 14년(유리33) 기록(①-26)에 주목합니다. 무휼왕자가 태자에 책봉된 해입니다. 이때 무휼의 나이는 11세입니다. 따라서 무휼은 4년(유리4)생이니 『고구려사략』 기록과 일치합니다. 그런데 무휼은 태자가 되기 한해 전인 13년(유리32) 10세의 나이로 동부여의 공격을 패퇴시킵니다(①-25, 『고구려사략』은 23년 기록임). 아무리 왕자의 신분이지만 10세의 어린 소년이 지휘관이 되어 전투를 수행한 자체가 믿기 어렵습니다. 또한 무휼은 태자가 되자마자 군국(군사와 정사)의 권한을 위임받습니다. 11세 태자가 실질적인 왕입니다. 그러나 『고구려사략』은 활쏘기, 말타기 등을 배웠다고 되어있어 11세 태자에게 어울립니다.

박기자 : 어렵군요.

고선생 : 어린 태자인 무휼이 군국의 권한을 위임받지 않았다면 다른 사람을 고려해야 합니다. 유리왕으로부터 왕권을 위임받은 사람입니다. 유리왕을 대신하여 왕권을 행사한 실질적인 왕입니다.

박기자 : 여율입니까?

고선생 : 『삼국사기』 18년(유리37) 기록(①-27)을 따라가다 보면, 4월 여진如津이라는 왕자가 물에 빠져죽는데, 뒤늦게 시신을 찾아 '예禮'로써 장사지냅니다. 일개 왕자를 예로써 장사지낸 기록은 이 부분이 유일합니다. 특별한 존재임을 암시합니다. 그런데 『고구려사략』은 이때 빠져 죽은 왕자가 여진이 아니라 또 다른 왕자 해술解術로 기술합니다. 빠져 죽은 장소는 여진왕자의 이름과 같은 여진礪津입니다. 따라서 여진이라는 왕자는 원래 없는데, 『삼국사기』가 해술의 이름을 빠뜨리는 바람에 해석상의 오류가 발생한 겁니다.

박기자 : 그렇다면 해술이 여율입니까?

고선생 : 그렇습니다. 『삼국사기』와 『고구려사략』의 기록을 중첩해 보면, 해술과 여율은 동일인입니다.[28]

박기자 : 해술(여율)에 대해 좀 더 알 수 있습니까?

고선생 : 남당필사본 『본기신편열전』의 해술태자 기록입니다.

---

28 『삼국사기』 기록을 준용하여 여진(如津)을 중국사서의 여율(如栗)로 보는 견해도 있다. '진(津)'과 '율(律)'의 한자가 비슷한 점을 착안하여, 중국사서가 '율'의 음을 차용하여 '律'을 동음의 '栗'로 고쳐 표기한 것으로 해석한다.

①-28. **해술태자**解術太子**는 화태후**禾太后**의 소생이다.** 성격은 온화하고 인자하며 효성이 지극하여 마치 부녀婦女같았다. **해명**解明**이 죽자, 명왕**明王*은 해술을 태자로 삼아서 화태후를 위로하였다. 군신들이 인군人君의 자질이 없다며 폐할 것을 간하니, 화씨禾氏 무리들이 이를 불쾌히 여겨 해술에게 사졸을 길러서 병권을 장악하라고 설득하였다. 해술이 "해명은 용감하고 도절都切은 인자함에도 부왕이 허용하지 않았다. 하물며 나의 어머니는 미천하여 핍박을 당할 것인데 어찌 태자를 바라겠는가?" 말하며, **결국 듣지 않았다. 무휼**無恤**이 태자가 되어 병권을 장악하자, 해술의 수하들이 날로 무휼에게 달라붙었다.** 해술은 처음에 해명과 서로 좋아하여, 부부夫婦처럼 지냈는데, 두 사람은 남녀男女가 되지 못함을 한탄하였다. **이때에 이르러 무휼은 해술을 존대**尊大**하였으나, 해술이 나이가 많아서 그의 밑에 들어가기를 수치스럽게 여겼다. 그리하여 여진**礪津**에 가서, 해명에게 제사지내고, 물에 뛰어들며** 노래하길 "해명아! 해명아! 어디로 갔느냐? 해술이 해술이 여기에 왔다! 나도 너를 따라 물속으로 가련다. 하늘에서 만나거든 부부夫婦가 되자꾸나." 하였다. 명왕이 이를 듣고 애통해하며 말하길 "짐이 자애하지 못해 세 아이**가 스스로 목숨을 끊었으니, 어찌 사람들을 볼 수 있을꼬!" 하였다. **곧 시신을 찾아 나섰으나 7일 동안 찾지 못하였다. 비류인**沸流人 **제수**祭須**가 물의 성질을 알고 하류**下流**에서 시신을 찾으니, 왕이 소식을 듣고 태자의 예**禮**로써 해명의 곁에 장사지냈다.** 제수에게는 금 10근과 밭 10경을 하사하였다. 『본기신편열전』 해술태자

☞ *유리왕 **도절,해명,해술

해술태자는 유리왕의 아들입니다. 어머니 화희禾姬는 골천 출신의 미천한 가문이어서 해술은 유리왕의 후계자가 될 위치가 아니지만, 해명태자가 자살하는 바람에 태자가 됩니다. 그러나 군신들이 반대하자 해술은 태자 자리를 내려놓습니다. 그리고 어린 무휼이 태자가 되고(『고구려사략』에 기록된 해술의 출생년도는 서기전10년(유리10)임. 무휼보다 14년 먼저 태어남), 수하들마저 무휼쪽으로 달라붙자 결국 해술은 자살을 선택합니다.

박기자 : 그렇다면 중국사서는 무엇 때문에 해술(여율)을 왕으로 기록한 겁니까? 다른 이유가 있습니까?

고선생 : 해명태자가 자살한 해는 9년(유리28)이고, 무휼이 태자가 된 해는 14년(유리33)입니다. 따라서 해술의 태자 재위기간은 5년입니다. 이 기간 동안 해술은 유리왕을 대신하여 실질적인 왕권을

행사합니다. 바로 이점이 중국사서가 여율(해술)을 왕으로 기록한 이유입니다. 물론 중국사서 기록을 액면 그대로 받아들여 해술이 실제로 왕이 되었다고도 볼 수 있습니다. 그럼에도 해술은 조정(군신)의 탄핵을 받고 물러나며, 결국에는 물에 빠져 생을 마감합니다.

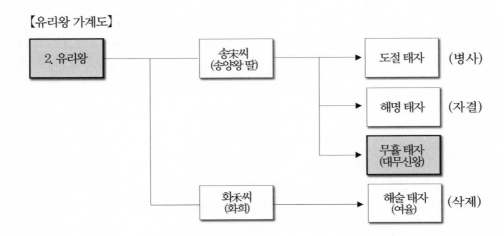

【유리왕 가계도】

박기자 : 해술이 탄핵을 받을 만한 사유가 있습니까?

고선생 : 당시 고구려조정은 유리왕을 옹립한 동부여계가 정권을 잡고 있습니다. 이들은 미천한 가문 출신인 화禾씨를 어머니로 둔 해술이 태자가 된 것 자체가 못마땅합니다. 그래서 옛 비류국 송양왕의 딸 송末씨가 낳은 아들인 무휼을 선택합니다. 무휼은 비류계입니다(앞서 자살한 해명태자도 비류계임). 동부여계가 비류계와 손잡고 어린 무휼을 앞세우고 해술 제거에 적극 나섭니다.

박기자 : 결국 해술태자는 권력투쟁에 패한 것이군요. 그렇다면 『삼국사기』는 무슨 이유로 해술태자의 존재를 삭제한 겁니까?

고선생 : 새로이 태자가 된 무휼 때문입니다. 무휼은 '대무신大武神'의 시호를 받은 제3대 왕입니다. 고구려 역대 왕 중에 '大'자를 붙인 유일한 왕이며, '武神' 또한 강력한 정복군주를 상징합니다. 우리는 고구려의 정복군주로 광개토왕을 가장 먼저 떠올리지만 대무신왕은 고구려초기 강역을 광개토왕보다 훨씬 넓게 확장시킨 진정한 정복군주입니다. 《광개토왕릉비》를 보면, 광개토왕 이전의

왕들은 딱 3명만 언급합니다. 시조 추모왕과 유리왕 그리고 대무신왕입니다. '고명을 받은 유류왕儒留王은 도道로써 나라를 다스렸고, 대주류왕大朱留王은 왕업을 계승하여 발전시켰다. 대주류왕의 17세손인 국상상광개토경평안호태왕은 18세에 즉위하여 연호를 영락永樂이라 하였다.〔顧命世子儒留王 以道興治 大朱留王紹承基業 遝至十七世孫 國岡上廣開土境平安好太王 二九登祚 號爲永樂〕' 대주류왕이 바로 대무신왕입니다. 《광개토왕릉비》(412년 세움)를 세운 장수왕은 아버지 광개토왕이 대무신왕의 왕업을 이어 받았다고 선언합니다. 이는 후대 왕들조차 대무신왕을 높게 평가한 증거입니다. 굳이 『삼국사기』가 해술(여율)을 왕력에서 뺐다면 대무신왕에 대한 배려 때문입니다.

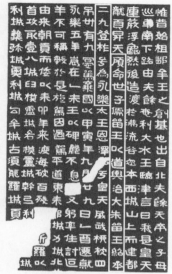

《광개토왕릉비》 탁본

박기자 : 대무신왕이 무척 궁금해지는군요.

고선생 : 시작이 너무 길었습니다. 교수님께 총평을 부탁드립니다.

정교수 : 고구려의 초기 건국 장소는 여전히 논란의 대상입니다. 『삼국사기』와 중국사서의 일부 기록은 고구려의 건국장소가 압록강 중류지역이 아닌 중국 요녕성 요하지역으로 기록하나 학계는 이를 수용하지 못하는 실정입니다. 역사 강역은 영토보다 매우 엄중한 문제입니다. 영토는 시대에 따라 바뀔 수 있지만 역사 강역은 불변입니다. 이러한 측면에서 고구려의 역사와 강역은 반드시 찾아내어 지켜야 합니다. 선생님께서 인용하신 『유기추모경』과 『고구려사략』의 기록은 매우 인상적입니다. 이러한 사서들도 『삼국사기』 못지않게 존중되어야 한다고 생각합니다.

2장

전설속의 비애

호동왕자와 낙랑공주

1. 위대한 정복군주 대무신왕

고선생 : 대무신왕은 유리왕의 셋째 아들[1]로 이름은 무휼입니다. 첫째인 도절태자가 병사하고, 둘째인 해명태자 마저 유리왕의 명을 받고 자결하자, 무휼이 태자가 되어 보위를 잇습니다. 『삼국사기』는 '태어나면서부터 총명하고 지혜가 있으며, 장성해서는 호걸의 풍모에 큰 지략을 지녔다.〔生而聰慧 壯而雄傑有大略〕'고 평합니다. 군주의 자질을 모두 갖춘 뛰어난 인물입니다. 대무신왕의 또 다른 시호는 '대해주류왕大解朱留王'입니다. '大'자가 붙습니다.

박기자 : 해주류는 무슨 뜻입니까?

고선생 : '해解'는 부여와 고구려 왕족의 성씨로 '태양'을 가리키는 말입니다. 대무신왕의 아버지 유리왕의 이름 중에 주류朱留가 있습니다. 주류는 세상을 가리키는 우리말 '누리'입니다. 따라서 해주류는 '해(태양)+누리(세상)'의 합성어로 '세상을 밝히는 태양'을 뜻합니다.[2] 『고구려사략』에 무휼이 태어난 장소를 가리켜, '신궁 안에 붉은 빛이 가득 비추어 궁의 이름을 주류라 하였다.〔新宮 朱光炤室 故名宮曰 朱留〕'는 기록이 있습니다. 같은 의미입니다. 해주류는 한마디로 표현하면 왕 중의 왕입니다. 참고로 대무신왕이 '대해주류왕'이라면, 후대의 소수림왕(제17대)은 '소해주류왕'으로 부릅니다. 해주류는 위대한 왕을 나타내는 고구려왕의 표상입니다.

박기자 : 대무신왕은 어떤 왕입니까?

고선생 : 『삼국사기』 대무신왕 기록을 펼치면 눈에 확 들어오는 기사가 있습니다.

---

1 『고구려사략』은 유리왕 시기에 물에 빠져죽은 해술(解術) 왕자를 언급하고 있어, 실제는 넷째 아들이다. 일반적으로, 『삼국사기』는 사건기록과 관계된 인물이 아니면 생략하는 경향이 있다. 물론 기록한 인물 간의 관계도 생략된 인물은 전혀 고려하지 않고 계보를 이어 놓는다.
2 이병도는 주류(朱留)를 가리켜 가야의 시조 김수로왕의 수로(首露)와 같이 신성(神聖)을 나타내는 우리 말 '수리'로 풀이 한다.

②-1. 2년(19년) 정월, 경도京都에 지진이 났다. 죄수들을 크게 사면하였다. **백제百濟 백성 1천여 호戶가 귀순하여 왔다.** 『삼국사기』 대무신왕

19년(대무신2)입니다. 갑자기 백제가 툭 튀어 나옵니다. 〈고구려본기〉에 나오는 백제에 대한 최초 기록입니다. 뜬금없이 백제 백성 1천여 호가 고구려로 귀순합니다.

박기자 : 고구려와 백제는 너무 멀리 떨어져 있군요. 배라도 타고 귀순한 겁니까?

고선생 : 〈백제본기〉에도 같은 내용이 나옵니다.

②-2. 37년(19년) 4월, 가뭄이 들었는데, 6월이 되어서야 비가 왔다. **한수漢水의 동북 마을에 흉년이 들 어 민가 1천여 호가 고구려로 도망가니 패수浿水와 대수帶水 사이가 텅 비어 사는 사람이 없게 되 었다.** 『삼국사기』 〈백제본기〉 시조 온조왕

역시 19년(온조37)입니다. 〈고구려본기〉와 내용이 겹칩니다. 그런데 〈백제본기〉의 장소는 모두 한반도입니다. 한수는 한강, 패수는 예성강, 대수는 임진강으로 비정합니다. 한수의 동북은 경기도 동북부지역입니다. 백제 백성이 흉년이 들어 몽땅 고구려로 넘어가 일대가 텅 빕니다.

박기자 : 고구려와 백제가 국경을 맞대고 있는 겁니까?

고선생 : 『고구려사략』에 흥미로운 기록이 있습니다.

②-3. 2년(19년) 정월, **한남汗南이 가물고 황충蝗蟲이 일어 백성들이 굶게 되자, 찾아와 의지하려는 이 들이 1천여 호가 되었다. 이들에게 먹을 것을 주고 서하西河에서 살도록 하였다.**
『고구려사략』 대무신제기

②-4. 15년(45년) 2월, **다루多婁가 한남汗南의 옛 땅을 고구려에 바치고 남쪽으로 내려갔다.** 상이 군사 를 보내 신라를 쳐서 다루를 도왔다. 『고구려사략』 대무신제기

역시 19년(대무신2)입니다.(②-3) 앞의 『삼국사기』 〈고구려본기〉, 〈백제본기〉 기록(②-1, ②-2)과 기 본적으로 일치합니다. 한남汗南이 나옵니다. 옛 홀본국 땅으로 백제 건국이전에 소서노와 유리왕이 고구려를 3분할 통치할 때 온조가 한남왕의 봉함을 받고 다스린 지역입니다(제1장 42쪽 참조). 한남의 위치는 지금의 요녕성 조양朝陽입니다. 이어 45년(대무신15)입니다.(②-4) 백제 다루왕(제2대)은 한남

을 고구려에게 넘기고 남쪽으로 내려갑니다.

박기자 : 백제가 고구려 영토내에 있는 겁니까?

고선생 : 백제는 한강 유역에 소재합니다. 도성은 하남위례성(서울송파구/경기하남)입니다. 남쪽으로 내려갔다는 표현은 다루왕의 행적을 말합니다. 다루왕은 신라를 치기 위하여 고구려를 찾아가 온조의 옛 한남 땅과 고구려의 군사 지원을 두고 대무신왕과 빅딜big deal합니다. 빅딜을 성사시킨 다루왕은 다시 하남위례성으로 돌아갑니다. 당연히 남쪽으로 내려갑니다.

박기자 : 한남은 백제의 영토입니까?

고선생 : 적어도 빅딜 이전까지 한남은 고구려 영토내의 백제 자치권이 보장된 분국分國입니다.[3] 그러나 빅딜 이후 백제는 한남에 대한 모든 권리를 고구려에게 넘깁니다. 다시 시간을 거슬러 19년(대무신2, 온조37)으로 돌아갑니다(②-1). 흉년이 들어 고구려로 귀순한 백제 백성은 한반도에 거주한 백성이 아닙니다. 한남에 거주한 백성입니다.

박기자 : 그렇다면 〈백제본기〉는 무엇 때문에 이들 장소를 한반도로 설정한 겁니까?

고선생 : 두 가지 가능성이 있습니다. 하나는 〈백제본기〉가 원기록을 의도적으로 수정한 경우이고, 또 하나는 원기록 그대로인데, 지명에 대한 위치비정을 잘못한 경우입니다. 전자의 가능성도 있으나 후자에 무게를 둡니다. 결과적으로 패수, 대수는 한반도에 소재한 강이 아닐 수도 있습니다. 예를 들어, 패수(패하)는 『삼국사기』 뿐 아니라 중국사서에도 자주 언급되는 강입니다. 한반도의 경우, 압록강, 청천강(한백겸,이병도 비정), 대동강, 예성강 등 한반도 북쪽의 모든 강이 망라될 정도로 다양하게 비정됩니다. 중국 대륙은 대릉하大凌河와 난하灤河가 대표적입니다. 대릉하 중상류지역은 옛 홀본국 땅입니다. 『고구려사략』이 기록한 한남과 직접적으로 연결됩니다.

박기자 : 정교수님은 어떻게 보십니까?

정교수 : 백제는 고구려에 뿌리를 두고 있으나 적어도 건국(서기전17년) 초기에는 고구려와 유기적 관계가 없다고 보는 것이 통설입니다. 이는 『삼국사기』에 양국의 교류를 짐작할 수 있는 정황과 기록이 전혀 없기 때문입니다. 그러나 『고구려사략』에 군사 지원과 같은 양국의 교류 기록이 있다면

---

3 정재수, 『백제 역사의 통곡』(논형, 2018) 제2장 참조.

기존의 해석은 재고再考되어야 합니다. 패수와 대수의 위치비정도 마찬가지입니다. 예를 들어, 한반도의 예성강과 임진강으로 비정한다면, 패수와 대수 사이는 〈백제본기〉가 기록한 한반도 동북지역이 아니라 서북지역이 됩니다. 방위자체가 정반대로 설정되는 모순이 있습니다.

고선생 : 백제가 건국초기 고구려의 군사적 도움을 받은 기록은 『고구려사략』에 또 있습니다. 유리왕 26년(7년) '군사와 식량을 보내서 온조의 한(마한) 정벌을 도왔다. 3년을 계속하였다.〔遣兵及粮于溫祚 以助伐韓 三年継之〕'는 기록입니다. 이는 『삼국사기』〈백제본기〉 시조 온조왕 편에 나오는 마한정복 기록과 맥을 같이 합니다. 다만 〈백제본기〉는 고구려의 군사 지원에 대해서 일체 언급하지 않습니다.

박기자 : 그렇다면 『삼국사기』는 무슨 연유로 고구려의 군사지원을 뺀 겁니까?

고선생 : 반복되는 설명이지만, 『삼국사기』는 신라인이 정리한 『구삼국사』 기록이 바탕입니다. 삼국의 역사이지만 철저히 신라 중심으로 서술된 사서입니다. 백제는 한반도의 평야지대(경기, 충청, 전라)를 점유한 축복받은 환경을 갖고 있지만 신라는 산악지대(경상)를 점유하여 상대적으로 열악합니다. 더구나 백제는 신라(나당연합)에 의해 멸망당할 때까지 끊임없이 신라를 공격하고 괴롭힙니다. 그런 백제를 좋게 평가한다면 오히려 이상합니다. 고구려 또한 마찬가지입니다. 신라의 입장에서 보면 고구려는 삼국 중에서 가장 강력한 대국입니다. 그럼에도 고구려 역시 신라에 의해 멸망당합니다. 『삼국사기』는 신라의 우월성과 자부심이 짙게 배어있는 사서입니다. 승자인 신라의 입장에서 보면 패자인 백제와 고구려의 깊은 유대관계를 기록으로 남기는 것은 신라인 스스로 자존심이 허락하지 않을 겁니다.

박기자 : 재미있는 해석이군요.

고선생 : 대무신왕의 재위기간은 18년~44년까지 27년입니다. 4년에 태어나 14년(유리23)에 출생하여 11세(14년)에 태자가 되고, 15세(18년)에 고구려 제3대 왕에 즉위하여 41세(44년)에 사망합니다. 대무신왕은 시조 추모왕과 마찬가지로 단명합니다. 짧은 생애이지만 대무신왕은 재위기간 동안 고구려 초기 강역을 최대한도로 확장시킵니다. 동부여, 한, 낙랑국과의 전쟁을 승리로 이끌며 초기 고구려를 제국의 반열에 올려놓은 진정한 정복군주입니다.

박기자 : 동부여는 어떻게 정벌합니까?

고선생 : 『삼국사기』가 기록한 대무신왕의 동부여 정벌은 20년(대무신3) 동부여 대소왕帶素王(제3대)이 대무신왕에게 보낸 머리가 하나이고 몸통이 둘인 붉은 까마귀에 대한 해석 사건이 발단입니다. 대소왕은 동부여가 고구려를 합칠 징조로 여겨 까마귀를 대무신왕에 보냅니다. 그런데 고구려는 원래 까마귀는 검은색으로 북방의 색깔인데 붉은색으로 변한 것은 장차 고구려가 동부여를 흡수할 것이라는 해석을 내놓습니다. 대소왕이 고구려의 해석을 듣고 붉은 까마귀를 대무신왕에게 보낸 것을 후회합니다. 21년(대무신4) 겨울 대무신왕은 본격적으로 동부여 정벌을 단행합니다. 해가 바뀌어 22년(대무신5) 2월 동부여 남쪽지역에서 벌어진 전투에서 괴유가 동부여왕의 목을 베면서 전투는 고구려의 승리로 끝나며 동부여는 멸망합니다.

박기자 : 대소왕은 누구입니까?

고선생 : 금와왕의 장자입니다. 추모왕의 생모 유화부인이 금와왕에게 재가하였으니 대소왕은 추모왕의 이복형입니다. 대무신왕의 할아버지뻘입니다.

박기자 : 할아버지뻘이면 대소왕은 고령이겠군요.

고선생 : 추모왕이 서기전37년 고구려를 건국할 당시의 나이는 21세입니다. 추모왕은 서기전57년 출생합니다. 따라서 추모왕의 이복형인 대소왕의 출생시기는 서기전57년 이전입니다. 붉은 까마귀 해석 사건이 발생한 20년(대무신3)은 고구려 건국(서기전37년) 이후 57년의 세월이 흐른 시점이어서 대소왕의 나이는 대략 90세 전후로 추정됩니다. 그러나 『고구려사략』에는 대소왕이 이 사건이 발생하기 6년 전인 14년(유리33)에 사망한 것으로 나옵니다. '대불帶弗이 대소帶素를 죽이고 보위에 올랐다.(대불은 대백의 아들이다. 금와의 아들이라고도 한다.)〔帶弗殺帶素而自立(弗帶伯之子─作金蛙子)〕' 대소왕은 자연사가 아닌 대불에게 암살당합니다. 『고구려사략』 기록이 맞다면 붉은 까마귀를 대무신왕에게 보낸 사람은 대소왕이 아니라 대불왕입니다. 또한 대무신왕이 목을 벤 동부여왕(『삼국사기』는 동부여왕이라 함) 역시 대불입니다.

박기자 : 그렇다면 『삼국사기』는 무슨 이유로 대소왕으로 기록한 겁니까?

고선생 : 『삼국사기』 기록은 고구려 왕실의 대소왕에 대한 해묵은 감정을 반영합니다. 대소왕은

태자로 있으면서 이복동생인 추모왕의 재능과 능력을 시기합니다. 결국 추모왕은 대소왕의 압박에 못 이겨 동부여를 탈출합니다. 이 사실을 잘 알고 있는 고구려 왕실은 어떻게든 시조 추모왕을 괴롭힌 대소왕을 폄하할 수밖에 없습니다. 『삼국사기』 기록만 본다면 대소왕은 붉은 까마귀를 대무신왕에 보낸 우매함과 또한 동부여의 생명줄을 끊은 장본인입니다. 동부여 멸망의 모든 책임을 뒤집어 쓴 우둔한 군주입니다.

박기자 : 추모왕에 대한 일종의 복수심리 이군요.

고선생 : 대무신왕의 동부여 정벌은 시사하는 바가 큽니다. 당시 고구려는 만주대륙을 놓고 동부여와 쌍벽을 이루며, 북부여의 계승자 자리를 놓고 자웅을 겨룹니다. 동부여 멸망은 고구려가 북부여의 진정한 계승자임을 만천하에 선포한 사건입니다.

박기자 : 동부여 멸망과 함께 부여는 역사에서 사라진 겁니까?

고선생 : 고구려는 북부여 계승자의 본류로 자리매김합니다. 그러나 북부여의 지류는 계속해서 분화합니다. 동부여 멸망이후 대소왕의 아우(『삼국사기』는 금와왕의 막내아들이나 이름은 알 수 없다 함. 『고구려사략』은 금와왕과 유화부인 사이에서 태어난 해소解素의 아들 산해山解라 함)가 갈사수를 중심으로 '갈사부여葛思夫餘'를 세웁니다. 또한 부여왕의 종제(『삼국사기』는 출신과 이름을 밝히지 않음. 『고구려사략』은 갈사부여의 종제인 낙문絡文이라 함)가 동부여인 1만을 데리고 고구려에 투항하자, 대무신왕은 이들을 연나부에 살게 합니다. '연나부여掾那夫餘'라 합니다. 이후에도 북부여의 지류는 계속 이어지는데 120년경에는 중국 요서지역에 북부여 왕족출신 위구태尉仇

부여의 분화

台가 등장하여 '서부여西夫餘'를 세웁니다. 훗날 서부여의 한 부류가 한반도로 건너가 백제왕실을 접수하며, 백제는 성왕(제26대) 시기에 '남부여南夫餘'로 국호를 바꿉니다. 마지막으로 '두막루豆莫婁'가 있습니다. 부여유민들이 400년경에 세운 나라로 지금의 중국 흑룡강성 하얼빈에 위치합니다. 726년 발해 무왕(제2대)에게 멸망당합니다.

박기자 : 부여의 생명력은 끝이 없군요.

고선생 : 우리 민족의 역사는 부여의 역사라 해도 과언이 아닙니다. 고조선이 뿌리라면 부여는 나무기둥입니다. 큰 줄기는 고구려와 백제이며 또한 신라입니다. 신라의 건국시조 박혁거세를 낳은 파소부인婆蘇夫人은 북부여 왕녀출신입니다.[4] 또 줄기 중의 하나는 일본 고대국가 야마토(大和·大倭)를 창업한 집단입니다. 이들은 중국 대륙의 기마민족으로 표현된 부여의 한 부류입니다.[5]

박기자 : 부여의 생명력은 어디에서 나온 겁니까?

고선생 : 부여는 단군조선(고조선)의 계승자로 '天子(하늘의 아들)'의 선민의식選民意識을 갖고 있는 세력집단입니다. 이들은 국가를 직접 창업하여 시스템system을 만들고 운영해본 노하우know-how가 있습니다. 부여의 왕족은 중국 대륙의 동북방과 한반도, 그리고 멀리 일본 열도에 이르기까지 시간과 장소를 이동해가며 끝없이 왕조를 만들고 역사와 문화를 꽃 피웁니다.

박기자 : 고대 일본 열도의 지배세력도 부여왕족 출신이라는 사실이 놀랍군요.

고선생 : 다시 대무신왕의 역사로 돌아갑니다. 『삼국사기』 기록에 따르면, 한漢과의 전쟁은 28년(대무신11)에 발생합니다. 7월 한의 요동태수가 군사를 이끌고 고구려를 쳐들어옵니다. 이에 대무신왕은 신하와 대책을 논의합니다. 우보 송옥구松屋句가 고구려의 험준한 지형에 의지한 수비론을 내세우자, 좌보 을두지乙豆智는 한술 더 떠서 아예 성으로 들어가 농성전籠城戰을 펼치자고 주장합니다. 대무신왕은 이를 받아들여 위나암성으로 들어가 장기전에 대비합니다. 여러 날을 대치하는 가운데 을두지가 음식과 술을 요동태수에게 보내는 계책을 씁니다. 이에 요동태수는 위나암성 안에

---

4 정재수, 『신라 역사의 명암』(논형, 2018) 제1장 참조
5 에가미 나미오(江上波夫, 1906~2002)의 「기마민족정복설」이다. 일본 고대국가 야마토를 세운 왕조세력은 4세기 중후반 통구스 계통의 중국 북방기마민족이 일본으로 건너왔다는 설이다. 게리 레드야드(Gary Ledyard)는 이를 수정 보완하여 '대륙의 부여 전사들로 4세기 중후반 한반도 서남부를 거쳐 일본을 점령한 백제세력'으로 규정한다.

물이 있어 빠른 시간 내에 함락시킬 수 없다고 판단하고 군사를 철수시킵니다.

박기자 : 실제 전투는 없는 겁니까?

고선생 : 『삼국사기』 기록대로라면 한漢과의 전투는 없습니다. 그러나 『고구려사략』은 전혀 다르게 설명합니다.

> ②-5. 10년(37년)* 7월, 한漢 군사들이 또다시 구리성丘利城에 갑자기 몰려와서, 상이 친히 남구南口에 나아가 독전하였다. 송옥구松屋句가 아뢰길 "저들은 지금 도적들이 벌 떼처럼 일어나고 있는데, 어찌 한가로이 명분 없는 싸움을 걸어오겠습니까? 이런 싸움은 대개 변방장수가 개인의 이득을 엿보며 제멋대로 침입한 것이니, 적의 사기가 쇠하기를 기다렸다가, 예상치 못할 때 나아가야 깨뜨릴 수 있습니다." 하였다. **이에 울암蔚岩으로 들어가 적의 침입로를 끊었다. 적은 개마盖馬를 깨뜨리고 달려와 울암 밖을 겹겹이 포위하더니, 날이 갈수록 군사가 늘어났다. 대략 성 안에 물이 없다고 여겨 공격을 서둘렀다.** 이에 을두지乙豆智의 계략을 써서, 적에게 물고기 안주와 술을 보내니, 적은 성 안에 물이 많은 줄 알고 물러났다. 이때, **상이 남구로부터 구원하러 와서 적을 협공하여 크게 쳐부쉈다. 이 전쟁을 '울암대전蔚岩大戰'이라고 한다. 적은 침입로가 끊김을 걱정하여 곧장 남구로 쳐들어오지 못하고 작은 성**에서 헛고생만하다가 패하였다.** 『고구려사략』 대무신제기
>
> ☞ *『삼국사기』는 대무신왕 11년(28년)이다. **울암성

첫째는 고구려를 침공한 한의 군사 성격입니다. 한의 중앙정부 차원이 아닌 일개 변방의 지방관(『삼국사기』는 요동태수라 함)입니다. 둘째, 한의 군사가 쳐들어온 구리성입니다. 구리성은 구려성으로 현도군 속현인 고구려현의 옛 치소입니다. 유리왕시기에 고구려현의 구려성을 빼앗아 고구려 영토로 편입합니다.(제1장 49쪽 참조) 셋째는 한의 군사가 구려성 침공 전에 깨뜨린 개마국盖馬國입니다. 개마국은 대무신왕이 26년(대무신9) 친히 정벌하여 고구려 행정구역(군현)으로 편입한 나라입니다. 이때 구다국句茶國도 개마국과 함께 멸망합니다.[6]

---

6 『삼국사기』 대무신왕 기록이다. '9년(26년) 겨울 10월, 왕은 친히 개마국(蓋馬國)을 정벌하고 그 왕을 죽였다. 그곳 백성을 위로하고 군사들에게 일러 노략질을 못하게 하였다. 다만 그 곳을 군현으로 삼았다. 12월, 구다국(句茶國)왕이 개마국이 멸망했다는 소식을 듣고, 자기에게도 화가 미칠까 두려워 나라를 들어 항복하였다. 이로 말미암아 고구려의 개척지역은 점점 넓어졌다.〔九年 冬十月 王親征蓋馬國 殺其王 慰安百姓 毋虜掠 但以其地爲郡縣 十二月 句茶國王 聞蓋馬滅 懼害及己 擧國來降 由是拓地浸廣〕'

박기자 : 선뜻 이해하기 어렵군요.

고선생 : 마지막으로 전투장소입니다. 『삼국사기』는 위나암성 하나만을 언급하나, 『고구려사략』은 남구성과 울암성 두 곳입니다. 남구성에는 대무신왕이 있고, 울암성에는 송옥구와 을두지가 있습니다. 울암성과 위나암성은 같습니다. 다만 『삼국사기』는 울암성을 마치 유리왕이 천도한 수도 위니암성으로 기록합니다. 『삼국사기』 편찬자가 위나尉那의 한자가 울蔚과 비슷하고 또한 암岩자로 끝나는 지명이어서 오기誤記한 듯합니다. 송옥구 계책이 먹혀들자 대무신왕은 남구성에서 나와 울암성의 고구려군과 협공하여 한의 군사를 크게 무찌릅니다. 『고구려사략』은 '울암대전'으로 표현하여 고구려의 대승을 명확히 증언합니다. 참고로 울암성과 남구성의 위치는 정확히 알 수 없으나 고구려의 서쪽지역입니다.

박기자 : 고구려가 정복한 개마국은 어디에 있습니까?

고선생 : 백두산 남쪽의 대규모 구릉지대인 개마고원(면적 14,000㎢, 평균높이 1,340m)이 있습니다. 한반도에서 가장 높고 넓은 고원이어서 '한반도의 지붕'으로 불립니다. 개마의 지명이 있다고 해서 개마고원 일대를 개마국으로 추정하는 견해가 있습니다. 그러나 당시의 개마국 위치는 고구려 서쪽으로 중국의 동북방입니다. 한반도 개마고원은 고구려에 멸망당한 개마국의 유민이 한반도로 이동한 증거입니다. 다음은 낙랑국입니다.

박기자 : 혹시 호동왕자와 낙랑공주 전설의 배경이 되는 나라입니까?

고선생 : 그렇습니다. 자명고自鳴鼓를 찢어 조국을 배신하고 호동왕자를 선택한 낙랑공주의 슬픈 사랑 이야기로 더욱 알려진 나라입니다. 낙랑국은 추모왕이 고구려를 건국하면서 가장 먼저 경계를 정하는 등 고구려와 국경을 맞대고 있는 나라입니다(제1장 26쪽 참조). 지금의 요하 동쪽 평야지대에 위치합니다. 주변 국가들은 대부분 고구려에 합병되지만 낙랑국 만큼은 이 시기까지 독립을 유지합니다.

박기자 : 낙랑국은 언제 멸망한 겁니까?

고선생 : 『삼국사기』와 『고구려사략』의 기록입니다.

②-6. 15년(32년) 4월, 왕자 호동好童이 옥저沃沮를 유람하였다. 그때 낙랑왕 최리崔理가 그곳을 지나다가 호동에게 물었다. …(중간생략)… 예전부터 낙랑에는 북과 나팔이 있었는데, 적병이 쳐들어오면

저절로 소리를 내기에 그녀에게 그것을 부수어 버리게 하였다. 이에 최씨의 딸은 예리한 칼을 들고 남 모르게 무기고에 들어가서 북과 나팔의 입을 베어 버린 뒤에 호동에게 알려 주었다. 호동이 왕에게 권 하여 낙랑을 습격하였다. 최리는 북과 나팔이 울지 않아 대비를 하지 않았고, **우리 군사들이 은밀히 성 아래까지 이르게 된 뒤에야 북과 나팔이 모두 부서진 것을 알았다. 최리는 마침내 자기 딸을 죽이 고 나와서 항복하였다.** 『삼국사기』 대무신왕

②-7. **20년(47년), 3월, 낙랑이 배반하여, 상이 친히 그 도읍인 옥저를 빼앗았다. 최리**崔理**는 남옥저 로 달아났다.** 27년(54년) 4월, 호동**好童**태자가 군사를 이끌고 동쪽을 순수하며 사냥하다가, 최리의 새 도읍*에 이르러 최리의 딸과 좋아하며 지냈다. 그녀는 호동을 위해 북과 나팔을 망가뜨리고, 왕의 대군 을 맞아들였다. **옥저에서 배로 물을 건너 들어가서 그 도읍을 빼앗고 최리 부부를 사로잡아 돌아왔 으며, 그 땅은 죽령군**竹岺郡**으로 삼았다. 낙랑은 시길**柴吉**로부터 4대 80여년 만에 나라의 문을 닫 았다.** 『고구려사략』 대무신제기

☞ *남옥저

낙랑국은 15년(대무신32) 고구려의 공격을 받아 멸망합니다. 『삼국사기』는 고구려가 낙랑국을 공 격한 배경과 이유에 대한 설명이 없지만, 『고구려사략』에 단서가 나옵니다. 이유는 낙랑국의 배반입 니다. 배반의 실체는 정확히 알 수 없으나 대무신왕은 친히 낙랑의 수도 옥저성을 공격하여 빼앗자, 낙랑왕 최리崔理가 남옥저로 도망갑니다. 이후 호동왕자가 남옥저(『삼국사기』는 옥저라 함)에 잠입하여 낙랑공주의 사랑을 얻고 낙랑공주는 조국을 배신합니다. 고구려 군사의 공격을 받은 최리는 자신의 딸인 낙랑공주를 죽이고 고구려에 항복합니다. 고구려는 낙랑국 땅을 죽령군으로 삼아 편입합니다.

박기자 : 조국을 배신한 낙랑공주의 사랑은 결실을 보지 못하고 죽음으로 끝났군요.

고선생 : 『고구려사략』은 낙랑국이 시길柴吉로부터 시작하여 4대 80여 간간 유지된 나라라고 부 연합니다. 그런데 32년(대무신15) 멸망한 낙랑국이 5년 후인 37년(대무신20)에 또 다시 멸망합니다. 『삼국사기』 기록입니다

②-8. 20년(37년), **왕이 낙랑을 습격하여 멸망시켰다.** 『삼국사기』 대무신왕

②-9. 14년(37년), **무휼**無恤***이 낙랑을 습격하여 멸망시키자, 그 나라 백성 5천이 투항해왔다. 그들 을 6부에 나누어 살게 하였다.** 『삼국사기』〈신라본기〉 유리이사금

☞ *대무신왕

두 기록 모두 낙랑의 멸망을 설명합니다. 특히 〈신라본기〉는 낙랑인 5천이 신라에 투항한 사실도 부연합니다. 『삼국사기』 기록만 본다면, 낙랑국은 32년(②-6)과 37년(②-8, ②-9), 두 차례에 걸쳐 멸망합니다. 기록만 가지고서는 도무지 역사적 판단을 할 수가 없습니다.

박기자 : 무슨 이유입니까?

고선생 : 『고구려사략』이 명쾌하게 설명합니다.

> ②-10. 29년(56년) 7월, **낙랑의 남은 무리들이 동옥저東沃沮와 함께 반란을 일으켰다.** 장군 어비신菸
> 卑神을 보내서 **동옥저를 빼앗아 해서군海西郡으로 삼고, 낙랑의 남은 무리들은 환아桓阿에 살게 하
> 였다.** 『고구려사략』 대무신제기

32년(대무신15) 남옥저의 낙랑국이 멸망하자, 일부 유민이 동옥저로 피신합니다. 37년(대무신 20) 이들이 동옥저와 함께 반란을 일으키자, 대무신왕은 어비신을 보내 동옥저마저 정벌하여 해서군으로 삼습니다.[7] 또 남은 낙랑인은 환아(길림성 환인지역)에 살게 하는데, 이때 5천 정도가 떨어져 나와 신라로 투항합니다.

박기자 : 동옥저는 어디입니까?

고선생 : 한반도 북동쪽으로 지금의 함경남도 함흥지역입니다. 함흥에서 동해안을 따라 북쪽으로 두만강 하류까지 길게 퍼져있습니다.[8]

박기자 : 동옥저는 어떻게 생겨난 겁니까?

고선생 : 옥저는 원래 요하유역의 동쪽 평원에 소재합니다. 정확한 성립 시기는 알 수 없으나 고조선 해체이후로 추정됩니다. 북쪽지역은 북옥저, 남쪽지역은 남옥저로 불립니다. 그런데 서기전58

---

7 동옥저의 멸망은 『삼국사기』 태조왕 4년(56년) 7월 기록에 나온다. '동옥저(東沃沮)를 정벌하고 그 땅을 빼앗아 성읍으로 삼았다.〔伐東沃沮 取其土地爲城邑〕' 발생년도는 56년으로 『고구려사략』 대무신왕 기록과 같다. 그러나 『삼국사기』는 두 번에 걸쳐 낙랑국이 멸망한 이유를 설명하지 못한다. 낙랑국의 근본은 옥저이다. 『고구려사략』은 『삼국사기』가 말한 낙랑국의 두 번째 멸망 이유가 첫 번째 멸망으로 발생한 낙랑국의 유민이 동옥저로 옮겨 반란을 꾀했다고 설명한다.

8 동옥저의 지형에 대해서 『삼국지』 〈위서〉 동옥저 편은 '동북이 좁고 서남은 길다. 그 거리는 1천리이다.〔其地形東北狹 西南長 可千里〕'라고 하고, 『후한서』 동옥저 편에는 '동서로 좁고 남북이 길다. 1천리에 걸쳐 꺾여져 있다.〔其地東西夾 南北長 可折方千里〕'이다.

년경 옥저 땅에 낙랑국(제1대 시길)이 들어섭니다. 옥저의 유민이 발생하고 이들이 한반도로 건너가 동옥저를 세웁니다. 물론 인구 이동은 계속해서 이뤄집니다. 『삼국사기』〈신라본기〉시조 박혁거세 기록을 보면, 서기전5년(박혁거세53) 동옥저가 좋은 말 20필을 신라에 바친 기록이 있습니다. 동옥저는 서기전5년 이전에 성립됩니다.

정교수 : 참고로 동옥저의 풍속 중에 민며느리제의 혼인 풍습과 골장제骨葬制의 장례 풍습이 있습니다. 민며느리제는 일종의 매매혼(신랑측에서 신부측에 일정한 재물을 지불함으로써 성립되는 혼인)으로 여자의 노동력을 보상하는 혼인 제도입니다. 며느리가 될 여자아이를 남자 집에서 데려다 키운 후 성인이 되면 남자 쪽에서 여자 쪽에 예물을 건네주고 결혼하는 풍습입니다. 골장제는 가족이 죽으면 일단 가매장했다가 시신이 썩으면 뼈를 수습하여 가족의 공동무덤인 큰 목곽에 안치합니다. 오늘날 남아메리카의 산악지역에 거주하는 인디오의 장례풍습과 유사합니다.

고선생 : 그런데 낙랑국 멸망에 절대적인 공을 세운 호동왕자가 자살합니다.

박기자 : 낙랑공주가 먼저 죽어서 이를 비관한 겁니까?

고선생 : 호동왕자의 자살은 낙랑공주의 죽음과 무관합니다.(낙랑공주는 자명고를 찢어 조국을 배신한 죄로 아버지 낙랑왕 최리에게 죽임을 당함) 호동의 자살 배경을 기록한 『삼국사기』와 『고구려사략』입니다.

②-11. 15년(32년) 11월, **왕자 호동好童이 자살하였다**. 호동은 왕의 차비次妃인 갈사왕曷思王 손녀의 소생이다. 얼굴이 아름답고 고와서 왕이 매우 사랑하여 이름을 호동이라고 지었다. **원비元妃는 호동이 적자가 되어 태자자리를 빼앗길까 두려워 왕에게 참소譖訴하길 "호동은 저에게 무례하게 대하고 자못 음행淫行하려 합니다."** 하였다. 왕이 묻기를 "너는 호동이 다른 사람의 소생이라 하여 미워하느냐?" 하니 원비는 왕이 자기를 믿지 않음을 알고, 장차 화가 미칠 것을 두려워하였다. … (중간생략) … 어떤 사람이 호동에게 "그대는 왜 스스로 해명하지 않는가?" 물으니 호동이 답하길 **"내가 해명하면 어머니의 죄악이 드러나게 되어 왕의 근심이 더하게 된다. 이를 어찌 효孝라 할 수 있겠는가?"** 말하고 곧 **바로 칼에 엎어져 스스로 목숨을 끊었다**. 『삼국사기』대무신왕

②-12. 33년(60년) 11월, **호동好童이 칼에 엎어져 죽었다.** 호동의 안색은 곱고 호감을 샀다. **오烏황후가 호동을 탐내어 희롱하고자 했으나 뜻대로 되지 않자, 거꾸로 상께 호동이 무례하다고 참소譖訴하였다.** 상은 그 말을 곧이 듣지 않고 호동을 벌주려 하지 않자 황후가 언성을 높여 소리가 밖에까지

들렸다. 이에 호동은 결백을 밝히려 하지 않고 말하길 "**내가 해명하면 어머니의 죄악이 드러나게 되어 아버지의 근심이 더하게 된다.**" 하고는 **스스로 목숨을 끊었다.** 『고구려사략』 대무신제기

호동은 얼굴이 곱고 아름다워 대무신왕이 친히 지어준 이름입니다. 잘 생긴 훈남입니다. 호동은 대무신왕의 차비(둘째비)인 갈사葛思后(갈사왕 손녀)의 소생입니다. 원비(첫째비)는 오烏왕후인데, 호동과 오왕후 사이에 미묘한 감정선이 개입됩니다. 특히 두 기록은 오왕후의 음행淫行을 전혀 다르게 기술합니다. 『삼국사기』는 '호동이 적자가 되어 태자자리를 빼앗길까 두려워〔元妃恐奪嫡爲太子〕' 이고, 『고구려사략』은 '호동을 탐하여 희롱하였고〔愛而欲狎〕' 입니다. 어느 쪽이 정확한 배경인지는 알 수 없으나, 이 일로 인해 호동왕자는 자살을 선택합니다.

박기자 : 낙랑공주와 호동왕자 둘 다 제 명命을 살지 못했군요.

고선생 : 역사는 사람의 이야기입니다. 사람과 사람이 엮어내는 드라마입니다. 역사는 호동왕자의 자살을 오왕후와의 스캔들scandal로 처리하지만, 호동왕자 입장에서 보면 조국을 배신하면서까지 사랑을 지킨 낙랑공주에 대한 미안함과 애틋함 또한 작용했을 겁니다. 두 젊은 남녀의 죽음은 현재의 우리 모습입니다.

2. 『삼국사기』 최대의 미스터리

고선생 : 44년(대무신27) 『삼국사기』 기록입니다.

②-13. 27년(44년) 9월, **한漢 광무제光武帝가 군사를 보내 바다를 건너와서 낙랑을 정벌하고, 그 땅을 빼앗아 군현으로 삼았다.** 이에 살수薩水 이남이 한漢에 속하였다. 『삼국사기』 대무신왕

『삼국사기』의 최대 미스터리mystery 기록입니다. 후한이 바다를 건너와 낙랑을 정벌하고 그 땅을 군현으로 삼아서 살수 이남이 후한에 속한 내용입니다.

박기자 : 살수는 어느 강입니까?

정교수 : 평안북도 청천강으로 비정합니다. 따라서 살수 이남은 평안남도 일대를 가리킵니다.

고선생 : 기록의 주체가 고구려가 아니라 후한입니다. 마치 중국사서를 보고 있는 느낌입니다. 이 시기 중국은 후한 광무제(제1대, 25~57)입니다. 『후한서』〈동이열전〉 고구려 편을 보면, 『삼국사기』가 인용한 다른 편년 기록들은 있으나 이 기록은 아예 없습니다. 다만 〈광무제본기〉를 보면 아래의 기록이 있습니다.

②-14. 건무20년(44년) 가을, **동이**東夷의 **한국**韓國이 무리를 이끌고 **낙랑**樂浪에 내부內附하였다.
『후한서』〈광무제본기〉

발생년도 44년(건무20)은 『삼국사기』와 같습니다. 월月도 비슷합니다. 낙랑이 나오지만 내용은 전혀 다릅니다. 한국韓國이 무리를 이끌고 낙랑에 내부內附(다른 나라가 들어와서 달라붙음)합니다. 참고로 〈광무제본기〉에는 낙랑 관련 기록이 3번(30년, 44년, 46년) 나오는데, 장소가 모두 요서지역의 낙랑군입니다. 광무제가 낙랑군을 설치했다는 기록은 어디에도 없습니다.

박기자 : 한국은 어느 나라입니까?

고선생 : 삼한(마한, 진한, 변한)입니다. 이 중에서도 마한입니다. 한반도 서남쪽인 영산강 유역의 마한세력입니다.[9] 한반도 중부지방인 한강유역의 초기 백제와는 별개의 집단입니다. 이들 영산강세력은 놀라운 해상운용능력을 가지고 있습니다. 이들 중 일부가 바다건너 요서지역의 낙랑군을 찾아갑니다.

박기자 : 하나는 중국에서 한반도로 건너오고 또 하나는 한반도에서 중국으로 건너가는군요. 두 기록이 정반대인 이유는 무엇입니까?

고선생 : 결론적으로 『삼국사기』 기록은 만들어진 기록입니다. 만일 『삼국사기』 기록대로 광무제가 바다를 건너 한반도 평안도 지역에 낙랑군을 설치했다면 이처럼 중대한 기록을 중국사서가 빠뜨릴 이유가 없습니다. 『후한서』는 그런 역사가 없음으로 기록이 없는 겁니다.

---

9 마한의 신미제국(新彌諸國)이다. 이들은 최소 4세기 전반까지도 백제에 흡수되지 않고 독자세력을 형성한다. 『진서』〈장화열전〉에는 286년 동이마한 신미제국이 중국왕조에 사신을 보낸 기록이 있다.

박기자 : 그렇다면『삼국사기』는 무슨 이유로 기록을 만든 겁니까?

고선생 : 답은『삼국사기』에 있습니다.『삼국사기』는 고려중기(1145년) 김부식과 10명의 편수관이 참여하여 편찬한 사서입니다. 당시 현전한 국내문헌과 중국문헌을 참조하지만『삼국사기』기본 틀은『구삼국사』[10] 기록이 중심입니다.『삼국사기』편찬자 역시 한의 낙랑군을 잘 알고 있습니다. 위치도 한반도가 아닌 중국의 요서지역입니다. 그런데 문제가 발생합니다.『구삼국사』를 보니, 신라는 건국초기에 낙랑을 적잖이 만납니다.[11] 백제 또한 건국초기에 낙랑과 접촉한 기록이 있습니다. 낙랑이 한반도에 없다면 설명할 수 없습니다.

박기자 : 어렵군요.

고선생 :『삼국사기』편찬자 입장에서 보면, 낙랑은 반드시 한반도에 존재해야 합니다. 다만 고구려 초기 역사에 나오는 낙랑국으로 정할 지 아니면 한의 낙랑군으로 정할 지가 문제입니다. 그런데 『구삼국사』를 보니 37년(대무신20) 고구려가 낙랑국을 멸한 기록이 있고, 또 같은 해(신라 유리14) 낙랑인 5천이 신라에 귀순한 기록이 있습니다.(②-8,②-9) 낙랑국의 멸망과 낙랑인의 귀순은 하나로 연결된 사건임이 분명해 보입니다. 또한『후한서』〈광무제본기〉에는 44년(건무20) 한국(마한)이 낙랑군에 내부한 기록이 있습니다.(②-14) 마한이 바다건너 요서지역의 낙랑군을 찾아가지 않고, 한의 낙랑군이 한반도에 있다고 가정하면 모든 문제가 자연스레 연결되며 해결됩니다.『삼국사기』편찬자는 한의 낙랑군이 한반도에 존재한다고 결론을 내립니다. 다만 설치시기는 낙랑국이 고구려에 멸망당한 37년부터 마한이 낙랑군을 찾아간 44년 사이이지만,『후한서』에 낙랑군 기록이 있으니(②-14) 이에 맞춰 44년으로 최종 정리합니다.

---

10 『구삼국사』원명은『삼국사』이다.『삼국사기』와 구분하기 위해 '舊'자를 붙인다.『삼국사기』의 원명도『삼국사기』가 아닌 그냥『삼국사』다. 그러나 현존하는 판본을 보면 책명과 달리 본문에는 '三國史記券第00'으로 표기하여 '記'가 붙어있다. 조선이『삼국사기』개정판을 내면서 본문에 '記'자를 일괄 추가하여 붙인 듯하다. 일반적으로 '記'자는 그냥 역사기록에 붙인다. 황제나 왕의 기록은 '紀'를 사용한다. 김부식도 삼국의 각〈본기〉에는 '紀'자를 쓴다.〈高句麗本紀〉,〈百濟本紀〉,〈新羅本紀〉이다. 조선이 개정판을 내면서 어정쩡한 태도를 취한 것이다. 그런데 일제 식민사학자들이 책명마저『三國史記』로 바꾼다. 자신들의 사서인『日本書紀』에는 '紀'자를 쓰면서 우리 사서에는 '記'자를 붙인다. 참으로 괘씸하다. 지금이라도『삼국사』가 아닌『삼국사기』로 군이 써야한다면,『三國史記』가 아닌『三國史紀』로 고쳐 써야 한다.

11 건국초기 신라는 낙랑을 5번 만난다. 시조 박혁거세 때 1번(서기전28년), 제2대 남해왕 때 2번(4년, 14년), 제3대 유리왕 때 2번(36년, 57년)이다. 참고로 신라가 만난 낙랑은 한반도 중부지역에 소재한 진한낙랑이다.

박기자 : 한반도에 존재한 낙랑은 어떤 세력입니까?

고선생 : 한반도에 낙랑은 존재하지만, 단연코 한의 낙랑군은 아닙니다. 중국 요서지역은 한이 낙랑군을 설치하기 이전부터 낙랑으로 불려진 땅입니다. 그래서 한은 낙랑을 군의 명칭으로 사용합니다. 원래 요서지역에 살던 낙랑인은 한족이 아니고 동이족의 한 부류입니다.[12] 서기전194년 위만이 기자조선을 무너뜨리고 위만조선을 세워 이 지역을 장악하자, 요서의 낙랑인은 한반도로 이동합니다. 사람의 이동은 필연적으로 언어(지명)의 이동을 동반합니다. 그래서 한반도에 낙랑이 생겨납니다. 이후 한이 서기전108년 위만조선을 무너뜨리고 요서지역에 낙랑군을 설치하자, 또다시 유민이 발생하고 이들 역시 계속해서 한반도로 이동합니다. 물론 정치적 격변기가 아닌 평시에도 요서의 낙랑인은 한반도로 건너옵니다. 다만 이들 한반도 낙랑은 고구려가 건국초기에 만났던 요하 서쪽에 소재한 옥저의 낙랑국과는 다릅니다. 『삼국사기』는 두 지역의 낙랑조차 구분하지 못합니다.

정교수 : 낙랑군의 위치비정은 문헌기록에 근거하면 크게 3가지로 구분합니다. 「한반도설」, 「요동설」, 「요서설」등 입니다. 첫째, 「한반도설」은 『삼국사기』를 비롯하여 『구당서』, 『신당서』 등 중국사서에 고구려의 수도인 평양에 낙랑군이 존재했다고 서술되어 있습니다.[13] 둘째, 「요동설」은 『후한서』〈광무제본기〉의 주석에 '낙랑군은 옛 조선국이다. 요동에 있다.〔樂浪郡 故朝鮮國也 在遼東〕'는 기록에 근거합니다. 셋째, 「요서설」은 『태강지리지』의 '낙랑군 수성현은 갈석산이 있고 장성이 시작된 곳이다.〔樂浪遂城縣有碣石山 長城所起〕'는 기록

낙랑군의 위치에 관한 여러 주장

---

12 『후한서』〈동이열전〉 서문 기록이다. '옛날 요(堯)가 희중(羲仲)에게 우이(嵎夷)에 살도록 명하면서 양곡(暘谷)이라 하였으니 무릇 해가 뜨는 곳이다.〔昔堯命羲仲宅嵎夷 曰暘谷 蓋日之所出也〕'라고 하였다. 요堯가 살도록 명한 우이(嵎夷) 지역은 지금의 중국 산동성이다.

13 복기대는 낙랑군관련 중국문헌 전체를 검토한 결과, 역도원(酈道元, 466~527)의 『수경주水經注』부터 (5세기 이후) 낙랑군의 위치가 중국 요서지역 아닌 한반도로 비정하는 기록이 나온다고 결론을 내린다.

입니다. 『진서』, 『사기』〈색은〉, 『통전』 등에도 비슷한 서술이 나옵니다. 갈석산(695m)과 만리장성의 동쪽 끝인 산해관이 중국 하북성 창려현昌黎縣에 소재하여서 이를 뒷받침합니다.

박기자 : 문헌기록도 각기 다르군요.

정교수 : 낙랑군의 위치문제는 조선시대에도 논란이 있었습니다. 조선중기 한백겸과 조선후기 유득공, 정약용, 한진서 등은 낙랑군을 평안도지역으로 비정합니다. 이에 반해 조선후기 실학자 이익과 박지원은 낙랑군이 요동에 있다고 봅니다. 신채호와 정인보도 이를 따릅니다. 그러나 일제강점기 식민사학자들이 평양에서 낙랑관련 유물을 발굴하면서 「한반도설」이 굳어집니다. 최근에는 「요서설」을 제기하는 견해가 강하여 또다시 논란이 재현되고 있습니다. 참고로 평양지역에서 출토된 대표적인 낙랑유물은 식민사학자들이 발굴한 낙랑봉니와 《점제현신사비》, 그리고 1990년 북한이 발굴한 낙랑목간이 있습니다.

《점제현신사비》

박기자 : 봉니封泥는 무엇입니까?

고선생 : 고대에 문서나 귀중한 물건을 봉함할 때 사용하는 점토입니다. 낙랑봉니의 경우 1916년 일제 식민사학자들이 평양일대 무덤에서 200여 개를 발굴한 것으로 전해집니다. 한 두 개도 아니고 너무 많습니다. 봉니를 만드는 공장이 있는 것도 아닌데 무덤을 발굴할 때마다 계속 나왔다는 얘기입니다. 유독 평양에서만 집중적으로 출토됩니다. 식민사학자 세키노 타다시關野貞는 중국 수도 베이징의 유리창琉璃廠 거리에서 수많은 낙랑유물을 무차별로 수집하여 조선총독부로 보냈다고 고백합니다.[14] 유물의 정체가 의심스럽습니다. 《점제현신사비》도 마

낙랑봉니

---

14 세키노 타다시(關野貞)의 일기(日記)이다. '대정7년(1918년) 3월22일 맑음. 오전에 죽촌(竹村-타케무라)씨와 유리창(琉璃廠)에 가서 골동품을 삼. 유리창의 골동품점에는 비교적 한(漢)대의 발굴물이 많고, 낙랑 출토류품은 대체로 모두 갖추어져 있기에, 내가 적극적으로 그것들을 수집함.'

찬가지입니다. 점제현은 낙랑군 속현 중의 하나입니다. 1914년 조선총독부 고적조사단이 평남 용강군에서 우연히 발견합니다. 발견당시 비석하단에 콘크리트가 묻어 있고, 비문글씨 중 일부는 마모되어 아예 없는데 어찌된 일인지 탁본글씨는 있습니다. 정인보(위당)는 비석이 작고 얇은 점, 테두리 바깥을 전혀 다듬지 않은 점, 비석 뒷면이 울퉁불퉁하여 암벽에서 떼어 낸 흔적이 고스란히 남아 있는 점, 모서리 글자들이 비스듬하게 떨어져 나간 점을 들어 조작한 것으로 결론을 내립니다.[15]

박기자 : 일제가 발굴한 낙랑유물은 가짜이군요.

고선생 : 1990년 7월, 북한이 평양 정백동 나무곽무덤 부장품에서 출토한 '낙랑목간'은 실로 가관입니다. 정식명칭은 '초원4년현별호구부목간'입니다. 초원4년은 서기전4년에 해당합니다. 낙랑군의 속현별로 호구와 인구의 숫자가 상세히 기록되어 있습니다. 총 25개현에 43,845호, 285,506명입니다. 과연 2천년 전에 오늘날과 같은 호구수와 인구수의

낙랑목간(평양 정백동)

통계를 정밀히 조사하여 산출한 것 자체도 놀라운 일이지만, 목판(목간)의 상태가 너무 양호합니다. 통상적으로 무덤을 발굴하면 나무유물이 남아있는 경우가 드뭅니다. 이유는 공기와 접촉되어 세월을 이기지 못하고 모두 썩어버립니다. 특별히 목간이 발견되는 경우는 공기접촉이 완벽히 차단된 진흙 펄 속에서나 가능합니다. 2천년을 견딘 나무의 상태라고는 도저히 믿겨지지 않습니다.

박기자 : 북한이 조작한 겁니까?

고선생 : '현별縣別'이라는 한자가 나옵니다. '~別'은 접미사로 메이지유신 때 사용한 일본식 한자입니다. 이는 목간 유물이 위조품이라는 결정적 증거입니다.[16] 북한이 조작한 것이 아니라 일제 식

---

15 북한 사회과학원 산하 고고학 연구소의 발표에 따르면, 《점제현신사비》에 사용된 화강암을 핵분열 측정법에 의해 재질을 조사한 결과 발견된 장소에서 나지 않는 화강암이며, 손보기는 중국 요서지역의 갈석산에서 가져온 화강암으로 단정한다. 또한 SBS는 2011년 2월 방영된 3.1절 특집 다큐멘터리 「역사전쟁 금지된 장난, 일제 낙랑군 유물조작」편을 통해 《점제현신사비》의 조작 사실을 밝힌 바 있다. 《점제현신사비》는 출처를 알 수 없는 정체불명의 비석이다.

16 문성대는 서체가 한대에 유행한 서체가 아니며, 설령 한대에 작성된 문서라면 현별(縣別)은 속현(屬縣)으로 써야한다 함.

민사학자들이 일제강점기에 만들어 묻어 둔 것을 북한 역사학계가 뒤늦게 발견한 겁니다. 북한으로서는 참 멋쩍게 되었습니다.

박기자 : 일제가 유물을 조작하면서까지 낙랑군이 평양에 존재했다고 주장하는 이유는 무엇입니까?

고선생 : 일제는 조선을 병합한 후 과거 임진왜란 때와는 근본적으로 다른 통치형태를 취합니다. 단순 무력병합이 아닌 문화병합을 통한 영구적 지배를 꾀합니다. 역사병합은 그 시작입니다. 일제는 조선사편수회를 만들어 우리 역사를 축소, 왜곡합니다. 이때 만들어진 것이 식민사관입니다. 그 중에 「타율성론」이 있습니다. 과거 한반도의 남부는 일본이 임나일본부를 두어 지배하고, 한반도 북부는 중국이 낙랑군(한사군)을 설치하여 지배했기 때문에 조선민족은 원래부터 독자적인 발전을 해온 민족이 아니라 외세의 간섭과 압력에 의해서 유지된 민족이라는 이론입니다. 한반도 침탈의 정당성을 확보하기 위해 만들어진 허무맹랑한 논리입니다. 이를 뒷받침하기 위해서는 반드시 한반도 북부에 낙랑군이 존재해야합니다. 그래서 위조품을 만드는 천인공노할 짓을 저지릅니다.

박기자 : 낙랑유물은 모두 위조품입니까?

정교수 : 앞의 유물은 위조품일 가능성이 높습니다. 그렇다고 해서 낙랑유물 전체를 부정하는 것은 옳지 않습니다. 낙랑의 대표적인 유적은 낙랑토성입니다. 대동강 남쪽(평남 대동군 대동면 토성리)의 동서 709m, 남북 599m의 길이로 전체 면적은 396,605㎡인 장방형의 토축성입니다. 성 안에서는 집터, 관청, 도로, 하수도 등의 흔적이 발견되고, 유물로는 막새기와, 벽돌, 봉니, 거울, 화폐와 화폐주조틀, 구리화살촉, 장신구 등이 출토됩니다. 특히 한자가 새겨진 기와, 벽돌. 거울. 도장 등이 적잖이 나오는데 이들 한자는 모두 중국황제들의 연호입니다.[17] 토성을 중심으로 동서 20리, 남북 10리 주변에는 약 1,300~1,400여 기의 크고 작은 고분이 산재합니다. 무덤 양식은 이른 시기로부터, 나무곽무덤, 귀틀(목곽묘)무덤, 벽돌무덤으로 시대에 따라 진화하는데, 가장 늦은 시기에 조성된 벽돌

---

17 '光和5年(182년)', '興平2年(195년)'. '太康7年(288년)', '永和9年(353년)'. '元興3年(404년)' 등이 새겨진 벽돌이 있으며, 있으며, '建始元年(407년)'의 와당도 있다.

무덤은 전형적인 중국 무덤양식입니다.[18] 출토된 유물은 화려한 장식구가 많으며 청동제품도 적잖이 나와 고조선과의 연계성도 확인됩니다. 이를 종합하면 당시 이 일대는 중국대륙에서 건너온 이주민들과 기존의 고조선계의 토착민이 상호 융합하면서 한반도의 '낙랑인'이라는 독특한 종족집단을 형성합니다. 또

금제띠고리(평양 석암리)

한 이들에 의해 특유의 낙랑문화가 만들어 집니다. 참고로 1916년 조선총독부가 발굴한 평양 석암리 9호분이 있습니다. 피장자의 허리부분에서 출토된 금제띠고리(국보89호)는 낙랑인의 뛰어나고 화려한 문화와 예술성을 보여주고 있습니다.

고선생 : 낙랑군 문제는 한반도 존재여부를 규명하는 것도 중요하지만, 무엇보다도 낙랑이 한반도 역사에 지대한 영향을 끼친 점을 주목해야 합니다. 신라가 대표적인 경우입니다. 신라는 건국초기부터 한반도 낙랑인과 접촉하며 그들의 문화를 적극적으로 받아들여 국가의 기틀을 마련합니다. 신라 성장의 동력을 제공한 사람이 바로 한반도 낙랑인입니다. 이들이야 말로 역사의 신이 신라에게 건네 준 행운의 열쇠입니다. 다시 대무신왕의 역사로 돌아갑니다. 먼저 기자님께 질문합니다. 중국의 수도 베이징(북경)이 어느 왕조 때부터 수도가 되었는지 아십니까?

박기자 : 글쎄요? 베이징은 몽골이 대륙을 지배한 원元 때부터 수도가 된 것으로 알고 있는데요. 혹시 제가 잘못 알고 있는 겁니까?

고선생 : 베이징은 원元(1271~1368)의 쿠빌라이(제3대, 홀필열忽必烈)가 몽골고원의 카라코룸Karakoram에서 화북지방으로 수도를 옮기면서 본격적으로 개발됩니다. 오늘날 수도의 모습은 원을 북쪽으로 몰아내고 새로 들어선 한족의 명明(1368~1644)에 의해 확대 조성됩니다. 그러나 엄밀히 말하면 베이징은 원 이전의 거란족이 세운 요遼(916~1125)의 남경석진부(연경)이며, 여진족이 세운 금金(1115~1234)의 중도대흥부입니다. 베이징은 한족이 아닌 북방민족인 거란족과 여진족에 의해 처음으로 수도로 개발됩니다.

---

18 낙랑의 나무곽무덤 조성시기는 서기전3세기~서기전1세기까지이다. 한(漢)의 출현시기보다 빠르며, 고조선 무덤양식에 가깝다. 한의 무덤은 공심전(空心塼)무덤을 거쳐 벽돌무덤으로 넘어가나, 낙랑무덤은 귀틀무덤을 거쳐 벽돌무덤으로 넘어간다.

박기자 : 갑자기 베이징 이야기는 왜 하십니까?

고선생 : 베이징을 포함한 화북성 일대가 과거 한 때는 고구려의 영토입니다.

박기자 : 정말입니까?

고선생 : 『삼국사기』와 『후한서』 기록입니다.

②-15. 4년(47년) 10월, **잠우락부**蠶友落部의 대가 대승戴升 **등 1만여 가**家가 낙랑樂浪으로 가서 한漢에 **투항하였다**[『후한서』에는 '대가 대승 등 만여 명'이라고 기록되어 있다]. 『삼국사기』 민중왕

2년(49년) 봄, 장수를 보내 **한**漢**의 북평**北平, **어양**漁陽, **상곡**上谷, **태원**太原을 **습격하였다.** 그러나 요동

태수 채동蔡彤이 은혜와 신의로써 대접하므로 다시 화친하였다. 『삼국사기』 모본왕

②-16 건무23년(47년) 겨울, 구려句麗 잠지락蠶支落의 **대가 대승**戴升 **등 1만여 명**名이 낙랑樂浪으로 와

서 내속內屬하였다. 건무25(49년) 봄, **구려가 우북평**右北平, **어양**漁陽, **상곡**上谷, **태원**太原을 **침략하여, 요**

동태수 제융祭肜**이 은혜와 신의로 달래자 모두 돌아가 새**塞*에 머물렀다. 『후한서』〈동이열전〉 고구려

☞ *국경

47년과 49년에 발생한 사건입니다. 47년 잠지락부(『삼국사기』는 잠우락부임) 대승이 고구려 1만여 가家 (『후한서』는 ~명名 임)를 데리고 낙랑으로 가서 후한에 투항합니다. 이어 49년 고구려가 후한의 북평(『후한서』는 우북평임), 어양, 상곡, 태원 등을 습격합니다. 후한이 대승의 망명을 받아준데 대한 일종의 보복입니다. 그리고 고구려는 요동태수 채동(『후한서』는 제융임. 한자가 비슷함)과 화친합니다. 그런데 이 기록은 몇 가지 문제가 있습니다. 첫째는 『삼국사기』의 기년입니다. 47년은 민중왕 4년이고, 49년은 모본왕 2년입니다. 이때는 민중왕에서 모본왕으로 왕권이 넘어가는 시기입니다. 고구려 내부가 매우 혼란한 상황입니다. 사건 자체가 민중왕과 모본왕의 기년 기록인지조차 의문입니다. 둘째는 잠지락부 대승이 1만 여나 되는 대규모 백성을 데리고 후한에 투항한 사유가 불분명합니다. 셋째는 49년 고구려가 후한을 습격한 이후의 과정입니다. 화친 조건이라 할 수 있는 은혜와 신의의 표현이 나옵니다. 『삼국사기』는 요동태수로부터 은혜와 신의로 대접받고, 『후한서』는 요동태수가 은혜와 신의로 고구려를 달랩니다. 표현이 정반대입니다.

박기자 : 이런 문제는 무엇 때문에 생긴 겁니까?

고선생 : 이 사건 기록은 『삼국사기』가 『후한서』를 참조하여 작성한 기록입니다. 『고구려사략』의 사건 내막입니다.

②-17. 20년(47년) 3월, 잠지락부蠶支落部 대승戴升이 배반하고 한漢에 붙었다. 본래 개마국蓋馬國의 신하인데, 간교하고 속임수가 비할 데 없어, 적성赤城, 잠지락蠶支落, 하간河間을 오가면서 개마국을 잠식하였다. 22년(49년) 정월, 장군 우도于刀와 오의烏義 등을 잠지락하 목책으로 보내어 대승을 쳐부수고 목책의 남쪽에서 목을 베었다, 또 진격하여 적성과 잠지를 뺏고, 자몽왕紫蒙王 만리사고滿離斯古와 섭득涉得 등을 거느리고 네 길로 나누어 진격하여 우북평右北平, 어양漁陽, 상곡上谷, 태원太原 등을 공략하고 그곳의 보물 노리개, 미색 비단, 진미 등 다수를 빼앗았다. 채동蔡彤은 크게 두려워한 나머지 매년 조공하기로 약속하고 화친을 구걸하였다. 『고구려사략』 대무신제기

『고구려사략』은 사건의 실체를 명확히 설명합니다. 대승은 고구려가 병합한 옛 개마국 출신으로 개마국의 재건을 추진하다 여의치 않자 아예 후한의 낙랑군에 달라붙습니다. 고구려는 배반한 대승을 응징하기 위해 군사를 보내 잠지락부를 함락하고 대승을 죽입니다. 그리고 여세를 몰아 자몽국과 연합하여 우북평, 어양, 상곡, 태원을 차례로 공격하여 빼앗습니다. 이에 당황한 요동태수 채동은 고구려에 항복하고, 고구려는 매년 조공을 받는 조건으로 화친하고 물러납니다.

박기자 : 그렇다면 채동이 은혜와 신의로써 달랬다는 『후한서』 기록(②-16)은 또 무엇입니까?

고선생 : 적반하장賊反荷杖도 유분수입니다. 상식에 준해도 패자인 후한이 승자인 고구려를 은혜와 신의로 달랬다는 말은 어불성설입니다. 패자는 승자에게 합당한 대가를 지불하는 것이 당연합니다. 중국으로서는 고구려에게 당한 수모를 감추고 싶지만 전후 사정과 맥락을 추적하면 역사적 사실이 확연히 드러납니다. 문제는 당시 고구려가 점령한 우북평, 어양, 상곡, 태원의 지명입니다. 이들은 모두 베이징 주변일대입니다. 우북평은 베이징 동쪽이고, 어양은 베이징 일대이며, 상곡은 베이징 북쪽이고, 태원은 베이징 서쪽입니다.

박기자 : 고구려가 정말로 베이징 일대까지 진출한 겁니까?

고선생 : 이 시기 중국대륙 동북방은 고구려가 후한의 군현들을 일방으로 밀어붙이는 형세입니다. 그만큼 고구려의 힘이 강합니다. 이는 대무신왕의 영토 확장 능력이 탁월하다는 증거입니다. 대무

신왕은 동쪽으로 동부여를 정벌하며 만주일대를 완전히 장악하고, 서쪽으로는 한의 군현들을 무력으로 제압하며 영토를 확장시킵니다. 오늘날 중국의 요녕성을 중심으로 동으로는 길림성과 흑룡강성, 서쪽으로는 내몽골자치구와 화북성까지 방대한 영토를 개척합니다. 참으로 위대한 정복군주입니다. 대무신과 대해주류의 시호는 너무나도 합당합니다. 『고구려사략』 편찬자의 사론史論입니다.

> **대무大武는 용감하고 굳세며 심히 강하여 능히 대업을 이루었다. 광명光明*의 뒤를 이은 후에 부여夫餘를 정벌하고 개마蓋馬를 토벌하였다. 멀리는 상곡과 태원까지 정벌하여 한漢인들의 간담을 서늘하게 하였다.** 또한 효심과 우애가 깊었다, 다만 아들이 불초하여 동생에게 위位를 넘겼다. 대업의 큰 틀을 알고 있었다고 할 수 있다. 오烏후에게 빠져 호동好童을 죽게 했으며, 백제와 신라를 다스림에서는 후세에 화를 남겼다. 대개 영웅들은 가벼이 생각한 것들로 인해 우환이 생기게 되는데, **대무大武도 형제들에게 닥쳐올 화를 키웠으니 이것이 한탄스럽다. 동명, 광명, 대무 3대의 치적을 일컬어 삼대경三代鏡**이라고 한다. 고구려 사람들은 이를 정경政經으로 삼아 능히 7백년을 이어 나아갔다. 광명과 대무는 동명의 자손으로서 부끄럽지 않았다.**

☞ *유리왕 **추모왕, 유리왕, 대무신왕 등 3명 왕의 치적을 기록한 역사서

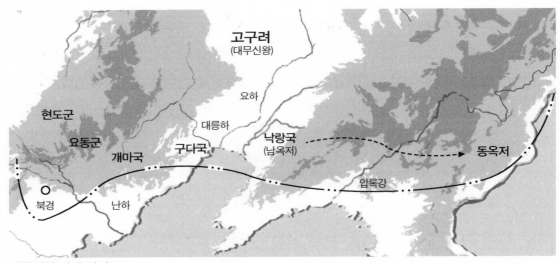

대무신왕 정벌 지역

3. 민중왕과 모본왕의 한계

고선생 : 대무신왕의 뒤를 이어 제4대 민중왕閔中王(44년~48년)이 즉위합니다. 대무신왕의 동생으로 이름은 해색주解色朱입니다.『삼국사기』는 당시 태자가 어려 국사를 담당할 수 없어서 나라사람들이 민중왕을 추대한 것으로 즉위배경을 설명합니다.

박기자 : 어린 태자는 누구입니까?

고선생 : 대무신왕의 아들 해우解憂(해애루)입니다.『고구려사략』기록은 당시 해우의 나이가 23세로 되어 있어『삼국사기』와는 다소 차이를 보입니다.

박기자 : 23세면 결코 어린 나이가 아니군요. 혹여 민중왕이 조카의 보위를 찬탈한 겁니까?

고선생 : 아닙니다. 해우는 훗날 민중왕의 뒤를 이어 제5대 모본왕慕本王(48년~53년)이 됩니다.『삼국사기』는 해우를 가리켜 사람됨이 포악하고 성품이 어질지 못하다고 평합니다. 해우가 태자임에도 대무신왕의 뒤를 잇지 못하고 숙부인 민중왕이 먼저 즉위한 이유입니다.

박기자 : 단순히 해우의 성품이 문제가 된 겁니까?

고선생 :『고구려사략』에도 해우의 성품이 나옵니다.

②-18. 모본제의 이름은 **해우解憂이고 대무신제의 아들이며 어머니는 오烏태후이다.** 용모가 아름답고 말을 타며 활을 잘 쏘았다. 허튼소리와 비위를 잘 맞추어 대무신제가 귀여워하여 정윤正胤*으로 삼았다. 이윽고 뜻 한 바를 이루자 후궁들과 **어지러이 놀아나며 성격이 잔인하였다.** 대무신제는 죽음을 앞두고, **태갑고사太甲故事[19]를 행하여, 해우가 개과改過하기를 기다렸다가 전위傳位하라 명하였다.** 민중제는 해우가 개과한 것으로 알고 양위하려 하였으나 오烏후가 힘껏 말려 양위를 못하게 되자, 좌우左右에 말하길 "나는 오烏후 때문에 형님**의 뜻을 이루지 못하겠다." 하며, 밤마다 잠을 이루지 못하다가 병이 나서 죽었다. **유명遺命에 따라 해우가 제위에 올랐다.**『고구려사략』모본제기

☞ *태자 **대무신왕

---

19 태갑(太甲)은 중국 은(殷) 제3대 왕 태종(太宗)의 이름이다. 태갑은 즉위한 뒤 법을 어기고 방탕 포악하게 생활하여 재상 이윤(伊尹)에 의해 쫓겨났다가 3년 뒤 자신의 잘못을 반성하자 이윤이 다시 맞이하여 복위시킨 데서 유래한 고사(故事)이다.

해우의 성격에는 겉과 속이 다른 야누스Janus적 양면성이 존재합니다. 용모는 아름답고 활 쏘는 기술도 뛰어나 무武의 군주로 손색이 없으나, 허튼소리를 잘하고 상대방의 비위를 잘 맞추는 비굴함도 있습니다. 더욱이 즉위이후에는 후궁과 어지러이 놀아나며 성격 또한 잔인해집니다.

박기자 : 잔인해진 성격의 실체는 무엇입니까?

고선생 : 『고구려사략』 기록입니다.

②-19. 2년(69년) 정월, **종실宗室과 공경公卿의 여자 7명을 뽑아 후궁으로 삼고, 또 민간民間의 여자 70명을 뽑아 7개의 궁에 나누어 두고, 황음荒淫하는 것을 일로 삼았다.** 3년(70년) 3월, 창수漲水에 신궁을 지었는데, 사치가 극에 달했다. **날마다 종척宗戚의 부인들을 모아서 황음하는 것으로 세월을 보냈다.** 4년(71년) 2월, 내사內使 승인勝人을 죽였다. 승인은 얼굴이 예뻐서 행幸*하였다. 상이 눕혀 놓고 깔고 앉으니, 승인이 고통을 견디지 못하고 옴지락거리다가 궁둥이에서 벗어나니, 상이 노하여 때려죽였다. …(중간생략)… 이때부터 궁인과 내사들 중에서 석인席人**이 된 많은 사람이 죽거나 상하였다. 5년(73년) 9월, **나라 안의 미소년을 가려 뽑아 입궁시킨 후 침신枕臣과 석인으로 썼다. 이에 따르지 않으면 번번이 활로 맞아 죽거나 상하였다.** 승인의 동생 최인崔裀도 죽임을 당했다. 오준烏俊이 간하길 "사람 목숨은 지극히 귀한데, 어찌 이러실 수 있으십니까?" 하니, **상이 화를 내며 역시 활을 쏘았다. 누구도 감히 말하려 하지 않았다.** 『고구려사략』 모본제기

☞ *육체적 관계 **인간 침대

『삼국사기』에 없는 내용으로 모본왕은 무차별 황음에 빠집니다. 대상은 왕실과 귀족의 여성뿐 아니라 민간의 여성까지도 황음을 일삼으며, 급기야 여성이 아닌 미소년까지 침실로 들입니다. 석인席人이 나옵니다. 인간침대입니다. 모본왕은 이들 석인이 움직이기라도 하면 가차없이 때려죽이며, 석인을 거부하는 사람은 활로 쏘아 죽이기까지 합니다.

박기자 : 모본왕은 폭군입니까?

고선생 : 기록만 본다면, 모본왕은 성적도착증性的倒錯症(sexual perversion)의 과도한 결함을 가진 전형적인 폭군입니다. 로마의 네로Nero, 칼리큘라Caligula 황제와 비교해도 결코 뒤지지 않습니다. 조선시대 연산군은 모본왕에 비한다면 오히려 양반입니다.

박기자 : 모본왕이 폭군이 된 이유는 무엇입니까?

고선생 : 일반적으로 폭군의 출현 배경에는 두 가지 요건이 충족되어야합니다. 하나는 국력이 절대적으로 강하여 외부로부터 일체의 위험이 없어야 하며, 또 하나는 내부적으로 적대적인 양대 정치세력이 존재하여 한 세력이 폭군을 감싸고 반대세력을 억압하는 경우입니다. 이 시기 고구려는 대무신왕의 영토 확장으로 대륙 동북방의 절대적인 강자로 부상한 상태여서 고구려를 넘볼만한 외부세력은 없습니다. 그렇다면 내부에서 원인을 찾아야합니다. 그러나 기록상으로는 당시 적대적인 양대 정치세력이 존재한 증거는 없습니다. 결국 모본왕은 자생적인 폭군입니다. 어느 누구도 제지하거나 통제할 수 없는 무소불위의 폭주기관차입니다.

박기자 : 이후 모본왕은 어떻게 됩니까?

고선생 : 시작이 있으면 끝이 있는 게 세상의 이치입니다. 역사이래로 폭군의 종말은 비참하게 끝을 맺습니다. 모본왕 역시 두로杜魯라는 자에게 암살당합니다. 이는 고구려 건국이후 처음으로 맞이하는 왕의 시해사건입니다.

박기자 : 두로는 어떤 사람입니까?

고선생 : 『삼국사기』에 두로가 모본왕을 시해한 배경과 장면이 나옵니다.

②-20. 6년(53년) 11월, **두로杜魯가 왕을 죽였다.** 두로는 모본慕本사람으로 왕을 모시는 측근인데, 자기가 죽임을 당할까 염려하여 통곡하였다. 누군가 말하였다(或曰). "대장부가 왜 우는가? 옛말에 '나를 어루만지면 왕이요, 나를 학대하면 원수'라 하였거늘, 이제 왕이 포악한 짓을 하여 사람을 죽이니, 이는 백성의 원수이다. 그대가 왕을 처치하라." **두로가 칼을 품고 왕 앞으로 가니 왕이 그를 당겨 앉게 하였다. 이때 두로가 칼을 빼어 왕을 죽였다.** 『삼국사기』 모본왕

두로는 모본왕의 측근입니다. 두로의 상세한 정보가 『고구려사략』에 나옵니다. 두로는 모본출신으로 예쁜 얼굴에 여자노릇을 잘하여 모본왕이 태자시절부터 아낀 인물입니다. 특히 모본왕은 즉위 이후 장군에 봉할 정도로 신임한 측근입니다. 그런데 모본왕이 두로를 침신枕臣(왕의 침실에서 시중드는 신하)으로 삼고 석인의 역할을 부여하면서 두 사람의 관계가 틀어집니다. 두로는 움직임에 대한

두려움을 갖게 되고 자신 또한 죽임을 당할 까봐 전전긍긍합니다.

　박기자 : 두로에게 모본왕을 시해하도록 사주한 사람은 누구입니까?

　고선생 : 『삼국사기』 기록(②-20)에는 이름이 없지만, 『고구려사략』에는 실명實名이 나옵니다. 니만尼滿이라는 여성입니다. 모본왕은 석인의 역할을 제대로 하지 못한다 하여 니만의 두 딸을 죽입니다. 이에 니만이 앙심을 품고 두로의 마음을 움직입니다.

　박기자 : 두로가 모본왕을 시해한 대가로 얻은 반대급부는 무엇입니까?

　고선생 : 반대급부는 없습니다. 다만 『고구려사략』 기록에 따르면, 두로는 모본왕을 시해하기 이전에 모본왕의 두터운 신임을 받습니다. 공식적인 관직은 없으나, '소제小帝(작은 황제)'로 불릴 정도로 막강한 권력을 행사합니다. 두로는 모본왕을 시해하고 왕이 될 속셈인데, 뜻밖에도 왕실이 두로의 신분이 왕족이 아닌 점을 들어 반대합니다. 두로는 일이 잘못됨을 알고 자결합니다.

　박기자 : 죽 쒀서 개 준다는 말이 딱 어울리는군요. 모본왕이 제거되어 이득을 본 사람은 누구입니까?

　고선생 : 모본왕의 제거로 고구려는 새로운 주인을 맞이하여 제2의 건국을 합니다. 시조 추모왕으로부터 제5대 모본왕까지 이어진 추모계 왕조를 마감하고 새로운 왕조가 출현합니다. 이들은 고高씨 성을 사용한 세력입니다. 고구려는 부여식 문화에서 탈피하여 고구려만의 독특한 문화로 탈바꿈합니다.

　박기자 : 제2의 건국이라 하니 또 기대가 되는군요.

　고선생 : 이 장을 마치기 전에 한 가지 짚고 넘어가야 할 부분이 있습니다. 민중왕과 모본왕의 시호입니다. 두 왕은 사후에 각각 민중과 모본이라는 장소에 묻힙니다. 장지葬地의 이름이 시호입니다. 이 원칙은 특별한 경우를 제외하고 계속해서 지켜집니다.

　박기자 : 무슨 연유입니까?

　고선생 : 이 원칙이 생기게 된 이유는 정확히 알 수 없으나, 땅에 대한 왕의 영속적인 지배권을 갖고자 한 고구려 왕들의 사후관이 반영된 듯합니다. 민중왕의 경우는 좀 더 색다릅니다. 민중왕은 생전에 민중에서 사냥하다가 석굴을 발견하고 자신의 무덤으로 삼을 것을 유언합니다. 그리고 사

후 석굴에 묻힙니다.

박기자 : 석굴장이 고구려에도 있습니까?

정교수 : 일반적으로 보편화된 장례법은 시신을 땅에 묻는 토장土葬(매장)입니다. 지역적, 민족적 특성에 따라, 불에 태우는 화장火葬, 물속에 안치하는 수장水葬, 새의 먹이가 되게 하는 조장鳥葬이 있습니다. 또한 시신을 동굴 속에 방치하여 자연 풍화작용을 이용하는 풍장風葬도 있습니다. 민중왕의 장례는 풍장입니다. 고구려 전통적인 장례법은 시신을 땅에 묻는 토장이 기본입니다. 현재 요녕성 본계本溪(태자하太子河 상류) 부근에 동

민중왕의 석굴무덤 위치

굴무덤이 많이 있습니다. 만약 민중왕의 석굴무덤이 남아있다면 이곳에 있을 겁니다.

고선생 : 민중왕의 석굴장은 시사하는 바가 큽니다. 석굴장은 옥저의 골장과 유사합니다.(70쪽 참조) 이는 옥저의 위치를 가늠할 수 있는 또 하나의 증거입니다. 당시의 옥저(북옥저)는 고구려에 흡수되기 전까지 한반도가 아닌 중국 요녕성(요하동쪽)에 존재합니다.

3장
새로운 왕조의 출현
태조왕과 후예들

1. 왕력에서 빠진 신명왕

고선생 : 『삼국사기』 기록을 보면 제5대 모본왕 이후 3명 왕의 수명이 상식을 초월합니다.

> 제6대 태조왕 : 7세에 즉위하여 119세로 죽다.
> 제7대 차대왕 : 79세에 즉위하여 95세로 죽다.
> 제8대 신대왕 : 77세로 즉위하여 91세로 죽다.

고대인의 평균수명이 40세 정도임을 감안하면 지극히 비정상적입니다. 특히 『삼국사기』는 이들 3명 왕의 수명을 정확히 기록하고 있어서. 이를 사실로 인정하자니 의심을 지울 수 없고, 그렇다고 부정하자니 또한 찜찜합니다. 우리의 상상을 자극합니다.

박기자 : 정말로 장수한 겁니까?

고선생 : 먼저 태조왕입니다.

③-1. **태조대왕**太祖大王〔**혹은 국조왕**國祖王**이라고도 한다**〕**의 이름은 궁**宮**이다.** 어렸을 때 이름은 어수於漱이며, **유리왕**琉璃王**의 아들 고추가**古鄒加 **재사**再思**의 아들이다. 어머니 태후는 부여 사람이다.** 모본왕이 죽었을 때 태자가 불초하여 사직을 주관하기에 부족하므로, 나라사람들이 궁宮을 맞이하여 뒤를 이어 왕위에 오르게 하였다. 왕은 태어나면서부터 눈을 떠서 볼 수 있었고, 어려도 남들보다 재능이 뛰어났다. **이때 나이가 7세여서 태후가 수렴청정**垂簾聽政**하였다.** 『삼국사기』 태조대왕

태조왕의 이름은 궁宮입니다. 아버지는 제2대 유리왕의 아들 고추가古鄒加[1] 재사再思이며, 어머니

---

1 고추대가(古鄒大加)라고도 한다. 『삼국지』〈위서〉동이전에 의하면, 이 칭호는 왕의 종족(宗族)과 소노부(消奴部)의 적통대인(嫡統大人), 그리고 왕비족인 절노부(絶奴部)의 대인(大人) 등에게 주어진다.

는 부여출신 여인입니다(『고구려사략』에는 동부여 태사 왕문王文의 딸 호화芦花로 나옴). 태조는 건국자에게 만 붙이는 시호인데, 『삼국사기』는 국조國祖(나라의 조상)라는 시호까지 덧붙입니다. 명백한 고구려의 시조입니다.

박기자 : 태조왕의 고구려와 추모왕의 고구려는 다른 겁니까?

고선생 : 고구려는 같습니다. 태조왕이 시조가 된 것은 왕통이 바뀌었기 때문입니다. 새로운 왕조의 출현입니다.

박기자 : 유리왕의 아들이라면 왕통이 바뀐 것은 아니잖습니까?

고선생 : 『고구려사략』에 나오는 재사에 대한 기록입니다.

③-2. **제의 휘는 재사再思 혹은 록신鹿臣이다. 대무신제의 별자別子이다. 어머니는 갈사태후曷思太后이고, 그녀의 아버지 해소解素는 유화부인柳花夫人 소생인 금와金蛙의 아들이다.** 성격은 총오聰悟하고 호인好仁하였다. 선서仙書를 읽고, 의약医薬에 통달하며, 또한 용병用兵이 능하고 언변을 뛰어나나, 항상 모르는 것처럼 묵연黙然하였다. 포형포兄인 호동好童이 비명非命한 것을 애석하게 여겼기 때문이다. 민중왕이 붕崩하자, 나라사람들이 그를 세우려 하였으나, 고사하며 말하길 "적자嫡子가 있는데 서자庶子가 감히 감당할 바가 아니다."며, 마침내 어머니를 모시고 달아났다. **모본왕 역시 그 뜻을 높이 사서 선왕仙王에 봉하였다.** 부여의 난을 평정하는데 공을 세우고, 모본왕이 시해당하자, 마락麻樂 등이 그를 맞아들여, 동도신궁東都新宮에서 즉위하였다. 대사면을 단행하고, 개원改元을 신명神明이라 하였다. 『고구려사략』 신명선제기

재사는 제2대 유리왕의 아들(③-1)이 아닌 제3대 대무신왕의 별자別子[2]입니다. 별자는 서자庶子라고도 하는데, 정실 왕비가 낳은 아들이 아니라 후궁이 낳은 아들입니다. 재사의 어머니는 대무신왕의 후궁인 갈사曷思후입니다. 추모왕의 어머니 유화부인이 동부여 금와왕에게 재가하여 낳은 아들 해소(추모왕의 동모제同母弟)의 딸로 호동태자의 어머니이기도 합니다. 다만 기록 중에 호동태자를 가

---

2 왕비가 낳은 아들들은 적자(嫡子)라 한다. 이중 적장자(嫡長子)는 적자 중의 장자이다. 왕비가 아닌 후궁의 소생을 서자(庶子)라고 한다. 별자(別子)는 왕실에서 사용되는 서자와 구별하기 위한 용어이다. 조선시대에 적자는 대군(大君)의 칭호를 받았으나, 별자는 군(君)의 칭호를 받는다.

리커 재사의 포형胞兄이라 한 점을 주목합니다. 아버지가 같은 경우는 동복형同腹兄이지만, 포형은 아버지가 같을 수도 있고 또한 다를 수도 있습니다. 결론적으로 재사는 대무신왕의 직계 혈통이 아닙니다. 『삼국사기』와 『고구려사략』 기록을 기초로 한 태조왕의 출신 계보입니다.

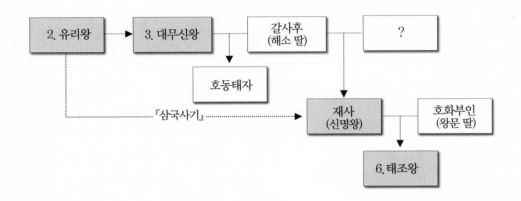

박기자 : 재사도 왕입니까?

고선생 : 『고구려사략』은 재사가 고구려의 왕이라고 명확히 기록합니다. 시호는 신명神明이며, 왕명은 신명선제神明仙帝입니다. 신명왕의 존재는 『삼국사기』가 기록한 태조왕의 비정상적인 수명과 재위기간을 보완합니다. 『삼국사기』와 『고구려사략』을 근거로 한 태조왕의 비교표입니다. 먼저 출생년도는 20년의 차이가 납니다. 즉위년도는 『삼국사기』가 53년(7세)이고, 『고구려사략』은 112년(45세)입니다. 재위기간은 『삼국사기』가 94년이고, 『고구려사략』은 신명왕 40년, 태조왕 35년으로 분리됩니다. 사망년도는 165년으로 두 기록이 같습니다.[3] 결과적으로 『삼국사기』는 신명왕의 존재를 부정(삭제)함으로써 태

태조왕	『삼국사기』	『고구려사략』	
출생년도	48	68	
즉위년도	53(7세)	112(45세)	
재위기간	53~146(94년)	신명왕	73~112(40년)
		태조왕	112~146(35년)
사망년도	165(119세)	165(97세)	

---

3 태조왕은 146년 동생 차대왕에게 보위를 물려주고 19년을 더 산다.

조왕의 수명과 재위기간을 무리하게 설정하는 오류를 범합니다.

박기자 : 『삼국사기』가 신명왕을 뺀 이유는 무엇입니까?

고선생 : 『고구려사략』은 고구려인이 작성한 기록이고, 『삼국사기』는 통일신라 때 신라인이 작성한 『구삼국사』가 원사료입니다. 따라서 『삼국사기』보다는 『구삼국사』를 의심해야합니다.

박기자 : 어떤 의심입니까?

고선생 : 『구삼국사』를 편찬할 당시의 신라 입장에서 본다면, 이미 패망한 고구려 역사를 기술함에 있어 굳이 왕 하나를 빼야할 명분도 이유도 없습니다. 그렇다면 『구삼국사』의 원사료인 고구려측 사서를 의심하거나 또는 『구삼국사』 편찬 작업에 참여한 고구려출신 사관을 의심해야 합니다. 전자는 『고구려사략』이 엄연히 현존하고, 또한 명확히 신명왕을 기록하니, 판단에서 제외합니다. 따라서 후자의 경우를 고려해야 합니다.

박기자 : 그렇다면 고구려출신 사관은 무슨 이유로 신명왕을 뺀 겁니까?

고선생 : 태조왕은 분명한 또 한 분의 건국시조입니다. 태조계가 고구려 멸망 때까지 왕통을 잇기에 후손들 입장에서 보면 태조왕에 대한 자부심이 남다릅니다. 그래서 시조 추모왕에게 어울릴 법한 국조왕의 타이틀까지 붙입니다. 태조왕의 신격화 작업이 절대적으로 필요합니다. 태조왕의 아버지인 신명왕 재사는 추모왕과는 혈통적으로 무관합니다. 만약 신명왕의 존재를 기록에 남긴다면 태조왕의 결격사유를 세상에 알리는 꼴입니다. 그래서 태조왕이 7세에 즉위하고, 또한 눈을 뜬 상태로 태어났다는 등 다소 사실 확인이 어려운 내용을 기록합니다. 물론 신명왕의 존재를 아예 숨기기 위해 태후가 수렴청정한 내용까지 포함시킵니다. 나름대로 최선을 다한 알리바이입니다. 결론적으로 신명왕이 고구려 왕력에서 빠지게 된 이유는 전적으로 아들 태조왕에 대한 배려 때문입니다. 신명왕으로서는 결코 피해갈 수 없는 운명입니다.

박기자 : 교수님께서는 어떻게 생각하십니까?

정교수 : 신명왕은 처음 듣는 얘기여서 다소 놀랍습니다. 『삼국사기』가 서술한 태조왕에 대한 기록은 분명히 비정상적입니다. 7세에 등극하여 94년을 재위하고, 119세에 사망하니, 이를 역사적 사실로 받아들이기에는 무리입니다. 이는 마치 추모왕이 알에서 태어난 것처럼 신화적 성격

이 강합니다. 신명왕에 대해서는 좀 더 관심을 기울이겠습니다. 다만 태조왕 때부터 고구려 왕통이 교체된 것으로 보는 시각이 우세합니다. 『후한서』 고구려편에 '본래는 소노부에서 왕이 나왔으나, 점점 미약해져서 뒤에는 계루부가 이를 이었다.〔本消奴部爲王 稍微弱 後桂婁部代之〕'는 기록이 있습니다. 추모왕과 초기 왕들은 5부족 중 소노부 출신이지만, 태조왕은 계루부 출신으로 이해합니다.

박기자 : 신명왕은 어떤 왕입니까?

고선생 : 신명왕 시기에 발생한 사건과 내용은 『삼국사기』 태조왕 기록에 모두 포함됩니다. 신명왕은 112년(태조60) 태자인 궁(태조왕)에게 보위를 넘깁니다. 이후 신명왕은 해산선황海山仙皇이 되어 내외선정內外仙政을 총괄하다, 121년(태조69) 사망하여 모산茅山에 장사지냅니다.

2. 태조왕 재위기록의 의문점

고선생 : 『삼국사기』가 설정한 태조왕의 재위기간은 53년~146년까지 94년입니다. 이 기간을 『고구려사략』의 기년에 맞춰 편의상 3기로 구분합니다. 제1기는 53~73년까지로 대무신왕, 민중왕, 모본왕 시기에 해당합니다. 제2기는 73년~112년까지 신명왕 시기이며, 제3기는 112~146년까지 태조왕 시기입니다. 먼저 제1기에 해당하는 태조왕 기록을 살펴보면, 국조왕에 어울릴 만한 선정善政 기사가 일체 없습니다. 통상적으로 왕통이 바뀌면, 대사면을 한다거나 또는 전국을 순행하며 백성을 위무하며, 새왕조의 정통성을 확보하기 위한 일련의 정치행사를 실시합니다. 그런데 태조왕의 초기기록에는 이러한 정치행사가 일체 없습니다. 이는 태조왕의 제1기(53년~73년)에 해당하는 초기기록이 태조왕의 재위기록이 아닐 수 있다는 사실을 반증합니다.

박기자 : 제1기 기록에는 어떤 내용이 있습니까?

고선생 : 태조왕의 편년기록은 55년(태조 3, 대무신 28)부터 시작합니다. 그런데 첫 기사가 눈에 확 들어옵니다. 『삼국사기』와 『고구려사략』 기록입니다.

③-3. 3년(55년) 2월, **요서遼西에 10개 성을 쌓아 한漢의 침략에 대비하였다.**『삼국사기』태조대왕

③-4. 28년(55년) 2월, **개마盖馬, 하성河城, 구리丘利, 고현高顯, 남구南口, 자몽紫蒙, 구려句麗, 거란車蘭, 하양河陽, 서안평西安平 등 10성을 쌓아 한漢과 선비鮮卑에 대비하였다.**『고구려사략』대무신제기

고구려가 중국대륙의 요서지역에 성을 쌓습니다. 1개도 아니고 10개입니다. 『고구려사략』은 10개성의 이름을 줄줄이 나열합니다. 개마, 하성, 구리, 고현, 남구, 자몽, 구려, 거란, 하양, 서안평 등입니다.[4] 축성을 하게 된 구체적 사유가 나옵니다. 『삼국사기』는 후한의 침입으로 한정하나 『고구려사략』은 후한 뿐 아니라 선비의 침입까지 대비합니다. 이들 성의 위치는 정확히 알 수 없으나, 대략적으로 지금의 난하 하류의 동쪽에서 시작하여 북쪽으로 대흥안령산맥까지 이어지는 축선에 쌓은 성들입니다. 모두 고구려의 서쪽 경계선입니다. 이는 역사적 가치가 매우 높은 기록입니다. 만약 이 기록이

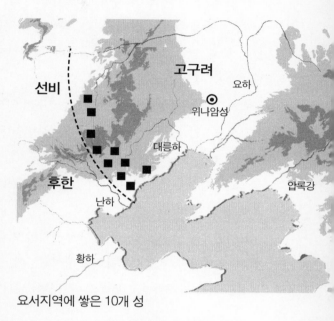

요서지역에 쌓은 10개 성

없다면 고구려가 후한시기 중국의 요서지역을 장악한 역사적 사실은 영영 빛을 보지 못했을 겁니다.

박기자 : 가슴 뭉클하군요.

고선생 : 요서 지역에 집중적으로 성을 쌓아 서쪽 방비를 튼튼히 한 태조왕은 동쪽으로 발길을 돌립니다. 『삼국사기』 기록입니다.

③-5. 4년(56년) 7월, **동옥저東沃沮를 정벌하고 그 땅을 빼앗아 성읍으로 삼았다.** 국경을 개척하여 동으로는 창해滄海, 남으로는 살수薩水에 이르렀다. 16년(68년) 8월, **갈사왕曷思王의 손자 도두都頭가 항복해왔다.** 도두를 우태于台로 삼았다. 20년(72년) 2월, **관나부貫那部 패자沛者 달가達賈를 보내 조나藻**

---

4 『태백일사』〈고구려국본기〉에는 안시(安市), 석성(石城), 건안(建安), 건흥(建興), 요동(遼東), 풍성(豊城), 한성(韓城), 옥전보(玉田堡), 택성(澤城), 요택(遼澤) 등으로 나온다.

那를 정벌하고 그 왕을 사로잡았다. 22년(74년) 10월, 환나부桓那部 패자 설유薛儒를 보내 **주나朱那를 정벌하고, 그 왕자 을음乙音을 사로잡아** 고추가古鄒加로 삼았다. 『삼국사기』태조대왕

56년(태조4, 대무신29) 동옥저, 68년(태조16) 갈사부여, 72년(태조20) 조나국藻那國, 74년(태조22) 주나국朱那國 등을 차례로 정복합니다. 특히 동옥저를 정벌한 기록을 보면, 이때 고구려 국경이 동쪽으로는 창해, 남쪽으로 살수에 이릅니다. 창해는 동해이며, 살수는 지금의 평북 청천강입니다.(동옥저 정벌 배경은 제2장 69쪽 참조)

박기자 : 이 시기에 압록강 유역이 고구려 영토가 된 겁니까?

고선생 : 압록강을 남북으로 연하는 주변일대가 태조왕 시기에 고구려 영토로 흡수됩니다. 이는 길림성 집안현 일대가 고구려의 최초 건국지와 초기 도읍지가 될 수 없다는 사실을 증명합니다. 이를 좀 더 확증할 수 있는 유물이 있습니다.

박기자 : 무엇입니까?

고선생 : 광개토왕(제19대) 시기에 활약한 아리모려阿利牟呂의 묘지석이 있습니다. 《아리모려묘지명》이라 합니다. 비문은 3면으로 구성되는데, 1면과 2면은 아리모려의 선조의 공적이, 3면은 광개토왕을 따라 활약한 아리모려의 활동상이 새겨있습니다. 이 중 1면과 2면입니다.

【1면】五黄 桂婁大人之小兄 阿利牟呂 奴客 文曰 先祖 隨王錚 於鴨綠水之上源 戰 於[爲]野 而破 人臣服 王威大赫 衆來賀[敗]王 赦 又庚午 盖馬國東 彈弩攻城 賊見大敗
오황 계루대인의 소형 아리모려 노객의 글이다. 선조는 왕을 따라 압록수 상원의 들에서 싸워 깨트리고 인신이 왕에게 복종하여 무리가 왕의 수레를 끌어 사면을 받았다. 또 **경오년* 개마국 동쪽에서 노를 쏘며 성을 공격하여 적을 대패시켰다.**

【2면】先祖 隨王 又戰 婆猪江上 沸流小國 再伐 荇人 國 來之 遣 貫那沛者 達賈 伐 藻那 內 田 自給 智慮 淵深 傳至 十世子孫 承繼 祖先 恩德 奉王 官拜 小大兄 [領]總 一地 [以]
선조는 왕을 따라 **파저강 상의 비류소국과 싸우고, 행인국을 다시 정벌하였다. 관나패자 달가를 보내어 조나를 쳤다.**** 안으로는 스스로 깨닫고 사려가 깊어 잘 다스리니 10세손이 승계하였다. 조부는 봉왕의 은덕으로 소대형에 이르렀고 한 지방을 다스려 왕은에 크게 감격하였다.

☞ *70년 **72년

먼저 1면을 보면, 아리모려의 선조가 압록수(압록강) 상원의 들에서 토착민으로 추정되는 집단을 제압하고, 경오년(70년, 태조18)에는 개마국 동쪽 성을 공격하여 빼앗습니다. 2면을 보면, 파저강의 비류소국과 싸우고 행인국을 다시 정벌합니다. 파저강娑猪江은 지금의 혼강渾江(동가강)입니다. 북쪽 길림성 환인지역에서 남쪽 압록강 중류지역으로 흐르는 길이 80㎞의 압록강 지류입니다. 당시 이 일대에는 비류소국이 존재합니다. 추모왕 시절 고구려에 정복당한 비류국 유민이 세운 제2의 비류국입니다. 행인국이 나옵니다. 역시 추모왕 시절 정복당한 유민이 압록강중류지역으로 이동하여 세운 제2의 행인국입니다. 지금의 길림성 집안현 일대입니다. 이어 관나패자 달가가 조나국을 공격한 내용이 나옵니다. 이는 72년(태조20)에 해당하며 앞의 『삼국사기』 기록(③-5)과 일치합

《아리모려묘지명》

니다. 따라서 비류소국과 행인국의 정벌은 비문의 문맥으로 보아 71년(태조19)에 이뤄집니다. 비문 기록을 종합하면, 당시 압록강 일대에는 고구려 초기에 흡수된 요하유역의 여러 소국의 유민이 압록강 유역으로 망명하여 개마국, 비류소국, 행인국을 재건하나. 태조왕 시기에 모두 고구려에 멸망당하여 재흡수됩니다.

박기자 : 조나국과 주나국은 어디에 있습니까?

고선생 : 두 소국은 옛 동부여의 제후국입니다. 모두 러시아 극동의 하바롭스크Khabarovsk지방에 소재합니다. 아무르Amur(黑龍)강 유역을 따라, 강의 중류에는 조나국이 하류에는 주나국이 각각 위치합니다. 특히 주나국은 호수가 많아서 호국湖國이라고도 부릅니다.

박기자 : 정말로 러시아 땅까지 정복한 겁니까?

고선생 : 이 시기에 고구려는 개국 이래 가장 방대한 영토를 확보합니다. 중국은 동북 3성인 요녕성, 길림성, 흑룡강성을 비롯하여 내몽골 자치구와 화북성 일부를 포함하며, 러시아는 연해주 일부가 이에 해당합니다. 훗날 광개토왕이 벌인 정복사업은 단순한 영토확장이 아닙니다. 바로 이 시기에 확보했다가 빼앗긴 고구려의 옛 영토를 되찾는 영토회복사업입니다.

박기자 : 고구려 영토가 실로 방대하군요.

고선생 : 다음은 태조왕 제2기(73년~112년)에 해당하는 98년 기록입니다.

③-6. 46년(98년) 3월, 왕이 동쪽 책성柵城에 가는 도중 책성 서쪽 계산闊山에 이르러 흰 사슴을 잡았다. **책성에 이르자 여러 신하들에게 잔치를 베풀어 술을 마시고 책성을 지키는 관리들에게 물품을 차등을 두어 하사하였다.** 마침내 그들의 공적을 바위에 새기고 돌아왔다. 10월, 왕이 책성에서 돌아왔다. 『삼국사기』 태조대왕

③-7. 26년(98년) 3월, 상이 동쪽으로 순행하여 책성柵城 서쪽 계산闊山에 이르러 흰 사슴을 잡았다. 성에 들어가서 부로父老와 수리守吏 및 유도지사有道之士 들에게 잔치를 베풀고, 재물과 휴가를 내림에 차등이 있었다. 공적을 큰 바위에 새겼다. 10월, 순행에서 돌아왔다. **상은 멀리 동해곡東海谷 망일령望日岑에 이르러 호수의 장관을 보았고, 조나藻那, 주나朱那, 관나貫那로 부터 공물을 받았다. 여러 섬島의 추장들이 바친 백곰白熊과 물개膃肭도 또한 많았다.** 『고구려사략』 신명선제기

태조왕이 책성柵城을 방문합니다. 책성은 동부여의 마지막 수도로 두만강 하류지역인 길림성 훈춘琿春(연변조선족자치주)입니다.[5] 태조왕이 책성을 순행하며 흰 사슴도 잡고, 그곳 백성에게 잔치를 베풀며 위무합니다. 또한 공적을 큰 바위에 새깁니다. 일종의 공적비입니다.

박기자 : 공적비는 발견된 겁니까?

고선생 : 아닙니다. 그러나 혹이라도 발견된다면 우리 역사를 증명하는 매우 중요한 유물이 될 겁니다. 동해곡이 나옵니다. 태조왕이 순행하면서 돌아본 곳으로 지금의 아무르강 하

태조왕의 정벌 · 순행지역

5 중국 길림성의 동부도시인 훈춘의 온특혁부성(溫特赫部城) 또는 살기성(薩其城)으로 비정한다.

구에 소재한 니콜라옙스크Nikolaevsk(尼港)입니다. 그리고 백곰과 물개를 태조왕에게 바친 여러 섬은 니콜라옙스크 북쪽인 오호츠크Okhotsk해 북서쪽 해안의 산타르Shantar 제도(15개 섬)로 추정합니다. 이로 미루어 보아 당시 고구려의 강역과 이들 주변지역에 미친 고구려의 영향력은 실로 우리의 상상을 뛰어넘습니다. 고구려는 참으로 위대한 대제국입니다.

박기자 : 니콜라옙스크까지 고구려의 영향력이 미쳤다니 참으로 놀랍군요.

고선생 : 다음은 105년(태조53) 기록으로, 고구려와 후한의 요동군이 한판 붙은 사건입니다.

③-8. 53년(105년) 정월, 왕이 한漢의 요동에 장수를 보내 6개현을 **약탈掠奪하자**, 요동태수 경기耿夔가 군사를 출동시켜 대항하여 맞서니 우리 군사가 크게 패하였다. 9월, **경기가 맥인貊人을 격파하였다**. 『삼국사기』 태조대왕

③-9. 화제和帝 원흥원년(105년) 봄, 고구려가 요동으로 쳐들어와 6개현을 **구략寇略하자, 요동태수 경기耿夔가 이들을 격파하고 거수渠帥를 목베었다.** 『후한서』 고구려전

③-10. 33년(105년) 3월, 진북장군 마락麻樂이 개마盖馬의 여러 성을 고쳐 쌓고, 맥貊의 기병을 이끌고 **요동을 벌(伐)하여 백암白岩, 장령長岺, 도성菟城, 문성汶城, 장무章武, 둔유屯有 등 6성을 취하였다.** 한인漢人들은 크게 놀라며 황망해하자 요동태수 경기耿夔가 수비하며 우리 군사를 불러들여 싸웠다. **궁宮태자가 사자 목도루穆度婁와 함께 경기병輕騎兵을 이끌고 적진 깊숙이 들어가 좌충우돌 부딪쳐 크게 깨뜨렸다.** 『고구려사략』 신명선제기

3개 사서 기록의 기본적인 줄거리는 같습니다. 고구려가 먼저 후한의 요동군 6개 속현을 공격하여 빼앗자, 요동태수 경기耿夔가 고구려에 대항합니다. 그러나 결과는 『삼국사기』와 『후한서』는 고구려가 패하고, 『고구려사략』은 고구려가 승리합니다.

박기자 : 어느 기록이 맞습니까?

고선생 : 둘 다 맞습니다. 『삼국사기』와 『후한서』에 나오는 요동태수가 무너뜨린 대상은 맥인貊人입니다. 고구려가 요동군 공격에 동원한 군사들입니다. 맥인의 지도자급인 거수渠帥(우두머리) 중 일부가 요동태수에게 잡혀 목이 베입니다. 여기까지가 『삼국사기』와 『후한서』의 기록입니다. 두 사서는 후한의 승리로 결론짓습니다. 그러나 『고구려사략』은 이후의 전투를 설명합니다. 궁태자(태조

왕)가 경기병輕騎兵을 이끌고 요동군을 공격하여 박살냅니다. 기록은 '좌우충돌로 대파했다.〔左右衝突而大破之〕'고 합니다. 고구려 기병이 요동군의 군진을 쑥대밭으로 만듭니다. 고구려의 대승입니다. 다만, 이 기록에서 한 가지 유념할 부분이 있습니다.

박기자 : 무엇입니까?

고선생 : 고구려 역사를 보는 『삼국사기』의 시각입니다. 고구려가 요동군 6개 속현을 빼앗은 사실을 기록함에 있어서 3개 사서는 고구려의 공격행위를 각기 달리 표현합니다. 『삼국사기』는 '약탈掠奪(원문은 奪掠임)'로, 『후한서』는 '구략寇略(공격하여 약탈함)'으로, 『고구려사략』은 '벌伐'(정벌)로 씁니다. 약탈은 노략질을 해서 빼앗는 경우입니다. 『삼국사기』는 고구려의 엄중한 공격행위를 일개 도적떼의 약탈로 비하합니다. 참으로 불편한 표현입니다.

박기자 : 『삼국사기』는 왜 고구려의 승리기록을 남기지 않은 겁니까?

고선생 : 『삼국사기』는 『후한서』 기록에 충실합니다. 중국의 입장에 적극 동조합니다. 『삼국사기』를 읽다보면 가끔 이런 부분이 툭 튀어나옵니다. 『삼국사기』 스스로 우리 역사를 축소, 왜곡시키는 장면입니다. 또 하나의 실례입니다. 고구려가 후한과 접촉한 111년(태조59) 기록입니다. 앞의 105년 전투이후 6년만의 일입니다.

③-11. 59년(111년), 한漢에 사신을 보내 토산물을 바치고, 현도玄菟에 속하기를 청하였다. [『통감』에는 '이 해 3월, 고구려왕 궁宮이 예맥穢貊과 함께 현도를 쳤다.' 하였는데, 혹 속하기를 원했는지 또는 침범한 것인지 알 수 없다. 어느 하나는 잘못 기록된 듯하다.] 『삼국사기』 태조대왕

③-12. 안제安帝 영초5년(111년), 궁宮이 사신을 보내 조공하고 현도玄菟에 속할 것을 청하였다. 『후한서』 고구려전

③-13. 39년(111년) 2월, 송두지松豆智가 한漢과 화친을 약속하고 국경을 정하였는데 잃은 것이 있었다. 왕이 노하여 송두지를 비류沸流로 귀양 보냈다. 『고구려사략』 신명선제기

『삼국사기』와 『후한서』의 내용은 같습니다. 『삼국사기』가 『후한서』 기록을 따릅니다. 고구려가 후한에 사신을 파견하여 현도군에 예속되기를 요청합니다. 이 기록만 본다면 도무지 무슨 내용인

지 알 수 없습니다. 뜬금없이 고구려가 현도군에 예속되기를 희망한 이유는 무엇이며, 또한 고구려 전체의 예속인지 아니면 고구려 변방 일부지역의 예속인지 도저히 감을 잡을 수 없습니다. 더구나 이후 고구려가 실제로 현도군에 예속된 것인지조차 알 수 없습니다. 그러나『고구려사략』은 고구려와 후한이 국경을 정하는 영토회담을 벌인 사실을 증언합니다. 송두지松豆智를 파견하여 후한과 협상을 벌입니다. 협상결과 고구려의 영토 일부를 잃게 되자, 태조왕은 송두지에게 책임을 물어 귀양 보냅니다. 결국 고구려가 현도군 예속을 요청한『삼국사기』와『후한서』의 표현은 고구려의 영토 일부가 후한으로 넘어간 이야기입니다.

정교수 :『삼국사기』기록(③-11)은 고구려 역사에서 상당히 중요한 의미를 가집니다. 후한의 지방정부가 아닌 중앙정부와 접촉한 기록이기 때문입니다. 이는 후한의 중앙정부가 고구려의 존재를 공식적으로 인정한 것으로 이해합니다.

고선생 : 다음은 태조왕 제3기(112년~146년)입니다. 이 시기부터『삼국사기』와『고구려사략』의 기년은 다시 일치합니다.『고구려사략』이 기록한 태조왕입니다.

③-14. 제帝의 휘는 궁宮 또는 어수於漱라고 한다. 신명선제神明仙帝의 큰아들이다. 어머니는 부여扶餘씨인 호화芦花태후로 동부여의 태사太師 왕문王文의 딸이다. 제는 태어날 때부터 눈을 뜨고 사물을 볼 수 있었으며, 신통한 힘이 있어 군사를 이끌고 요동을 쳐서 누차에 큰 공을 세웠다. 이때에 이르러 선위禪位를 받으니 나이 45세이다. 성품이 너그럽고 어질며, 효성과 우애가 두텁고, 자신을 개의치 않고 타인을 따랐다. 부황父黃이 정사에 별 뜻이 없어 모친에게 자문을 구하니, 태후가 정사를 결정하였다. 태보太輔를 따로 두지 않았다.『고구려사략』태조황제기

태조왕의 어머니에 대한 정보가 나옵니다. 동부여 태사 왕문의 딸 호화芦花입니다(『삼국사기』는 부여 사람임. 88쪽 ③-1 참조). 태조왕의 정치적 기반이 동부여계임을 시사합니다. 태조왕은 태자시절 여러 번 요동을 공격하여 공을 세웁니다. 이로 미루어보아 앞의 후한과의 전쟁은 모두 태조왕이 주도한 작품입니다. 태조왕은 45세에 즉위합니다.

박기자 : 45세면 너무 늦군요.

고선생 : 아버지 신명왕이 있지만, 실질적인 왕권은 태조왕이 행사합니다. 신명왕이 고구려 왕력에서 빠지게 된 이유이기도 합니다. 이 시기 고구려와 후한과의 관계에 적잖은 변화가 발생합니다. 태조왕은 111년(태조59) 국경회담을 통해 경계선을 정하며,(③-13) 두 나라는 전쟁 없는 평화관계를 유지하지만, 121년(태조69) 후한의 지방관들이 고구려를 공격하며 평화관계가 깨집니다.

③-15. 69년(121년) 봄, 한漢의 유주자사幽州刺使 풍환馮煥, 현도태수 요광姚光, 요동태수 채풍蔡風 등이 군사를 거느리고 침략해서 **예맥濊貊 거수渠帥를 죽이고 병마와 재물을 빼앗았다. 왕이 아우 수성遂成을 보내 군사 2천여를 거느리고 풍환과 요광을 치게 하였다.** 수성이 한에 사신을 보내 거짓으로 항복의사를 표시하자 풍환 등은 이를 믿었다. **마침내 수성이 험지에 의지하여 대군을 막으면서 몰래 군사 3천을 보내 현도, 요동의 두 군을 공격하여 그 성곽을 불사르고 2천여를 죽이거나 사로잡았다.** 『삼국사기』 태조대왕

③-16. 10년(121년) 2월, **요광姚光이 유주幽州로부터 쳐들어와 구리丘利 거수渠帥 후돌后突을 죽였다.** 화직禾直이 달려가서 크게 쳐부수고, 을어乙魚는 요광의 대군을 좁고 긴 통로로 끌어들여 험지에 매복한 후 모조리 죽였다. 획득한 병장기와 마필이 무수히 많았다. **또한 적산赤山에서 극성棘城으로 추격하여 성곽과 군량, 마초를 불살랐다. 생구生口 2천여를 사로잡아 그 중에서 기능技能을 가진 자는 선별하여 직책을 주고, 노래를 부를 수 있는 여인들은 장사들에게 첩으로 주었다.**
『고구려사략』 태조황제기

후한의 지방관 유주자사 풍환, 현도태수 요광, 요동태수 채풍 등이 연합하여 고구려 접경지역의 예맥을 공격하여 병마와 재물을 빼앗습니다. 예맥 거수(『고구려사략』은 구리 거수임)[6] 후돌이 살해되는 등 피해를 입자, 태조왕은 급히 아우 수성遂成을 급파하여 후한을 공격합니다. 수성이 거짓항복의 기만술로 요광을 안심시키고, 또 좁은 통로로 유인한 후 후한의 군사를 몰살시킵니다. 이후 적산에서 극성까지 현도군과 요동군을 휘젓고 다니며 완전히 박살냅니다. 후한인 2천여 명을 사로잡는 전

---

6 거수(渠帥)는 소국의 우두머리를 말한다. 예맥(濊貊)거수와 구리(丘利)거수는 같다. 예맥은 중국(『삼국사기』도 같음)에서 부르는 이름으로 개마(蓋馬)를 지칭한다. 『고구려사략』은 구리로 쓴다. 개마는 원래 대무신왕때 패망하여 완전히 고구려에 흡수된다. 구리가 바로 개마이다. 동일한 대상을 놓고 중국은 예맥으로 쓰고 고구려는 구리로 쓴다. 중국은 변방 지역의 일이기에 통속적으로 써온 예맥으로 기록하고, 고구려는 이들과 오랜 기간 관계를 맺고 있어 정확한 이름을 쓴 것이다.

과를 올립니다.

　박기자 : 유주자사는 무엇입니까?

　고선생 : 유주는 후한의 15개 주의 하나로 지금의 베이징입니다. 자사는 중앙정부에서 각 주에 파견한 감찰관입니다. 다만 이 시기에는 각 군의 행정장관인 태수와 마찬가지로 주의 행정을 총괄하는 지방장관으로 승격되어 운영됩니다. 유주자사는 유주를 다스리는 행정장관입니다.

　박기자 : 태조왕의 아우 수성은 누구입니까?

　고선생 : 수성은 태조왕의 동생으로 훗날 태조왕의 뒤를 이어 제7대 차대왕次大王(146년~165년)이 된 인물입니다. 사서 기록에는 처음 등장합니다. 참고로 수성은 121년(태조69) 2월 전투를 승리로 이끌며(③-15), 고구려 정계에 급부상합니다. 전투는 4월에도 계속 이어집니다.

　③-17. 69년(121년) 4월, 왕이 선비鮮卑 8천과 함께 요대현遼隊縣을 공격하였다. 요동태수 **채풍**蔡風이 **군사를 거느리고 신창**新昌**에서 싸우다가 죽었다.** 공조연功曹掾 용단龍端과 병마연兵馬掾 공손포公孫酺가 채풍을 몸으로 호위하여 막다가 채풍과 함께 진영에서 죽었다. **이때 죽은 자가 1백여 이다.**
『삼국사기』 태조대왕

　③-18. 10년(121년) 4월, 제帝가 친히 요수遼隧에서 채풍蔡風을 쳤다. 신성新城에서 싸워서 그의 장수들인 경모耿耄, 용단龍端, 공손포公孫酺, 손수孫壽 등 **140여 명을 참하니, 극성**棘城**의 동쪽이 우리 땅이 되었다. 채풍은 유주로 달아나더니 감히 다시는 침입하지 않았다.** 『고구려사략』 태조황제기

　4월 전투는 수성이 아닌 태조왕이 친정親征합니다. 태조왕은 선비 군사 8천까지 동원합니다. 앞서 2월 전투(③-15)가 유주자사 풍환과 현도태수 요광이 목표라면, 이번에는 요동태수 채풍입니다. 『삼국사기』는 채풍이 죽은 것으로 되어 있으나, 『고구려사략』은 채풍이 유주로 달아난 것으로 되어 있어 다소 차이를 보입니다. 4월 전투의 승자도 고구려입니다. 태조왕은 극성棘城의 동쪽지역을 고구려 영토로 편입합니다.

　박기자 : 극성은 어디입니까?

　고선생 : 지금의 하북성 창려현昌黎縣입니다. 만리장성의 동쪽 끝인 산해관山海關 남쪽에 위치합

니다.

　박기자 : 만리장성 동쪽은 모두 고구려의 영토이군요.

　고선생 : 다음은 같은 시기의 『후한서』 기록입니다.

　③-19. 이 해*에 **궁**宮**이 죽어 아들 수성**遂成**이 즉위하였다.** 상喪중을 틈타 출병하여 공격할 것을 상
　언上言하자 의논하는 사람들이 모두 허락할 만하다고 여기었다. 상서 진충陳忠이 말하였다, "이전에
　궁宮이 사나워 요광姚光이 토벌하지 못하였는데, 그가 죽었다고 해서 공격하려는 것은 의롭지 않습니
　다. 마땅히 사람을 보내 조문하고 이전의 죄를 꾸짖되 용서하여 죽이지 말고 훗날을 도모해야 할 것입
　니다." 안제安帝가 이를 따랐다. 『후한서』 고구려

　☞ *121년

　이 기록이 관심을 끄는 대목은 121년(태조69) 태조왕이 사망하여 아들 수성이 즉위한 내용입니
다. 후한 인제(제6대)는 모두가 고구려의 상喪중을 틈타 공격을 제의하자 의롭지 못하다는 진충의
간언을 받아들여 중지합니다.[7]

　박기자 : 수성은 태조왕의 동생입니다. 그런데 어찌하여 아들로 기록한 겁니까?

　고선생 : 일반적으로 중국사서는 자국인 아닌 타국의 왕력을 기록할 때, 전임왕과 후임왕의 관계
를 잘 모르면 무조건 부자 관계로 설정합니다.

　박기자 : 태조왕은 정말로 사망한 겁니까?

　고선생 : 아닙니다. 『고구려사략』 기록을 보면, 121년(태조69)에 사망한 왕은 태조왕이 아니라 태
조왕의 아버지 신명왕 재사입니다.

　정교수 : 『후한서』 기록을 신뢰하는 분들은 태조왕이 146년이 아닌 121년에 사망한 것으로 이해
합니다. 이유는 태조왕의 비정상적인 수명(119세)과 왕의 재위기간(94년)을 25년 정도 앞당길 수 있

---

7 이런 대화 기록은 사실성을 확인하기 어렵다. 고구려가 상중이기 때문에 그 틈을 이용하여 고구려를 공격하면 얼마든지 이
　길 수 있는데 큰 맘 먹고 한번 봐줬다는 투다. 중국 자신들은 의(義)의 도리를 따랐다고 한다. 역사는 사건의 실체성이 중요
　하다. 그냥 주고받은 대화를 역사라고 하면 머릿속의 잡상도 모두 역사가 되어야 한다. 참으로 가소로운 기록이다.

어 상식적인 판단이 가능하기 때문입니다. 그러나 『삼국사기』는 『후한서』 기록이 잘못되었다고 명확히 지적합니다.[8]

3. 중국대륙에 출현한 마한의 비밀

고선생 : 제2장에서 대무신왕 때인 44년(대무신27) 후한 광무제가 중국대륙에서 한반도로 건너와 낙랑군을 설치한 기록(②-13, 70쪽)을 검토하였습니다. 그런데 이에 버금가는 또 하나의 미스터리 기록이 있습니다. 121년(태조69) 한반도에 존재한 마한이 중국대륙으로 건너가 후한과 전쟁을 벌인 기록입니다. 중국대륙과 한반도를 두고 두 기록은 서로 한 번씩 역사 공간을 주고받습니다.

③-20. 69년(121년) 12월, 왕이 마한馬韓과 예맥濊貊의 1만 기병을 거느리고 나아가 현도성玄菟城을 **포위하였다. 부여왕이 아들 위구태尉仇台를 보내 군사 2만을 거느리고, 한漢의 군사와 합세하여 막으니 우리 군사가 크게 패하였다.** 『삼국사기』 태조대왕

③-21. 건광원년(121년) 가을, 궁宮이 마한馬韓, 예맥濊貊의 수천 기騎를 이끌고 현도玄菟를 포위하였다. **부여왕이 아들 위구태尉仇台를 보내 2만여 군사를 거느리고 주군州郡들과 힘을 합쳐 이를 치게 하였다. 5백여 머리를 베었다.** 『후한서』 고구려전

③-22. 10년(121년) 12월, 요광姚光이 구려勾麗의 거수 도리屠利를 꼬드겨 현도도위玄菟都尉로 삼고, 비리卑離의 반적反賊 위구태尉仇台와 함께 모의하여 자몽紫蒙의 옛 땅을 회복하려고 천서川西에 새로이 현도부玄菟府를 두고 그곳에 머물렀다. 제가 마한馬韓, 개마蓋馬의 기병 1만을 이끌고 천서를 공격했으나 이기지 못하고 돌아왔다. 『고구려사략』 태조황제기

---

8 김부식의 지적이다. 『해동고기』를 살펴보면 '고구려 국조왕 고궁(高宮)은 후한 건무29년(53년) 계사에 즉위하였는데, 이때 나이가 7세여서 국모가 섭정하였다. 효환제 본초원년 병술(146년)에 이르러 친동생 수성(遂成)에게 왕위를 물려주니 이때 궁의 나이가 100살이었고 재위 94년째였다.'라고 하니, 건광원년(121년)은 궁이 재위한 지 69년째에 해당한다. 즉 『후한서』에 적힌 것과 『고기』는 서로 다르고 합치되지 않는다. 『후한서』의 기록이 틀린 것이 아닌가?(案海東古記 高句麗國祖王高宮以後漢建武二十九年 癸巳卽位 時年七歲 國母攝政 至孝桓帝本初元年丙戌 遜位讓母弟遂成 時 宮年一百歲 在位九十四年 則建光元年 是宮在位第六十九年 則漢書所記 與古記抵捂不相符合 豈漢書所記誤耶).

발생년도는 121년입니다. 3개 기록을 종합하면, 「고구려-마한-예맥(개마)」의 연합군 1만과 「후한-부여」의 연합군 2만이 현도성(천서)에서 전투를 벌입니다. 결과는 고구려 연합군의 패배로 끝납니다.

박기자 : 부여는 이미 멸망한 나라가 아닙니까?

고선생 : 부여의 원류는 해모수가 창업한 북부여입니다. 추모왕이 고구려를 건국할 즈음 북부여가 멸망하면서 그 연맹체를 형성하던 제후국들은 각자도생各自圖生합니다. 고구려의 모체인 홀본국을 비롯하여, 비류국, 황룡국, 행인국, 환나국, 개마국, 옥저국, 비리국, 자몽국 등은 북부여의 제후국들입니다. 이들은 점차적으로 신생국 고구려에 차례차례 흡수됩니다. 물론 고구려의 건국이전에 북부여에서 갈라 나온 동부여(서기전86년, 해부루 건국)가 동쪽 길림성 길림지역을 중심으로 조나국, 주나국 등 별도의 제후국을 거느리고 존재하지만 이들 역시 모두 고구려에게 흡수됩니다. 이로써 고구려는 북부여의 완전한 계승자가 됩니다. 이들 북부여 제후국 중에 행인국이 있습니다. 북부여 왕족의 직계인 해존解存이 행인국을 접수하며(서기전51년), 한때 북부여 적자국(후계국)을 자처합니다. 추모왕이 고구려를 건국한 이후 가장 먼저 행인국을 정벌한 이유입니다. 또 하나 비리국이 있습니다. 역시 북부여 제후국의 하나입니다. 『고구려사략』을 보면, 비리국이 북부여 적자국을 자칭한 기록이 있습니다.[9] 행인국과 마찬가지로 비리국 또한 북부여 왕족 출신이 장악합니다.

박기자 : 위구태尉仇台는 누구입니까?

고선생 : 북부여 왕족의 후예입니다. 『고구려사략』에 전쟁 배경이 나옵니다(③-22). 위구태는 후한의 현도태수 요광과 연합하여 고구려가 장악하고 있는 자몽국의 옛 땅을 되찾을 계획을 세웁니다. 특이한 점은 위구태를 비리국의 반적反賊으로 규정한 대목입니다. 이 시기 위구태는 비리국에서 갈라 나와 독자노선을 취합니다. 비리국과 고구려의 입장에

위구태

---

9 『고구려사략』 추모대제기 11년(서기전27년) 5월 기록이다. '제가 양맥곡에 행차하였다. 우연히 비리주 소노와 마주쳤는데 소노가 불경하여 동도로 잡아왔다. 송양이 북부여의 선종이라 망령되어 칭하더니, 소노도 북부여의 적손이라 망령되이 칭하였다.〔幸梁貊谷 遇卑離主素奴相見 以其不敬拿來東都 松讓妄稱北扶余之仙宗 素奴妄稱嫡系〕' 비리국왕 소노는 북부여의 적손이다.

서 보면 위구태는 분명 배신자입니다. 그러나 위구태의 입장에서 보면, 후한의 힘을 빌어서 자몽국의 옛 땅을 수복할 목적으로 고구려에 대항한 일종의 독립전쟁입니다.

박기자 : 고구려가 패했다면 위구태의 독립전쟁은 성공한 겁니까?

고선생 : 전쟁은 이듬 해인 122년(태조70) 또 한 차례 벌어집니다.

③-23. 70년(122년), **왕이 마한馬韓, 예맥濊貊과 함께 요동을 공격하였다. 부여왕이 군사를 보내 요동을 구하고, 우리를 격파하였다.**『삼국사기』 태조대왕

③-24. 11년(122년) 2월, **제가 다시금 마한馬韓, 구다勾茶, 개마蓋馬 등 3국의 군사를 이끌고 천서川西와 구려勾麗를 쳐서 빼앗았다.** 요광姚光은 달아나다 자기 부하에게 살해당하고, 위구태는 서자몽西紫蒙으로 피해 들어가서 서부여西扶余를 자칭自稱하였으나, 후에 우문宇文씨에게 쫓겨났다.

『고구려사략』 태조황제기

그런데, 두 기록이 전하는 전쟁결과는 상반됩니다. 『삼국사기』는 또 다시 고구려 연합군이 패한 반면, 『고구려사략』은 위구태와 후한의 연합군이 패합니다. 어느 쪽 기록이 역사적 사실인지는 알 수 없습니다. 다만, 위구태가 고구려 연합군에 패해 자몽국의 서쪽 지역으로 피해 서부여를 건국한 점으로 보아, 후자인 『고구려사략』 기록에 무게를 둡니다.

박기자 : 최종 승자는 고구려이군요.

고선생 : 하나를 잃으면 다른 하나를 얻는 것이 세상의 이치이고 역사의 흐름입니다. 비록 위구태는 패하지만 서부여가 건국되며, 역사는 또 다른 반전反轉의 기회를 맞이합니다.

박기자 : 어떤 반전입니까?

고선생 : 위구태는 백제의 또 한 분의 건국시조로 재탄생합니다. 200여년이 지난 4세기 초엽에 위구태의 후손 중 한 부류가 한반도로 대거 망명합니다. 훗날 온조의 해씨왕조를 무너뜨리고 새로운 부여씨왕조의 백제를 개창합니다. 중국사서는 이들을 가리켜 '백가제해百家濟海'세력으로 규정하고, 여기에서 '백제百濟'의 국호가 나왔다고 설명합니다.[10] 참고로, 『자치통감』 기록을 보면 서부여는 345

---

10 정재수, 『백제 역사의 통곡』(논형, 2018) 제4장 참조.

년 전연前燕(337년~370년)의 모용황에게 정복당해 멸망합니다. 서부여는 122년 위구태에 의해 건국되어 345년 모용황에게 멸망당하기까지 224년간을 존속한 부여의 한 나라입니다. 서부여 영역은 중국 요서지역입니다.

박기자 : 마한은 어떻게 해서 중국대륙까지 오게 된 겁니까?

고선생 : 마한은 한반도에 소재한 마한연맹의 일부입니다. 단서는 위구태와 등을 돌려 적敵이 된 비리국입니다. 『삼국지』〈위서〉 한전을 보면, 한반도 서쪽지역에 존재한 마한 연맹체 54개 소국이 나옵니다. 이중에는 비리卑離의 이름을 가진 소국들이 있습니다. 비리국卑離國(전북군산), 여래비리국如來卑離國(전북익산/여산), 내비리국內卑離國(전북완주), 벽비리국辟卑離國(전북김제), 고비리국古卑離國(전북부안), 초산도비리국楚山塗卑離國(전북정읍), 모로비리국牟盧卑離國(전북고창), 감해비리국監奚卑離國(충남홍성) 등 입니다. 감해비리국을 제외하고 7개 비리국의 소재지는 모두 전북지역입니다. 한반도 비리국들입니다. 바로 이들이 고구려, 예맥과 연합하여 위구태와 후한의 연합군을 물리친 마한입니다. 한반도의 비리국들의 근원은 북부

한반도 비리국의 분포도(전북지역)

여 제후국인 중국대륙의 비리국입니다. 이들 비리국 출신 유민이 하나둘 한반도로 건너와 전북지역을 장악하고 마한의 비리국들로 거듭납니다. 이동시기는 북부여 연맹체가 해체된 서기전1세기 전후입니다.

박기자 : 그렇지만 고구려와 한반도 비리국들은 공간적으로 너무 멀리 떨어져 있군요.

고선생 : 『삼국사기』에 흥미로운 단서가 있습니다. 태조왕은 114년(태조 62) 8월~10월까지 남해南海를 순행합니다. 당시 고구려의 강역으로 본다면 남쪽 바다를 지칭하는 남해의 위치가 불분명합니다. 또한 순행기간도 3개월입니다. 이 시기 태조왕은 한반도 전북지역까지 내려와 비리국들과 접촉합니다. 그리고 모종의 군사협약을 체결합니다. 이유는 위구태가 후한과의 밀착을 시도하는 등 심

상치 않은 변화를 감지했기 때문입니다. 태조왕의 남해 순행은 만약을 대비하여 한반도 비리국들의 지원을 받기 위한 사전 정지작업입니다.

박기자 : 교수님께서는 어떻게 보십니까?

정교수 : 태조왕이 마한을 동원한 『삼국사기』 121년 전쟁 기록은 정말로 미스터리입니다. 학계의 입장도 반신반의입니다. 설사 마한이 배를 타고 서해바다를 건너 중국대륙으로 갔다 하더라도, 당시 고구려와 마한과의 친연성을 확인할 수 있는 문헌기록이 전혀 없어 이를 인정하기에는 부족합니다. 그래서 일부에서는 『삼국사기』가 고구려와 친연성이 있는 백제를 마한으로 잘못 표기한 것으로 이해합니다. 그러나 『고구려사략』에 나오는 위구태와 비리국과의 적대적 관계 기록을 수용한다면, 선생님의 해석은 합당합니다.

고선생 : 후한과의 전쟁 기록을 하나 더 봅니다.

③-25. 94년(146년) 8월, 왕이 장수를 보내어 **한漢의 요동 서안평현西安平縣을 습격하여 대방령帶方令을 죽이고, 낙랑태수의 처자를 노략하였다.** 『삼국사기』 태조대왕

③-26. 순제順帝, 환제桓帝 연간에 다시 **요동 서안평西安平을 침범해 대방령帶方令을 죽이고, 낙랑태수의 처자를 노략하였다.** 『후한서』 고구려전

③-27. 순제順帝, 환제桓帝 연간에 다시 요동을 침범하여 **신안거향新安居鄕을 약탈하고, 또 서안평西安平을 공격하여 길 위에서 대방령帶方令을 죽이고, 낙랑태수의 처자를 노략하였다.**
『삼국지』 〈위서〉 고구려전

③-28. 30년(141년) 4월. **대방帶方의 장언張彦이 둔유屯有를 침입하니 도성菟城태수 을어乙魚가 이를 쳐서 죽이고, 낙랑태수 용준龍俊이 서안평西安平에 쳐들어오니 안평安平태수 상잠尙岑이 이를 쳐서 깨뜨리고, 신안거향新安居鄕까지 추격하여 그의 처자와 병장기를 빼앗아 돌아왔다. 적은 유주幽州로 도망갔다.**[11] 『고구려사략』 태조황제기

---

11 고구려 장수 중에 도성태수 을어와 안평태수 상잠이 나온다. 『고구려사략』 기록을 보면, 지방관인 태수의 관직이 자주 언급된다. 일반적으로 태수는 중국의 관직으로 알려져 있으나, 고구려 역시 지방관에 한해 태수의 관직을 부여한 것으로 추정된다.

『삼국사기』와『후한서』기록은 같습니다. 전투장소는 요동의 서안평입니다. 고구려가 후한의 대방현령을 죽이고, 낙랑태수의 처자를 사로잡는 전과를 올립니다.『삼국지』〈위서〉는 신안거향의 전투장소가 추가됩니다.『고구려사략』은 비교적 내용이 상세합니다. 후한의 대방현령과 낙랑태수 이름도 나오고, 고구려 장수 이름도 나옵니다. 다만 발생년도는『삼국사기』가 146년(태조 94),『고구려사략』은 141년(태조 89)으로 5년 정도 차이가 납니다.『후한서』와『삼국지』〈위서〉는 발생년도를 명시하지 않고, 후한 순제(125년~144년), 환제(146년~167년)의 연간으로 기록하여『삼국사기』나『고구려사략』의 발생년도와 별반 차이가 없습니다.『고구려사략』기록(③-28)에 의거하여 당시 상황을 복원합니다. 4월경 대방현령 장언이 고구려의 영토인 둔유를 침입해오자, 을어乙魚가 이를 격퇴하며 장언을 죽입니다. 이에 반발한 낙랑태수 용준이 8월에 고구려의 서안평을 공격하자, 상잠尙쏙이 이를 무찌르고 내친걸음으로 후한의 신안거향까지 추격하여 용준의 처자를 사로잡고 병장기를 빼앗아 귀환합니다.

박기자 :『삼국사기』기록만 본다면 고구려 공격이 먼저인데, 실제는 후한이 먼저 고구려를 침입하여 발생한 일이군요.

고선생 : 이 기록은 나름 역사적 의미를 가집니다. 고구려가 처음으로 후한의 낙랑군을 만납니다. 낙랑군이 한반도가 아닌 중국의 요서지역에 존재한 사실을 증명하는 또 하나의 실례입니다. 당시 낙랑군의 북쪽에는 요동군이 있습니다. 서안평과 둔유는 고구려가 점령하기 이전에는 각각 요동군과 낙랑군의 속현입니다. 고구려가 이 시기에 낙랑군을 만난 것은 이미 요동군을 무력화시키고, 또한 낙랑군의 일부까지 점령했기 때문입니다.

지금까지 태조왕 시기에 발생한 후한과의 전쟁기록을 집중적으로 살펴보았습니다. 모두『삼국사기』기록이며, 또한『후한서』,『삼국지』〈위서〉기록입니다.『삼국사기』는 중국사서 기록의 범주에서 벗어나지 못합니다. 그래서 고구려 역사가 중국의 입장만을 대변하는 허약한 역사로 변질됩니다. 그러나 우리는『고구려사략』을 통해서 중국사서 기록의 잘못된 부분을 확인하게 됩니다. 참고로『고구려사략』에는 후한과의 전투기록이 8차례나 더 나옵니다. 모두 고구려가 승리합니다. 구체적인 인명과 지명 그리고 전투내용이 상세하여 신뢰성이 높습니다. 태조왕 시기 고구려는 후한의 현도군과 요동군을 와해시키고 낙랑군의 일부까지 장악하여 지금의 중국의 화북성과 산서성의 일부까지 영토를 확장시킵니다.

박기자 : 태조왕이야말로 위대한 정복군주이군요.

고선생 : 태조왕의 재위후반기는 온통 수성에 관한 이야기입니다. 수성은 121년(태조69) 유주자사, 요동태수, 현도태수 등이 주축이 된 후한의 지방연합군을 무찌르며 일약 고구려 정계의 실력자로 부상합니다.(③-14 참조) 그해 11월 군국정사를 위임받아 태조왕을 대신하여 실질적인 왕권을 행사합니다. 이에 부담을 느낀 태조왕은 123년(태조71) 자신의 측근인 목도루穆度樓와 고복장高福章을 각각 좌보, 우보로 삼아 수성과 함께 정사에 참여시키며, 수성을 적극 견제합니다. 문제는 그 이후에 발생합니다.

박기자 : 어떤 문제입니까?

고선생 : 수성의 측근들이 태조왕을 몰아내고 보위를 차지해야 한다며 적극적으로 수성을 꼬드깁니다.

박기자 : 쿠데타 모의이군요.

고선생 : 수성은 망설입니다. 그런데 이를 눈치 챈 고복장이 수성의 제거를 태조왕에게 건의합니다. 이유는 수성이 왕이 되면 태조왕의 자손子孫을 모두 죽일 것이라고 주장합니다. 태조왕이 받아주지 않자 고복장은 사직합니다.

박기자 : 태조왕의 자손은 누구입니까?

고선생 : 『삼국사기』는 막근과 막덕 두 사람만을 기록하나, 『고구려사략』에는 6남 5녀의 실명이 나옵니다. 왕자는 장자 통구桶口를 비롯하여 만륵萬勒(막근莫勤, 『삼국사기』는 막근이 장자라 함) 대덕大德, 막덕莫德, 최덕最德, 효덕孝德이고, 공주는 진眞, 원元, 모원慕元, 양덕陽德과 모현慕玄 등입니다.

박기자 : 혹시 수성이 쿠데타를 일으킵니까?

고선생 : 146년(태조94) 12월, 태조왕은 전격적으로 수성에게 보위를 넘깁니다.

③-29. 94년(146년) 12월, 왕이 수성遂成에게 말하였다. "나는 너무 늙어서 모든 일에 권태를 느낀다. 하늘의 운수가 너의 몸에 있고, 게다가 네가 안으로는 국정에 참여하고 밖으로는 군사를 총괄하여 오랫동안 사직의 공로를 쌓았으며, 신하와 백성들의 바람을 채워주었으니 내가 의지하고 일을 맡길 수 있는 사람을 얻었다고 말할 수 있다. 이제 너는 왕위에 올라 영원히 경사를 누릴 것이다!" 왕이 **왕위를 수성에게 넘겨주고 별궁으로 물러났다. 태조대왕이라고 칭하였다.** 『삼국사기』 태조대왕

『삼국사기』 기록입니다. 태조왕은 자신이 너무 늙고, 수성이 이미 나라 안팎으로 공을 세워 보위를 물려주는 것은 당연하다고 말합니다.

　　박기자 : 태조왕의 명분이 너무 약한 것 아닙니까?

　　고선생 : 양위의 전언만 고려하면 명분은 부족합니다. 『고구려사략』 기록입니다.

③-30. 35년(146년) 7월, 수성遂成이 자신의 일당인 미유彌儒 등과 왜산倭山에서 상上의 폐립廢立을 논하니, 한 신하가 간하길 "전하殿下께선 효순孝順하면서 상을 섬긴 지 오래되었습니다. 이제 나이가 드셨다고 변심하면 불충不忠입니다. 직분職分을 지켜 기다리시길 청합니다." 하였다. 좌우에서 그를 죽이려 하자, 수성이 이르길 "직간直諫은 약藥이오. 또한 이런 사람이 하나도 없어선 아니되오." 하였다. 10월, 고복장高福章이 상께 수성을 주살誅殺하라 권하니, 상이 이르길 "형제가 서로를 죽이는 일은 불가하다. 내가 곧 선위禪位하겠다." 하자, 고복장이 아뢰길 "수성은 어질지 못하여, 나라를 맡겨서 재앙을 잉태시킴은 불가하옵니다." 하였다. 12월, **상이 수성에게 선위하고 골천별궁鶻川別宮으로 물러났다. 춘추 79세이다.** 『고구려사략』 태조황제기

　　이 기록은 『삼국사기』와 별반 차이 없습니다. 다만 『고구려사략』은 태조왕의 양위는 전적으로 태조왕의 의지라고 설명합니다. 쿠데타를 동반한 보위 찬탈은 아닙니다. 당시 태조왕의 나이는 79세입니다(『삼국사기』는 100세라 함). 이후 태조왕은 19년을 더 생존하며 165년에 사망합니다.

4. 차대왕과 신대왕의 갈등

고선생 : 태조왕으로부터 보위를 물려받은 수성은 제7대 차대왕次大王입니다. 태조왕의 동복同腹(어머니가 같음) 동생으로 재위기간은 20년(146년~165년)입니다. 『삼국사기』는 차대왕이 76세에 즉위하여 96세에 사망한 것으로 나옵니다. 고구려 왕 중에 가장 늦게 보위에 오른 경우입니다. 『고구려사략』은 차대왕이 성격이 음란하고 포악하며 술을 좋아한 것으로 기록하고 있어, 말로未老의 차대왕이 과연 음란할 수 있는지 다소 의심이 갑니다.

박기자 : 정말로 76세에 즉위한 겁니까?

고선생 : 『삼국사기』가 고구려 역대 왕들의 기년을 무리하게 설정해서 발생한 착오입니다. 태조왕의 퇴위 시 나이가 『삼국사기』는 100세이고, 『고구려사략』은 79세입니다. 21년 차이가 납니다. 따라서 이를 차대왕에게 적용하면, 차대왕은 76세가 아닌 55세에 즉위합니다.

박기자 : 차대왕은 어떤 왕입니까?

고선생 : 차대왕은 즉위하자마자 미유, 어지류 등 자신의 측근들로 조정을 채웁니다. 그리고 선대 태조왕의 측근을 하나하나 제거합니다. 먼저 즉위에 적극 반대한 고복장을 죽입니다. 이에 놀란 목도루는 스스로 사직합니다. 또한 차대왕은 태조왕의 자손들도 제거합니다. 막근莫勤을 죽이며, 막덕莫德은 화가 자신에게 미칠 것을 두려워하여 자살합니다. 모두 차대왕 재위 초기에 이루어집니다.

박기자 : 냉혹한 권력의 속성이군요.

고선생 : 그런데 『삼국사기』가 기록한 차대왕의 활동은 여기까지입니다. 이후 17년간의 기록에는 차대왕의 활동이 없습니다. 일종의 역사 공백입니다. 대신 천체관측 기록으로 가득 채워집니다.

박기자 : 무슨 이유입니까?

년도	기록 내용
149년 (차대4)	4월, 그믐 정묘일에 **일식이 있었다**. 5월, 오성五星[12]이 동쪽에 모였다.
153년 (차대8)	12월, 그믐에 객성客星이 달을 범하였다.
158년 (차대13)	2월, 혜성이 북두北斗에 나타났다. 5월, 그믐 갑술일에 **일식이 있었다**.
165년 (차대20)	정월, 그믐에 **일식이 있었다**.

---

12 고대 중국에서부터 알려져 있던 목성(木星)(세성歲星), 금성(金星)(태백성太白星), 화성(火星)(형혹성熒惑星), 수성(水星)(진성辰星), 토성(土星)(진성鎭星) 등의 5개 행성을 말한다. 방위는 각각 동, 서, 남, 북, 중앙에 위치한다.

고선생 : 차대왕은 165년(차대20) 명림답부에게 암살당합니다. 제5대 모본왕이어 두 번째로 발생한 고구려 왕의 시해사건입니다. 『삼국사기』를 보면 명림답부가 차대왕을 시해한 이유가 나옵니다. '연나 조의皂衣 명림답부明臨笞夫가 백성들이 고통을 참지 못하자 왕을 시해하였다.〔椽那皂衣明臨笞夫 因民不忍 弑王〕' 조의皂衣는 사자使者의 명령을 전달, 집행하는 하급 관리입니다. 고구려의 10관등 중 제9등급으로 항상 검은 옷을 입고 다녀서 조의라고 부릅니다.

박기자 : 백성들의 고통은 무엇입니까?

박기자 : 『삼국사기』는 고통의 실체를 설명하지 않지만, 『고구려사략』에 단서가 있습니다.

③-31. 7년(152년), 4월, **왜산倭山에서 사냥하며 민간에서 차출한 수많은 여인들을 희롱하고 욕보였다**. 이때 놀이를 돕던 마정麻正이 아뢰길 "동명東明께서는 세 가지의 이유로 사냥을 했습니다. 하나는 천제天祭를 위함이고, 둘째는 군사훈련이며, 셋째는 어려운 백성들을 구휼救恤하기 위함입니다. **지금 농사철에 민간의 처와 딸들을 빼앗아서 희롱하여 망령됨이 이와 같으면 대경代鏡에 어긋납니다."** 하니, **폐주廢主가** 노하여 주인에게 짖는 개라면서 마정을 활로 쏘아 죽였다.
『고구려사략』 폐주廢主 차대제기

차대왕은 민간에서 수많은 여자를 차출하여 희롱하고 욕보이는 음란행위를 저지릅니다. 문제는 민간의 여인까지 무차별로 차출하여 자신의 성적 욕구를 채운 점입니다. 이는 백성에게 직접적인 고통을 안겨주는 행위입니다.

박기자 : 폐주廢主는 무엇입니까?

고선생 : 폐위당한 왕을 지칭합니다. 대표적인 폐주는 조선시대 연산군과 광해군입니다. 두 왕은 군君으로 강등되어 사후에도 왕의 시호를 받지 못합니다. 『고구려사략』이 차대왕을 폐주로 규정한 부분에는 또 다른 해석이 필요합니다.

박기자 : 어떤 해석입니까?

고선생 : 차대왕의 음란행위는 제5대 모본왕의 경우와 같습니다. 민간의 여성들까지 동원하여 자신의 성욕을 채웁니다. 그러나 기록만 놓고 보면 모본왕의 음란행위가 차대왕을 훨씬 능가합니다. 그럼에도 모본왕은 폐주로 규정하지 않습니다. 차대왕이 폐주가 된 까닭은 순전히 명림답부 때문입

니다. 명림답부는 차대왕을 죽인 공로로 훗날 '국상國相' 관직에 오릅니다. 국상은 '일인지하만인지
상一人之下萬人之上'의 고구려 최고 관직으로 오늘날 국무총리에 해당합니다. 오직 명림답부 한 사람
만을 위해 만들어진 관직입니다. 또한 명림답부는 국상에 오른 후에 왕을 대신하여 섭정까지 합니
다. 명림답부는 왕 위에 군림하는 당대 최고의 권력자입니다. 따라서 명림답부가 차대왕을 시해한
행위는 정당성을 가져야 합니다. 차대왕이 폐주로 낙인찍힌 이유입니다.[13]

　박기자 : 그렇다면『삼국사기』는 무슨 이유로 차대왕의 음란행위를 기록하지 않고, 17년간을 기
록공백으로 처리한 겁니까?

　고선생 : 차대왕을 시해한 명림답부의 행위가 명분 없음을 나타냅니다. 만약 차대왕의 음란행
위가 문제가 된다면『고구려사략』처럼 기록을 남겼을 겁니다. 그러나『삼국사기』는 이를 기록하
지 않고 다만 백성이 고통을 당한 것만을 기록합니다. 이는 명림답부의 행위가 쿠데타임을 암시
합니다.

　정교수 :『삼국사기』기록에 따르면, 차대
왕은 전쟁경험이 많고 사냥을 즐기는 전형
적인 무인입니다. 이 시기 차대왕은 후한과의
전쟁준비를 강력하게 추진한 것으로 추정됩
니다. 이로 인해 백성의 고통이 발생하게 되
고, 이에 반발한 세력이 명림답부를 앞세워
차대왕을 제거했다고 봅니다. 참고로,『삼국
사기』에 기록된 고구려 일식은 차대왕 시기 3
번을 포함하여 제6대 태조왕부터 제13대 서
천왕까지 총 10번이 나옵니다. 박창범(천체물

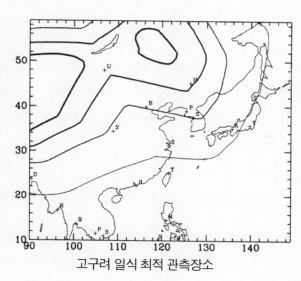

고구려 일식 최적 관측장소

13『삼국사기』는 〈열전〉 편에 명림답부를 충신으로 기록한다. 역사가 승자의 기록이라 하지만 군주를 시해한 신하를 어찌
　충신이라 할 수 있는가?『고구려사략』도 명림답부에게 시해당한 차대왕을 폐주로 낙인찍는다. 이유야 어찌 되었든 간
　에 안타까운 역사이다.

리학자)의 연구에 따르면, 고구려 일식의 최적 관측장소는 한반도 북부가 아닌 내몽골지역에 가깝습니다.[14] 이는 고구려 초기의 활동무대를 증명하는 중요한 연구결과입니다.

고선생 : 차대왕의 뒤를 이은 왕은 제8대 신대왕新大王입니다. 이름은 백고伯固입니다.

③-32. **신대왕新大王의 이름은 백고伯固이며, 태조대왕太祖大王의 계제季弟이다.** 몸가짐과 태도가 바르고 성품이 인자하며 너그러웠다. 처음에 차대왕次大王이 무도하여 신하와 백성들이 친근히 따르지 않아, **백고는 화란禍亂이 생겨 자신에게 해가 미칠까 두려워 산골로 도망쳤다.** 차대왕이 피살되자 좌보左輔 어지류菸支留가 여러 신하들과 의논하여 사람을 보내 백고를 맞이하였다. …(중간생략)… 이에 **백고는 엎드려 세 번 사양한 후에 보위에 올랐다. 이때 나이는 77세이다.** …(중간생략)… 2년(166년) 정월, 왕이 명을 내리며 말하였다. **"과인은 외람되게도 왕친王親으로 태어났으나, 왕의 덕을 갖추지 못하였다. 지난번 형제가 보위를 주고받은 행위는 대단히 잘못된 일이다.** 과인은 해를 입을까 두렵고 편안하기 어려워 사람들이 사는 곳을 떠나 먼 곳에 숨어 살았다. 선왕의 흉한 부음을 듣고 극도의 슬픔을 억누를 수 없었다. 오늘 백성들이 나를 기꺼이 추대하며 여러 대신들이 보위를 권할 줄 어찌 생각했겠느냐?"『삼국사기』신대왕

『삼국사기』는 신대왕을 태조왕의 막냇동생(계제季弟)으로 설정합니다. 명림답부가 차대왕을 시해하자, 신하들이 신대왕을 찾아내어 보위에 오를 것을 권합니다. 신대왕은 왕친王親(왕의 친척)이지만 덕을 갖추지 못하다며 3번 사양한 후에 보위에 오릅니다. 그러나 태조왕의 막냇동생과 왕의 친척은 연결성이 부족합니다.

박기자 : 신대왕은 태조왕의 막냇동생이 아닙니까?

고선생 : 그런데 『고구려사략』은 신대왕의 출신을 달리 소개합니다.

③-33. 제의 **이름은 백고伯固이며, 태조왕의 별자別子이다. 모친은 상尙태후로 상온尙溫의 딸이다.** 의표가 영특하고, 성품은 어질고 너그러우며, 큰 뜻을 가지고 있었다. 차대왕이 무도하여 백성들과 신하들을 멀리하니, 제는 화禍가 자신에게 미칠까 두려워서 맥부狛部에 사자使者로 갔다가 되돌아오지 않고 산

---

14 백제는 중국의 요서지역이다. 신라는 시기에 따라 다른데 초기에는 중국의 양자강 유역이며, 후기에는 한반도 경주지역이다.

곡山谷에 숨었다. **차대왕이 제를 의심하며 상尙태후에게 "백고가 누구의 아들이오?" 물으니, 태후가 선제仙帝*의 자식이라고 속이자 차대왕이 화를 내며 "백고가 태어날 때, 당신은 상황上皇**의 총애를 받은 후궁인데, 어찌 백고가 선제의 자식이란 말이오?" 하며,** 태후를 멀리하고 백고를 급히 찾았다. **태후가 명림답부明臨答夫에게 연통하여 도움을 청해놓고 차대왕에게 독이 든 음식을 내었으나, 차대왕은 이를 먹고도 죽지 않았다. 이에 명림답부가 장막으로 들어가 차대왕을 칼질하고 목 졸라 죽였다, 이 사실이 밖으로 새어나가지 않게 하고 차대왕의 심복들을 열흘에 걸쳐 체포한 후에 모두 척살하였다.** 제가 탕수궁淌水宮에서 즉위하였다. 『고구려사략』 신대제기

☞ *태조왕 **재사(신명왕)

신대왕을 태조왕의 동생(계제)이 아닌 아들(별자別子)로 설명합니다. 어머니는 태조왕의 후궁인 상온의 딸 천화天花부인입니다. 일반적으로 별자는 후궁의 소생인 서자를 지칭하나, 단지 아들로 길러진 경우를 말하기도 합니다. 친자가 아닌 양자인 셈입니다.

박기자 : 그렇다면 신대왕은 태조왕의 동생입니까? 아니면 아들입니까?

고선생 : 둘 다 맞습니다. 『고구려사략』 기록에 따르면, 천화부인은 원래 재사(신명왕)의 여인으로 궁중에 들어와 백고를 낳습니다. 백고는 혈통상으로 재사의 아들입니다. 그런데 재사 사망이후 천화부인은 태조왕의 후궁이 됩니다. 이런 까닭으로 백고는 태조왕의 아들(별자)로 길러집니다. 결론적으로 신대왕 백고는 태조왕의 동생이며, 또한 아들입니다. 『삼국사기』와 『고구려사략』에 의거한 태조왕-차대왕-신대왕의 계보입니다.

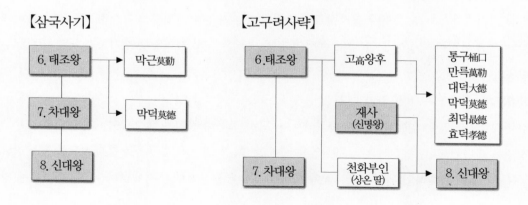

박기자 : 『삼국사기』는 무슨 이유로 백고를 태조왕의 막냇동생으로 설정한 겁니까?

고선생 : 『삼국사기』 기록(③-32)을 보면, 신대왕은 77세에 즉위합니다. 『삼국사기』가 왕의 나이를 구체적으로 표기한 경우는 매우 이례적입니다. 더구나 77세는 생물학적 수명이 얼마 남지 않은 상태입니다. 아무리 백고가 군주의 자질을 갖추고 있다하더라도 상식적으로 이해하기 어렵습니다. 결론적으로 『삼국사기』는 신대왕 백고를 태조왕의 동생으로 설정하면서 무리수를 둡니다. 이유는 재사를 통해 신대왕을 낳은 천화부인이 다시 태조왕의 후궁이 된 사실을 『삼국사기』는 스스로 거부합니다. 신대왕의 즉위시 나이는 77세가 아니라 45세입니다(121년 출생).

박기자 : 『삼국사기』 편집원칙이 여실히 드러난 경우이군요.

고선생 : 다만, 『고구려사략』 기록(③-33)을 보면, 차대왕이 백고의 친부 문제를 놓고 다투는 대목이 나옵니다. 차대왕은 백고가 태조왕의 아들이 아닌 재사(신명왕)의 아들이 아니냐고 상尙태후(천화부인)에게 따집니다. 다툼의 발단은 백고의 후계자 책봉문제로 추정됩니다. 차대왕은 태조왕의 직계아들을 염두하고 백고가 태조왕의 아들이 아니라 재사의 아들인 점을 꼬집습니다. 차대왕은 상태후의 약점을 건드립니다. 이에 상태후는 극단적 선택을 합니다. 차대왕을 독살하려다 실패하자 아예 명림답부를 끌어들여 차대왕을 살해합니다. 차대왕과 상태후의 후계문제 갈등이 차대왕 죽음의 직접적인 원인입니다.

박기자 : 그렇다면 『삼국사기』는 차대왕의 살해동기를 백성들의 고통으로 기록한 겁니까?

고선생 : 물론 차대왕이 사냥터에서 민간여성을 차출하여 욕보인 행위로 인해 백성의 고통이 수반될 수 있습니다.(③-31) 그러나 결과적으로 명림답부는 차대왕 시해를 성공시켜 말단 하급관리에서 일약 최고 관직이 국상에 오릅니다. 백성의 고통 명분은 단지 차대왕을 제거하기 위한 명림답부의 변명입니다.

박기자 : 명림답부는 어떤 인물입니까?

고선생 : 명림답부는 연나부(절노부) 출신입니다. 당시 고구려 왕실은 태조왕이 즉위하면서 계루부가 정권을 담당합니다. 명림답부는 차대왕을 시해한 후, 차대왕의 측근들을 대대적으로 척살합니다. 이들은 주로 반대파인 관나부(관노부)와 환나부(순노부) 출신들로 추정됩니다. 이후 연나부는 왕

비를 배출하며, 왕비족의 입지를 굳힙니다. 신대왕은 자신을 옹립한 명림답부를 최대한으로 예우합니다.

③-34. 2년(166년), … **명림답부**明臨答夫**를 국상**國相**에 임명하고 작위를 더하여 패자**沛者**로 삼아 내외병마**內外兵馬**를 맡게 하고, 겸하여 양맥**梁貊**부락을 다스리게 하였다.** 좌보左輔와 우보右輔를 고쳐 국상으로 삼은 것이 여기에서 시작되었다.『삼국사기』신대왕

③-35. 2년(166년), … **명림답부**明臨答夫**에게 명을 내려 군권을 총괄하게 하고, 겸하여 양맥**梁貊**의 모든 정사도 맡아보게 하였다.** 지위는 3보三輔와 나란하였으나, 3보의 권한이 모조리 명림답부에게 돌아갔다. 이것이 **국상**國相**의 시작이며,** 명림답부 시절에는 **보외태대가**輔外太大加**라 불렀고,** 을파소乙巴素 시절에는 국상이라 불렀다.『고구려사략』신대제기

명림답부의 관직은 국상이며, 작위는 패자입니다. 양맥지역은 명림답부가 신대왕으로부터 하사받은 영지領地입니다.『고구려사략』은 국상의 관직이 명림답부로부터 시작되나, 당시에는 보외태대가輔外太大加라 부른다고 부연합니다.

박기자 : 패자는 어떤 작위입니까?

고선생 :『후한서』고구려전에 고구려 초기의 관직이 나옵니다. 상가相加, 대로對盧, 패자沛者, 고추가古鄒加, 주부主簿, 우태優台(于台), 사자使者, 조의帛衣, 선인先人 등입니다. 이 중 상가, 대로, 패자, 고추가는 대가大加로 통칭하며 왕족과 귀족에게 부여한 작위를 겸한 관직입니다.『고구려사략』을 보면, 상가는 주로 고구려가 흡수한 주변 제후국의 지도자에게 부여한 작위로서 오늘날 도지사에 해당합니다. 패자는 특정지역의 지도자로 오늘날의 시장 정도로 이해됩니다. 참고로 이들 대가의 지배계층은 사자, 조의, 선인 등의 하급관리를 독자적으로 거느릴 수 있는 특권이 있습니다.

박기자 : 보외태대가는 또 무엇입니까?

고선생 : 당시 고구려 조정(중앙정부)에는 조선시대 좌의정과 우의정에 해당하는 좌보左輔와 우보右輔가 있습니다.『고구려사략』에는 태보太輔의 관직도 나오는데, 조정의 영수인 영의정에 해당합니다. 이를 합쳐 3보라 부릅니다. 보외태대가는 '보외輔外+태대가太大加'의 합성어입니다. 보외는 기존

의 3보를 아우르는 옥상옥의 의미이며, 태대가는 대가 중의 으뜸을 나타냅니다. 왕을 제외한 신료 중에서 더 이상 오를 수 없는 가장 높은 관직이며 작위입니다.

박기자 : 신대왕은 어떤 왕입니까?

고선생 : 신대왕은 165년~179년까지 15년을 재위합니다. 이 기간 중에 고구려는 후한과 두 차례 전쟁을 치릅니다. 하나는 후한의 현도태수가 고구려를 침공하여 발생한 전쟁이고, 또 하나는 명림답부가 후한의 침공을 격퇴한 전쟁입니다. 먼저 현도태수의 고구려 침공입니다.

③-36. 4년(168년), 한漢의 현도태수 경림耿臨이 침입해와 우리 군사 수백을 죽였다. 왕이 스스로 항복하고 현도군에 속하기를 청하였다. 5년(169년), 왕이 대가 우거優居와 주부 연인然人 등을 보내 군사를 거느리고 **현도태수 공손도公孫度를 도와서 부산富山의 도적들을 토벌하였다.** 『삼국사기』 신대왕

『삼국사기』 기록은 168년(신대4) 현도태수 경림이 쳐들어와 고구려 군사 수백을 죽이자 신대왕이 항복하고 현도군에 예속되기를 청하며, 이어 이듬해인 169년(신대5) 고구려가 현도태수 공손도를 도와 부산富山의 도적을 토벌합니다. 1년의 시차를 두고 후한의 현도태수가 갑자기 바뀝니다.

정교수 : 이는 『삼국사기』가 『후한서』와 『삼국지』〈위서〉를 인용한 기록이나, 『삼국사기』는 발생년도에서 커다란 착오를 범합니다.

③-37. 건녕2년(169년), 현도태수 경림耿臨이 이를 토벌하고 수백의 머리를 베자, **백고伯固가 항복하고 현도군에 속하기를 청하였다.** 『후한서』 고구려전

③-38. 건녕2년(169년), 현도태수 경림耿臨이 고구려를 침공하여 포로 수백의 머리를 베자, **백고伯固가 항복하여 요동군에 속하였다. 희평 연간에 백고는 현도군에 속하기를 청하였다.** 공손도公孫度의 세력이 요동에 웅거하자, **백고는 대가 우거優居와 주부 연인然人을 파견하여 공손도를 도와 부산富山의 도적을 격파하였다.** 『삼국지』〈위서〉 고구려전

현도태수 경림이 고구려를 침공한 해는 168년이 아닌, 후한 영제(제12대) 건녕2년인 169년입니다. 또한 현도태수 공손도를 도와 부산의 도적을 토벌한 년도는 169년이 아닌 후한 영제의 희평연

호 사용시기인 172년~177년입니다. 다만 기록 중에 『후한서』는 고구려가 현도군에 예속하기를 청한 반면, 『삼국지』〈위서〉는 요동군에 예속된 후 또 다시 현도군에 예속하기를 청하여 기록상으로 다소 차이를 보입니다.

박기자 : 정말로 고구려가 현도군에 예속된 겁니까?

고선생 : 어불성설입니다. 『후한서』와 『삼국지』〈위서〉는 이 부분에 대해서만큼은 철저히 역사를 왜곡합니다. 상식에 준해 판단해도 대제국인 고구려가 후한의 일개 지방정부인 현도군에 예속된다는 자체가 성립될 수 없습니다. 명백한 역사 조작입니다. 아래는 이 사건을 기록한 『고구려사략』입니다.

③-39. 5년(169년) 2월, 유주幽州 적적賊賊 교현喬玄이 구려성句麗城을 침입해 노략질 하자, 화진禾晉이 하산河山에서 그들을 쳐서 깨뜨렸다. 4월,…(중간생략)… 한漢인 경림耿臨이 현도태수玄菟太守를 자칭하고 교현喬玄과 함께 구이丘利 땅을 침입하여 노략질하자, 하백禾白이 이를 쳐서 물리치고 그 처자들과 도장圖章 및 칼을 노획하였다. 『고구려사략』 신대제기

당시의 전쟁 상황이 명확합니다. 169년 전쟁은 두 차례에 걸쳐 진행됩니다. 교현이란 사람이 나옵니다. 유주의 도적떼로 표현된 것으로 보아 후한의 지방관은 아닙니다. 교현이 고구려의 구려성을 침입하여 노략질하자 고구려는 이들을 하산으로 유인하여 깨뜨립니다. 이어 현도태수를 자칭한 경림이 나옵니다. 현도군 자체가 이미 고구려에 의해 와해된 상태라 후한의 중앙정부는 현도군의 지방관을 직접 파견하지 못합니다. 경림이 현도태수를 자칭한 이유입니다. 이번에는 경림과 교현이 연합하여 구리(옛 개마국) 땅으로 들어와 노략질을 일삼자, 고구려는 즉시 군사를 보내 이들을 격퇴합니다. 두 차례 모두 고구려가 승리입니다. 물론 『후한서』와 『삼국지』〈위서〉의 기록(③-37, ③-38)대로 전투 중에 고구려 군사 일부가 죽을 수 있고, 또한 일부는 포로로 잡혀 전향(현도군 예속?)할 수 있습니다. 아주 일부의 성과를 두고 마치 고구려 전체가 항복한 것처럼 과장한 것은 지나침이 과합니다.

박기자 : 중국사서는 한결같이 중국의 승리로 기록하는군요.

고선생 : 중국사서는 중국의 입장을 고수하는 기록이니 일견 이해할 수 있습니다. 그러나『삼국사기』기록(③-36)의 무분별한 차용은 숨이 막힙니다. 당시의 고구려와 후한의 관계를 조금이라도 숙고한다면 얼마든지 통찰할 수 있습니다. 설사 중국사서에 현도군의 예속이라는 표현이 있다 하더라도『삼국사기』는 과감히 삭제해야 합니다. 정말로 아쉬운 부분입니다.

박기자 : 명림답부의 전쟁은 어떻게 진행됩니까?

고선생 : 172년(신대8) 벌어진 전쟁입니다. 명림답부가 후한의 군사를 내륙 깊숙이 끌어들여 청야전술淸野戰術과 농성전籠城戰을 펼쳐 굶주리고 지치게 만든 다음 일거에 역공하여 대승을 거둡니다.『삼국사기』와『고구려사략』기록입니다.

③-40. 8년(172년) 11월, 한漢이 많은 군사를 이끌고 쳐들어왔다. 왕이 여러 신하들에게 공격과 수비의 어느 쪽이 나은 가를 물었다. …(중간생략)…(전투장소 없음)… 왕이 명림답부明臨答夫의 말에 따라 성을 굳게 닫고 지켰다. 한漢의 군사들이 공격했으나 이기지 못하고, 장졸들이 굶주리자 군대를 이끌고 돌아갔다. 그때 **명림답부가 수천 기병을 거느리고 쫓아가서 좌원坐原에서 싸우니 한漢의 군사들은 크게 패하여 한 마리의 말도 돌아가지 못하였다. 왕이 크게 기뻐하여 명림답부에게 좌원과 질산質山을 식읍으로 주었다.**『삼국사기』신대왕

③-41. 8년(172년) 9월, 공손역公孫域, 경림耿臨, 교현喬玄 등이 색두索頭와 병력을 합쳐 쳐들어와서 구려句麗, 개마盖馬 등을 노략하고 함락하였다. 화진禾晉은 구이丘利로 물러나 하성河城을 지키고, 명림답부明臨答夫는 남구南口로 가서 들판을 불태워 비워놓고 기다리니, 적은 불과 한 달도 안되어 먹을 것이 떨어져 물러났다. …(중간생략)… 이에 **명림답부가 날쌘 기병 7천으로 추격하고, 화진 또한 답지하여, 좌원坐原에서 함께 쳐서 이들을 대파시켰다.** 말 한 필도 살아서 돌아가지 못하였다. 이를 **좌원대첩坐原大捷이라 한다. 명림답부에게 좌원 땅을 주고, 후에 질산質山 땅으로 바꿔주었다.**『고구려사략』신대제기

이 내용은 중국사서에 나오지 않습니다. 후한이 대패한 전쟁이니만큼, 중국의 입장에서 보면 숨기고 싶은 역사입니다. 다만『삼국사기』는 전쟁의 세부적인 사항을 모두 생략하고 오로지 명림답부 한 사람의 무공武功에 초점을 맞춥니다. 이에 반해『고구려사략』은 후한의 장수 이름과 전쟁의 진행 상황을 세부적으로 기록합니다. 공손역, 경림, 교현 등이 나옵니다. 이 전쟁은 169년 전쟁의 연

장선입니다.(③-39) 최종적인 전투 장소는 좌원坐原입니다. 정확한 위치는 알 수 없으나, 이때 후한이 구려, 개마 등의 국경지역을 함락하고 계속해서 내륙으로 쳐들어 온 것으로 보아 고구려 도성에서 멀지 않습니다. 『고구려사략』은 명림답부의 승리를 「좌원대첩」으로 명명합니다. 한 마리의 말도 살아 돌아가지 못합니다.

박기자 : 고구려의 대승이군요.

고선생 : 신대왕은 179년(신대15) 12월에 사망합니다. 이에 앞서 9월 명림답부도 사망하는데, 『삼국사기』는 두 사람의 사망당시의 나이가 각각 91세, 113세로 기록합니다.

③-42. 15년(179년), 9월, **양맥공梁貊公 · 섭정攝政 명림답부明臨答夫가 나이 52세에 갑자기 죽어 양맥대왕梁貊大王 · 부마도위駙馬都尉의 예로 질산원質山園에 장사지냈다.** 담력이 있고 임기응변의 지혜가 있어서 도모하는 일은 필히 이루더니, 사람들이 하늘같이 여겼다. 상尙태후의 총애로 15년이나 국정을 도맡더니, 도성 안팎 모두가 흡족해 하였다. **12월, 상上이 서도西都 란궁鸞宮에서 춘추 59세에 죽어서 고국곡故國谷에 장사지냈다.** 상은 너그럽고 어질며, 한漢인들의 경적經籍을 즐겨 듣고 스승으로 택하여 강설하게 하였다. **성인의 다스림을 행하고 싶었으나 권세를 상尙태후와 명림답부에게 맡겼던 까닭에 뜻을 이루지 못하고 죽었다. 아쉬운 일이다.** 『고구려사략』 신대제기

그러나 『고구려사략』은 신대왕이 59세, 명림답부는 52세에 사망한 것으로 나와 있어서 『삼국사기』 기록과 대조됩니다. 또한 이 기록은 명림답부의 존재가 어느 정도인가를 단적으로 보여줍니다. 명림답부는 15년 동안 섭정하면서 국정을 도맡은 실질적인 권력자입니다. 신대왕은 명목상의 왕입니다. 왕권을 명림답부에게 맡긴 까닭에 신대왕은 왕으로서의 뜻과 포부를 펼쳐보지 못하고 세상을 떠납니다. 자신의 핏줄이 후사를 잇는 것으로 만족해야 합니다.

4장

여인천하의 명암

우씨왕후의 선택

1. 첫 번째 남편 고국천왕

고선생 : '형사취수제兄死娶嫂制'가 있습니다. 형이 죽은 뒤에 동생이 형수와 혼인하여 함께 사는 제도입니다.

박기자 : 고구려에도 있습니까?

고선생 : 흉노, 선비 등 주로 고대 북방 유목민족에게 널리 유행한 풍속입니다. 물론 고구려와 부여도 포함됩니다.

정교수 : 형사취수제는 인적 · 물적 손실을 방지하기 위한 문화적 속성으로 이해합니다. 예를 들어 남편이 죽어 부인이 처가妻家로 돌아가게 되면 경제적 손실이 뒤따릅니다. 새 남편을 제공함으로써 집단의 재산을 보호하는 형태입니다. 흉노의 경우에는 아버지가 죽은 뒤 아들이 아버지의 재산과 생모를 제외한 나머지 첩들까지 모두 자기 여자로 삼습니다. 형태와 모양만 다를 뿐 여자를 하나의 재산으로 인식하고 상속범주에 포함시키는 행위는 같습니다.

고선생 : 형사취수제가 고구려 왕실에 적용된 실제 사례가 있습니다. 제9대 고국천왕故國川王과 제10대 산상왕山上王의 경우입니다. 우于씨라는 여인이 나오는데, 고국천왕에 이어 신대왕의 왕후가 됩니다.

박기자 : 민간도 아니고 더군다나 왕실내에서 발생한 형사취수혼이라면 어떤 피치 못할 사정이 있을 듯싶군요.

고선생 : 우왕후의 잘못된 선택이 배경입니다. 이로 인해 고구려 왕실은 내분에 휩싸이고 또한 외부의 침입을 받아 서쪽지방 영토 상당부분을 상실합니다.

박기자 : 어떤 선택입니까?

고선생 : 우왕후의 첫 번째 남편은 고국천왕입니다. 『삼국사기』 기록입니다.

④-1. **고국천왕故國川王〔국양왕國襄王이다〕의 이름은 남무男武〔이이모伊夷模〕이며, 신대왕 백고伯 固의 둘째 아들이다.** 백고가 죽자 나라사람들이 첫째 아들 발기拔奇가 어질지 못하여 이이모를 옹립하여 왕으로 삼았다. 한漢 헌제獻帝 건안建安 초기에 발기가 형인데도 왕위에 오르지 못한 것을 원망하여 연노가涓奴加와 함께 각각 하호下戶 3만을 거느리고 공손강公孫康에게 투항했다가 돌아와 비류수沸流水가에서 살았다. 왕은 키는 9척이며 외모와 거동이 뛰어나고 씩씩하였다. 힘은 능히 솥鼎을 들어 올렸고, 정사에 임하면 듣고 결단함에 있어 너그럽고 엄격함이 적절하였다. 『삼국사기』 고국천왕

고국천왕의 이름은 남무男武(이이모伊夷模)로 신대왕의 둘째 아들입니다. 재위기간은 179년~197년까지 19년입니다. 키가 9척이며 힘도 세고, 결단력과 관대함, 예리함을 갖춰 왕재로서 적격입니다. 밑줄점선 부분은 『삼국사기』가 『삼국지』〈위서〉를 인용한 기록입니다. 고국천왕의 형으로 설정된 인물은 발기拔奇입니다. 보위에 오르지 못한 것을 원망하여 고구려 백성 3만을 이끌고 후한의 공손강에게 투항했다가 되돌아옵니다. 시기는 후한 헌제 건안(196년~220년) 초기입니다. 이는 고국천왕의 재위기간(179년~197년)과 어긋납니다. 또한 공손강은 204년(헌제 건안9) 후한의 요동태수로 부임합니다. 따라서 이 기록은 고국천왕과는 무관합니다.

박기자 : 『삼국사기』의 오류입니까?

고선생 : 발기를 고국천왕의 형으로 기록한 부분이 오류입니다. 『고구려사략』 기록입니다.

④-2. **제는 휘가 남무男武 또는 이이모伊夷模이고, 신대제新大帝 둘째 아들이다. 모친은 목穆태후로 목도루穆度婁의 딸이다. 을미년* 4월에 황룡이 몸을 휘감는 꿈을 꾸고 제를 낳았다.** 제는 키가 9척이며 외모와 거동이 뛰어나고 씩씩하였다. 힘은 능히 솥鼎을 들어 올렸고, 정사에 임하면 듣고 결단함에 있어 너그럽고 엄격함이 적절하였다. **제의 형인 현玄태자가 한갓 선善하기만 하고 용맹함이 없어 신대제가 제를 후사로 삼고자 하였다. 제는 형을 뛰어넘을 수 없다며 제나提那 땅에 오래도록 머물렀다. 현玄태자가 이르길 "예로부터 현명한 이가 뒤를 잇는 것을 옳다." 하고서 해산海山으로 선도仙道를 즐기러 들어가 버렸다.** 지금에 이르러 부득이 서도西都 황단皇檀에서 즉위하였다. 『고구려사략』 고국천제기

☞ *155년

고국천왕의 형은 발기가 아닌 현🥲입니다. 신대왕의 태자입니다. 신대왕은 176년(신대12) 첫째 아들 현을 태자에서 폐하고 대신 둘째 아들 남무(고국천왕)를 태자에 봉합니다. 이유는 현태자가 후계자로서 자격이 부족하다는 명분입니다. 고국천왕의 어머니는 목도루의 딸인 목수례穆守禮입니다. 을미년(155년)에 황룡이 몸을 휘감는 꿈을 꾸고서 고국천왕을 낳습니다.[1]

박기자 : 그렇다면 발기는 누구입니까?

고선생 : 발기는 고국천왕의 형이 아니라 동생입니다.

박기자 : 『삼국사기』가 발기를 형으로 설정한 이유는 무엇입니까?

고선생 : 『삼국사기』 편찬자가 신대왕의 첫째 아들 현태자의 존재를 알지 못하여 발생한 오류입니다. 고국천왕이 둘째 아들이니 당연히 발기를 첫째 아들로 판단한 듯합니다. 발기에 대해서는 뒤에 따로 설명합니다. 고국천왕은 즉위 이듬해인 180년(고국천2) 우于씨를 왕후로 삼습니다. 우왕후는 연나부 우소의 딸입니다. 연나부는 명림답부가 차대왕을 시해하고 정권을 잡으면서 왕비족의 지위를 확고히 구축합니다.

박기자 : 고국천왕의 치세는 어떠합니까?

고선생 : 고국천왕의 재위기간은 179년~197년까지 19년입니다. 재위기간 중에 발생한 사건은 크게 두 가지입니다. 하나는 후한과의 전쟁이고 또 하나는 우왕후의 외척이 일으킨 반란입니다. 먼저 후한과의 전쟁입니다. 『삼국사기』와 『고구려사략』 기록입니다.

④-3. 6년(184년), 한漢의 요동태수가 군사를 일으켜 우리나라를 쳤다. 왕자 계수罽須를 보내어 한漢을 막게 했으나 이기지 못하였다. **왕이 직접 날쌔고 용감한 기병을 거느리고 가서 한漢의 군사와 좌원坐原에서 싸워 물리쳤다. 목을 벤 적의 머리가 산처럼 쌓였다.** 『삼국사기』 고국천왕

④-4. 6년(184년) 4월, 유주幽州의 적적賊이 대거 쳐들어왔다. 계수罽須에게 명하여 막게 하였으나 불리

---

1 『고구려사략』 차대제기 을미년(155년) 기록이다. '5월, 수례가 남무를 낳았다. 꿈에 황룡이 몸을 휘감는 것을 보았는데, 황룡이 만륵이었다고 한다〔五月 守禮生子男武 夢見黄竜纏身 乃萬勒 云〕'. 고국천왕의 아버지는 신대왕이 아닌 태조왕의 아들 만륵이다. 목수례는 만륵이 차대왕에게 죽임을 당하자 과부로 있다가 신대왕이 즉위하면서 후궁이 된다. 이때 남무는 신대왕의 둘째 아들로 입적된다.

하였다. 상이 친히 가서 좌원坐原에서 싸워서 크게 쳐부수니, 목을 벤 것이 산처럼 쌓였다. 이를 좌동친전坐東親戰이라 한다. 『고구려사략』 고국천제기

　　184년(고국천6) 발생한 전쟁입니다. 먼저 후한이 고구려를 침공하고, 왕자 계수罽須가 이를 막다가 이기지 못하자, 고국천왕이 친정하여 좌원에서 승리합니다. 『고구려사략』은 「좌동친전坐東親戰」으로 명명하여 고구려의 대승을 추가적으로 설명합니다. 그런데 고구려를 공격한 후한의 주체가 다릅니다. 『삼국사기』는 요동태수이고, 『고구려사략』은 유주의 적(도적떼)입니다.

　　박기자 : 어느 기록이 맞는 겁니까?

　　고선생 : 실체가 모호합니다. 이 전쟁은 중국사서에도 나오지 않습니다. 중국의 입장에서 보면 명백한 대패大敗여서 아예 기록 자체를 삭제한 듯합니다. 다만 이 해는 중국역사에서 매우 중요한 사건이 발생합니다.

　　박기자 : 어떤 사건입니까?

　　고선생 : 황건적黃巾賊[2]의 난입니다. 태평도의 교주 장각張角이 후한왕조 타도를 목표로 일으킨 일종의 역성혁명입니다. 당시 태평도의 무리는 후한의 청주, 서주, 유주, 기주, 형주, 양주, 예주 등의 8주에 걸쳐 넓게 퍼져 있습니다. 그러나 거사준비가 사전에 발각되자, 184년을 기점으로 전국적으로 난을 일으켜 각 주군을 약탈하고 관리를 죽이며 기세를 올립니다. 이때 유주에 속해있던 황건적 무리가 고구려를 침공합니다.

　　박기자 : 유주의 도적떼는 바로 황건적을 지칭하는군요.

　　정교수 : 참고로 황건적의 난은 주동자 장각이 병사하면서 점차로 진압됩니다. 그러나 그 여파는 중국의 통일왕조인 후한의 위세가 급속히 약화되어 결국 멸망의 길로 접어들게 되며, 또한 각지에서 군벌이 출현하는 계기가 됩니다. 이후 중국은 삼국시대, 위진남북조시대(5호16국 포함) 등 군웅이 할거하는 난세의 시대를 맞이합니다. 586년 수隨가 다시 중국대륙을 재통일하기까지 360년의 긴

---

2 노란색 두건을 쓴 무리를 말한다. '푸른 하늘이 죽고 노란 하늘이 일어나니, 갑자년에 천하가 크게 길한다〔蒼天已死 黃天當立 歲在甲子 天下大吉〕'는 오행설의 유언비어를 만들어 크게 호응을 얻는다.

세월이 흐릅니다.

고선생 : 다음은 우왕후 외척이 일으킨 반란사건입니다. 『삼국사기』 기록입니다.

④-5. 12년(190년) 9월, … **중외대부**中畏大夫 **패자 어비류**於畀留**와 평자 좌가려**左可慮**는 모두 왕후의 친척으로서 나라의 권력을 잡고 있었다.** 그 자제들이 모두 그 세력을 믿고 교만하고 사치하였으며, 다른 사람의 자녀를 겁탈하고 토지와 주택을 빼앗으니 나라사람들이 원망하고 분개하였다. **왕이 소문을 듣고 노하여 그들을 처형하려 하자, 좌가려 등이 4개의 연나**椽那**와 함께 반란을 일으켰다.** 『삼국사기』 고국천왕

어비류와 좌가려는 우왕후의 친척으로 둘 다 연나부 출신입니다. 이들은 우왕후의 뒷배를 믿고 백성의 자녀를 겁탈하고 토지와 주택을 빼앗는 등 갖은 악행을 저지릅니다. 고국천왕이 이들을 잡아 죽이려 하자 190년(고국천12) 9월 군사반란을 일으킵니다.

박기자 : 반란은 성공합니까?

고선생 : 반란은 이듬해인 191년(고국천13) 2월 진압되고, 반란의 주동자는 모두 척살됩니다.

박기자 : 그렇다면 우왕후는 어떻게 됩니까?

고선생 : 고국천왕이 우왕후를 처벌한 기록은 없습니다. 다만 고국천왕은 반란군을 진압하기 위해 도성과 인근의 모든 병력을 동원합니다. 아마도 이 과정에서 고국천왕과 우왕후 사이에 모종의 딜deal이 있었을 겁니다. 우왕후는 반란군의 진압에 적극 협조하는 대신 왕후의 지위는 유지합니다. 그러나 이 사건의 여파로 뜻밖의 인물이 등장합니다.

박기자 : 누구입니까?

고선생 : 을파소乙巴素입니다.

박기자 : 을파소는 고구려의 명재상이 아닙니까?

고선생 : 을파소는 진대법賑貸法을 도입한 인물입니다. 진대법은 흉년 또는 춘궁기에 농민에게 곡식을 빌려주고 수확기인 가을에 갚게 하는 일종의 구휼제도입니다. 『삼국사기』는 〈열전〉에 을파소 편을 별도로 만들어 그의 공적을 높이 평가합니다. 〈열전〉에 기록된 을파소의 등장은 매우 극적입니다. 고국천황은 우왕후 외척(연나부 또는 절노부)의 반란을 진압하고, 이를 대처할 새로운 대안세력

을 찾는 과정에서 을파소를 발견합니다. 처음에는 동부(소노부) 출신의 안유晏留가 추천되는데, 안유는 자신이 부족하다며 대신 시골(서압록곡 좌물촌)의 일개 촌부인 을파소(순노부)를 추천합니다. 그러나 을파소는 자신은 우둔하여 고국천왕의 엄명을 감당할 수 없다며 정중히 거절합니다. 이 장면에서 고국천왕의 태도는 적극적입니다. 고국천왕은 을파소가 인재임을 간파하고 적극적으로 을파소를 등용합니다.

박기자 : 고국천왕이 을파소를 간절히 필요로 한 이유는 무엇입니까?

고선생 : 당시 귀족(5부)의 힘은 비대해질 대로 비대한 상태입니다. 우왕후 외척이 반란을 일으켜 감히 왕권에 도전할 정도입니다. 고국천왕으로서는 비대해진 귀족의 힘을 약화시킬 필요가 있습니다. 더 이상 방치하다가는 자신의 보위마저 위태로울 수 있습니다. 을파소의 등용은 고국천왕에게는 일종의 도박이며 승부수입니다. 『고구려사략』 기록입니다.

④-6. 13년(191년) 4월, **을파소乙巴素를 보외지장輔外之長인 국상國相으로 삼고 죽려지인竹呂之釼을 주어서 부도不道한 자들을 주살하게 하였다.** 이때에 3보三輔는 모두 종척宗戚들이 차지하고, 하는 일 없이 놀고먹는 자리인 까닭에 새로운 인재를 발탁하여 국정을 바로잡은 것이다. **이에 종척, 총신寵臣, 행신倖臣들이 모두 두려워 떨었다.** 『고구려사략』 고국천제기

국상國相의 관직이 나옵니다. 보외지장輔外之長입니다. 기존의 3보(태보, 좌보, 우보)와 차별되는 최고관직입니다. 또한 고국천왕은 죽려지인竹呂之釼(대나무로 만든 증표)을 을파소에게 주어서 부도한 자를 즉결처분할 수 있는 생살여탈권까지 부여합니다. 생사여탈권은 왕만이 행사할 수 있는 일종의 대권입니다.

정교수 : 을파소의 등용은 기존 정치권력이 아닌 비정치권에서의 인재 발탁이라는 점에서 커다란 의의가 있습니다. 이는 건국 이래 백성 위에 군림하며 수탈을 일삼았던 기존 정치세력의 한계를 보여줍니다. 을파소의 진대법 도입은 당시 고구려사회에서 가히 혁명적인 사건입니다. 백성을 수탈의 대상이 아닌 지배세력과 동등한 구성체로 인식한 대변환입니다. 새로운 정치세력의 출현입니다.

고선생 : 고국천왕은 197년(고국천19) 사망하여, 고국천故國川의 언덕에 장사지냅니다. 사망 당시의

나이는 43세입니다. 천수를 다하지 못합니다. 『고구려사략』 찬술자는 고국천왕을 가리켜 '외모가 뛰어나고 용감하나, 국정을 돌보기를 즐기지 않고, 술과 성색聲色에 빠져서 좋게 끝을 맺을 수 없으니, 슬픈 일이다.〔帝以英勇之姿 不樂爲政 沈酒聲色 不能令終 惜哉〕'고 평합니다. 고국천왕은 을파소에게 국정을 맡기고 현실정치에서 한발 물러나 유유자적한 삶을 살았을 겁니다.

2. 두 번째 남편 산상왕

고선생 : 고국천왕의 뒤를 이어 제10대 산상왕山上王이 즉위합니다. 재위기간은 197년~227년까지 31년입니다. 이름은 연우延優(위궁位宮)이며, 고국천왕의 동생입니다. 『고구려사략』 기록입니다.

④-7. 제는 휘가 **연우**延優 또는 **위궁**位宮(위거位居)**이며, 신대제의 별자**別子**이다. 모친 주**朱**태후의 꿈에 황룡이 자신의 몸을 둘둘 감고서 교합하니, 신대제가 그 꿈을 이상히 여기고 밤을 같이하여 태어났다.** 태어나자 바로 사람을 쳐다보았고, 커서는 총명하고 지혜로우며 외모가 멋졌다. **우**于**후가 제를 좋아하여 남몰래 상통하더니 고국천제가 죽자, 발상**發喪**을 숨기고 몰래 산상제를 궁안으로 맞아들여 거짓조서로 보위에 세우고서 고국천제의 죽음을 밖에 알렸다.** 고국천제의 포제胞弟 **발기**發岐**는 연우의 적형**嫡兄**으로 응당 제위에 올라야하나 그러지 못한 까닭에 군사를 일으켜 궁성을 포위하고 연우와 제위를 다퉜다.** 국상 을파소乙巴素가 말하길 "나라의 주인이 이미 정해졌소. 보위를 다투는 자는 적이오." 하니, 국인國人들이 이에 산상제를 받들고 발기를 쳤다. **발기는 두눌**杜訥**로 도망하여 스스로 제위를 칭하고 공손도**公孫度**에게 도움을 요청하며** 이르길 "소국小國은 불행합니다. 형이 죽자, 형수가 거짓조서로 동생을 제위에 세웠습니다. 바라옵건대 대왕께서 저를 도와주시오. 나라를 되찾으면 보답하겠습니다." 하니, 공손도가 말하길 "고구려에선 증모처수烝母妻嫂*하는 것은 평범한 일이고, 지금 발기가 형수를 처로 삼지 못하여 동생에게 빼앗기고서 예법을 따지며 제위를 다투고 있다. 이때를 틈타서 말로는 발기를 돕는다고 하며 기습하면 그 나라를 빼앗을 수 있겠다." 하자, 그의 아들이 아뢰길 "고구려엔 을파소라는 훌륭한 신하가 있어서, 깊숙이 들어가서 방비가 튼튼한 것을 치기는 가당치 않습니다. 발기의 군사들과 함께 고구려의 서변西邊을 빼앗아 차지하는 것이 상책입니다." 하였다. 이윽고 **공손도가 3만 군사를 이끌고 발기를 돕는다며**

개마盖馬, 구이丘利, 하양河陽, 도성菟城, 둔유屯有, 장령長岑, 서안평西安平, 평곽平郭 등을 엄습하여 차지하고서 발기를 돕지 않으니, 발기는 울분으로 등창이 났다. 산상제는 공손도가 곧 침입할 것이 걱정되어 창남산성漘南山城을 쌓고 우于후와 함께 머물렀다. 그곳을 밀도密都로 삼았다.

『고구려사략』 산상대제기

☞ *생부生父와 형제가 죽으면, 생모生母이외의 생부의 처첩妻妾, 형수兄嫂, 제수弟嫂 등을 처첩으로 삼는 것

이 기록은 산상왕에 관한 모든 정보를 담고 있습니다. 산상왕의 혈통을 비롯하여 산상왕의 즉위과정에 얽힌 비밀, 그리고 발기의 반란과 공손도의 침략 등입니다. 첫째, 산상왕의 혈통을 살펴보면, 『삼국사기』는 고국천왕의 동생弟으로 되어 있으나, 엄밀히 말하면 고국천왕의 이모제異母弟입니다. 어머니가 다릅니다. 고국천왕의 어머니는 목穆씨(목수례)이고 산상왕의 어머니는 주朱씨입니다. 그래서 산상왕은 신대왕의 별자別子(서자)입니다. 둘째, 산상왕 즉위과정의 비밀입니다. 고국천왕이 죽자, 우왕후는 발상을 숨기고 연우(산상왕)를 궁궐로 맞아들여 거짓조서를 꾸미고 연우를 보위에 세웁니다. 『삼국사기』도 이 부분에 대해서는 비교적 상세히 설명합니다. 우왕후는 먼저 발기를 찾아갑니다. 그런데 발기가 한밤중에 왕후가 행차하는 것은 예법에 어긋난다며 문전박대합니다. 이에 수치심을 느낀 우왕후는 연우의 집으로 발길을 돌리고, 연우로부터 극진한 대접을 받습니다. 그리고 연우를 궁궐로 데리고 들어가 하룻밤을 보낸 다음, 날이 밝아오자마자 전격적으로 보위에 세웁니다.

박기자 : 하룻밤의 선택이 발기와 연우의 운명을 갈랐군요.

고선생 : 셋째, 발기의 반란입니다. 발기는 고국천왕의 포제胞弟입니다. 포제는 어머니가 같을 수도 또는 다를 수도 있으나 이 경우에는 동모제同母弟입니다. 다시 말하면 발기는 고국천왕과 마찬가지로 아버지 신대왕의 정실왕후인 목씨의 소생입니다. 발기는 고국천왕의 죽음을 뒤늦게 압니다. 적통嫡統인 자신의 보위가 연우에게 넘어간 사실을 분하게 여겨 군사를 이끌고 궁궐을 포위합니다. 그러나 화살은 이미 시위를 떠납니다. 국상 을파소가 보위는 이미 연우로 정해졌다며 오히려 발기를 반역자로 간주하고 국인國人(신료)들과 함께 발기를 물리칩니다. 참고로 우왕후를 둘러싼 당시의 왕실 계보입니다.

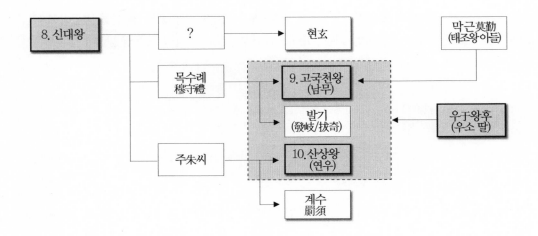

박기자 : 적통인 발기가 하루아침에 반역자가 되었군요.

고선생 : 문제는 발기의 이후 행동입니다. 발기는 보위를 빼앗을 목적으로 공손도 세력을 끌어들입니다. 그러나 공손도는 발기를 돕는 체하며, 3만 군사를 동원하여 오히려 고구려 서쪽 변경을 집중 공략합니다. 이때 공손도에 넘어간 고구려 영토는 개마, 구이, 하양, 도성, 둔유, 장령, 서안평, 평곽 등입니다. 태조왕(제6대)이 후한의 군현을 몰아내고 힘들게 확보한 고구려의 요서지역 성들입니다.(제3장 93쪽 참조) 고구려는 한순간에 이 지역을 상실합니다.

박기자 : 공손도는 누구입니까?

정교수 : 공손도는 후한 말기에 요동지역에 출현한 막강한 군벌집단의 수장입니다. 정확한 출생시기는 알 수 없으나, 189년(고국천11)에 후한의 요동태수가 되면서 본격적으로 두각을 나타냅니다. 요동지역을 장악하고 동쪽으로는 고구려, 서쪽으로는 오환烏桓, 남쪽으로는 동래(산동반도)의 여러 현까지 공격하여 점차로 영역을 확장합니다. 이후 후한으로부터 독립하여 요동왕을 칭하고 독자적인 정권을 수립합니다. 훗날 정식으로 연燕의 국호를 사용합니다. 공손연(공손씨 연燕)이라고 합니다. 공손도는 204년에 죽고 그의 아들인 공손강(204~221)과 공손공(221~228)이 뒤를 이으며, 공손강의 아들인 공손연(228~238)에 이릅니다. 238년(동천12) 위魏의 사마의에게 멸망당하기까지 4대 50년간 유지된 요동왕국입니다.

고선생 : 공손도는 고구려의 역사뿐 아니라 백제의 역사에도 커다란 영향을 끼칩니다. 공손도는 204년을 전후하여 고구려로부터 빼앗은 옛 낙랑군 둔유현지역에 대방군을 설치합니다. 이때 대방군 설치에 반발한 유민이 대거 한반도 황해도지역으로 건너갑니다. 『삼국사기』〈백제본기〉에 나오는 210년(구수45)의 새로운 말갈인 대방국이 출현합니다. 이후 이들 말갈세력은 아예 백제왕실을 접수합니다. 백제 제8대 고이왕입니다.[3]

박기자 : 공손씨 세력이 우리 역사를 굴절시켰군요.

고선생 : 공간적인 관점에서 역사를 보면, 한 지역에 강력한 신흥세력이 출현하면 반드시 인접 지역은 상대적으로 약해집니다. 공손씨의 출현과 급부상은 고구려의 주적主敵이 후한에서 공손씨로 바뀌게 됩니다. 고구려는 공손씨에게 요서지역을 빼앗기며, 건국 이래 줄곧 지향해온 서진정책이 중지됩니다. 그러한 측면에서 발기가 공손도를 끌어드린 행위는 개인의 억울함을 떠나 명백한 역사의 반역행위입니다.

박기자 : 이후 발기는 어떻게 됩니까?

고선생 : 공손도에게 배신당한 발기는 절치부심 보위를 되찾기 위해 노력하지만, 대세를 거스르지 못합니다. 산상왕은 아우 계수를 보내 발기를 토벌합니다. 『고구려사략』 기록입니다.

④-8. 원년(197년) 9월, 계수罽須가 두눌杜訥을 쳐서 빼앗자, 발기發岐가 배천裵川으로 패주하여 자기 아들 박고駁固에게 **"나는 적장嫡長인데 우于녀에게 속고 서얼庶蘖에게 쫓겨났으며, 나라 서쪽 땅 역시 공손公孫에게 빼앗겼다. 무슨 면목으로 세상에 살아남겠느냐?"** 하며, 몸소 칼로 목을 베었으나, 박고가 구해 내서 죽지 않았다. 발기가 이르길 "곧 종창이 터질 것이다. 죽지 않고서 어찌 하겠느냐?" 하고 물속으로 기어들어갔다. **추적하는 기마 군사들이 다다랐으나 발기는 이미 죽어있었다.** 『고구려사략』 산상대제기

발기는 자살합니다. 자신의 아들 박고駁固(異本은 박위거駁位居임)에게 남긴 하소연은 발기의 운명을 대변합니다. 발기는 적통임에도 보위에 오르지 못합니다. 우왕후에게 속고, 산상왕에게 쫓겨나며, 또한 고구려 서쪽 땅을 공손도에게 빼앗깁니다. 자살을 선택할 수밖에 없는 발기의 운명입니다.

---

3 정재수, 『백제 역사의 통곡』(논형. 2018) 제4장 참조

박기자 : 발기의 아들 박고는 어떻게 됩니까? 혹시 산상왕이 죽입니까?

고선생 : 『삼국사기』는 박고의 존재에 대해 일절 언급이 없습니다. 『삼국지』〈위서〉에는 교위거驕位居로 나옵니다. 박고는 산상왕으로부터 고추가의 작위를 받고 고구려에서의 삶을 계속해서 영위합니다. 『고구려사략』은 박고가 아버지 발기의 무덤을 지키며 물고기를 잡고 살았던 까닭에 '위수渭水의 어부'로 불렸으며, 산상왕이 여러 번 불러도 돌아오지 않았다고 합니다. 박고는 아버지 발기의 남긴 업보를 평생 짊어집니다.

박기자 : 산상왕을 옹립한 우왕후는 어떻게 됩니까?

고선생 : 우왕후는 산상왕이 즉위하자마자 곧바로 다시 왕후에 봉해집니다. 2대에 걸쳐 왕후를 지냅니다. 권력 또한 왕 못지않게 상당합니다. 그러나 우왕후에게는 치명적인 약점이 있습니다.

박기자 : 어떤 약점입니까?

고선생 : 하늘은 우왕후에게 생산능력을 주지 않습니다. 우왕후는 고국천왕의 자식도 산상왕의 자식도 낳지 못하는 석녀石女입니다. 우왕후의 불임은 자신뿐 아니라 산상왕에게도 엄청난 스트레스입니다. 203년(산상7) 산상왕이 아들을 얻게 해달라고 산천에 기도한 기록도 있습니다. 이때 주통촌 출신의 한 젊은 여인이 등장합니다. 208년(산상12) 산상왕은 은밀히 주통촌에 잠행하여 이 여인과 관계를 맺습니다. 그리고 사내아이가 태어납니다. 훗날 산상왕의 뒤를 이은 제11대 동천왕 교체郊彘입니다.

박기자 : 우왕후로서는 닭 쫓던 개 지붕 쳐다보는 꼴이군요.

고선생 : 주통촌 여인은 왕자를 생산한 덕에 산상왕의 후궁에 봉해집니다. 『삼국사기』 기록을 보면, 우왕후가 산상왕이 주통촌 여인과 관계를 맺은 사실을 알고 이를 질투하여 몰래 군사를 보내 죽이려 하는 장면이 나옵니다. 주통촌 여인은 산상왕의 혈육을 임신한 사실을 군사들에게 알려 죽음을 면합니다. 우왕후는 주통촌 여인을 여러 번 죽이려 하나, 하늘은 철저히 우왕후를 외면합니다.

박기자 : 이후 우왕후는 어떻게 됩니까?

고선생 : 우왕후는 산상왕보다 오래 삽니다. 산상왕은 227년(산상31) 사망하는데, 우왕후는 이후에도 7년을 더 살고 238년(동천8) 죽습니다. 첫번째 남편인 고국천왕에 의해 왕후에 봉해진 180년(고국천2)의 나이를 20세 정도로 추정한다면, 우왕후는 대략 78세 전후에서 사망합니다. 오랜 기간 왕

실의 중심에서 권력을 행사합니다. 『삼국사기』 동천왕 기록에 우왕후 죽음과 관련한 흥미로운 내용이 있습니다.

④-9. 8년(234년) 9월, **태후 우于씨가 죽었다**. 임종에 유언하길 "내가 행실이 바르지 않으니 무슨 면목으로 지하에서 국양國壤*을 보겠는가? 만약 여러 신하들이 차마 내 시신을 도랑이나 구덩이에 버리지 못하겠거든, 나를 산상왕릉 곁에 묻어 달라." 하였다. 마침내 태후의 유언대로 장사를 지냈다. 무당巫者이 말하길 "국양왕이 내게 내려와서 **'어제 우씨가 산상왕에게 가는 것을 보고는, 분함을 참을 수 없어서 우씨와 싸웠다. 내가 돌아와서 생각해보니 낯이 아무리 두껍다고 해도 차마 나라사람들을 볼 수 없도다. 네가 조정에 알려 나의 무덤을 물건으로 가리게 하라.'**고 말씀하셨습니다." 하였다. 이 때문에 국양왕의 능 앞에 일곱 겹으로 소나무를 심었다. 『삼국사기』 동천왕
☞ *고국천왕

우왕후는 첫 번째 남편인 고국천왕이 아닌 두 번째 남편 산상왕의 곁에 묻어 달라 유언합니다. 자신의 행실이 바르지 못해 고국천왕을 지하에서 볼 면목이 없다는 이유입니다. 우왕후의 유언대로 산상왕 곁에 장사지냅니다. 그런데 무당의 현몽에 나타난 고국천왕의 말이 인상적입니다. 고국천왕은 자신을 배신하고 산상왕에게로 간 우왕후를 저주합니다. 그리고 자신의 무덤을 가리게 하여 우왕후의 접근을 막습니다.

박기자 : 고국천왕과 산상왕은 사후에도 우왕후를 두고 다툼을 벌인 셈이군요.

정교수 : 다른 관점의 해석도 있습니다. 우왕후의 유언과 고국천왕의 저주의 배경에 대해서 고국천왕이 자연사가 아닌 우왕후에 의해 타살(독살)되었다고 보는 견해입니다. 근거는 고국천왕이 젊은 나이(43세)에 사망한 점과 산상왕의 즉위 전사前史 기록에서 보듯이 고국천왕이 한 밤중에 갑자기 사망하였고, 이후 우왕후가 하룻밤사이 산상왕에게 보위를 잇게 한 점 등을 들 수 있습니다. 모든 것이 사전에 잘 짜여 진 각본대로 일사천리로 진행됩니다. 그래서 우왕후는 사후에 고국천왕이 아닌 산상왕을 선택할 수밖에 없으며 이를 두고 고국천왕이 우왕후를 저주했다고 보는 시각입니다.

박기자 : 흥미로운 해석이군요.

고선생 : 산상왕은 재위 31년인 227년 5월 사망하여 산상릉에 묻힙니다. 산상의 시호는 장지의 이름입니다. 『고구려사략』 기록에 따르면, 이때 산상왕의 나이는 55세입니다. 우왕후의 나이가 70세 전후로 추정되어, 산상왕은 적어도 15년 연상의 여인과 산 셈입니다.

3. 환도성 천도의 비밀

고선생 : 마지막으로, 산상왕의 치세 중에 꼭 짚고 넘어가야 할 내용이 있습니다.

박기자 : 무엇입니까?

고선생 : 산상왕은 209년(산상13) 10월 환도성丸都城으로 천도합니다. 이는 고구려의 역사에 있어 일대 전환점이 되는 매우 중요한 장면입니다. 고구려의 첫번째 수도인 홀승골성과 유리왕의 두번째 수도인 위나암성에 이어서 세번째로 맞이하는 천도입니다. 홀승골성과 위나암성은 요하 서쪽 지역에 위치합니다. 이에 반해 환도성은 요하 동쪽지역에 위치합니다. 고구려의 중심이 요하를 두고 서쪽에서 동쪽으로 이동합니다. 이로 인해 고구려는 대외정책이 변화합니다. 서진정책에서 동진정책으로 바뀌어 고구려가 본격적으로 한반도에 관심을 갖기 시작합니다.

박기자 : 환도성은 어디입니까?

고선생 : 결론부터 말씀드리면, 환도성은 요하 동쪽에 소재한 지금의 요녕성 해성海城 일대입니다.

정교수 : 일반적으로 환도성은 중국 길림성 집안현의 '산성자산성山城子山城'으로 비정합니다.

고선생 : 중국지도를 펼쳐놓고 보면 압록강 이북의 땅은 말 그대로 첩첩산중입니다. 현재도 중국 내에서 인구밀도가 가장 낮은 지역 중의 하나입니다. 예를 들어 요하유역의 평야지대를 한반도의 전라도지역에 비교한다면 압록강 이북의 길림성 지역은 강원도에 해당합니다. 적어도 한 나라의 수도라면 인구 밀집이 가능하고 물자 생산이 용이하며 인구와 물류 이동이 활발한 평야지대를 중심으로 적절한 방어 기능을 갖춘 구릉지 정도가 유력합니다. 한반도 전체를 놓고 보면, 강원도 산골에 수도를 정한 꼴이니 이는 상식에서 벗어납니다. 더구나 당시의 고구려의 중심은 요하 서쪽입니다.

평야지대를 벗어나 수천리 떨어진 첩첩산중으로 수도를 옮길 명분도 이유도 없습니다. 따라서 압록강 중류지역 집안현에 소재한 산성자산성(現 환도산성)의 비정은 처음부터 잘못된 겁니다.[4]

박기자 : 요녕성 해성 일대로 보는 근거는 무엇입니까?

고선생 : 우리 사서에 나옵니다. 『삼국유사』〈왕력〉의 '임인년(342년) 8월에 도읍을 안시성으로 옮기니 곧 환도성이다.〔壬寅八月 移都安市城 卽丸都城〕'와 『삼국사기』〈잡지〉의 '안시성은 옛 안촌홀이다. 혹은 환도성이다.〔安市城 舊安寸忽 或云丸都城〕'는 기록입니다. 『삼국유사』와 『삼국사기』 공히 안시성을 환도성으로 설명합니다.

박기자 : 혹시 안시성은 고구려 양만춘 장군이 당태종의 공격을 막아낸 성입니까?

고선생 : 그렇습니다. 645년(보장3) 당태종의 수십만 군사의 70여 일간 공격을 끄떡없이 막아내고

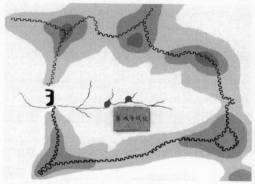
영성자산성(요녕성 해성) 평면도

결국에는 당태종의 야욕을 무력화시킨 천고에 길이 빛날 대승을 거둔 장소입니다.(이하 11장 341쪽 참조) 안시성은 오늘날 요녕성 해성 동남쪽에 있는 '영성자산성英城子山城'입니다. 근거는 『금사』〈지리지〉와 『열하일기』에 나옵니다. 『금사』〈지리지〉는 요녕성 개주蓋州(개평) 동북쪽의 탕지보湯池堡를, 『열하일기』는 개평현 동북쪽 70리에 위치한 고성古城을 각각 안시성으로 비정합니다. 개주(개평) 동북쪽의 탕지보에 있는 고성이 바로 해성 동남쪽의 영성자산성입니다.[5]

---

4 산성자산성을 환도성으로 비정한 사람은 일제 식민사학자 도리이 류조(鳥居龍藏)이다. 전하는 바에 의하면 류조는 길림성 환인현 일대를 고구려의 건국지로 설정하고 오녀산성을 찾아내어 홀승골성으로 비정한 후, 남쪽으로 내려오면서 길림성 집안현에서 평지성을 찾아 이를 국내성으로 비정한다. 본래 이름은 통구성이다. 그리고 유리왕이 천도한 위나암성과 산상왕이 천도한 환도성으로 비정할 만한 곳을 찾다가 요행히 통구성 위쪽에서 '산성이 있는 산(산성자산)'을 발견하고 위나암성과 환도성의 동일 장소로 비정한다. 너무 우습지 아니한가? 중국은 동북공정을 진행하면서 산성자산을 아예 환도산으로 이름을 바꾸고 환도산성이라는 표지석까지 세워 놓는다. 이 또한 우습지 아니한가?

5 신채호는 『조선상고사』에서 환도성을 3개로 구분한다. 제1환도성은 요녕성 개주(개평), 제2환도성은 길림성 환인현의 안고성(安古城), 제3의 환도성은 길림성 집안현의 홍석정자산(紅石頂子山)이다.

박기자 : 결국 환도성은 안시성이군요.

고선생 : 보다 결정적인 근거는 『고구려사략』에 나옵니다.

④-9. 13년(209년) 10월, 창남滄南의 우산성牛山城으로 거처를 옮기고, 그곳의 **이름을 환도丸都로 고쳤다. 이곳은 본래 계루국桂婁國의 도읍이었다.** 『고구려사략』 산상대제기

우산성이 나옵니다. 환도로 이름을 바
꾼 옛 계루국의 도성입니다. 계루국은 본
래 추모왕 시기 고구려에 흡수된 환나국桓
那國입니다.(제1장 35쪽 참조) 요하하류 동쪽
인 지금의 요녕성 개주蓋州 일대에 소재한
소국입니다. 환나국을 계루국이라 칭한
이유는 당시 환나국 여왕의 이름이 계루桂
婁이기 때문입니다. 계루는 추모왕에게 환
나국을 바치고 후궁이 됩니다. 이때 환나

환도성의 위치

국 출신들이 대거 고구려에 편입되며 초기 5부족의 하나인 계루부로 성장합니다. 참고로 우산성의
명칭은 태조왕이 133년(태조81) 옛 계루국 도성에 별궁(피서지)을 마련하며 붙여진 이름입니다. 결론
적으로 환도성은 옛 환나국의 도성으로 태조왕때는 우산성(별궁)으로, 산상왕때는 환도성으로, 그리
고 훗날 다시 안시성으로 개명된 지금의 요녕성 해성 동남쪽의 영성자산성입니다.

 박기자 : 산상왕이 환도성으로 천도한 배경은 무엇입니까?

 고선생 : 산상왕은 재위초기 발기의 난을 겪으면서 요서지역의 9개성(개마, 구이, 하양, 도성, 둔유, 장
령, 서안평, 평곽)이 일시에 공손씨(공손도)에게 넘어가며 위기의식이 팽배해집니다. 공손씨의 위협으로
부터 고구려를 지킬 수 있는 보다 안전한 장소가 필요합니다. 요하의 지형적 특성을 감안하면 공손
씨와 맞닿을 수 있는 요하 서쪽 보다는 요하 동쪽이 방어에 유리합니다. 그래서 환도성으로 수도를
옮깁니다. 그러나 이는 어디까지나 표면적인 이유입니다.

박기자 : 다른 해석도 있습니까?

고선생 : 『삼국사기』 기록을 보면, 산상왕이 환도성을 쌓기 시작한 시점은 초기인 198년(산상2)입니다. 그리고 209년(산상13) 천도를 단행합니다. 11년의 시간 공백이 있습니다. 그런데 『고구려사략』 기록을 보면, 이 기간 동안 공손도에 빼앗긴 요서지역의 9개 성 중 개마와 하양은 200년(산성4) 고구려가 수복하고, 서안평은 205년(산상9) 공격하여 빼앗습니다. 3개성을 되찾습니다. 또한 207년(산상11) 공손씨(공손우)와 요동의 평주平州 서쪽 남산에서 싸워 이긴 기록도 있습니다. 이는 비록 공손씨의 위험이 상존하지만 고구려가 결코 밀리는 형국이 아닙니다.

박기자 : 그렇다면 어떤 이유입니까?

고선생 : 두 가지 해석이 가능합니다. 하나는 수도 위나암성에 대한 산상왕의 거부감입니다. 산상왕은 즉위과정에서 발기의 난을 겪습니다. 발기는 위나암성의 왕궁을 포위하고 산상왕을 공격합니다. 위나암성은 산상왕에게 결코 지울 수 없는 불편한 흔적이 남아있는 장소입니다. 산상왕은 위나암성에서 벗어나 새로운 곳에서 자신의 치세를 펼칠 결심을 하고 곧바로 198년(산상2) 환도성을 쌓기 시작합니다. 또 하나는 우왕후에 대한 견제입니다. 더 정확히 표현하면 우왕후 지지 세력에 대한 반발입니다. 우왕후는 절노부 출신입니다. 절노부는 산상왕을 옹립한 위나암성에 지지기반을 둔 세력입니다. 때마침 203년(산상7) 국상 을파소가 죽습니다. 산상왕은 을파소를 대신하며 계루부의 고우루高優婁를 국상에 임명합니다. 산상왕은 친정체제를 강화합니다. 또한 산상왕은 주통촌 여인을 통해 후계자까지 얻습니다. 이제 우왕후와 그 지지세력의 눈치를 볼 필요가 없습니다. 산상왕은 209년(산상13) 계루부의 지원을 등에 업고 전격적으로 환도성 천도를 단행합니다.[6]

박기자 : 사전에 철저히 준비된 천도이군요.

고선생 : 참고로, 천도를 하는 경우는 두 가지입니다. 하나는 외부의 적에게 수도가 파괴되어 더 이상 수도의 기능을 수행할 수 없는 비상시의 천도입니다. 또 하나는 지배세력의 교체를 목적으로 단행하는 천도입니다. 산상왕의 경우는 후자에 해당합니다. 평상시의 천도는 용달차 불러 하루아침

---

6 환도(丸都)는 옛 환나국(桓那國)의 도성을 지칭한다. 환도의 명칭은 계루부(옛 환나국 출신)의 입김이 반영된 결과이다. 丸과 桓은 동음어이다. 丸은 둥근 알, 桓은 밝다는 뜻이다. 태양과 밝음을 나타내는 광명사상이다.

에 훌쩍 해치우는 손쉬운 작업이 아닙니다. 수많은 준비와 시간이 필요합니다. 이는 인적, 물적 모든 국가기반이 한꺼번에 이동하기 때문입니다. 결론적으로 산상왕의 환도성 천도는 대외의 위험보다 내부의 변화를 꾀한 일종의 승부수입니다.

5장
냇가에 묻힌 왕들
동천왕 · 중천왕 · 서천왕

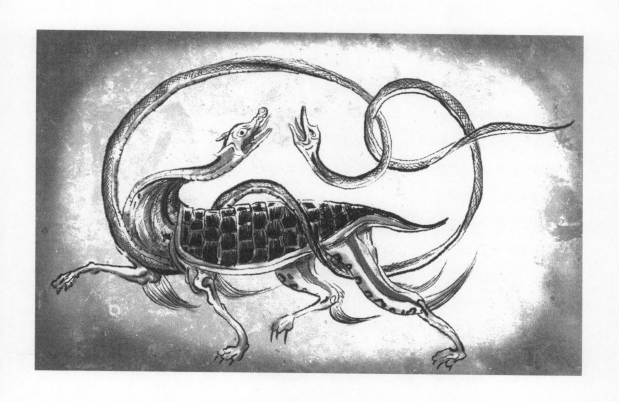

1. 동천왕의 강단

고선생 : 236년 2월입니다. 사신이 왕을 배알합니다. 왕은 사신이 바친 예물을 유심히 살피더니 이내 눈살을 찌푸립니다. 그때 사신이 고개를 빳빳이 들고 뭐라 말합니다. 왕은 입술을 깨물고 묵묵히 듣기만 합니다. 사신의 태도가 영 마음에 들지 않습니다. 참으로 방자할 데가 그지없습니다. 한참이 지나자 왕이 자리를 박차고 일어납니다. 그리고 사신을 손가락으로 가리키며 "너희 왕은 공손연에게는 후하더니 어찌 짐에는 심히 야박한가?" 하고 일갈합니다. 사신은 잠시 머뭇거리더니 "예물은 배를 타고 오다가 풍파를 만나 물에 빠뜨렸으니, 공손연과는 다를 바 없습니다." 고하며 머리를 조아립니다. 이에 왕은 "지난번 왔던 사신이 짐을 속이더니, 너 또한 짐을 속이려 드는구나!" 하고 눈살을 찌푸리더니, 사신을 옥에 가둬라 명령합니다.

박기자 : 왕은 누구이고, 사신은 어느 나라에서 왔습니까?

고선생 : 왕은 동천왕東川王입니다. 사신은 오吳에서 파견한 사신입니다.

박기자 : 오는 중국 3국시대의 오입니까?

고선생 : 손권孫權의 오입니다. 장면 구성은 『고구려사략』 기록입니다. 236년은 동천왕이 재위10년째를 맞이하는 해입니다.

박기자 : 오가 고구려에 사신을 파견한 이유는 무엇입니까?

고선생 : 먼저 중국대륙의 당시 사정을 알아야 합니다. 교수님께 설명을 부탁드립니다.

정교수 : 220년(산상24) 후한의 실권자 조조曹操가 사망하고 그의 아들 조비曹丕가 후한의 마지막 황제 헌제獻帝를 폐위시키고 정식으로 낙양에 위魏를 건국합니다. 이듬해인 221년(산상25) 후한 황실의 후예인 유비劉備도 성도에서 촉한蜀漢을 건국하고, 양자강 중하류를 차지한 손권 역시 229년(동천3) 건업(남경)에 오吳를 건국하면서 바야흐로 중국은 3국(위촉오)시대로 돌입합니다. 이들 3국은 중국대륙을

놓고 패권을 다툽니다. 이때 중국대륙 동북방에는 공손公孫씨 정권이 들어서 4대째를 이어옵니다. 당시는 위와 오가 공손씨와 고구려를 자기편으로 끌어들이기 위해 치열한 외교전을 펼칠 때입니다.

삼국시대(위·촉·오)

고선생 : 먼저 외교전에 뛰어든 나라는 오입니다. 위를 견제코자 오는 232년(동천6) 공손씨에게 화친을 제안하고 공손씨도 이에 화답합니다. 그런데 이듬해인 232년(동천6) 공손씨는 갑자기 태도를 바꾸어 오 사신을 죽이고 그 시신을 위에 보냅니다. 이때 살아남은 오 사신 일부가 고구려로 도망오고, 동천왕은 이들에게 초피(담비 가죽)과 활계피鶡雞皮(야생 닭 가죽) 등을 내려주며, 무사히 오吳로 돌아갈 수 있도록 배편까지 마련해줍니다.

박기자 : 동천왕이 오 사신에게 호의를 베푼 이유는 무엇입니까?

고선생 : 공손씨의 견제입니다. 그런데 고구려에도 변화가 생깁니다. 이듬해인 233년(동천7) 위가 고구려에 사신을 파견합니다. 두 나라가 연합하여 공손씨와 오를 멸하자고 제안합니다. 조건은 오의 땅은 위가 차지하고 공손씨 땅은 고구려가 차지하는 점령지 분할입니다. 동천왕은 이를 받아들여 위와 군사동맹을 체결합니다.

박기자 : 동천왕이 위를 선택한 이유는 무엇입니까?

고선생 : 동천왕은 현실적으로 판단합니다. 오와 손잡고 공손씨와 위를 동시에 상대하기보다, 위와 손잡고 공손씨를 멸하는 쪽을 선택합니다. 특히 공손씨에게 빼앗긴 요서지역의 영토 회복은 고구려에게 절실합니다. 그런데 고구려와 위의 동맹을 뒤늦게 알게 된 오가 급히 사신을 고구려에 파견합니다. 3년 후인 236년(동천10) 2월 동천왕은 오 사신의 무례함을 꾸짖고 아예 옥에 가둬버립니다.

박기자 : 오 사신을 옥에 가둔 이유는 무엇입니까?

고선생 : 오와는 동맹을 맺지 않겠다는 동천왕의 강력한 의지입니다. 장면에 나오는 사신의 무례함과 예물의 부실함은 핑계입니다. 동천왕은 일단 오 사신을 억류하고 관망의 자세를 취합니다.

박기자 : 억류당한 오 사신은 어떻게 됩니까?

고선생 : 오 사신의 이름은 호위胡衛입니다.

⑤-1. 10년(236년) 2월, **오吳왕 손권孫權이 사신 호위胡衛를 보내 화친을 청하였다. 왕이 그를 잡아두었다가, 가을 7월에 이르러 목을 베어 위魏로 보냈다.** 『삼국사기』 동천왕

⑤-2. 청룡4년(238년) 7월, **고구려 왕 위궁位宮이 손권孫權의 사신 호위胡衛를 참수하여 머리를 보냈는데, 그 머리가 유주幽州에 도착하였다.** 『삼국지』〈위서〉 명제기

⑤-3. 10년(236년) 2월, 손권孫權의 사신 호위胡衛가 찾아와서 배알하며 화친을 청하였는데, 언사가 심히 방자하고 예물 또한 야박하였다. …(중간생략)… 상이 옥에 가둬 다스리게 하니, 태보 식부息夫가 병든 몸으로 들어와 말려서, **현도玄菟에 안치하여 지키게 하였다. 호위는 도주하다가 공손연公孫淵에게 잡혀 죽었다.** 『고구려사략』 동양대제기

『삼국사기』는 억류 6개월째인 7월 동천왕이 호위의 목을 베어 위로 보낸 것으로 되어 있습니다. 『삼국지』〈위서〉와 같습니다. 『삼국사기』가 『삼국지』〈위서〉 기록을 차용합니다. 이에 반해 『고구려사략』은 호위를 현도에 안치하는데, 호위가 탈출하다가 공손씨에게 잡혀 죽은 것으로 나옵니다. 기록상으로 미묘한 차이를 보입니다.

박기자 : 어느 기록이 맞습니까?

고선생 : 동천왕이 목을 베든 아니면 고구려를 탈출한 후 공손씨에 잡혀죽든 간에 호위가 죽은 것은 부동의 사실입니다. 또한 참수되어 그의 머리가 위에 전달된 것도 역시 사실입니다. 다만, 당시의 정황으로 보아 고구려가 6개월의 시차를 두고 굳이 호위를 죽이면서까지 오吳를 적으로 만들 이유는 전혀 없습니다. 오는 호위의 죽음에 대해 고구려에 어떤 항의나 군사적 행동을 취하지 않습니다. 그러나 공손씨의 경우는 다릅니다. 고구려와 위가 군사동맹을 체결한 상황이라 어떻게 하든 두 나라 사이를 이간질 할 필요가 있으며, 또한 위에 잘 보여야할 입장입니다. 그렇지 않고는 위와 고구려의 협공을 막아낼 수 없습니다. 이러한 정황을 종합하면, 공손씨는 고구려를 탈출한 호위를 억

류하고 있다가 때를 보아 참수한 그의 머리를 위에 보낸 것으로 추정됩니다.

박기자 : 고구려와 위의 동맹은 계속 이어집니까?

고선생 : 238년(동천12) 고구려와 위가 연합하여 공손씨를 공격합니다.『삼국사기』와『고구려사략』기록입니다.

⑤-4. 12년(238년), **위魏의 태위 사마선왕司馬宣王이 무리를 이끌고 공손연公孫淵을 쳤다.** 왕이 주부 대가大加를 보내 **군사 1천을 이끌고 그들을 돕게 하였다.**『삼국사기』동천왕

⑤-5. 12년(238년), **사마의司馬懿가 사신을 보내와, 함께 공손연公孫淵을 토벌하자 청하니,** 상이 주희朱希에게 명하여, 주부 대가大加에게 **5천의 군사를 주어 남소南蘇로 출병하여 관망觀望하고 성원하였다. 8월에 공손연을 멸한 사마의가 약속을 저버리고 교만 방자하니, 상이 노하여 사마의와의 통교通交를 끊었다.**『고구려사략』동양대제기

위魏의 사마선왕이 나옵니다. 사마의司馬懿입니다. 훗날 그의 손자 사마염이 위를 무너뜨리고 서진西晉(265~316)을 세워 중국 화북지방을 통일합니다. 이때의『삼국지』〈위서〉기록을 보면, 당시 위군은 4만입니다. 고구려군은『삼국사기』는 1천,『고구려사략』은 5천으로 되어 있어 숫자상으로 차이를 보입니다. 그런데『삼국사기』원문은 그냥 '千'입니다. 아마도『삼국사기』가 원사료를 인용하는 과정에서 '五'자를 빼먹은 듯합니다(『삼국지』〈위서〉에는 고구려군이 수천數千임). 설사 고구려군이 5천이라 해도 위군 4만에 비하면 절대적으로 부족한 숫자입니다. 두 기록은 당시 고구려군의 성격을 단적으로 설명합니다. 고구려는 출전은 하나 관망의 자세를 취합니다. 결과는 위의 승리로 끝나고, 공손연公孫淵은 사마의에게 참수되며 공손씨 정권은 막을 내립니다.

박기자 : 고구려의 태도가 너무 미온적이군요.

고선생 : 이 전쟁은 처음부터 위와 공손씨의 싸움입니다. 위는 공손씨 정벌에 사활을 겁니다. 한 해전인 237년(동천11) 공손연이 위에 반기를 들며 자립을 선포합니다. 위의 목표는 공손씨의 완전한 멸망입니다. 고구려가 참전보다는 관전의 행태를 보인 것은 두 나라 사이의 사전 약속일 가능성이 높습니다. 위는 공손씨의 지배지역 일부를 고구려에게 할당하는 조건으로 고구려군의 출병을 요구합니다. 그러나 결과적으로 약속은 지켜지지 않습니다. 그래서『고구려사략』은 동천왕이 사마의가

약속을 저버려 통교를 끊었다고 설명합니다.

박기자 : 고구려는 아무 이득을 취하지 못한 겁니까?

고선생 : 『삼국지』〈위서〉 명제기에 '경초2년(238년) 8월, 사마선왕司馬宣王이 양평에서 공손연公孫淵을 포위하여 요동군을 대파하고, 공손연을 참수하여 그 머리를 수도로 보냈다. 해동(요동)의 모든 군郡이 평정되었다.〔秋八月丙寅 司馬宣王圍公孫淵於襄平 大破之 傳淵首於京都 海東諸郡平〕'는 기록이 있습니다. 공손씨가 지배한 요서지역이 통째로 위로 넘어갑니다. 요서지역은 공손씨에서 위로 주인만 바뀝니다.

박기자 : 고구려로서는 황당한 일이군요.

고선생 : 동천왕은 분개합니다. 그리고 4년 후인 242년(동천16) 요서지역의 서안평[1]을 전격적으로 공격하여 **빼앗습니다**. 위와의 군사동맹은 휴지조각이 되고, 고구려는 본격적으로 위와 대결합니다.

2. 최대위기를 맞은 동천왕

고선생 : 동천왕(동양왕東襄王)은 제11대 왕입니다. 재위기간은 227년~248년까지 22년입니다. 이름은 우위거憂位居(교체郊彘)이며 산상왕의 아들로 19세에 즉위합니다. 원래 동천왕은 혼외자입니다. 어머니는 궁궐 밖 주통촌 출신의 여인입니다. 우왕후가 적자嫡子를 낳지 못하자 동천왕은 서자임에도 불구하고 왕위 계승자의 유일 후보가 됩니다. 동천왕은 아버지 산상왕의 덕을 톡톡히 봅니다. 산상왕은 환도성 천도를 단행하면서 우왕후의 지지 세력을 약화시키고, 계루부출신인 고우루를 국상에 앉히면서 친정체제를 강화합니다. 동천왕은 아버지가 닦아놓은 정치기반을 그대로 물려받습니다.

박기자 : 동천왕에게는 행운이군요.

---

1 서안평을 지금의 압록강 하류 북쪽인 요녕성 단동(丹東) 근처로 추정하나 이는 잘못된 비정이다. 『한서』, 『후한서』, 『삼국지』〈위서〉 등에도 서안평의 기록이 나온다. 모두 요서지역으로 설명한다. 서안평은 후한시기 고구려의 서남방 경계지역으로 지금의 대릉하와 난하 사이에 위치한다. 고구려가 대륙으로 진출할 수 있는 관문이자 교두보이다.

고선생 : 그러나, 즉위 후 얼마 지나지 않아 위기가 찾아옵니다. 230년(동천4) 강력한 후원자인 국상 고우루가 사망합니다. 동천왕은 우왕후(당시는 우태후)의 입김에 몰려 절노부 출신의 명림어수明臨 於漱를 국상에 봉합니다. 그러나 위기는 오래가지 않습니다. 이듬해인 231년(동천5) 우태후가 사망하면서 동천왕은 비로소 왕다운 왕이 됩니다. 때마침 중국대륙이 3국(위촉오)의 틀을 갖추면서 치열한 외교전이 벌어지고, 동천왕은 이들과 적절한 등거리외교를 통해 실리를 추구합니다. 당시 상황으로 볼 때, 위와의 군사동맹은 동천왕이 던진 승부수입니다. 결국 공손씨 정권이 붕괴되고, 위가 약속을 어기자 동천왕은 또 한 번 승부수를 던집니다. 242년(동천16) 서안평 공격은 동천왕의 작품입니다. 고구려가 결코 만만한 상대가 아님을 위에 포고합니다.

박기자 : 위는 어떻게 대응합니까?

고선생 : 서안평 전투를 좀 더 보충합니다. 『고구려사략』 기록입니다.

⑤-6. 16년(242년) 5월, 상이 친히 방축方丑, 회고澮古, 주희朱希, 현현絃, 목장穆萇 등 5도장군五道將軍들을 지휘하여 **10만 군사를 이끌고 서안평을 공격하여 빼앗았다. 이것이 안평대전安平大戰이다.** 애초에 **사마의司馬懿가 요동遼東을 빼앗고 이곳에다 자기 주력主力을 옮겨놓고서 동쪽을 도모하려 했는데, 이제 그 시설이 파괴되고, 생구生口와 진보珍寶가 모두 우리 것이 되었다.** 『고구려사략』 동양대제기

동천왕이 10만 대병력을 이끌고 참전합니다. 고구려의 일방적인 대승입니다. 그래서 「안평대전」입니다. 동천왕이 서안평을 공격한 이유가 나옵니다. 공손씨를 멸하고 요동지역(실제는 요서지역임)을 독차지한 위의 사마의가 계속해서 고구려를 도모할 목적으로 서안평에 전진기지를 구축합니다. 동천왕은 위의 군사시설을 모두 파괴하여 콧대를 꺾습니다.

박기자 : 위의 불순한 의도를 사전에 차단한 것이군요.

고선생 : 그러나 위는 야욕을 꺾지 않습니다. 4년에 걸쳐 전쟁준비를 끝내고 대대적으로 고구려를 침공합니다.

박기자 : 소규모 국지전이 아니고 전면전입니까?

고선생 : 대규모 전면전입니다. 『삼국사기』에 전쟁 양상이 자세히 나옵니다. 246년(동천20) 8월 유

주자사 관구검毌丘儉이 이끄는 위군 1만이 현도로 우회하여 고구려 북쪽 전선을 돌파하고 비류수에 당도합니다. 동천왕은 2만의 군사를 보내 이들을 대적합니다. 그리고 두 차례 전투가 벌어집니다. 고구려는 위군 3천을 목 벤 후 여세를 몰아 양맥梁貊의 골짜기에서 또 3천을 참살합니다. 위는 두 번의 전투에서 6천을 잃습니다.

박기자 : 고구려의 일방적인 승리이군요.

고선생 : 그러나 전세는 곧바로 역전됩니다. 동천왕은 급히 철기군 5천을 추가로 투입하지만, 관구검의 방진方陣[2] 전술에 말려들어 1만8천여의 사상자를 내고 압록원으로 후퇴합니다. 그해(246년) 10월 관구검은 고구려 수도 환도성을 함락하고 유린합니다. 관구검은 내친걸음으로 군사를 보내 도망가는 동천왕을 추격합니다. 동천왕은 옥저(남옥저)로 달아납니다.

박기자 : 그런데 의문이군요. 위는 처음 1만이 투입되어 고구려와 두 차례 전투를 통해 6천을 잃어 남은 위군은 4천인데요. 아무리 관구검의 방진전술이 뛰어나다 하더라도 4천으로 2만5천을 상대하여 1만8천의 고구려 군사를 죽였다는 것이 현실적으로 가능한 일입니까?

정교수 : 『삼국사기』의 오류입니다. 이 내용은 『삼국지』〈위서〉 관구검 편과 『양서』와 『북사』의 고구려 편에 나옵니다. 『양서』 기록입니다.

⑤-7. 정시5년(244년), **유주자사 관구검毌丘儉이 1만을 거느리고 현도玄菟를 나가 위궁位宮을 쳤다.** 위궁이 보기步騎 2만을 거느리고 비류沸流에서 맞서 싸웠다. 위궁이 패주하니 관구검군이 추격하여 현峴에 이르러 현거속마懸車束馬*하여 환도산에 올라 그 도읍을 도륙하고 1만여 급을 참획하였다. 위궁은 홀로 처자식을 데리고 멀리 달아나 숨었다. **정시6년(245년), 관구검毌丘儉이 다시 고구려를 치니 위궁位宮이 가벼운 차림으로 황급히 제가諸加를 거느린 채 옥저로 달아났다.** 관구검이 장군 왕기王頎를 시켜 이를 추격하게 하여 옥저를 가로질러 천여 리를 가서 숙신의 남쪽 경계에 이르러 각석기공刻石紀功하였다. 또한 환도산丸都山에 이르러 불내성不耐城에 글자를 새기고 돌아왔다. 『양서』 고구려전

☞ *말발굽을 싸매 미끄러지지 않게 하고 수레를 서로 매달아 뒤떨어지지 않게 함.

---

2 직사각형 대형으로 병사들을 밀집시켜 방패를 나란히 앞세우고, 창을 앞으로 내뻗으며 진격하는 밀집대형 전술.

『양서』는 관구검의 침공이 246년(동천20) 한 해에 벌어진 일이 아니라, 244년(동천 18), 245년(동천 19) 두 해에 걸쳐 벌어진 사건으로 기록합니다. 또한 모두 위의 승리로 기록하는데 이는 전형적인 '상내약외詳內略外'의 필법입니다.

박기자 : 상내약외는 무엇입니까?

정교수 : 공자의 춘추필법春秋筆法[3]을 곡해한 중국 중심의 역사관입니다. 중국 내의 일은 상세히 기록하고, 중국 밖의 일은 간략하게 기록하는 역사기술입니다. 존화양이尊華攘夷(중국을 높이고 오랑캐 는 깎아 내린다), 위국휘치爲國諱恥(나라를 위하여 수치스러운 일은 철저히 감춘다)도 같은 맥락입니다. 기자님 이 지적한 대로 『삼국사기』 기록만 본다면 앞뒤가 맞지 않는 부분이 있습니다. 단재 신채호도 이 부 분이 분명히 잘못 기술되었다고 지적합니다. 『삼국사기』가 중국사서를 인용한 것은 맞으나, 일방적 인 위의 승리가 아닌 고구려의 승리도 기록하고 있어서 우리의 원사료 기록과 중국사서 기록을 조 합하여 정리한 것으로 추정됩니다.

고선생 : 그럼에도 『고구려사략』은 또 다릅니다. 244년(동천18)과 246년(동천20)으로 분리하여 설 명합니다.

⑤-8. 18년(244년) 7월, **관구검毌丘儉이 현도를 침입해 노략하자, 상이 보기步騎 2만을 거느리고 비류 수沸流水 위쪽에서 되받아쳐 크게 이기고 3천여 급을 베었다. 이를 비수대전沸水大戰이라 한다.** 20년 (246년) 8월, 상이 주酒후 · 엽葉비 · 맥麥비 등과 함께 **서천西川에서 군대를 사열하고, 두눌원杜訥原에서 사냥하였다.** 관구검이 돌연 우회하여 쳐들어온다는 소식을 듣고 우근于根 등을 보내 맞싸웠다. 우리는 수 가 적고 저쪽은 수가 많은데다가 그들의 예봉을 맞닥뜨리다 보니 자못 어려움이 컸다. **상이 철기鐵騎 5천 을 추슬러 양구梁口* 서쪽에서 크게 깨뜨리니 획득한 병장기와 마필이 헤아릴 수 없이 많았다.** 상이 주酒후와 함께 포로를 접수하는데, 그때 관구검의 대군이 밀려와 우근이 맞싸우다가 죽었다. **관구검 이 방진方陣을 펼쳐서 전진하매 위세가 파죽이었고, 또한 남쪽 통로도 빼앗겼다는 소식을 들어 상황이 녹녹하지 않았다. 상은 1천여 기병과 함께 급히 압록원鴨淥原으로 물러났다.** 주전朱佺의 군대 역시 패하

---

3 공자가 『춘추春秋』를 편찬하면서 적용한 사필(史筆)이다. 사건을 기록하는 기사(記事), 직분을 바로잡는 정명(正名), 칭 찬과 비난을 엄격히 하는 포폄(褒貶)의 3대 원칙을 세우고, 이에 어긋나는 것은 철저히 배격하는 필법이다.

여 죽은 이가 1만이나 되었다. 상은 옹구雍口로 동천東遷하였다. 10월, **관구검이 도성**으로 들어가서 백성들을 약탈하고 보물을 챙겼다.** 『고구려사략』 동양대제기

☞ *양맥 **환도성

『삼국사기』 기록과 비교한다면, 1차 전쟁은 244년(동천18) 7월 벌어진 비류수가의 전투로 동천왕은 위군 3천을 죽입니다. 그래서 「비수대전」입니다. 관구검은 패전하여 돌아갑니다. 2차 전쟁은 2년 후인 246년(동천20) 8월에 벌어집니다. 1차 전쟁과 달리 동천왕은 관구검의 침공을 사전에 감지하지 못합니다. 두눌원杜訥原에서 사냥을 하다가 급보를 받습니다. 급히 5천의 철기병을 보내 양맥에서 또다시 대승합니다. 이때 죽은 위군이 3천입니다. 그러나 곧바로 위의 대군이 밀려옵니다. 규모는 알 수 없으나 방진전술을 펼치며 밀려오자 고구려군은 수세에 몰립니다. 동천왕은 기병 1천과 함께 압록원鴨淥原으로 물러나고, 위군에 맞선 고구려 주력군은 대패하여 1만의 사상자가 발생합니다. 이어 10월 관구검이 고구려 수도인 환도성을 약탈하고 유린합니다.

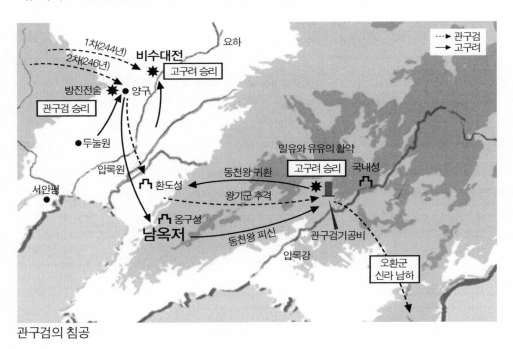

관구검의 침공

박기자 : 어느 기록이 맞는 겁니까?

고선생 : 『삼국사기』는 246년이고, 『양서』는 244년과 245년이며, 『고구려사략』은 244년과 246년입니다. 어느 기록이 정확하다고 단정할 수 없으나, 두 해에 걸쳐 벌어진 전쟁임은 분명합니다.

박기자 : 이후 동천왕은 어떻게 됩니까?

고선생 : 동천왕은 관구검이 보낸 왕기의 추격군에게 쫓겨 남옥저로 피신하여 죽령에 다다릅니다. 막다른 골목입니다. 이때 밀우, 유옥구, 유유 등이 나타나 동천왕을 위기에서 구합니다. 특히 유유는 위에 거짓항복하고 추격군의 수장인 왕기와 위의 여러 장수를 살해하고 자신도 죽습니다. 이로 인해 전세가 역전되어 동천왕은 왕기의 추격군을 격퇴시킵니다. 관구검 역시 퇴각하며 전쟁은 마무리됩니다.

정교수 : 《관구검기공비》가 있습니다. 일제강점기인 1906년 만주 길림성 집안현의 판석령에서 도로공사 중에 발견된 석비입니다. 모두 7행인데 일부는 파손되어 글자를 알아볼 수 없습니다. 비문 내용은 이렇습니다.

《관구검기공비》탁본

【1~3행】

正始三年高句驪反 督七牙門討句驪五 復遺寇六年五月旋

정시3년 고구려가 반하자, 7아문*으로 구려를 토벌하였다.

정시5년 (고구려가 토벌당한 일을) 잊고 노략질하였다.

정시6년 5월, (군사를) 돌렸다.

【4~7행】

討寇將軍巍烏丸單于□ 威寇將軍都亭侯□ 行神將軍領□ □ 神將軍

토구장군외오환선우□ 위구장군도정후□ 행비장군영□ □ 비장군

☞ *병영의 군문軍門

1~3행은 고구려와 전쟁 사실을, 4~7행은 전쟁에 참가한 주요 장수의 관작입니다. 정시3년은 242년으로 고구려가 서안평을 공격한 사실을, 정시5년과 정시6년은 각각 244년과 245년으로 관구검의 고구려 침공 사실을 전합니다. 관구검은 244년과 245년 두 차례에 걸쳐 고구려를 침공한 것

으로 판단됩니다.

고선생 : 《관구검기공비》에는 우리 역사의 중대한 비밀을 담겨 있습니다. 위군 장수들 중 가장 먼저 나오는 관작은 4행의 '토구장군 외오환선우□'입니다.[4] 오환선우는 북방민족의 하나인 오환족의 수장을 말합니다. 원래 선우單于는 흉노족의 최고 우두머리의 칭호로 왕을 지칭합니다.

박기자 : 그렇다면 오환족이 위와 동맹을 맺은 겁니까?

고선생 : 정확히 표현하면, 오환족은 위와 동맹을 맺은 것이 아니라 위군의 일원으로 참전합니다. 『삼국지』〈위서〉 관구검 편을 보면, 237년(동천11) 우북평 오환선우 구루돈寇婁敦과 요서 오환도독 솔중왕 호류섭이 5천의 무리를 이끌고 관구검에게 투항한 기록이 있습니다. 구루돈이 비문에 나오는 토구장군 외오환선우로 추정됩니다. 토구장군은 위에 투항한 북방민족출신의 장수에게만 부여하는 군호입니다. 오환선우는 관구검에게 투항한 후 관구검의 부하장수가 됩니다.

박기자 : 오환선우의 참전이 특별한 의미가 있습니까?

고선생 : 이들 오환족의 한 무리가 관구검을 따라 회군하지 않고 곧바로 신라로 내려옵니다.

박기자 : 정말입니까?

고선생 : 『삼국사기』 기록을 보면, 고구려가 신라와 최초로 만나는 시기는 동천왕 때입니다. 245년(동천19) 10월인데, 고구려는 아무런 이유 없이 신라의 북쪽 변경을 침입합니다. 245년은 위의 추격군이 동천왕에게 격퇴당하며, 《관구검기공비》를 세워 놓고 돌아간 해입니다. 이때 동천왕은 위군으로 참전한 오환족의 일부가 신라 땅으로 도망가자, 그들을 추격하여 신라의 국경을 넘어섭니다. 그리고 3년 후인 248년(동천22) 신라는 뜬금없이 고구려에 사신을 파견하고 화친을 맺습니다.

박기자 : 놀라운 해석이군요. 교수님께서는 어떻게 보십니까?

정교수 : 관구검의 위군 일부가 신라로 넘어온 기록은 『북사』 신라전에 나옵니다.

⑤-9. … 혹은 위魏의 장수 관구검毌丘儉이 고구려를 토벌하니, 옥저로 도망갔다가 후에 고국故國으로 돌아왔는데, 남아있던 자들은 드디어 신라新羅가 되었다. 또는 사로斯盧라고도 한다. 이런 까닭에 화

---

4 일반적으로 기공비는 비를 세운 사람의 이름이 나온다. 그러나 《관구검기공비》에는 정작 당사자인 관구검 이름은 나오지 않고 대신 오환선우가 가장 먼저 나온다. 그래서 기공비를 세운 사람을 관구검이 아닌 오환선우로 보기도 한다.

하華夏*인, 고구려인, 백제인이 뒤섞여 있다. 『북사』 신라전

☞ *위魏

동천왕이 위의 추격군을 격퇴하자, 그 중 일부가 위로 돌아가지 못하고 신라로 망명합니다. 특히 기록은 돌아간 자들의 출신을 위가 아닌 고국故國으로 표기하고 있어 이들 망명객 대부분이 오환족임을 강하게 시사합니다.

고선생 : 당시 신라는 247년을 기점으로 조분왕(제11대)에서 첨해왕(제12대)으로 왕권이 교체되는 시기입니다. 『삼국사기』〈신라본기〉 기록입니다.

⑤-10. 2년(248년) 정월, **이찬**伊飡 **장훤**長萱**을 서불한**舒弗邯**으로 삼아 국정에 참여시켰다. 2월, 고구려 에 사신을 보내 화친을 맺었다.** 『삼국사기』〈신라본기〉 첨해이사금

장훤長萱이 나옵니다. 〈신라본기〉 이전 기록에는 전혀 언급이 없는 인물입니다. 갑자기 출현하여 하루아침에 서불한(국무총리)에 임명되고 국정에 참여합니다. 조분왕을 끌어내리고 첨해왕을 옹립한 막강한 실세입니다. 장훤이 바로 관구검을 따라 참전했다가 신라로 망명한 오환족의 수장입니다. 장훤은 오환선우인 구루돈으로 추정됩니다. 그리고 고구려에 사신을 파견하여 이제 자신들이 신라의 지배세력임을 통보합니다.[5] 신라 김씨왕조의 시조 미추왕(제13대)입니다.

정교수 : 참고로, 이 시기인 3세기 중후반에 흉노·선비계의 북방식 유물이 낙동강 하류지역에서 갑자기 출현했다가 사라집니다. 일반적으로 문화의 전파는 시간을 두고 점진적으로 주변으로 확산되는 것이 보편적인데, 이 경우는 특정시기에 제한된 장소에서 그곳도 집중적으로 나타나는 특징을 보입니다. 대표적인 유물이 김해 대성동고분에서 출토된 오로도스Ordos형 동복銅鍑입니다. 동복은 고기를 삶는데 사용하는 청동솥으로 이동시 말의 엉덩이부분에 걸치고 다니는 북방

오로도스형 동복

5 정재수, 『신라 역사의 명암』(논형, 2018) 제5장 참조

유목민족의 대표적인 유물입니다. 이 외에도 도질토기陶質土器와 철제갑주, 마구류 등도 출토되고, 순장殉葬과 다량부장多量副葬(후장厚葬)의 특징을 보여 북방유목민족 문화가 한꺼번에 유입됩니다. 이들 집단을 부여계로 보는 견해도 있지만 문헌기록을 포함하여 종합적으로 판단하면, 이 시기 관구검을 따라왔다가 남하한 오환족의 일부로 이해합니다.

3. 평양의 진실을 찾아서

고선생 : 기자님께 질문합니다. 한반도에 평양의 지명이 언제부터 생겼는지 아십니까?

박기자 : 글쎄요. 고구려의 수도이니 고구려 때일 것 같습니다. 혹 제가 잘못알고 있는 겁니까?

고선생 : 평양에 대한 소개는 『세종실록』〈지리지〉에 상세히 나옵니다.

⑤-11. 평양은 본래 삼조선三朝鮮의 옛 도읍이다. 당요唐堯 무진년에 신인神人이 박달나무 아래에 내려오니, 나라사람들이 임금을 삼아 평양에 도읍하고, 이름을 단군檀君이라 하였으니, 이것이 전조선前朝鮮이요, 주周 무왕이 상商을 이기고 기자箕子를 이 땅에 봉하였으니, 이것이 후조선後朝鮮이며, 그의 41대손 준準 때에 이르러, 연燕의 위만衛滿이 망명하여 무리 천여 명을 모아 가지고 와서 준準의 땅을 빼앗아 왕검성王儉城〔곧 평양부平壤府이다〕에 도읍하니, 이것이 위만조선衛滿朝鮮이다. …(중간생략)… 고구려 장수왕 15년 정미(유송劉宋 태종太宗 원가元嘉4년)에 국내성國內城으로부터 평양으로 이도移都하는데, 보장왕寶藏王 27년 무진(총장摠章원년)에 당唐 고종高宗이 장수 이적李勣을 보내어 왕을 사로잡아 돌아가니, 나라가 멸망되어 신라에 통합되었다, …(중간생략)… 기자묘가 부성府城 북쪽 토산兎山 위에 있는데, 정자각亭子閣 · 석인石人 · 석양石羊이 모두 남쪽을 향해 있으며, 사당은 성안 의리방義理坊에 있다. 단군사당檀君祠堂은 기자사당 남쪽에 있고, 동명왕묘東明王墓가 부의 동남쪽 30리쯤 되는 중화中和 지경 용산龍山에 있다.

『세종실록』〈지리지〉 평안도 평양부

평양은 본래 삼조선의 옛 도읍입니다. 전前 조선인 단군조선의 도읍이며, 후後 조선인 기자조선의 도읍이고, 위만조선의 도읍인 왕검성입니다. 또한 고구려 장수왕(제20대)이 천도한 수도입니다. 우리 역사의 시원始原이 한반도 평양입니다. 기자묘와 기자사당, 단군사당, 동명왕묘도 모두 평양에 있습니다. 한마디로 평양은 우리 고대사의 산실입니다.

박기자 : 정말로 평안도 평양이 우리 역사의 시원지입니까?

고선생 : 처음 이 기록을 접하고 많은 날을 고민했습니다. 제가 아는 고조선의 중심지는 요하문명(홍산문화)의 발원지인 중국대륙의 동북방이고, 기자와 위만조선 역시 중국대륙의 요서지역입니다. 당연히 그 도읍인 평양은 중국대륙에 존재해야 합니다. 조선후기 연암 박지원(1737~1805)은 평양이 특정 장소를 가리키는 것이 아니라 고조선 때부터 도읍을 칭하는 일반명사라고 지적합니다. 박지원의 통찰에 답이 있습니다. 평양은 수도를 가리키는 우리말입니다. 한반도 평양은 장수왕이 수도를 평양으로 옮기면서 지명이 시작됩니다.

박기자 : 결과적으로 한반도 평양은 장수왕 때부터이군요.

고선생 : 『세종실록』〈지리지〉를 좀 더 살펴보면, 한반도 평양에 대한 연혁이 나옵니다. 고려 태조 왕건은 고구려 멸망이후 버려진 채로 황폐화된 평양에 주변 5개 주의 백성을 옮겨 살게 하여 다시 사람의 땅으로 만듭니다. 광종(제4대) 때는 서도로, 목종(제7대) 때는 호경으로, 문종(제11대) 때는 서경으로 명칭을 변경하며 이어오다, 공민왕(제31대) 이후부터 평양의 이름을 갖게 됩니다. 고려는 평양을 또 하나의 수도로 재건하며, 단군과 기자, 동명왕(추모왕)의 흔적을 모두 평양으로 가져옵니다. 명실공이 평양이 우리 역사의 시원지가 된 까닭입니다.

박기자 : 고려가 평양을 재건한 이유는 무엇입니까?

고선생 : 고려는 국호가 말하듯이 고구려의 계승자입니다. 고구려는 부여를 계승하고, 또 부여는 고조선을 계승합니다. 그 영역은 중국대륙 동북방의 방대한 땅입니다. 고려는 고구려를 계승하면서 잃어버린 땅에 대한 아쉬움과 아픔을 한반도 평양으로 대처합니다. 평양의 재건을 통해 광활한 대륙이 우리민족의 강역임을 증명코자 합니다. 만약 한반도에 평양이 없었다면 우리는 잃어버린 땅에 대한 기억조차도 지워야 합니다. 한반도 평양의 존재는 선조들이 남긴 유언과도 같습니다. 반드시 중국대륙 동북방의 땅을 되찾으라는 명령입니다.

박기자 : 가슴 뭉클하군요.

고선생 : 다시 동천왕 시대로 돌아갑니다. 위의 추격군을 격퇴한 동천왕은 수도인 환도성으로 돌아옵니다. 그러나 관구검이 빠져나간 환도성은 폐허 상태로 변하여 동천왕으로서는 새로운 수도가 필요합니다. 동천왕은 평양으로 천도합니다.

박기자 : 한반도의 평양입니까?

고선생 : 아닙니다. 『삼국사기』 기록을 하나 봅니다.

⑤-12. 21년(247년) 2월, **왕은 환도성丸都城이 병란을 겪어서 다시 도읍이 될 수 없다고 생각하여, 평양성平壤城을 쌓아 백성과 종묘와 사직을 옮겼다.** 평양은 본래 선인왕검仙人王儉의 집이었다. 어떤 기록에는 '왕이 왕검王儉에 도읍하였다.' 한다. 『삼국사기』 동천왕

동천왕이 천도한 평양성은 본래 선인왕검이 살던 집입니다. 선인왕검은 『세종실록』〈지리지〉 본문에 나오는 고조선의 단군왕검을 가리킵니다. 평양은 고조선의 옛 수도인 왕검성王儉城입니다. 고구려 건국초기 시조 추모왕이 가장 먼저 병합한 비류국의 송양왕이 바로 선인의 후예입니다.(제1장 32쪽 참조)

박기자 : 그렇다면 평양은 어디입니까?

고선생 : 동천왕으로서는 관구검이 초토화시킨 환도성을 대처할 새로운 천도지를 정하는 것이 매우 시급합니다. 그렇다고 해서 전혀 개발이 안 된 곳에 새로이 수도를 건설할 수는 없습니다. 시간과 인적 · 물적 자원이 무한정 소요됩니다. 새로운 천도지는 주변에서 찾아야 합니다. 또한 어느 정도 시설기반이 갖추어진 장소이어야 합니다. 옛 고조선의 수도인 평양(왕검성)이 적격입니다. 오늘날 요하의 동쪽 지류인 태자하太子河를 감싸고 있는 지금의 요녕성 요양遼陽입니다.

박기자 : 근거는 무엇입니까?

고선생 : 『요사』〈지리지〉 기록이 대표적입니다.

⑤-13. **동경요양부東京遼陽府는 본래 조선의 땅이다.** … (중간생략)… 북위北魏 태무제太武帝가 사신을

보내 **그곳 평양성에 머물렀는데, 요遼의 동경은 이곳을 말한다.** 당고종이 고구려를 평정하고 이곳에 안동도호부安東都護府를 설치했으며, 후에 발해渤海의 대大씨가 차지했다.『요사』〈지리지〉

동경요양부는 요遼(916~1125)의 5경 중 하나로 지금의 요녕성 요양입니다. 요 시대에도 요양입니다. 요양은 고조선의 옛 수도로 동천왕이 급히 천도하여 종묘사직을 옮긴 바로 그 평양성입니다. 당唐이 고구려를 멸망시키고 안동도호부를 설치한 곳이며,[6] 이후 발해의 영토로 편입됩니다. 명·청 시대까지도 요양에는 고구려의 왕궁터, 절터 등의 유물과 고구려 유민의 후예들이 살았다고 전해집니다. 이 내용은 조선시대 사신이 남긴『표해록』,『조천록』,『연행록』등에 간헐적으로 기록이 남아있습니다. 특히 연암 박지원은『열하일기』에 요양이 고구려의 평양성임을 강하게 시사하며, '고조선의 옛 강토는 싸워보지도 않고 저절로 줄어들었다'고 한탄합니다.

박기자 : 박지원의 한탄이 가슴을 먹먹하게 만드는 군요.

고선생 : 참고로,『세종실록』〈지리지〉기록(⑤-11)에 나오는 위만조선의 도읍 왕험성[7]은 지금의 하북성 창려현昌黎縣입니다.『한서』〈지리지〉요동군 편에 '험독현險瀆縣은 조선왕 위만의 도읍이다. 물이 험한 곳에 의지하기에 험독險瀆이라고 한다.〔險瀆 朝鮮王滿都也依水險故曰險瀆〕'와 '왕험성王險城은 낙랑군 패수浿水의 동쪽에 있는데, 이때부터 험독險瀆이라고 하였다〔王險城在樂浪郡浿水之東此自是險瀆也〕'는 기록이 있습니다. 위만조선의 수도 왕험성은 험독입니다.『사기』〈색은〉에는 서광徐廣의 말을 인용하여 '창려昌黎에 험독현險瀆縣이 있다.〔徐廣曰昌黎有險瀆縣也〕'고 설명합니다. 왕험성=험독=창려의 등식이 성립됩니다.

박기자 : 교수님께서는 어떻게 보십니까?

정교수 : 「요양평양설」은 최근 일부 학자가 발전적으로 제기하고 있는 내용입니다. 현재 학계는 「한반도평양설」을 따르고 있지만, 재검토 여지는 분명히 존재합니다. 이는 중국 기록뿐 아니라『삼국사

---

6 당의 안동도호부 최초 설치장소는 한반도 평양이다. 이후 당은 고구려 유민과 신라의 압박에 못이겨 안동도호부를 요녕성 요양의 평양성으로 옮긴다.

7 『세종실록』〈지리지〉는 위만조선의 도읍을 왕검성(王儉城)으로 기록하나, 왕검성은 고조선의 도읍이고, 왕험성(王險城)은 위만조선의 도읍이다. 왕검성과 왕험성은 다른 성이다.

기』에도「한반도평양설」에 배치되는 기록이 있기 때문입니다. 하나의 올바른 역사 해석이 정착하기 위해서는 집단지성의 동의가 필요합니다. 또한 이를 뒷받침할 수 있는 유물과 연구실적이 동반되어야 합니다. 시간이 걸리겠지만 좋은 결과가 이어질 것으로 예상합니다.

고조선 수도 비정

　고선생 : 동천왕은 평양으로 천도한 이듬해인 248년(동천22)에 사망합니다. 나이는 40세입니다. 천수를 다하지 못한 점이 안타깝습니다.『고구려사략』기록에는 동천왕이 주통릉(동천왕의 어머니)에 갔다가 말도 못하는 급병에 걸려 갑자기 사망한 것으로 나옵니다. 동천東川은 시호이며 장지의 이름입니다. 또한 이곳을 시원柴原이라고도 하는데, 그 유래가『삼국사기』에 나옵니다. 동천왕이 사망하자 모두 슬퍼하며 따라 죽으려는 자가 많아 이를 금지시켰는데도 장례일에 이르러 동천왕의 무덤에 와서 자살하는 자가 많았다고 합니다. 죽은 자 모두를 섶(柴)으로 덮어 주어서 시원입니다.

　박기자 : 동천왕은 관구검의 공격을 막아내지 못해 고구려를 최악의 위기에 빠뜨린 왕인데도 수많은 사람이 동천왕을 따라 자살을 선택한 것은 어떻게 이해해야 합니까?

　정교수 : 자사순장自死殉葬(스스로 죽어 피장자와 함께 묻히는 것)의 풍습으로 이해합니다.

　고선생 :『삼국사기』는 따라 죽은 자에 대해 구체적으로 명기하지 않으나,『고구려사략』에는 신하, 후궁, 민간의 여자로 되어 있습니다. 이를 뒷받침하는 유물이 있습니다.

　박기자 : 무엇입니까?

　고선생 :《동천왕 벽비壁碑》입니다. 벽비는 벽에 걸어놓는 직사각형의 점토판입니다. 크기는 25㎝×26㎝, 두께는 2.3㎝입니다. 위쪽에 벽걸이 구멍이 2개 있는데 왼쪽 것은 깨지고 오른쪽 것은 못도 남아 있습니다. 벽비의 출토 시기와 장소는 전혀 알려진 바 없습니다. 비문은 총 132자입니다.

한자의 해석에 대해서는 다소 이견이 있으나, 내용은 이렇습니다.

正始武侵宮 百殊固諫慾鍬 還亡命 存其固都 誠不耐城 遣訖繼

創邑都 護殊百位麓酋 委台七年十月 繼明王 封假寧東國史玄

菟沸流 安泰天歲禮樂 世百濟高麗殊 代天府祖 鄒牟王 以城民

之意 秋八月步騎二千戰 儉親峴嶺 攻數千里 降士數千 國宮 前

臣 高伏儉鍬 城北王盲 記天地之中銘存永世 隨登願此碑永立

百殊城民

정시 연간에 관구검의 군사가 궁을 침략하였다. 백수*는 신
하들의 간언을 듣고 같이 죽으려 한 일이 있었다. 그 뒤 망명에
서 돌아와 도성**을 굳건히 하고, 불내성***에 치성을 드렸
다. 흘계를 보내 새로이 도읍****을 만들게 하고 보위를 물
려주었다. …(중간생략)… 가을 8월에 보병과 기병 2천으로 혁

《동천왕 벽비》

현령에서 관구검과 맞붙어 싸웠다. 수 천리를 공격했고 항복한 적은 수 천이었다. **궁의 전신들이 성의 북
쪽에서 높이 엎드려 자살하였고 왕도 돌아가시었다.** 이를 천지간에 기록하고 명판으로 보존하니 영세토
록 이어지길 바란다. 이 비를 영원히 세워두고 백세에 전하게 하여 백수의 성민에게 대대로 보게 할 지어다.

☞ *동천왕 **환도성 ***위나암성 ****평양성

비문은 동천왕과 관련된 적잖은 역사적 사실을 증언합니다. 관구검의 침공과 이를 격퇴한 내용,
그리고 동천왕이 망명지에서 돌아와 평양성으로 천도한 사실 등이 담겨있습니다. 특히 동천왕의 신
하들이 자살한 내용이 있어 앞의 동천왕의 장지를 시원柴原이라 명한 문헌기록과 맥을 같이합니다.

정교수 : 벽비는 2개가 더 있습니다. 둘 다 토지박물관이 소장하는데, 2005년 4월 처음으로 언론
에 공개됩니다. 이들 벽비의 내용도 동천왕과 관련된 것으로 알려져 있습니다. 다만 학계는 벽비의
진위여부를 포함하여 비문내용에 대해 공식적으로 연구를 진행하지 않고 있습니다. 만약 벽비가 진
품이라면 현존하는 고구려의 비석 중 단연 최고最古입니다. 제작년도는 248년으로 추정합니다. 이
는 414년(장수3) 장수왕이 세운《광개토왕릉비》보다 165년 정도 앞섭니다. 이들 벽비도 학계가 우선
적으로 연구해야할 과제입니다.

4. 중천왕과 서천왕의 메아리

고선생 : 동천왕의 뒤를 이어 제12대 중천왕中川王(중양왕中壤王)이 즉위합니다. 재위기간은 248년 ~270년까지 23년입니다. 이름은 연불然弗이며 동천왕의 장자입니다. 모처럼 장자승계가 이루어집니다. 중천왕은 243년(동천17) 태자가 되고, 248년 동천왕이 사망하자 25세 나이로 즉위합니다. 그런데 곧바로 왕권의 도전을 받습니다.

박기자 : 누가 도전합니까?

고선생 : 동생인 예물預物과 사구奢勾가 반역을 도모합니다. 『고구려사략』 기록입니다.

> ⑤-14. 원년(248년) 11월, **상의 동생 예물預物과 사구奢勾 등이 선제先帝*가 짐독鴆毒으로 독살되었다**는 주장을 퍼뜨리며 군사를 일으켜 궁궐을 범하였다. 관군들이 이를 격파하였다. 상이 명을 내려 예물과 사구를 해치지 말라 하였으나, 끝내 빗발치는 화살에 맞아 죽었다. 처자들을 면죄하고, 두 사람을 후하게 묻어주었다. 『고구려사략』 중천대제기
>
> ☞ *동천왕

명분은 아버지 동천왕의 죽음에 대한 의심입니다. 동천왕이 실제로 짐독으로 독살되었는지는 알 수 없습니다. 두 동생은 지지 세력을 동원하여 궁궐을 범하자 중천왕은 이들을 격파합니다. 두 사람은 전투 중 유시流矢에 맞아 죽습니다. 『삼국사기』는 중천왕이 두 동생을 사로잡아 복주伏誅(목을 벰)한 것으로 나옵니다.

박기자 : 짐독은 어떤 독입니까?

고선생 : 독사만 먹고 산다는 전설의 새인 짐鴆새의 독입니다. 중국 왕조에서는 짐독을 사용한 예가 더러 있습니다. 『사기』에는 여불위가 짐독을 마셔 죽었고, 『한서』에는 한고조 유방의 왕후 여씨가 조왕을 짐독으로 죽입니다. 『후한서』에는 양기가 황제를 짐독으로 죽이고, 『삼국지』〈위서〉에는 동탁이 황제를 시해하고 황후를 짐독으로 죽입니다. 『고구려사략』에는 백제의 비유왕(제20)과 문주왕(제22대)이 짐독으로 독살당한 기록

전설의 짐새

도 있습니다. 짐독은 고대 왕실에서 은밀히 사용한 암살 도구입니다. 주로 정적政敵을 제거하는데 사용한 것으로 추정됩니다. 이 반란사건은 표면적으로 중천왕과 동생 간의 보위다툼이나 실상은 권력싸움입니다.

박기자 : 어떤 권력싸움입니까?

고선생 : 중천왕이 즉위하면서 조정의 세력판도는 급속도로 절노부 쪽으로 쏠립니다. 중천왕은 즉위하자마자 절노부 출신의 연掾씨를 왕후로 맞아들입니다. 당시 국상은 명림어수로 역시 절노부 출신입니다. 절노부가 왕실과 조정을 동시에 장악하고 독주체제를 구축합니다. 당연히 다른 부족들이 반발합니다. 그리고 중천왕의 두 동생을 앞세워 정권탈취를 꾀하지만 실패합니다. 다른 부족 출신은 대대적으로 숙청당합니다. 그러나 아이러니컬하게도 반란의 실패는 승자인 중천왕이 되레 독배를 마시는 꼴이 됩니다.

박기자 : 어떤 독배입니까?

고선생 : 중천왕은 명목상의 왕으로 전락합니다. 250년(중천3) 국상 명림어수에게 내외 병마의 전권을 넘깁니다. 당시 중천왕의 처지를 알 수 있는 상징적인 사건이 하나 있습니다. 중천왕은 후궁인 관나부인貫那夫人을 가죽주머니에 넣어 물속에 던져 수장시킵니다. 『삼국사기』에 내막이 자세히 나오는데, 내용은 이렇습니다. 관나부인은 얼굴이 아름답고 머리카락의 길이가 아홉 자가 되어 중천왕의 사랑을 독차지합니다. 왕후 연씨가 관나부인을 시기하고 질투하는데, 어느 날 중천왕이 사냥에서 돌아오니 관나부인이 왕후 연씨가 자신을 주머니에 넣어 물속에 던져 죽이려 한다고 알립니다. 그런데 사실 여부를 확인하는 과정에서 관나부인의 거짓이 드러납니다. 중천왕은 되레 관나부인을 물속에 던져버립니다.

박기자 : 여자들 사이의 질투심에서 비롯된 일인데, 중천왕의 행위가 과한 것 아닙니까?

고선생 : 과한 면이 있습니다. 관나부인의 수장사건은 『고구려사략』에도 나옵니다. 내용도 『삼국사기』가 크게 다르지 않습니다. 그러나 당시 절노부의 막강한 권력을 감안하면, 중천왕의 행위는 자위적인 판단보다 절노부의 압박이 강하게 작용합니다. 『삼국사기』를 보면, 중천왕의 사냥 기록이 여러번 나옵니다. 절노부에 권력을 빼앗긴 중천왕으로서는 사냥만이 유일한 낙입니다. 중천왕은 재

위 23년째인 270년 10월 사망하여 중천의 언덕에 묻힙니다. 나이는 46세입니다.

　　박기자 : 관나부인의 수장사건은 중천왕의 아픔이군요.

　　고선생 : 다음은 제13대 서천왕西川王(서양왕西壤王)입니다. 이름은 약로藥盧(약우若友)이며, 중천왕의 둘째 아들입니다. 『삼국사기』는 '성격이 총명하고 어질어 나라사람들이 그를 사랑하고 존경하였다.〔性聰悟而仁 國人愛敬之〕'고 기록합니다. 왕재(왕의 재목감)로서 부족함이 없습니다.

　　박기자 : 서천왕이 중천왕의 둘째 아들이라면, 첫째 아들은 누구입니까?

　　고선생 : 『삼국사기』는 통상적으로 둘째 아들을 표기할 때, '차자次子'를 쓰는데, 서천왕의 경우는 '이자二子'를 씁니다. 중천왕의 가계에 특수한 상황이 있음을 암시합니다. 『삼국사기』는 첫째 아들 이름조차 언급하지 않지만, 『고구려사략』에 단서가 있습니다.

　　⑤-15. 8년(255년) 정월, **약우若友를 정윤正胤으로 삼고, 동궁東宮에 관료를 배치하였다. 나이는 16세 이다.** 준수俊秀하고 인후仁厚하여 많은 사람들의 기대가 무성하였다. **통桶공주 소생인 문부門夫태자가 약우보다 나이가 많지만, 상의 속내를 알아 스스로를 감추고 양위하였다.** 『고구려사략』 중천대제기

　　서천왕 약우若友는 255년(중천8) 정윤(태자)에 봉해집니다. 중천왕의 첫째 아들은 문부門夫입니다. 원래 태자인데, 이때에 약우에게 태자자리를 넘깁니다. 문부의 어머니는 통桶공주(동천왕 딸)입니다. 중천왕은 자신의 누이와 근친하여 문부를 얻습니다. 통공주가 중천왕의 후궁이 된 기록은 없어 혼외아들일 가능성이 높습니다. 이에 반해 약우의 모친은 절노부 출신의 연掾씨로 중천왕의 왕후입니다. 따라서 약우는 정실소생입니다. 『삼국사기』는 정실소생을 표기할 때, 통상적으로 '嫡子'로 씁니다. 그럼에도 약우는 '二子'로 씁니다. 이는 문부의 모친 통공주가 왕족인 까닭에 약우는 왕후의 소생임에도 불구하고 적자 또는 차자를 쓰지 못합니다.

　　박기자 : 한자 하나에도 비밀이 숨겨있군요.

　　고선생 : 문부가 태자자리를 약우에게 양보한 이유도 재해석해야 합니다. 『고구려사략』은 문부가 아버지 중천왕의 속내를 알아차리고 양보한 것으로 나옵니다. 중천왕의 속내는 문부가 절노부에 굴복한 것 입니다. 당시 절노부의 힘은 태자까지도 교체할 수 있을 정도로 막강합니다.

【동천왕–중천왕–서천왕의 계보】

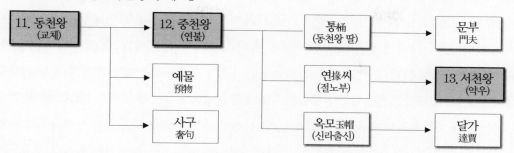

※『고구려사략』에는 중천왕의 아들이 2명 더 나온다. 약신若信과 약민若民이다.

박기자 : 서천왕의 치세는 어떠합니까?

고선생 : 서천왕은 즉위하자마자 서부 대사자인 우수于漱의 딸을 왕후로 맞이합니다. 서부는 소노부입니다. 이는 절노부(남부)의 권력독점을 견제하려는 서천왕의 의지입니다. 서천왕의 재위기간은 23년(270년~292년)입니다. 가장 큰 치적은 280년(서천11) 숙신肅慎 정벌입니다.

⑤-16. 11년(280년) 10월, **숙신肅慎이 침입하여 변방의 백성들을 죽였다.** …(중간생략)… **왕이 동생 달가達賈를 보내 숙신을 정벌하였다. 달가가 기이한 계략으로 적을 엄습하여 단로성檀盧城을 빼앗고 추장을 죽였으며, 주민 6백여 가家를 부여 남쪽 오천烏川으로 옮기고, 항복한 부락 6~7곳은 부용附庸하게 하였다. 왕이 크게 기뻐하여 달가를 안국군安國君을 봉하여, 내외병마사內外兵馬事를 맡게 하고, 겸하여 양맥梁貊, 숙신의 모든 부락을 다스리게 하였다.**『삼국사기』서천왕

숙신을 정벌한 사람은 서천왕의 동생 달가達賈입니다. 달가는 숙신의 본거지인 단로성檀盧城을 공취攻取하고 숙신주민 6백여 가家를 옛 부여의 남쪽 오천烏川으로 이주시키킵니다. 달가는 숙신 정벌의 공로로 안국군安國君에 봉해지고 내외병마사를 주관하며, 양맥·숙신 부락을 다스릴 수 있는 권한까지 얻게 됩니다.

박기자 : 숙신은 어떤 족속입니까?

고선생 : 중국의 동북방 지방에 살던 민족입니다. 교수님께 부연설명 부탁드립니다.

정교수 : 일반적으로 북방민족은 크게 세 부류로 나눕니다. 서쪽은 투르크Turkic계, 중앙은 몽골계, 동쪽은 퉁구스Tungus계입니다. 숙신은 퉁구스계의 대표 민족으로 만주와 연해주 일대에 거주한 고대 민족입니다.[8] 숙신의 호칭은 『춘추좌씨전』, 『사기』, 『회남자』, 『산해경』 등에 언급되는데, 식신息愼, 직신稷愼이라고 합니다. 주로 목축과 농업에 종사하며, 호시楛矢와 석노石砮를 사용한 기록도 있습니다. 숙신의 후예로는 한漢대의 읍루挹婁, 위魏대의 물길勿吉, 수ㆍ당대의 말갈靺鞨, 발해 멸망 후의 여진女眞 등으로 불리어지며 분화합니다. 고구려의 주변민족으로, 고구려가 성장하면서 점차로 고구려에 흡수된 것으로 이해합니다.

박기자 : 단로성은 어디입니까?

고선생 : 달가가 정복한 숙신주민은 6백여 가家로 인원으로 환산하면 3천 정도입니다(1家를 5명으로 계산함). 이는 숙신종족 전체가 아니라 어느 특정지역에 거주한 일부 집단입니다. 단로성檀盧城의 정확한 위치는 알 수 없습니다만, '檀'은 박달나무가 많이 분포하는 지역과 연관됩니다. 박달나무는 중국 동북부 및 러시아 연해주 우수리 지역 등에 분포합니다. 단로성은 서요하 북쪽의 중국 내몽골자치구 통요通辽 일대로 추정합니다.

단로성과 오천

박기자 : 오천은 또 어느 하천을 가리킵니까?

고선생 : 단서는 앞의 『삼국사기』 기록(⑤-16)에 나오는 부여의 남쪽입니다. 이 부여가 장춘長春지역의 북부여인지 아니면 길림吉林지역의 동부여인지 확실치 않으나 장춘지역에는 커다란 하천이 없

---

8 최남선, 신채호, 정인보 등은 숙신을 조선과 같은 어원으로 생각하여, 그들의 기원을 백두산 근처로 비정한다. 『삼국사기』를 보면, 백제와 신라는 건국초기 말갈과 접촉한 기록들이 적잖이 나오는데, 당시 김부식은 숙신의 후예인 여진족을 가리켜 말갈로 일괄 정리하여 기록한 듯하다.

습니다. 길림지역은 송화강이 관통합니다. 따라서 오천은 송화강일 가능성이 높습니다.

박기자 : 달가가 숙신백성을 오천으로 이주시킨 이유는 무엇입니까?

고선생 : 일반적으로 정복자의 피정복민 이주정책은 필요에 의해 실시합니다. 예를 들어 피정복민의 노동력을 활용하여 험지를 개발하는 것이 대표적입니다. 신라의 경우도 금관가야(경남김해)를 멸망시킨 후 수많은 가야인을 전혀 연고가 없는 충북 충주지방으로 대거 이주시킵니다. 고구려의 군사적 남진에 대응하기 위한 일종의 총알받이로 가야인을 활용합니다. 외람되게도 충주지방은 이때부터 본격적으로 개발됩니다. 현대에도 유사한 사례는 있습니다. 소련의 스탈린은 극동의 조선족을 수천리 떨어진 중앙아시아의 카자흐스탄으로 전격 이주시킵니다. 카자흐스탄을 개발하기 위한 목적이지만 다른 한편으로는 조선족의 터전 자체를 없애버려 추후에 발생할지 모르는 집단적 저항을 사전에 제거하기 위해서입니다. 고구려 또한 마찬가지일 겁니다.

박기자 : 양맥은 또 어디입니까?

정교수 : 양맥은 소수맥이 별칭 또는 맥족의 일부로 봅니다. 하나의 국가단위로 보는 견해도 있으나 확실치 않습니다. 위치는『삼국지』〈위서〉 고구려 편에 나오는 소수맥小水貊에 근거하여 한漢의 현도군 속현인 서개마현西蓋馬縣으로 봅니다. 지금의 길림성 동가강佟佳江과 그 지류인 부이강富爾江의 합류지점인 부이강 하구(㉮)로 추정합니다. 이와는 달리 맥족의 일부로 보아 그 위치를 태자하太子河 상류(㉯)로 추정하는 견해도 있습니다.

고선생 : 아닙니다. 두 곳 모두 잘못된 비정입니다. 고구려 초기 중심지를 길림성 집안일대로 고정시켜 발생한 오류입니다. 양맥은 동천왕이 위의 관구검 부대를 맞이하여 처음 전투를 벌인 장소입니다.(148쪽 참조) 참고로 중국왕조는 고구려를 침공할 때 북쪽과 남쪽 두 가지 경로를 사용합니다. 이 중 북쪽은 전통적인 침공로로 바로 양맥지역입니다. 양맥은 지금의 요녕성 부신阜新 북쪽으로 서요하 남쪽입니다(㉰).

박기자 : 양맥의 위치비정도 다양하군요.

고선생 : 다음은 서천왕 16년(285년)에 발생한 사건입니다.

양맥 위치비정

⑤-17. 태강6년(285년)에 이르러 **모용외慕容廆의 습격을 받아 패하여 부여왕 의려依慮는 자살하고 자제들은 옥저沃沮로 달아나 목숨을 보전하였다.** 무제武帝는 조서를 내려 "부여왕은 대대로 충효를 지켰는데 오랑캐에게 멸망된 것을 매우 가엾게 여기노라. 만약 그의 유족 중에 복국復國시킬 사람이 있으면 마땅히 방책을 강구하여 나라를 세울 수 있도록 하게 하라." 명하였다. 한 벼슬아치가 말하길 "호동이교위護東夷校尉 선우영鮮于嬰이 부여를 구원하지 않아서 기민하게 대응할 기회를 놓쳤습니다." 하였다. 무제는 선우영을 파면하고 하감何龕으로 교체하였다. 이듬해, **부여왕 의라依羅가 하감에게 사자를 보내 남은 무리를 이끌고 돌아가서 나라를 회복하기를 원하며 도움을 요청하였다.** 하감이 전열을 정비하고 독우督郵 가침賈沈을 파견하여 의라를 호송하게 했는데 모용외가 그 길목을 지키고 있었다. 가침이 모용외와 싸워 크게 깨뜨리니, 모용외는 물러가고 의라는 나라를 회복하였다. 『진서』〈동이열전〉 부여

⑤-18. 16년(285년) 정월, **비리왕卑離王 의려依慮가 모용외慕容廆에게 패하여 자살하고, 그 자제들이 돌고咄固에게 도망해오니, 명을 내려 양들을 나눠주고 편히 살게 하였다.** 18년(287년) 정월, **돌고咄固를 양맥교위梁貊校尉로 삼았다. 비리왕 의라依羅가 서진西晉 가침賈沈과 함께 모용외慕容廆를 쳐서 손정孫丁을 참하고 옛 땅을 되찾았다.** 돌고에게 도움을 청한 까닭에, 맥貊군을 보내서 도와주었다.
『고구려사략』 서천대제기

『진서』와 『고구려사략』입니다. 이 내용은 서부여(122년 위구태 건국, 제3장 105쪽 ③-22 참조) 왕들의 수난사를 다룬 기록입니다. 『삼국사기』에는 나오지 않습니다. 『진서』 기록을 간략하면, 서부여왕 의려依慮가 모용외慕容廆의 습격을 받아 자살하고 그의 아들 의라依羅가 옥저로 피신하였다가 서진西晉의 도움으로 다시금 서부여를 재건한 사건입니다.[9]

박기자 : 모용외는 누구입니까?

---

9 『태백일사』〈대진국본기〉에는 부여왕 의려와 의라가 일본으로 망명한 기록이 있다. '정주(正州)는 의려국(依慮國)의 도읍지다. 선비 모용외(慕容廆)에게 패하자 핍박 받을 것을 우려하여 "내 혼이 아직 살아있거늘 어디 간들 이루지 못할 것이 있으랴!"하고 말하고, 은밀히 아들 부라(扶羅)에게 뒷일을 맡기고 백랑산(白狼山)을 넘어 밤에 해구(海口)를 빠져나갔다. 따르는 자가 수천이었다. 마침내 바다를 건너 왜인(倭人)들을 평정하고 왕이 되었다. … 혹자는 말하기를 의려왕(依慮王)은 선비에게 패한 후 바다를 건너간 후 돌아오지 않고, 자제들은 북옥저로 도망쳐 보존하다가 이듬해 아들 의라(依羅)가 즉위하였다고 한다. 후에 모용외가 또다시 침략해 오자, 의라는 수천의 무리를 이끌고 바다를 건너 왜인들을 평정하고 왕이 되었다고 한다.' 현재 일본 오사카(大阪)시 스미요시(住吉)구에는 오오요사미(大依羅)신사와 의망지(依網池, 의라의 저수지)가 있다.

고선생 : 모용씨는 내몽골 일대에 분포한 선비족의 일파로 서진 때에 남하를 시작하여 이전 공손씨 세력이 장악했던 요서지역에 새로이 둥지를 틉니다. 모용외는 모용선비의 수장입니다. 처음에는 서진을 공격하는 등 기세를 올리지만 오히려 패하여 항복하고, 서진으로부터 「선비도독」에 임명됩니다. 이후 모용외는 요서지역에서 점차로 세력을 확대합니다. 이로 인해 요서지역에 소재한 서부여와의 충돌은 불가피해집니다. 이 사건은 두 세력의 충돌을 다룬 사건입니다. 그런데 『진서』와 『고구려사략』을 보면 표현에서 몇 가지 차이를 보입니다. 첫째는 서부여를 가리켜 『진서』는 부여로, 『고구려사략』은 비리국으로 표현합니다. 둘째는 의라왕이 피신한 장소를 가리켜 『진서』는 옥저로, 『고구려사략』은 양맥입니다. 셋째는 의라왕의 서부여 회복을 두고 『진서』는 서진의 단독 작품으로 설명하나, 『고구려사략』은 고구려가 맥貊군을 동원하여 도운 것으로 나옵니다. 넷째는 발생년도에 있어 『진서』는 285년, 『고구려사략』은 285년과 287년으로 구분합니다. 다만, 발생년도는 『진서』 기록의 문맥으로 보아, 『고구려사략』 기록이 보다 합당합니다.

박기자 : 『고구려사략』이 서부여를 비리국으로 표현한 이유는 무엇입니까?

고선생 : 고구려는 서부여의 존재를 부정합니다. 고구려는 북부여를 계승한 나라입니다. 서부여를 인정하게 되면 북부여 계승의 정통성에 문제가 발생합니다. 다만 비리국으로 표현한 것은 위구태의 뿌리가 비리국이기 때문입니다. 당시 비리국은 고구려에 편입되어 나라의 실체는 없습니다.

박기자 : 의라왕이 피신한 옥저와 양맥은 다른 겁니까?

고선생 : 다르지 않습니다. 일반적으로 이 사건에 등장하는 옥저를 함경남도 함흥일대로 추정합니다. 전적으로 잘못된 해석입니다. 의라왕이 요서지역에서 수천리 떨어진 함흥지역까지 피신한 것도 문제지만, 더 큰 문제는 서진의 군대가 의라왕을 구하기 위해 고구려 땅을 관통하여 한반도 함흥까지 간다는 자체가 성립될 수 없습니다. 옥저는 추모왕 시절 북옥저로 불려진 지역으로 동요하와 서요하가 만나는 요녕성 신민新民 주변 일대입니다. 양맥은 북옥저의 서쪽 변방으로 서천왕의 동생 달가가 숙신을 정벌하고 덤으로 받은 영지領地입니다. (163쪽 ⑤-16 참조)

박기자 : 『고구려사략』에 나오는 돌고咄固는 또 누구입니까?

고선생 : 돌고는 서천왕의 아들입니다. 돌고는 의라왕을 도운 공로로 양맥교위에 봉해집니다. 교

위校尉는 중앙에서 지방에 파견한 일종의 감독관입니다.[10]

박기자 : 그런데 좀 이상하군요. 서천왕은 동생 달가에게 양맥을 영지로 주고, 또 아들 돌고를 양맥의 감독관으로 파견합니다. 이는 무슨 경우입니까?

고선생 : 서천왕이 안국군 달가의 권력을 견제하기 위해 아들 돌고를 감독관으로 보냅니다. 그러나 이로 인해 고구려 왕실은 또 다시 피바람에 휩싸입니다. 이는 다음 장에서 자세히 살펴봅니다. 서천왕은 재위 23년째인 292년 사망합니다. 서천의 언덕에 장사지냅니다. 시호는 앞의 두 왕(동천왕, 중천왕)과 마찬가지로 장지의 이름입니다.

---

10 교위는 한무제 때 처음 만들어진 관직이다. 중앙 각 관서와 지방의 군(郡)을 감찰 또는 탄핵하는 임무를 수행한다. 『고구려사략』 기록을 보면, 중국관직을 도입한 사례가 적잖이 나온다. 대표적으로 태수이다. 고구려도 지방 행정관에 한해 태수의 관직을 사용한다.

1. 난정의 상징 봉상왕

고선생 : 300년 9월, 왕은 후산 북쪽으로 사냥을 나갑니다. 국상 창조리倉助利를 비롯하여 조정 신료들이 동행합니다. 왕이 처소에서 잠시 휴식을 취하고 있을 때, 창조리가 신료를 모아놓고 말합니다. "나와 뜻을 같이 하는 분은 나를 따라하시오." 그리고 갈대잎을 관모에 꽂자, 신료도 모두 창조리를 따라합니다. 신료의 동참을 확인한 창조리가 다시 입을 엽니다. "지금의 왕은 무도하오이다. 을불왕자가 덕이 있으니 그를 추대하려 하오." 창조리의 말이 떨어지자마자 신료들이 일제히 고개를 끄덕입니다. 창조리는 처소에 머무르고 있던 왕을 전격적으로 체포하여 밀실에 가둬버립니다. 그리고 을불왕자에게 옥새를 바칩니다.

박기자 : 쿠데타의 한 장면이군요.

고선생 : 우리식으로 표현하면 '반정反正'입니다. 조선시대 광해군을 몰아내고 인조를 옹립한 사건을 '인조반정'이라 하듯이, 이는 '을불반정'입니다.

박기자 : 폐위당한 왕은 누구이며, 새로 추대된 왕은 누구입니까?

고선생 : 봉상왕烽上王과 미천왕美川王입니다. 창조리가 반정을 일으키기 한 달 전인 300년(봉상9) 8월, 봉상왕은 15세 이상의 장정을 징발하여 대대적으로 궁궐을 수리합니다. 그런데 보급품이 지급되지 않고, 공사는 밤낮을 가리지 않고 계속되자 도망자가 속출합니다. 더구나 이 해는 2월부터 7월까지 일체 비가오지 않아 최악의 흉년입니다. 백성들은 서로 잡아먹을 정도로 삶이 궁핍합니다.

박기자 : 무리한 궁궐 공사이군요.

고선생 : 창조리가 봉상왕에게 궁궐 보수공사의 부당함을 고합니다. 배고픈 백성을 부역에 시달리게 해서는 안되며, 혹이라도 외침을 당하게 되면 사직과 백성을 지킬 수 없다고 봉상왕을 설득합니다. 그러나 봉상왕은 궁궐이 웅장하고 화려하지 않으면 왕의 권위를 보일 수 없다며, 오히려 국상

이 백성의 칭송을 들으려는 의도가 아니냐고 반문합니다. 이에 창조리는 "왕이 백성을 구휼하지 않으면 인仁이 아니며, 신하가 왕에게 간하지 않으면 충忠이 아닙니다. 보잘 것 없는 소신이 이미 국상의 자리를 이었으니, 감히 말하지 않을 수 없습니다. 어찌 백성의 칭송을 들으려 하겠습니까?(君不恤民 非仁也 臣不諫君 非忠也 臣旣承乏國相 不敢不言 豈敢干譽乎)"라고 대답합니다.[1] 봉상왕이 창조리를 쏘아보며 입을 엽니다. "국상은 백성을 위해서 죽겠다는 것인가? 더는 말하지 말라.(國相欲爲百姓死耶 冀無復言)" 순간 창조리의 얼굴이 굳어집니다. 봉상왕의 말이 섬뜩합니다. 식은땀이 등줄기를 타고 흘러내립니다.

박기자: 그렇다면 봉상왕은 궁궐 보수공사를 무리하게 추진해서 폐위당한 겁니까?

고선생: 궁궐 보수공사가 반정의 결정적인 계기이지만 봉상왕의 폐위는 과도한 왕권강화가 빚어낸 참극입니다. 반정은 예견된 일입니다.

박기자: 봉상왕의 치세에는 어떤 일들이 있습니까?

고선생: 봉상왕은 서천왕의 뒤를 이어 제14대왕으로 즉위합니다. 재위기간은 292년~300년까지 9년입니다. 이름은 상부相夫(삽시루歃矢婁, 치갈雉葛)입니다. 서천왕의 장자이며, 어머니는 서천왕의 왕비인 우于왕후(우수의 딸)입니다. 따라서 봉상왕은 정실소생의 적장자입니다. 『삼국사기』는 어려서부터 교만하고 방탕하며 의심과 시기심이 많다고 혹평합니다. 이 부분은 『고구려사략』도 마찬가지입니다.

⑥-1. 제는 휘가 **상부**相夫 또는 **삽시루**歃矢婁이고 **초호**初號는 **치갈雉葛태자**이며, **서천제**西川帝의 장자로, **어머니는 우于태후로 우수于漱의 딸**이다. 성품이 빼어나게 교만하고 색色을 밝혔으며 시기심이 많고 잔인한 일을 감행하여, 서천제가 오래도록 나라를 물려줄 생각이 없었으나 갑자기 죽게 되자, **우于후가 거짓조서를 꾸며 제를 보위에 세우고 안국군**安國君**에게서 병권을 빼앗아서 자기 형제들에게 맡기니, 국인**國人**들이 탄식하며 한숨지었다.** 『고구려사략』봉상제기

---

1 인(仁)과 충(忠)의 단어는 지극히 유교적 관점의 표현이다. 창조리의 말은 후대에 삽입되었을 개연성이 높다.

『고구려사략』은 봉상왕의 즉위가 매끄럽지 못함을 설명합니다. 봉상왕은 태자임에도 아버지 서천왕의 신임을 얻지 못합니다. 그런데 서천왕이 급사하는 변수가 발생하며 봉상왕은 어머니 우왕후의 도움을 받습니다. 우왕후는 거짓조서를 꾸미며 봉상왕을 보위에 세웁니다.

박기자 : 안국군은 누구입니까?

고선생 : 서천왕의 동생인 달가達賈입니다. 280년(서천11) 숙신을 정벌한 공로로 안국군에 봉해지고, 내외병마사를 주관하며, 양맥·숙신을 다스릴 권한까지 부여받은 서천왕 다음가는 권력자입니다.(제5장 163쪽 참조) 당시 상황은 달가가 태자인 봉상왕보다 왕위계승 서열에서 앞서 있습니다. 서천왕은 봉상왕이 계속해서 그릇된 행실을 보이자 동생인 달가에게 보위를 물려줄 심산입니다. 이는 우왕후가 거짓조서를 꾸민 사실로 확인됩니다.

박기자 : 그렇다면 서천왕은 암살된 겁니까?

고선생 : 암살 가능성이 높습니다. 우왕후는 자신의 아들 봉상왕을 지키기 위해 극단의 선택을 했을 것으로 추정됩니다. 그런데 봉상왕은 즉위하자마자 안국군 달가의 병권을 전격적으로 회수한 다음 달가에게 자결을 명령합니다. 『삼국사기』와 『고구려사략』 기록입니다.

⑥-2. 원년(292년) 3월, 왕이 **안국군安國君 달가達賈를 죽였다.** 왕은 **달가가 아버지 형제의 항렬**行列**이고** 큰 공적이 있기에, 백성들에게 존경의 대상이 된다고 생각하였다. 그래서 그를 의심하여 음모로 죽였다. 『삼국사기』 봉상왕

⑥-3. 원년(292년) 3월, 제가 조칙을 내려 "**안국군**安國君 **달가**達賈**는 본바탕이 다른 족속이며, 용렬한 성품에 감히 병권을 훔쳤으니 위태로운 적이 한두 번이 아니었다. 짐이 몸소 그에게 사약을 내리고 그 집안을 몰수하겠다.**" 하였다. 애초에 달가는 그의 신하 선결仙潔이 치갈雉葛*을 제거할 것을 권해도 듣지 않았고, 지금에 와선 그 신하 이경以竟이 다시금 **신라**新羅**로 도망갈 것을 권했으나 이 또한 듣지 않았다.** 달가는 "**나는 선제******를 따라죽을 것이야.**" 말하고, 이윽고 조용히 자진自盡하였다. 『고구려사략』 봉상제기

☞ *봉상왕 **서천왕

두 기록의 골격은 같습니다. 그러나 내용은 정반대입니다. 『삼국사기』는 달가의 입장으로, 봉상왕이 달가를 시기하여 죽인 것으로 되어 있으나 『고구려사략』은 봉상왕의 입장으로, 달가가 병권

을 훔치고 봉상왕 자신을 죽이려 한 일이 있다고 설명합니다.

박기자 : 정반대인 이유는 무엇입니까?

고선생 : 봉상왕은 창조리의 반정으로 폐위당합니다. 『삼국사기』는 반정의 명분을 봉상왕의 재위 초기부터 소급하여 적용합니다. 달가에게 자결을 명한 일은 잘못된 행위라고 꼬집습니다. 두 기록을 보면 달가의 출신에 대한 언급이 나옵니다. 『삼국사기』는 '아버지 형제의 항렬〔諸父之行〕'이고, 『고구려사략』은 '본바탕이 다른 족속이고 품계도 낮다.〔素以他族庸品〕'입니다. 달가의 출신에 다른 이면이 존재합니다.

박기자 : 어떤 이면입니까?

고선생 : 『고구려사략』에 달가의 혈통에 관한 기록이 있습니다.

⑥-4. 11년(280년)… **달가達賈는 근본이 옥모玉帽의 아들(子)이어서 종실이 대우하지 않았는데**, 이때에 상이 등용하여 큰 공을 세웠다. **그 공로로 안국군安國君에 봉해지고 내외병마사를 맡았으며, 양맥梁貊과 숙신肅愼 부락도 함께 다스렸다. 처음에 달가가 양맥으로 갈 때 돌고咄固를 데리고 갔는데 끝까지 함께 하였다. 상이 을불乙弗*을 품안에 안았는데, 나이 세 살인 을불이 능히 싸워 큰 승리를 거두겠다**고 하였다. 그리하여 첫 싸움에서 얻은 땅 알하堨河를 을불읍乙弗邑으로 삼고 돌고가 직접 다스리게 하였다. 『고구려사략』 서천대제기

☞ *돌고의 아들, 훗날 미천왕이 됨.

옥모玉帽라는 여인이 나옵니다. 신라출신입니다. 그런데 옥모는 고구려에 체류하면서 중천왕과 인연을 맺어 달가를 낳습니다.[2] 참고로 옥모는 신라 역사에 있어 매우 중요한 위치를 점하는 인물입니다. 『삼국사기』〈신라본기〉에 옥모의 족보가 나옵니다. 옥모는 신라 김씨왕조의 원조인 김알지의 후손입니다. 김알지의 계보는 세한 → 아도 → 수류 → 욱보 → 구도의 순으로 이어지는데, 마지막 구도仇道(김알지 5대손)의 딸이 바로 옥모입니다. 옥모는 골정骨正과 혼인하여 신라의 조분왕(제11대)

---

2 『고구려사략』 중천대제기 기록을 보면, 중천왕은 옥모를 위해 계림성모사(鷄林聖母祠)를 짓고 사당 안에 옥모의 초상화 열 폭을 걸어 놓으며, 옥모의 조상인 세한, 아도, 수류, 욱보, 구도 등 5명의 신주를 모셔놓고 함께 제사를 지낸 내용도 나온다.

과 첨해왕(제12대)을 낳습니다. 두 왕의 어머니인 옥모는 신라사회에 막강한 영향력을 행사합니다.[3]

　박기자 : 달가의 몸속에는 신라왕실의 피가 흐르고 있군요.

　고선생 : 봉상왕의 입장에서 보면, 달가는 숙부이기 전에 단지 보위를 위협하는 존재입니다. 봉상왕으로서는 어쩔 수 없는 선택입니다. 그럼에도 달가는 봉상왕의 처분에 일절 대항하지 않으며, 또한 신라로 도망치지도 않습니다. 그저 봉상왕의 명령에 따라 자결합니다.

　박기자 : 달가의 죽음을 두고 신라가 취한 행동은 무엇입니까?

　고선생 : 일체 없습니다. 다만 『고구려사략』을 보면, 신라 유례왕(제14대)이 상서로운 벼를 고구려에 진상하려다 달가의 사망 소식을 듣고 그만둔 기록이 있습니다.[4] 이는 당시의 고구려와 신라의 역학 관계를 단적으로 보여주는 사례입니다. 신라는 결코 고구려에 대항할 수 없습니다. 아직은 국가 역량이 미약합니다.

　박기자 : 신라는 한반도 변방의 한 소국이군요.

　고선생 : 달가를 제거한 이듬해인 293년(봉상2) 8월, 봉상왕은 모용외의 침공을 받습니다.

⑥-5. 2년(293년) 8월, **모용외慕容廆가 침입하였다. 왕은 신성新城으로 피하고자 하였다**. 곡림鵠林에 이르렀을 때, 모용외가 도망간 것을 알고 군사를 이끌고 추격해 왔다. 거의 잡힐 듯하자 왕이 두려워하였는데, 그때 **신성의 책임자인 북부 소형小兄 고노자高奴子가 기병 5백을 거느리고 왕을 맞이하였다. 고노자가 적군을 공격하니, 모용외가 패하여 물러났다**. 왕은 기뻐하여 고노자의 작위를 대형大兄으로 올려주고, 아울러 곡림을 식읍으로 주었다. 『삼국사기』 봉상왕

고노자高奴子가 피신해온 봉상왕을 위기에서 구하고 모용외를 격퇴시킨 사건입니다. 모용외는 선비족의 하나인 모용선비의 수장입니다(제5장 166쪽 참조). 모용선비에 대해서는 교수님께 자세한 설명을 부탁드립니다.

---

3 정재수, 『신라 역사의 명암』(논형, 2018) 제4~5장 참조
4 『고구려사략』 봉상제기 3년(294년) 7월 기록이다. '신라 다사군에서 좋은 벼가 나타나자 이를 상서롭게 여겨 유례가 진상하려다가 달가가 죽었다는 소식을 듣고 그만두었다.〔羅多沙郡有嘉禾 以爲瑞 儒禮欲進之 聞達賈之死止之〕'

정교수 : 이 시기 중국은 사마의의 손자 사마염司馬炎이 조조의 위魏(220~265)를 멸하고, 265년 진晉을 세웁니다. 서진西晉(265~316)입니다. 사마염(서진 무제)은 위의 군현제를 폐지하고 대신 왕자들을 지방에 파견하여 다스리게 하는 봉건제를 실시합니다. 그러나 왕실강화의 목적으로 도입한 봉건

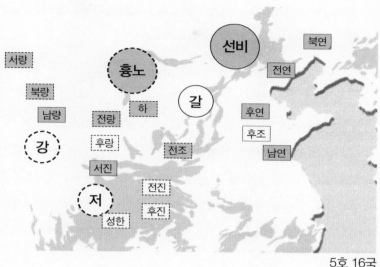

5호 16국

제가 오히려 왕자들의 세력을 키워주는 꼴이 되어 소위 「8왕의 난」이 발생합니다. 이때 8왕은 자신의 세력을 키우기 위해 북방의 유목민족인 5호胡(흉노, 선비, 저, 강, 갈)를 끌어들입니다. 그러나 이는 오히려 독이 되어 서진의 내분이 격화되고 5호가 발흥합니다. 결국 서진은 50여년을 버티다가, 316년 흉노에게 멸망당하고 서진 왕족출신 사마예가 양자강 이남의 건업(남경)에 동진東晉(317~419)을 세웁니다. 양자강을 경계로 북쪽은 5호의 16국이 각개로 들어서고, 남쪽은 동진이 차지하며 중국대륙을 양분합니다. 이 시기에 여러 선비족이 8왕의 난을 통해 남하합니다. 모용부慕容部, 우문부宇文部, 단부段部, 독발부禿髮部, 탁발부拓跋部 등의 5부족인데 이중 모용부와 우문부, 단부는 대륙의 동북방지역을 차지합니다. 이때는 모용선비 세력이 모용외를 중심으로 막 성장할 시기입니다.

고선생 : 참고로『고구려사략』에 모용외에 대한 흥미로운 기록이 있습니다.

⑥-6. 3년(294년) 9월, **모용외**慕容廆가 환성桓城에서 대극大棘으로 도읍을 옮겼다. 모용외는 섭신涉臣의 **후예로 자몽**紫蒙땅 **구려성**句麗城에서 **흥기**하여 우문宇文씨와 서로 다투다가 환성桓城으로 남하였는데, 오히려 그것이 화근이 되어 다시금 대극大棘으로 내려간 것이다. **어머니 을**乙씨가 을두지乙豆智의 후손

인 까닭에 **모용외는 서몽대왕**西蒙大王**을 자칭하고 동명**東明**의 적손**嫡孫**이라면서 불측**不測**한 마음을 남 몰래 키우고 있었다.** 『고구려사략』 봉상제기

　　모용외의 출신정보가 상세히 나옵니다. 모용외는 고구려 제후국인 옛 자몽국 왕 섭신의 후예입니다. 어머니는 대무신왕(제3대) 때 좌보를 지낸 을두지의 후손입니다. 이런 연유로 모용외는 서몽대왕西蒙大王(서자몽대왕)을 자칭하고 또한 동명왕의 적손嫡孫임을 주장합니다.[5] 기록은 당시 모용외가 고구려의 변방 백성을 끌어들여 자기세력화를 꾀한 사실을 설명합니다. 모용선비의 발흥은 고구려에게도 커다란 변화를 가져옵니다. 고구려는 건국 이래 줄곧 장악해 왔던 요동과 요서지역을 완전히 상실합니다. 이로 인해 고구려의 중심은 요하 유역에서 압록강 중류지역으로 이동합니다. 다시 봉상왕으로 돌아갑니다. 모용외의 공격을 막아낸 이 사건은 엉뚱하게 또 한 사람의 죽음으로 이어집니다.

박기자 : 누구입니까?

고선생 : 봉상왕의 동생인 돌고咄固입니다.

박기자 : 또 정적의 제거입니까?

고선생 : 『삼국사기』와 『고구려사략』의 기록입니다.

⑥-7. **2년(293년) 9월, 왕은 동생 돌고**咄固**가 딴마음을 가졌다하여 죽게 하였다. 나라사람들은 돌고가 죄가 없다고 생각하여 몹시 슬퍼하였다.** 돌고의 아들 을불乙弗은 교외로 도망쳤다. 『삼국사기』 봉상왕

⑥-8. **2년(293년) 9월, 황태제**皇太弟 **돌고대왕**咄固大王**을 죽이자, 돌고대왕의 태자 을불**乙弗**이 도망쳤다.** 곡림지전鵠林之戰때 돌고 역시 군사를 이끌고 와서 공을 세우자 여러 신하들이 돌고의 작위와 식읍을 더해주길 청하였다. 원항猿項이 아뢰길 "돌고는 달가達賈의 무리이니, 그에게 날개를 달아주어선 안됩니다. 이번 기회에 조서를 기다리지 않고 스스로 찾아온 죄를 물어야 합니다. **보위를 찬탈할 뜻이 있기에 거짓으로 모용외**慕容廆 **토벌을 청한 것이지 실은 은밀히 반역을 기도한 것입니다.**" 하니, 상이 이르길 "**그럽시다.**"하고 사약을 내렸다. 『고구려사략』 봉상제기

---

5 모용외가 적손(嫡孫)이라 주장한 동명왕은 북부여 제5대 천제 고두막한이다. 모용외는 북부여 계승자임을 내세워 고구려와의 정통성 대결에서 우위를 확보하려 한 듯 보인다. 모용외 주장의 사실여부를 떠나 모용선비는 북부여의 한 갈래로 이해해야 한다. 모용선비가 발흥한 자몽국은 북부여의 제후국이다.

293년(봉상2) 9월입니다. 당시 돌고의 신분은 태제太弟입니다. 봉상왕의 후계자입니다. 『삼국사기』는 돌고가 딴마음을 가져〔咄固有異心〕, 봉상왕이 죽음을 명한 것으로 나옵니다. 딴마음의 실체가 다소 불분명합니다. 『고구려사략』은 돌고가 보위를 찬탈할 마음이 있다〔實自有密圖者也〕고 증언합니다. 그러나 문맥을 보면 돌고에게 억지로 뒤집어씌운 죄목입니다. 돌고는 고노자와 함께 모용외를 곡림鵠林에서 격퇴하는데 공을 세웁니다.(⑥-5) 논공행상 과정에서 돌고가 기다리지 않고 봉상왕을 찾아온 것이 화근입니다. 봉상왕의 측근 원항이 돌고가 달가의 무리라고 음해합니다. 돌고는 한순간 공로자에서 반역자로 전락하여 사약을 받습니다.

박기자 : 돌고와 달가는 어떤 관계입니까?

고선생 : 돌고는 봉상왕의 친동생입니다. 돌고와 달가의 관계도 봉상왕과 다를 바 없습니다. 다만 돌고는 당시 황태제(태자)와 양맥교위를 겸합니다.(제5장 166쪽 참조) 양맥은 달가가 숙신을 정벌하고 서천왕으로부터 하사받은 영지입니다. 달가와 돌고 두 사람의 공통점은 양맥입니다. 바로 이점이 돌고가 달가의 무리로 오해받은 대목입니다.

박기자 : 돌고는 하루아침에 천당에서 지옥으로 떨어졌군요.

고선생 : 안타까운 장면입니다. 그러나 역사는 보상심리를 발동합니다. 돌고의 아들 을불乙弗이 끝까지 살아남아 훗날 보위에 오릅니다. 봉상왕은 집권초기 달가에 이어 또 하나의 정적인 돌고 마저 제거하면서 독주체제를 확립합니다. 어느 누구도 봉상왕의 왕권에 도전할 만한 사람은 없습니다. 그런데 역사는 또 다른 반전카드를 준비합니다.

박기자 : 어떤 카드입니까?

고선생 : 294년(봉상3) 봉상왕은 국상 상루尙婁가 죽자 후임으로 남부출신의 대사자 창조리를 발탁합니다. 『고구려사략』 기록을 보면, 봉상왕은 창조리에게 죽려지인竹呂之釰을 주어 부도不道한 자를 즉결처분할 수 있는 생사여탈권까지 부여합니다. 그런데 창조리는 봉상왕의 측근 원항부터 즉결처분합니다. 원항은 돌고를 음해하여 죽게 만든 장본인입니다. 창조리가 원항에게 적용한 죄는 거짓 왕명의 참칭僭稱입니다.

박기자 : 봉상왕은 자신의 측근이 죽는데도 보고만 있습니까?

고선생 : 봉상왕의 창조리에 대한 신임은 절대적입니다. 창조리를 발탁하여 국상으로 삼고 또한 생사여탈권까지 부여한 사실이 이를 증명합니다. 봉상왕은 정적을 제거한 후에 궁궐 증축에 공력을 쏟아 붓습니다. 명분은 왕의 권위를 세우기 위한 조치라고 스스로 믿습니다. 때마침 자연재해가 거듭되어 백성의 삶이 극도로 어려워지지만 봉상왕은 아랑곳 하지 않고 궁궐을 화려하게 꾸미는 일에만 몰두합니다. 창조리가 반대해도 봉상왕은 백성의 신망을 얻으려 한다며 오히려 창조리를 나무랍니다. 창조리는 쿠데타를 결심합니다.

박기자 : 봉상왕은 믿는 도끼에 발등을 찍힌 셈이군요.

고선생 : 봉상왕은 300년(봉상 9) 10월 폐위당한 후 스스로 목을 매어 생을 마감합니다. 아마도 창조리한테 배신당한 울분이 가장 컸을 겁니다. 봉산원에 장사지내는데, 봉상의 시호 역시 장지의 이름입니다. 지금까지 고구려는 3명의 왕이 신하에게 살해되거나 폐위당합니다. 제5대 모본왕은 황음무도하다는 이유로 두로에게 살해당하며, 제7대 차대왕은 횡포와 학정을 일삼았다는 이유로 명림답부에게 피살됩니다. 그리고 봉상왕은 백성들의 궁핍한 삶을 보살피지 않고 궁궐을 화려하게 꾸몄다는 이유로 창조리에게 폐위당한 후 자결합니다. 이들 3명은 모두 자신의 측근에 의해 살해당하거나 폐위당한 공통점이 있습니다.

【봉상왕과 달가/돌고의 관계】

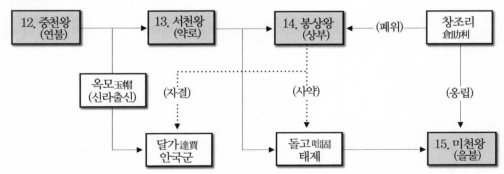

2. 한반도시대를 개막한 미천왕

고선생 : 봉상왕의 뒤를 이어 제15대 미천왕美川王(호양왕好壤王)이 즉위합니다. 이름은 을불乙弗이며, 봉상왕의 동생인 돌고의 아들입니다. 『삼국사기』는 미천왕의 삶을 드라마틱dramatic하게 묘사합니다.

⑥-9. … 처음에는 수실촌水室村 사람 음모陰牟의 집에서 품팔이를 하였는데, 음모는 을불乙弗이 어떤 사람인지를 알지 못하고 매우 고된 일을 시켰다. 그 집 옆의 못에서 개구리가 울면, 음모는 을불을 시켜 개구리 울음소리가 나지 않도록 밤새 기와 조각이나 돌을 던지게 하였고, 낮에는 땔나무를 해오도록 독촉하여 잠시도 쉬지 못하게 했다. 을불은 고생을 견디지 못하고 일 년 만에 그 집을 떠나서 동촌東村 사람 재모再牟와 함께 소금을 팔았다. 배를 타고 압록鴨淥에 이르러 소금을 내려놓고 강의 동쪽 사수촌思收村 사람의 집에 지냈다. 그 집 노파가 소금을 요구하여 한 말 정도 주었더니, 그 노파가 다시 요구하므로 주지 않았다. 그러자 노파가 원한을 품어 몰래 자기의 신발을 소금 속에 넣어두었다. 을불은 이를 알지 못하고 소금을 지고 길을 떠났는데, 노파가 쫓아와 신발을 찾고는 을불이 자기의 신발을 감추었다고 꾸며 압록의 관리에게 고발하였다. 관리는 신발값으로 소금을 빼앗아 노파에게 주고, 을불의 볼기를 때린 후 풀어주었다. 이리하여 **을불은 얼굴이 여위고 복장이 남루하게 되어, 사람들이 그를 보고도 왕손王孫임을 알지 못했다.** 『삼국사기』 미천왕

을불(미천왕)은 아버지 돌고가 봉상왕에 의해 죽임을 당하자, 무작정 도망칩니다. 처음에는 품팔이를 하는데 주인이 힘들게 하자 그만두고 이후 소금장수가 되어 전국을 떠돌아다닙니다. 소금을 탐낸 어느 노파의 속임수로 을불은 도둑으로 몰려 소금을 몽땅 **빼앗기고** 볼기까지 맞습니다. 한마디로 을불의 삶은 고난의 연속입니다. 어느 누구도 을불이 왕손王孫임을 알아보지 못합니다.

박기자 : 미천왕의 고난을 기록으로 남긴 이유는 무엇입니까?

고선생 : 봉상왕 폐위와 미천왕 즉위의 정당성을 확보하기 위해 설정한 드라마틱한 역사 기술입니다. 일반적으로 고난과 역경을 이겨내고 어렵게 즉위한 왕은 온실 속의 화초처럼 자라 순탄히 즉위한 왕과는 현격한 차이를 보입니다. 이러한 사례는 왕의 경우가 아니더라도 우리 주변에서 볼 수 있는 인간사의 한 단면입니다. 미천왕은 고난을 경험하며 왕재로서 철저히 단련됩니다.

박기자 : 미천왕의 치세는 어떠합니까?

고선생 : 미천왕은 왕성한 정복활동을 벌인 정복군주입니다. 「서벌남정西伐南征」은 미천왕이 재위기간 내내 일관되게 추진한 정책입니다. 서쪽을 토벌하고 남쪽을 정복하는 군사정책입니다. 특히 남정은 상당한 성과를 거두며 한반도 북부지역을 고구려 영토로 흡수합니다. 향후 고구려가 한반도시대를 열어가는 초석을 다져놓습니다.

박기자 : 한반도 북부에는 어떤 세력이 있습니까?

고선생 : 한반도 북부는 황해도와 평안도지역입니다. 먼저 황해도 지역입니다. 『삼국사기』〈백제본기〉와 『고구려사략』에 나오는 내용입니다.

⑥-10. 원년(286년), **고구려가 대방帶方을 치니, 대방이 우리에게 구원을 청하였다.** 이에 앞서 왕이 대방왕의 딸 보과寶菓를 부인으로 삼았기에, 왕이 이르길 "대방은 장인의 나라이니 그 청에 응하지 않을 수 없다." 하고, 드디어 군사를 내어 구원하니 고구려가 원망하였다. 왕은 고구려의 침략을 두려워하여 아차성阿旦城과 사성蛇城을 수리하여 대비하였다. 『삼국사기』〈백제본기〉 책계왕

⑥-11. 16년(285년) 3월, **대방帶方을 치니, 백제가 달려와서 그들을 구원하여, 백제 쪽으로 방향을 돌려 공격하여 2개의 성을 빼앗았다.** 17년(286) 11월, 백제는 고이古爾가 죽고, 아들 책계責稽가 즉위하였다. 몸이 장대하고 의기가 영웅호걸이더니, 위례성尉禮城·아단성阿旦城·사천성蛇川城을 고쳐서 우리를 대비하였다. **책계의 처 보과宝果가 대방의 딸인지라 대방을 편들고 우리에게 덤빈 것이다.**

『고구려사략』 서천대제기

백제는 책계왕(제9대) 시기입니다. 책계왕은 대방국 왕의 딸 보과를 왕후로 맞이하며, 백제와 대방국은 혼인동맹을 체결합니다. 286년(『고구려사략』은 285년임) 고구려가 대방국을 공격하자 책계왕은 즉각 군사를 파견하여 대방국을 지원합니다. 두 기록은 황해도 지역에 존재한 대방국을 설명합니다.

박기자 : 대방국은 언제 생긴 겁니까?

고선생 : 204년을 전후하여 중국 요서지역(옛 낙랑군 둔유현)에 공손씨(공손도 또는 공손강) 정권에 의해 대방군이 설치됩니다. 이때 반발한 대규모 유민이 한반도 황해도 지역으로 건너옵니다. 한반도 대방국의 시작입니다. 『삼국사기』〈백제본기〉 초고왕(제5대) 기록을 보면, 210년(초고45) 백제 건국초기 출

현했다가 사라진 말갈이 1백여 년 만에 다시 등장합니다. 또한 이들은 '강한 기병(勁騎)'을 가지고 있어 이전 말갈과는 전혀 다른 행태를 보입니다. 이 말갈은 한반도로 건너온 요서지역의 대방인입니다. 이들이 황해도지역에 세운 나라가 대방국입니다. 대략적으로 204년~210년 사이에 건국됩니다.

박기자 : 그렇다면 대방인들은 한족漢族입니까?

고선생 : 한족으로 단정하는 것은 곤란합니다. 원래 중국 요서지역은 중국인 스스로가 동이東夷로 분류한 동이족의 거주지역입니다. 한사군 설치이후 중국의 통제를 받으며 한족과 융화되지만, 그 뿌리는 엄연히 동이족입니다. 또 하나 기록을 봅니다. 『삼국사기』〈백제본기〉와 『고구려사략』입니다.

⑥-12. 13년(298년) 9월, 한인漢人과 맥인貊人이 합세하여 침범하였다. 왕이 나가서 막다가 적병에게 해를 입어 죽었다. 『삼국사기』〈백제본기〉 책계왕

⑥-13. 7년(298년) 10월, 책계가 대방땅 한맥漢貊 5개 부락을 공격하다가 복병을 만나 죽었다. 『고구려사략』 봉상제기

298년(책계13, 봉상7) 책계왕은 한맥과 싸우다가 죽습니다. 『삼국사기』는 한인과 맥인으로 구분하지만, 『고구려사략』은 대방 땅에 존재한 5개 한맥 부락으로 통칭합니다. 이는 당시 황해도지역을 장악하고 있는 세력집단을 설명합니다. 남쪽에는 대방국이 있고, 북쪽에는 한맥 부락이 있습니다. 책계왕은 장인의 나라인 대방국을 위해 한맥을 공격하다 복병을 만나 죽습니다.

박기자 : 황해도 지역에 대방국이 있었다면, 그 북쪽인 평안도에는 어떤 세력집단이 있습니까?

고선생 : 낙랑국입니다.

박기자 : 낙랑국은 이미 고구려에 멸망한 나라가 아닙니까?

고선생 : 대무신왕 때 멸망한 요하유역의 낙랑국과는 전혀 다른 낙랑국입니다.(제2장 67쪽 참조) 한반도 낙랑국입니다. 아래는 304년(미천5) 상황으로, 『삼국사기』〈백제본기〉와 『고구려사략』 기록입니다. 〈고구려본기〉에는 기록이 없습니다.

⑥-14. 7년(304년) 2월, 왕이 몰래 군사를 보내 낙랑樂浪의 서현西縣을 습격하여 빼앗았다. 10월, 왕이 낙랑태수樂浪太守가 보낸 자객에게 해를 입어 죽었다. 『삼국사기』〈백제본기〉 분서왕

⑥-15. 5년(304년) 2월, 분서汾西가 낙랑의 서도西都를 습격하여 깨뜨리고 그 땅을 군郡으로 삼았다. 그 땅은 본래 분서의 모친인 보과寶菓의 나라 도읍이었다. 분서가 모친을 위하여 빼앗은 것이다. **낙랑왕樂浪王 자술子述**이 **장막사長莫思**에게 사신을 보내 화친을 청하였다. 상은 장막사에게 분서와 모의하여 **낙랑을 나눠 갖기로 하니** 자술은 화가 치밀어 화친 제의를 거절하고 분서가 서도를 빼앗은 것이 분하여 원수를 갚고자 하였다. 이해 10월, **계림鷄林사람으로 예쁘고 담력과 용기가 있는 자술의 신하 황창랑黃倡郎**이 있었다. 미녀처럼 꾸미고 분서를 찾아가니 분서가 그 미모에 빠져 수레 안에서 불러들였다. 황창랑이 분서를 칼로 죽였다. 『고구려사략』 미천대제기

당시 백제는 책계왕의 뒤를 이은 분서왕(제10대) 시기입니다. 분서왕이 낙랑의 서현西縣(『고구려사략』은 서도西都임)을 공격합니다. 낙랑국 왕 자술子述이 나옵니다. 『삼국사기』는 낙랑태수로 표기합니다. 분서왕이 서현을 빼앗자, 자술왕은 고구려에 급히 화친을 청하며 백제를 공격하자고 제안합니다. 그러나 고구려는 태도를 바꿔 백제와 모의하여 낙랑국을 정벌하고 그 땅을 나눠 갖기로 협정을 맺습니다. 이를 사전에 감지한 자술왕은 선수를 칩니다. 신라출신의 황창랑을 은밀히 보내 분서왕을 살해합니다.

박기자 : 낙랑국은 언제 생긴 겁니까?

고선생 : 한반도 낙랑국의 기원은 기록이 없어 정확히 알 수 없습니다. 『고구려사략』조차도 이 때 존재한 낙랑국을 잠깐 언급한 정도입니다. 자술의 낙랑국은 평안도지역에 존재합니다. 굳이 그 기원을 추적하면 3가지 정도로 압축됩니다. 첫째는 37년(대무신20) 대무신왕이 요하유역의 낙랑국을 정벌하자 그 후예가 한반도 평안도지역으로 이동하여 제2의 낙랑국을 세운 경우이고, 둘째는 서기전108년 한이 요서지역에 낙랑군을 설치하자, 이에 반발한 일부 유민이 점진적으로 한반도 평안도지역으로 이동하여 낙랑국을 세운 경우입니다. 셋째는 앞의 두 경우가 결합된 형태로 평안도로 이동한 모든 유민들이 낙랑국의 이름아래 하나로 통합된 경우입니다.

박기자 : 어느 경우이든 한반도 낙랑국의 역사는 결코 짧은 것이 아니군요.

고선생 : 당시 정황을 종합하면, 평안도에는 낙랑국이, 황해도에는 대방국이 존재합니다. 또한 낙랑국과 대방국 사이에는 별도의 한맥 부락이 들어서 있습니다. 이들 세력집단은 모두 중국대륙에

서 한반도로 건너온 이민자들입니다.[6] 대부분 동이족이지만 일부는 한족도 포함됩니다. 이들에게 평안도와 황해도 지역은 안락한 피난처이며 새로운 신천지입니다. 오늘날로 치자면 일종의 화교촌이 이 일대에 형성됩니다.

박기자 : 화교촌이란 표현이 흥미롭군요.

고선생 : 문제는 이 시기부터 고구려가 한반도에 부쩍 관심을 갖기 시작합니다. 곧바로 이들 세력집단과 충돌로 이어지며, 고구려는 군사력을 동원하여 정벌합니다. 미천왕은 먼저 평안도지역의 낙랑국을 정벌하여 고구려 영토로 흡수합니다.

⑥-16. 14년(313년) 10월, **낙랑군을 침범하여 남녀 2천여를 사로잡았다.** 『삼국사기』미천왕

⑥-17. 9년(308년) 5월, 조문祖文 · 뉴벽紐碧 · 부협芙莢 · 고식高植 등에게 명하여, **낙랑을 쳐서 그 군郡들을 빼앗고 남녀 3백을 사로잡았다. 낙랑왕 자술子述이 아들 자룡子龍을 보내서 칭신稱臣하며 말과 토산물 12가지를 바치고 화친을 청하니,** 선방仙方이 동생 선담仙淡으로 하여금 자술의 딸과 혼인하여 2개 군郡의 주인이 되었다. 14년(313년) 10월, 선방이 낙랑왕 자술과 살천원薩川原*에서 만나 사냥하였다. **자술이 선방의 정예기병이 많음을 보고 도망치려하자 선방이 뒤쫓아 가서 자술을 사로잡았다.** 조문 · 뉴벽 등은 물가海濱의 모든 읍邑을 평정하였고, 창멱倉覓은 교위부校尉府를 깨뜨려 교위校尉와 속국屬國 등 7명을 사로잡았으며, 장막사長莫思는 낙랑성樂浪城을 습격하여 남녀생구 2천여를 붙잡았다. 선방을 낙랑왕으로 삼고 작위를 태공으로 올려주어 낙랑무리를 지키게 하였다. 『고구려사략』미천대제기

☞ *청천강 강가

『삼국사기』는 313년(미천14) 10월에 발생한 단일 사건으로 처리합니다. 또한 공격대상은 낙랑군樂浪郡입니다.[7] 고구려는 낙랑인 2천을 사로잡는 전과를 올리나 이후 과정은 아예 없습니다. 이에 반

---

6 백제의 건국지는 경기도 한강유역이다. 평안도와 황해도가 매력적인 땅임에도 불구하고 백제는 이 땅을 얻지 못한다. 대신 평안도와 황해도에 소재한 대수(帶水, 대동강)와 패수(浿水, 예성강)를 건너 남쪽으로 내려가는 것으로 만족한다. 이는 중국대륙에서 건너온 유민세력이 당시 평안도와 황해도 일대를 선점하고 있기 때문이다.

7 『삼국사기』는 낙랑군이 평안도지역에 존재한 것을 전제로 한다. 그러나 이 시기 낙랑군은 한반도가 아닌 요서지역의 낙랑군이다. 한(漢)이 설치한 낙랑군이 아니라 모용외(慕容廆)가 설치한 낙랑군이다. 『자치통감』에 따르면, 모용외는 313년 4월 요동출신의 장통(張統)을 낙랑태수(樂浪太守)로 삼고, 왕준(王遵)을 참군사(參軍事)로 삼아 요서지역을 장악한다.

해 『고구려사략』은 고구려의 공격대상이 낙랑군이 아니라 평안도지역에 존재한 낙랑국樂浪國으로 설명합니다. 308년과 313년 두 차례에 걸쳐 발생한 사건입니다. 308년(미천9) 고구려는 낙랑국 예하의 여러 군을 빼앗고, 이어 313년(미천14) 낙랑성樂浪城 마저 공격하여 낙랑인 2천을 사로잡습니다. 그리고 관리를 파견하여 낙랑국을 직접 지배합니다. 한반도 낙랑국은 이때 고구려의 공격을 받아 완전히 멸망합니다.

　박기자 : 『삼국사기』가 착각한 겁니까?

　고선생 : 『고구려사략』은 낙랑국의 실체를 명확히 기술합니다. 낙랑국은 여러 개의 군郡으로 구성되며, 물가(대동강 추정)를 따라 여러 읍邑이 있고, 또한 도성으로 추정되는 낙랑성이 있습니다. 고구려는 308년(미천9) 낙랑국과 혼인동맹을 맺으나, 313년(미천14) 낙랑국 자술왕을 사로잡고 낙랑국 전체를 무력으로 정벌합니다. 그리고 미천왕은 고구려 관리 선방仙方을 낙랑왕으로 임명하여 낙랑지역을 통치합니다.

　박기자 : 평안도 일대가 고구려 영토로 편입된 것이군요.

　고선생 : 미천왕은 낙랑국 정벌 이듬해인 314년(미천15) 대방국을 공격합니다.

　⑥-18. 15년(314년) 9월, **남쪽으로 대방군帶方郡을 침공하였다.** 『삼국사기』 미천왕
　⑥-19. 15년(314년) 9월, 선방仙方이 조문祖文 등을 보내 **대방帶方을 쳐서 잠성岑城과 제해提奚 등 2개**
　의 성城을 빼앗고 포로들을 잡아 바쳤다. 『고구려사략』 미천대제기

『삼국사기』는 남쪽으로 대방군을 침공했다고 짤막하게 기술합니다. 원래 대방군은 공손씨 정권이 요서지역 낙랑군 소속의 둔유현 이남 땅을 별도로 떼어서 설치한 공손씨의 대방군입니다. 이때 낙랑군의 속현 18개(『한서』〈지리지〉는 25개, 『후한서』〈군국지〉는 18개 임) 중 7개가 대방군의 속현으로 재편됩니다.[8] 대방군은 당연히 요서지역에 소재합니다. 『삼국사기』는 앞서 낙랑군과 마찬가지로 한반도의 대방국을 중국의 대방군으로 잘못 인식합니다. 『고구려사략』은 낙랑왕 선방이 대방국을 쳐서

---

8 대방군의 속현은 대방현, 열구현, 남신현, 장잠현, 제해현, 함자현, 해명현 등이다. 모두 요서지역에 소재한다.

잠성箴城과 제해提奚 2개성을 빼앗았다고 증언합니다. 잠성과 제해는 원래 낙랑군(또는 대방군) 속현의 명칭입니다. 대방국이 황해도지역에 건국되면서 두 현의 이름 또한 자연스레 한반도로 이동하여 성城(현縣이 아님)의 명칭이 됩니다. 대방국 내에 있는 성입니다.[9]

박기자 : 대방국도 멸망한 겁니까?

고선생 : 아닙니다. 『고구려사략』 기록에 따르면, 황해도 대방국은 계속해서 명맥을 유지해오다 352년(고국원 22) 고구려 고국원왕(제16대)의 공격을 받고 멸망합니다.

⑥-20. 22년(352년) 2월, 해발解發을 정남대장군征南大將軍으로 삼아 방식方式, 우신于莘, 동리佟利 등을 이끌고 나가 **대방帶方을 정벌하고, 그 왕 장보張保를 사로잡았다. 근초고近肖古*와 관미령関彌岺에서 싸워 대파하고, 3개의 성을 쌓았으며, 두 나라 남녀 1만을 사로잡아 돌아왔다.**

『고구려사략』 고국원제기

☞ *백제 근초고왕(제13대)

대방국 멸망은 한반도 역학 관계에 중대한 변화를 가져옵니다. 고구려와 백제의 완충지대가 사라집니다. 이후 고구려와 백제는 국경을 맞대고 끝없는 영토전쟁을 벌입니다.

박기자 : 본격적으로 고구려와 백제의 충돌이 이루어지는군요.

고선생 : 미천왕은 한반도의 남정 뿐 아니라 중국대륙의 서벌도 왕성히 전개합니다. 302년(미천3) 미천왕은 3만 군사를 이끌고 현도군을 공격하여 현도태수의 목을 베고 8천을 사로잡아 돌아옵니다. 또한 311년(미천12) 서안평을 습격하여 남녀 2천을 사로잡고, 315년(미천15) 현도성을 공격하여 성주왕애 등 30명의 목을 벱니다. 그러나 미천왕의 서벌정책은 곧바로 한계를 드러냅니다.

박기자 : 어떤 한계입니까?

고선생 : 미천왕은 모용선비의 급성장을 제어하지 못합니다. 318년(미천19) 미천왕은 서진西晉의

---

9 황해도 봉산군에서 발견된 벽돌방무덤(塼室墳) 있다. 1911년 일제 식민사학자들이 처음 발굴 조사한다. 출토된 벽돌들에는 '使君帶方太守張撫夷塼', '張使君', '大歲在戊漁陽張撫夷塼', '大歲申漁陽張撫夷塼' 등의 명문이 새겨 있다. 무덤주인은 대방군 태수 장무이(張撫夷)이다. 무덤의 축조 시기는 288년(서진 무제 태강 9년)으로 공손씨 정권아래서 대방군 태수를 지낸 장무이가 황해도로 건너와 사망한 후 조성된 무덤으로 추정한다.

평주자사 최비崔毖와 우문선비, 단선비 등과 연합하여 모용선비의 수도인 극성棘城을 공격하지만 실패합니다. 모용선비의 계략에 빠져 고구려와 단선비는 군대를 철수시키고, 모용선비는 홀로 남은 우문선비를 공격하여 물리칩니다. 또한 모용선비는 최비를 붙잡기 위해 군대를 동원하자, 최비는 허겁지겁 수십의 기병만을 이끌고 319년(미천20) 고구려로 도망쳐옵니다. 이후 고구려는 모용선비와 정면충돌합니다. 미천왕은 급히 여노如拏를 파견하여 하성河城을 지키게 하지만, 여노는 모용선비가 보낸 장통에게 대패하여 죽고, 고구려 수천 가家가 모용선비에게 넘어갑니다.

박기자 : 결과적으로 미천왕의 서벌정책은 실패한 것이군요.

고선생 : 이 사건이후로 고구려는 요서지역 뿐 아니라 요동지역까지도 모용선비에게 내줍니다.[10] 미천왕은 요동지역을 수복하기 위해 수차에 걸쳐 모용선비를 공격하지만 번번이 실패합니다. 모용선비의 힘이 커질 대로 커져 오히려 고구려가 일방으로 밀리게 됩니다. 미천왕은 재위 32년째인 331년 봄에 사망합니다. 나이는 54세입니다. 『고구려사략』이 전하는 미천왕의 유언입니다.

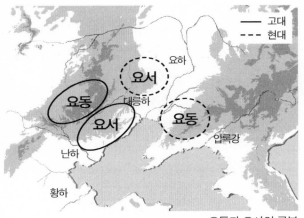

요동과 요서의 구분

⑥-21. 32년(331년) 2월, 상의 병세가 악화되어, 태자를 불러 신검神劍을 넘겨주고 이르길 "**봉상烽上이 무도하여, 차자次子*의 아들인 내가 보위를 이었다. 네가 나의 뒤를 이을 것이나 무도無道하면 나라를 잃을 뿐만 아니라 네 몸도 보존하기 어려울 것이다. 종척宗戚의 기대를 저버리지 말고, 군사와 백성의 노여움도 키우지 마라.** 네 어미와 함께 정사를 살필 것이나 여인은 사사로움에 치우쳐 실

---

10 요서지역과 요동지역의 구분은 고대와 현대가 다르다. 고대의 요서지역은 대릉하(大凌河)와 난하(灤河) 사이의 해안 평야지대이며, 요동지역은 요서지역 서북쪽의 산악지대이다. 현대와 같이 요하(遼河)를 경계로 동쪽을 요동, 서쪽을 요서로 구분한 시기는 요(遼) 때부터이다.

수하기 쉬우니, 너는 응당 중심을 잡고 바르게 하여라. **모용**慕容 **집안과는 서로 이익을 다투지 말고, 성을 튼튼히 하고 경계를 지켜라.** 토목 노역으로 백성들의 농사지을 시기를 빼앗지 말며, **부렴**賦 **斂****을 적게 걷고, 백성을 근검과 충효로써 가르쳐라. 노인을 봉양하고 현자를 공경하며, 재주 있 **는 자들을 등용하여 일을 감당케 하라.** 설사 호색하더라도 조신하여 지나치지 말 것이다. 아비가 일 찍 죽게 된 것을 거울로 삼아야 할 것이다. **장례**葬禮**는 검소하게 치를 것이며, 옥관**玉棺**과 금곽**金槨**을 쓰지 말라.** 또한 귀한 물건을 함께 묻으면 도둑들이 파헤치게 된다. 네 어미 고향 이 산수山水가 좋다 하니, 의당 나를 **미천**美川 **석굴에 장사하고,** 네 어미가 나를 따라오거든 함께 묻어다오." 하며 타이르 고 마침내 숨을 거두었다. 춘추 54세이다.『**고구려사략**』미천대제기

☞ *돌고 **세금

미천왕은 모용선비와 싸우지 말 것을 유언합니다. 그러나 이는 지켜지지 않습니다. 고구려는 모 용선비의 대대적인 공격을 받아 다시 한 번 최대의 위기를 맞이합니다. 또한 장례를 검소하게 치르 고 무덤을 치장하지 말라는 유언은 오히려 독이 됩니다. 훗날 미천왕릉은 모용선비에게 파헤쳐지고 미천왕의 시신마저 유기되는 수모를 당합니다.

7장

와신상담의 선택
고국원왕과 소수림왕

1. 국내성 천도의 속사정

고선생 : 중국 길림성 집안현에 「통구성通溝城」이 있습니다. 압록강과 통구하通溝河가 만나는 집안분지 한복판에 위치한 평지성으로 네모꼴 돌로 성벽을 쌓은 석축성입니다. 성의 모양은 사각형으로 각 성벽의 길이는 동벽 554.7m, 서벽 664.6m, 남벽 751.5m, 북벽 715.2m이며, 전체 둘레는 2,686m입니다. 성문은 본래 6개로 남북이 각 1개, 동서 각 2개이며, 일부 성문은 옹성甕城[1]을 가지고 있습니다. 석벽의 모서리는 거의 직각으로 바깥쪽이 불룩하게 튀어나온 凸형의 방대方臺와 각루角樓가 있으며, 또한 성벽을 따라 치雉가 설치되어 있는데, 북벽 8개, 동 · 서 · 남벽 각 3개씩으로 모두 14개로, 치의 길이는 8~10m, 폭은 6~8m입니다. 전형적인 고구려 성입니다.

통구성(길림성 집안현)

박기자 : 혹시 국내성國內城입니까?

고선생 : 그렇습니다. 고구려의 다섯 번째 수도 국내성입니다.[2] 국내성의 실체가 처음으로 밝혀진 때는 일제강점기입니다. 교수님께 설명을 부탁드립니다.

---

1 성문을 외부로부터 보호하기 위하여 성문의 외부에 설치한 이중성벽을 말한다. 모양이 마치 항아리 같다고 해서 붙여진 이름이다. 성내로 진입하기 위해서는 반드시 옹성을 먼저 통과해야 한다. 성벽에서 밖으로 돌출되어 있어 성문으로 접근하는 적을 3면에서 입체적으로 공격할 수 있다.

2 고구려는 홀승골성(시조 추모왕) → 위나암성(유리왕) → 환도성(산상왕) → 평양성(동천왕) 순으로 천도한다.

정교수 : 통구성을 국내성으로 비정한 사람은 일제 식민사학자들입니다. 원래 압록강 중상류 일대는 청淸(1616~1912)의 발상지로 인식되어 오랫동안 출입이 금지된 봉금封禁(출입금지)지역입니다. 일제는 조선을 병탄하기에 앞서 식민사학자를 동원하여 우리 역사 전체를 그들의 입맛에 맞게 재단합니다. 조선 침략의 역사적 근거를 만들어 갑니다. 그 중 하나가 고구려의 도읍지를 찾는 문제입니다. 식민사학자는 고구려의 최초 건국지 홀본을 오늘날 요녕성 환인현 일대로 고정시키고, 오녀산성을 찾아내어 고구려 첫 수도인 홀승골성으로 비정합니다. 이어 길림성 집안현 북쪽지역에서 또 하나의 산성인 산성자산성을 찾아내고, 이를 산상왕이 천도한 환도성으로 비정합니다. 뿐만 아니라 산성자산성의 남동쪽 2.5㎞ 떨어진 부근에서 평지성도 찾아냅니다. 이 성이 바로 통구성입니다. 그리고 통구성을 유리왕이 천도한 위나암성이자 고국원왕이 천도한 국내성으로 비정합니다.[3]

박기자 : 국내성의 비정이 잘못된 겁니까?

고선생 : 통구성은 분명히 국내성(국내성과 국내 위나암성은 다름)입니다. 일제 식민사학자들이 저지른 잘못은 국내성이 아니라 홀승골성, 위나암성, 환도성의 비정입니다. 이들 초기 도성은 압록강 중상류 지역이 아닌 요하유역입니다. 일제는 고구려 건국지를 포함하여 초기 주요 도읍지를 모두 압록강 중상류지역으로 몰아넣어 고구려 역사를 축소, 왜곡합니다. 이유는 고구려가 과거 중국 동북방 지역을 지배한 역사적 사실을 부정하기 위해서입니다. 국내성은 『삼국사기』 고국원왕 기록에 처음 언급됩니다. '12년(342년) 2월, 환도성을 수리하고 국내성을 쌓았다.〔十二

환도성과 홀승골성의 위치

---

3 대표적인 식민사학자는 도리이 류조(鳥居龍藏), 이마니시 류(今西龍), 세키노 타다시(関野貞)이다. 이들 중 도리이 류조는 산성자산성을 환도성으로 고증한다. 또한 도리이 류조는 훗날 집안현 일대가 유리왕이 옮긴 위나암성(국내성)과 산상왕이 옮긴 환도성의 설을 만드는데 결정적인 역할을 한다.

年 春二月 修葺丸都城 又築國內城」'는 기록입니다. 고구려는 342년 처음으로 국내성을 축조합니다. 중국정부는 1975년~1977년까지 3년에 걸쳐 국내성(통구성)을 발굴 조사합니다. 그런데 뜻밖에도 석축하단에서 토루土壘의 흔적이 발견됩니다. 이는 국내성의 축조과정을 설명합니다. 국내성은 처음에 토성을 쌓고, 이후 그 위에 석축성을 올려 쌓습니다. 특히 석축하단의 연대측정이 3세기후반~4세기중반으로 추정되어, 『삼국사기』의 국내성 축조기록과 실제 석축성 축조시기가 일치합니다.

박기자 : 그렇다면 국내성은 언제 고구려의 수도가 된 겁니까?

고선생 : 아쉽게도 국내성 천도에 관한 문헌기록은 없습니다. 『삼국사기』는 국내성의 축조사실만을 전하며, 『고구려사략』 또한 마찬가지입니다. 그럼에도 추정은 가능합니다.

박기자 : 어떤 단서라도 있습니까?

고선생 : 『삼국사기』와 『고구려사략』의 고국원왕 기록입니다.

년도	『삼국사기』 고국원왕	『고구려사략』 고국원제기
334년 (고국원4)	8월, 평양성平壤城을 증축하였다.	8월, 평양성을 증축하고, 환도丸都에 신궁을 지었다.
338년 (고국원8)	-	8월, 동황성東黃城의 역졸 5천을 환도로 보내라고 명하여 오룡궁五龍宮을 수리하고, 낙랑인 2천. 대방인 1천 및 부여인 2천으로 동황성을 수리하였다. 동황성은 평양의 남쪽에 있다. 본래 백제 땅으로 신라와 가까이 있던 까닭에, 신라와 백제가 연이어 화친하면서도 이곳을 가지려 하였다. 왕은 이곳을 밀도密都로 삼고, 튼튼히 하여 남쪽에 대비할 요충으로 삼고자 하였다.
340년 (고국원10)	-	7월, 환도丸都의 장안궁長安宮이 완성되어, 주周태후의 행궁으로 삼았다.
342년 (고국원12)	2월, 환도성丸都城을 수리하고, 또 국내성國內城을 쌓았다. 8월, 왕이 환도성으로 이거移居하였다.	2월, 재봉再逢에게 명하여 환도성을 수리하고, 람국藍國에게 명하여 국내성을 쌓았다. 8월, 환도성으로 천도遷都하였다. 대략, 서진西進하려는 뜻이다.

343년 (고국원13)	7월, 왕이 평양의 동황성으로 이거移 居하였다. 동황성은 지금의 서경西京 동쪽 목멱산木覓山에 있다.	7월, 동황성으로 이거移居하였다.
363년 (고국원33)	-	3월, 경도京都의 인구가 조밀해져 여러 관청을 평양으로 옮 겼다.
364년 (고국원34)	-	정월, 경도京都에 돌림병이 크게 돌아서, 상이 태자와 후비들을 데리고 용산龍山으로 들어갔다.

『삼국사기』는 평양성 증축(334년) → 환도성 수리 및 이거, 국내성 축조(342년) → 동황성 이거(343년) 순입니다. 이에 반해『고구려사략』은 평양성 증축 및 환도성 신궁 신축(334년) → 환도성 및 동황성 수리(338년) → 환도성 수리 및 천도, 국내성 신축(342년) → 동황성 이거(343년) → 경도 관련(363년,364년) 순입니다. 두 기록에서 큰 차이를 보이는 부분은 342년(고국원12)입니다.『삼국사기』는 환도성을 수리하고 이거하나,『고구려사략』은 환도성을 수리하고 천도합니다.

박기자 : 환도성의 이거입니까? 아니면 천도입니까?

고선생 : 환도성 천도가 맞습니다.『고구려사략』을 보면, 환도성 천도 이전에 환도성내에 오룡궁과 장안궁을 신축하며 천도를 준비합니다. 그리고 342년 환도성의 미진한 부분을 수리하고, 당시 수도인 평양성(요녕성 요양)에서 환도성(요녕성 해성, 안시성)으로 재천도합니다.[4]

박기자 : 동황성은 어디입니까?

고선생 :『삼국사기』는 서경(고려의 서경, 한반도 평양)의 동쪽 목멱산[5]에 있다 하고,『고구려사략』은 평양(한반도 평양) 남쪽에 있다합니다. 또한 원래 백제 땅이라고 부연합니다. 정확한 장소는 알 수 없으나 당시 고구려와 백제의 접경지 주변으로 추정됩니다. 황해도의 어느 한 지역이 유력합니다. 참고로 서울 남산의 옛 명칭은 목멱산입니다.

---

4 동천왕은 위의 관구검 침략을 받고 당시 수도인 환도성이 초토화되자 평양성으로 천도한다.

5 고려시대의 삼경(三京)은 중경을 제외한 서경과 남경, 그리고 동경을 말한다. 중경은 개성인 송악(松岳)이다. 서경은 평양(平壤), 남경은 목멱양(木覓壤, 목멱산이 있는 도성)이며, 동경은 경주(慶州)이다. 목멱산은 지금의 서울 남산을 가리킨다.

박기자 : 동황성이 서울일 수도 있다는 뜻입니까?

고선생 : 단정할 수 없습니다. 그러나 두 기록을 겹쳐보면, 서울 남산이 동황성일 가능성도 있습니다. 당시 백제의 수도는 한강 이남의 하남위례성입니다. 고구려는 미천왕 때 황해도의 대방지역을 장악하고 계속해서 백제를 압박하던 시기입니다. 따라서 일시적이나마 고구려가 한강 이북까지 진출하여 서울 남산에 동황성을 건설할 수도 있습니다.

정교수 : 동황성은 지금의 평안북도 강계 부근으로 추정합니다.[6] 서경(평양)의 동쪽 목멱산에 있다는『삼국사기』기록은 편찬자의 착오입니다.

박기자 : 경도京都는 어느 수도를 말합니까?

고선생 : 바로 국내성입니다. 342년(고국원12) 고국원왕은 국내성 축조와 더불어 환도성을 수리하고 재천도합니다. 그러나 곧바로 모용황의 공격을 받아 환도성은 불타 폐허가 됩니다. 이 부분은 뒤에 자세히 살펴봅니다(이하 203쪽). 이에 고국원왕은 343년(고국원13) 폐허가 된 환도성을 버리고 한반도 동황성으로 급히 피신합니다. 그리고 20년의 기록 공백이 있은 후 363년(고국원33) 갑자기 경도京都가 나타납니다. 고국원왕은 이 기간에 임시거처인 동황성에서 압록강 중상류지역의 국내성으로 천도합니다. 국내성이 바로 경도로 기록된 고구려의 새 수도입니다. 그런데 이후 고국원왕은 국내성 인구가 늘자 일부 관청을 평양으로 옮기고, 또 돌림병이 발생하여 국내성을 벗어나 피신하기도 합니다.

박기자 : 일부 관청을 옮긴 평양은 어디입니까?

고선생 : 한반도 평양입니다.

⑦-1. 15년(345년) 춘정월, 상이 **용강**龍江**에 거동하여 용주희**龍珠戲**를 행하고, 평양**平壤**의 부로**父老 **70
명에게 연회를 베풀었다.** 『고구려사략』 고국원제기

---

6 이병도는 1957년『국사대관』에 '동황성의 위치는 자세하지 않으나 환도(일명 황성)의 동편(아마도 강계지방)인 듯하며, 『삼국사기』의 평양천도설은 후일 평양의 동명(同名, 동황성)과 혼동한 데서 생긴 착오라고 해석된다.'고 설명한다.

한반도 평양에 대한 『고구려사략』의 최초 기록입니다. 고국원왕이 모용황의 공격을 받아 환도성을 떠나 동황성으로 거처를 옮긴 이후인 345년(고국원15)입니다. 용강은 지금의 평남 용강군입니다. 대동강 하구인 남포시 북쪽에 소재합니다. 고국원왕은 용강에 들러 평양의 부로들을 초청하여 연회를 베풉니다. 일종의 위무행사입니다. 이들 부로들은 미천왕 때(313년) 멸망당한 자술의 낙랑국 후예로 추정됩니다. 다만 한반도 평양 지명의 사용시기를 자술의 낙랑국 때부터인지 아니면 그 이전부터인지 특정화할 수 없지만 평양의 명칭이 요하유역에서 한반도로 이동한 것은 분명합니다.

정교수 : 중국정부가 발굴조사한 국내성의 유적과 유물을 보면, 궁궐과 여러 건축물의 배초석(건물 기단)과 철기를 제조한 작업장의 유적이 있으며, 토기 조각과 기와 편을 포함하여 금칠한 활촉, 기물 뚜껑, 걸개 등 다양한 유물도 출토됩니다. 특히 구리불상도 발견되어 고구려에 불교가 전래되기 이전부터 국내성은 개발된 것으로 추정됩니다.

박기자 : 국내성이 고구려의 수도라는 증거이군요.

정교수 : 또한 국내성이 소재한 집안현 일대에는 수천기의 무덤이 산재합니다. 「통구通溝고분군」으로 통칭합니다. 크게 6개 묘역으로 나눕니다. ㉮「하해방下解放고분군」은 가장 동쪽에 위치하며 51기가 있습니다. 용산 남쪽 기슭과 압록강 안쪽에 분포하며 모두루총, 환문총이 유명합니다. ㉯「우산하禹山下고분군」은 대규모 묘역으로 총 3,904기가 우산 기슭에 밀집되어 있습니다. 장군총, 태왕릉, 각저총, 무용총, 삼실총, 사신총, 오회분 등이 있습니다. ㉰「산성하山城下고분군」은 산성자산성 남쪽의 통구하 양쪽에 분포합니다. 1,000여 기가 있으며, 절천정총, 형총, 제총, 연화총, 귀갑총 등이 포함됩니다. ㉱「칠성산七星山고분군」은 칠성산 동쪽 기슭에 있는데, 칠성산 96호분과 879호분 등이 있습니다. ㉲「만보정萬寶汀고분군」은 산성자산성 서남쪽, 칠성산 동북 기

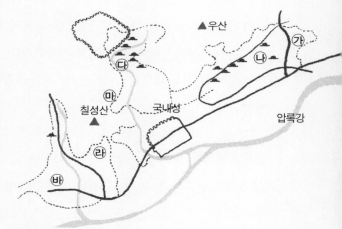

통구고분군 평면도

슭에 분포합니다. 1,000여 기가 밀집되어 있는데, 이 중 757기가 돌무지무덤입니다. ㉫「마선구麻線溝고분군」은 칠성산 서쪽 기슭과 마선구하 양안兩岸에 퍼져 있습니다. 2,000여 기가 있으며, 대표적으로 천추총, 서대묘 등입니다.

　　박기자 : 고구려 무덤은 모두 집안지역에 밀집되어 있군요.

　　정교수 : 이들 무덤은 고구려의 대표 무덤양식인 적석총(돌무지무덤)이 주를 이룹니다. 집안일대는 적석총의 군집지입니다. 적석총은 단순히 냇돌을 사각형으로 깔고 시신을 위에 놓은 다음 다시 냇돌로 봉분을 만드는 '단순적석총'으로부터 시작합니다. 축조 시기는 2세기 이전으로 추정됩니다. 이후 평평히 고른 땅 위에 넓적한 돌로 기단을 마련한 '기단식 적석총'이 출현합니다. 대략 2세기경으로 이때 사용된 돌은 냇돌 뿐 아니라 산돌도 사용되며 무덤위치도 강가

산성하 고분군(길림성 집안현)

에서 산기슭으로 점차 이동하는 양상을 보입니다. '기단계단식곽적석총'과 '기단계단식석실적석총'은 3~5세기경에 만들어진 것으로 이때부터는 시신이 바닥에서 기단위로 올라가며, 외부는 계단 모양을 취합니다. 태왕릉과 장군총이 대표적입니다. 이후에도 적석총은 '봉석석실적석총'으로 발전합니다.

　　고선생 : 적석총은 고구려의 대표 무덤양식이나, 고구려만의 독창적인 양식은 아닙니다. 원래 적석총은 동이족의 보편화된 무덤양식으로 돌을 사용한 석분石墳입니다. 이에 반해 중국의 한족은 흙을 사용하는 토분土墳입니다. 적석총은 청동기시대부터 한반도를 포함하여 중국대륙의 동북방에 골고루 분포합니다. 처음에는 단순히 시신위에 돌을 덮는 단계에서 점진적으로 일정한 형태를 갖추고 돌을 쌓는 단계로 발전하는데, 그 시원은 홍산문화의 대표적 유적인 대릉하 유역의 우

하량牛河梁 적석총에서 찾을 수 있습니다. 연대는 대략적으로 서기전3,500년경입니다. 집안현 지역에 적석총이 군집한 이유는 지역적 특성에 기인합니다. 압록강 중상류 지역은 주변이 온통 산지로 둘러 쌓여있어 외부와의 접촉이 어려운 지역입니다. 따라서 아주 오래전부터 이 지역에는 적석총 세력이 정착하였고, 이후 고구려가 이 지역을 장악하면서 자연스레 적석총의 무덤양식을 받아들이며 발전시킵니다. 물론 이 지역은 평지가 절대 부족하여

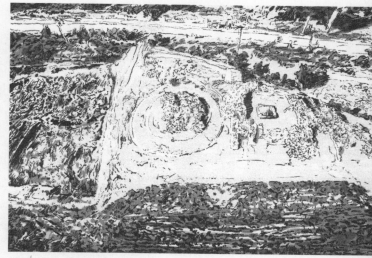

우하량 유적(요녕성 건평현)

흙보다는 지천에 널려있는 돌의 수집이 용이한 측면도 있습니다.

박기자 : 한 가지 궁금하군요. 국내의 지명은 어떻게 생겨난 겁니까?

고선생 : 342년(고국원12) 고국원왕이 국내성을 처음으로 쌓으면서 국내라는 지명이 생깁니다. 이는 원래부터 이 지역 명칭이 국내일 수 있고, 또는 고국원왕이 국내성을 축조하면서 국내 명칭이 생길 수도 있습니다. 두 경우 모두 가능하지만 후자에 무게를 둡니다. 일반적으로 국내國內는 국외國外의 반대 개념으로 나라의 경계선 안쪽을 지칭합니다. 경계선을 어느 한 지역으로 특정화시킨다면 국내는 국도國都, 즉 수도입니다. 이는 국내성시대에 사망한 왕들의 시호에서 확인됩니다. 모두 국내의 주변일대를 지칭하는 국원國原, 국양國壤, 국강國岡에 묻힙니다.[7] 이는 고구려가 국내성으로 천도하면서 압록강 주변일대를 고구려의 심장부, 즉 국도가 있는 고구려의 중심지역으로 인식한 증거입니다.

---

7 고국원왕(제16대)은 국원, 국강상이고, 고국양왕(제18대)은 국양이다. 광개토왕(제19대)의 묘호는 국강상광개토경평안호태왕(國岡上廣開土境平安好太王)이다. 역시 국강상에 묻힌다. 다만 시호 앞에 '故'가 추가된 것은 425년 장수왕이 새 수도인 평양으로 천도한 뒤에 붙여졌기 때문이다.

2. 고국원왕의 불운 (Ⅰ)

고선생 : 고국원왕故國原王은 제16대 왕으로, 이름은 사유斯由(쇠釗, 유劉, 주유극朱留克)이며 미천왕의 뒤를 이어 즉위합니다. 『삼국사기』는 미천왕과의 관계를 밝히지 않고 있으나, 『고구려사략』은 미천왕의 셋째아들로 나옵니다. 어머니는 미천왕의 후궁인 주周씨입니다.

⑦-2. 왕은 키가 크고 몸이 우람하며, 풍채는 수려하고 학문을 좋아하였다. 성품이 관후하여 백성을 아끼고 효와 우애가 돈독하며, 또한 말 타고 활쏘기를 잘하고 용병을 좋아하였다. **선제의 뜻을 받드는 것을 자신의 일로 여겨, 남정서벌南征西伐에 임하여 반드시 다른 사람보다 먼저 군진의 앞에 섰다가 끝내 쏟아지는 화살을 맞고 죽으니, 나라사람들이 이를 애통히 여겨 국강상왕國罡上王 또는 작은 을불小乙弗이라 불렀다.** 『고구려사략』 고국원제기

『고구려사략』은 고국원왕의 외모와 성품, 능력과 자질 등 모든 면이 왕으로서 손색이 없다고 애써 강조합니다. 그럼에도 고국원왕은 선왕(미천왕)의 유지遺志인 「서벌남정西伐南征」 정책을 적극적으로 수행하다 죽습니다.

박기자 : 서벌남정은 무엇입니까?

고선생 : 서쪽을 토벌하고 남쪽을 정복한다는 뜻입니다. 토벌과 정복은 대상을 멸한다는 의미는 같으나 방법은 다소 차이가 있습니다. 토벌은 군사적 수단에 국한하나 정복은 군사적·비군사적 모든 수단을 포함합니다. 서벌남정은 미천왕이 줄곧 추진해온 정책입니다. 그 성과는 서쪽으로 중국 대륙 동북방의 신흥 강자인 모용선비의 공격을 막아내어 고구려 영토를 지키고, 남쪽으로 한반도 낙랑국과 대방국을 정복하여 백제와 국경을 맞대게 됩니다. 미천왕의 뒤를 이은 고국원왕에게 있어 서벌남정 정책은 일종의 루비콘Rubicon강을 건너는 것과 같습니다. 결코 피할 수 없는 역사적 운명입니다. 그러나 고국원왕은 당대의 걸출한 경쟁자를 만나 자신과 고구려의 미래를 송두리째 바꿔 놓습니다.

박기자 : 경쟁자는 누구입니까?

고선생 : 모용황과 근초고왕입니다. 두 사람은 당대의 영웅입니다. 모용황慕容皝은 중국대륙 동북방 일대에 전연前燕(337~370)을 세워 거대한 국가를 건설하며, 근초고왕(제13대)은 백제 전성기를 이끈 정복군주입니다. 고국원왕의 불운은 두 영웅과 한 시대를 함께한 점입니다.

박기자 : 두 사람은 어떻게 만납니까?

고선생 : 고국원왕은 331년~371년까지 41년을 재위합니다. 역대 왕들과 비교해 볼 때 상당히 긴 재위기간입니다. 그만큼 내적으로는 왕권이 안정화된 상태입니다. 그러나 고국원왕은 재위기간 내내 외환에 시달립니다. 전반기는 모용황의 공격을 받아 수도 환도성이 함락당하고 고구려 백성 5만이 포로로 잡혀갑니다. 이에 고국원왕은 부득이 환도성을 포기하고 국내성으로 천도합니다. 또한 후반기는 백제 근초고왕과 본격적인 영토전쟁을 벌입니다. 그러나 고국원왕은 결실을 맺지 못하고 갑자기 사망합니다.

박기자 : 모용황은 어떤 인물입니까?

고선생 : 모용선비의 수장입니다. 교수님께 설명을 부탁드립니다.

정교수 : 모용황의 아버지는 모용외입니다. 307년(미천8) 모용외는 '선비대선우'를 자칭하며 서진西晉(265~316)으로부터 독립합니다. 서진은 '영가의 난'을 겪으면서 극도로 혼란에 빠지는데, 이때 모용외는 서진의 유민을 적극 받아들여 세력을 키웁니다. 319년(미천 20) 모용외는 서진의 동이교위 최비가 중심이 된 고구려, 단부, 우문부의 연합군을 물리치고 요동지역의 패권을 장악합니다. 333년(고국원3) 모용외가 죽자, 모용황이 뒤를 잇습니다. 모용황은 이복형 모용한과 동생 모용인, 모용소가 일으킨 내분을 차례로 진압하고, 337년(고국원7) 전연前燕(337~370)을 건국합니다.

고선생 : 고구려는 두 차례 모용황의 침공을 받습니다. 1차 침공은 339년(고국원9)입니다.

⑦-3. 9년(339년) **연燕왕 모용황慕容皝이 침입하여 그의 군사가 신성新城에 이르렀다.** 왕이 동맹을 청하자 그들은 곧 돌아갔다. 10년(340) 왕이 연왕 모용황에게 세자世子를 보내 조회하였다.
『삼국사기』 고국원왕

⑦-4. 9년(339년) 정월, **모용황慕容皝이 대거 쳐들어오자, 신성新城성주 왕자 인仁이 성을 버리고 물러났다.** 고희高翕에게 명하여 서부의 병력을 이끌고 가서 구하라 했으나 이기지 못하였다. **5월, 왕의**

동생 민玟을 신성으로 보내 모용황과 화친을 약속하고 평곽태수 오충烏忠을 인질로 보냈다. 모용황이 봉추封抽와 송황宋晃을 내놓으라고 하여, 이들을 도피시켰다. 10년(340년) 2월, 왕의 **동생 민玟과 세자世子 성城을 모용황에게 보내 백양白羊 3천 마리를 뇌물로 주니, 모용황이 오충烏忠과 조문祖文을 돌려보냈다.** 『고구려사략』 고국원제기

두 기록을 비교해 보면, 재삼 『삼국사기』의 편집원칙이 확연히 드러납니다. 『삼국사기』는 특별한 경우가 아니면 대부분 인명(이름)을 생략하며, 사건 내용도 소략疏略해서 기록합니다. 『고구려사략』에 의거 당시 상황을 정리합니다. 339년(고국원9) 정월, 모용황이 신성을 쳐들어오자 성주 인仁(고국원왕의 아들)이 신성에서 물러나고, 고국원왕은 급히 서부의 병력을 동원하여 신성 탈환을 시도하나 실패합니다. 이어 5월, 아우 민玟을 모용황에게 보내 화친을 맺고, 대신 평곽태수 오충을 인질로 보내며 신성을 되찾습니다. 이듬해인 340년(고국원10) 2월, 고국원왕은 아우 민과 세자[8] 성城을 모용황에게 보내 백양 3천 마리를 주고 인질로 잡혀갔던 오충과 조문을 돌려받습니다.

박기자 : 전투는 없는 겁니까?

고선생 : 소규모 전투는 있었을 겁니다. 그러나 고국원왕의 선택은 무력이 아닌 협상입니다. 화친을 맺어 신성을 되찾고, 인질 또한 백양 3천 마리와 맞교환하는 외교술을 발휘하여 데려옵니다. 고국원왕은 왕족인 아우와 세자까지 직접 파견하는 강수強手를 두어 모용황과의 협상에서 소기의 성과를 거둡니다.

박기자 : 외교의 승리이군요.

고선생 : 그러나, 이듬해인 341년(고국원11) 10월, 모용황이 고구려의 서남쪽 경계인 평곽[9]을 공격하여 점령하면서 상황은 급변합니다. 고국원왕은 환도성을 수리하고, 342년(고국원12) 8월 평양성에서 환도성으로 재천도하며 모용황과의 일전에 대비합니다. 본격적인 서진정책이 작동합니다. 이에

---

8 세자(世子)는 태자를 말한다. 우리 문헌상 태자를 세자로 기록한 경우는 이 부분이 유일하다. 『삼국사기』도 세자로 기록한다. 이유는 알 수 없다. 다만 『진서』 모용외재기 편에 모용황을 세자로 칭한 기록이 있다. 모용씨의 세자 호칭과 격을 맞추기 위해 고구려에서도 일시적으로나마 세자 호칭을 사용한 듯싶다.

9 평곽은 태조왕이 쌓은 요서 10성 중의 하나이다. 고구려 서남쪽 요충지로 지금의 대릉하 하류와 난하 하류 사이에 위치한다.

맞서 모용황도 평곽을 접수한 이듬해인 342년(고국원12) 10월, 극성에서 용성으로 천도합니다. 『고구려사략』은 당시 상황을 가리켜 '모용황은 동진하고자 하고 고국원왕은 서진하고자 하니, 두 세력은 충돌할 것이고 또한 그리되었다.〔皝欲東進 而上欲西進 其勢必衝乃己〕'고 설명합니다.

박기자 : 용성은 어디입니까?

고선생 : 용성龍城의 명칭을 처음 사용한 사람은 모용황입니다. 그 내용이 『고구려사략』과 『수경주』[10]에 나옵니다.

⑦-5. 10년(340년) 7월, 모용황慕容皝은 흑룡과 백룡 두 마리가 서로 머리를 부비며 사귀다가 용산龍山에 뿔을 떨어뜨리는 것을 보고는, **새로이 지은 궁의 이름을 화룡和龍이라 하였으며, 그 산 위에다가는 용삭불사龍朔佛寺를 세워** 공경들의 자제를 가르치는 관학官學으로 삼았다. 『고구려사략』 고국원제기

⑦-6. **연燕의 모용황慕容皝이 유성柳城 북쪽에 있으면서 용산 남쪽에 있는 복스러운 땅에 양유阳裕로 하여금 용성龍城을 축성하고 유성을 용성현으로 개명하였다.** 12년 모용황이 흑룡과 백룡을 용산에서 친히 보고는 2백보를 걸어가서 소·돼지·양으로 제사를 지내는데, 두 용이 머리를 교차하고 기쁘게 날다가 뿔을 떨어뜨려 잃어버렸다. 모용황은 기뻐하며 대사면령을 내리고, **신궁을 화룡궁和龍宮이라 부르고 산 위에 용익사龍翔祠를 세웠다.** 『수경주』 대요수

모용황이 용산에서 흑룡과 백룡이 서로 교차하다가 뿔을 떨어뜨리는 모습을 보고 이곳에 화룡궁을 짓고, 또한 산 위에 용삭불사(『수경주』는 용익사임)를 세운 흥미로운 설화입니다. 『삼국사기』에는 나오지 않습니다. 『고구려사략』이 『수경주』와 같은 내용을 기록으로 남긴 자체가 놀랍습니다. 『수경주』가 설명하는 용성은 이전에 유성으로 불린 지역입니다. 지금의 중국 요녕성 조양朝陽 근처로 비정합니다.

박기자 : 모용황의 2차 침공은 언제입니까?

고선생 : 1차 침공 이후 3년이 지난 342년(고국원 12)입니다. 『삼국사기』 기록입니다.

---

10 『수경주水經注』는 중국 북위 때의 학자 역도원(酈道元, 466~527)이 저술한 중국의 하천지(河川誌)이다. 총 40권으로 황하(黃河)·양자강(揚子江) 등 1,252개의 중국 각지 하천의 계통과 주변지역의 연혁·도읍·경승·전설 등을 담고 있다. 원문헌인 『수경水經』에 주(注)를 붙여 「수경주」라 한다.

⑦-7. 12년(342년) 11월, **연왕 모용황**慕容皝**이 강한 군사 4만을 거느리고 모용한**慕容翰**과 모용패**慕容霸**를 선봉으로 삼아 남쪽 길로 쳐들어왔다.** 또한 장사 왕우王寓 등에게 군사 1만 5천을 주어 북쪽 길로 침범하였다. 왕은 아우 무武에게 정예군사 5만을 주어 북쪽 길을 방어하게 하고, 자신은 약한 군사를 거느리고 남쪽 길을 방어하였다. 이때 모용한 등이 먼저 쳐들어와서 전투를 벌였고, 이어 도착한 모용황의 대군에 맞서 싸우다가 우리 군사가 대패하였다. 연의 좌장사 한수韓壽가 우리 장수 아불화도가阿佛和度加를 죽이자, 적들이 이를 기회로 마침내 환도성으로 쳐들어왔다. 왕은 가족을 버리고 급히 단웅곡斷熊谷으로 도주하였다. **연의 장군 모여니**慕輿埿**가 추격하여 왕의 모친 주**周**씨와 왕비를 잡아갔다.** 이때 연의 장군 왕우 등은 북쪽 길에서 우리 군사와 싸우다가 모두 죽었다. 이로 말미암아 **모용황은 왕을 더 이상 추격하지 않고, 사람을 보내 왕이 몸소 찾아오도록 하였다. 그렇지만 왕은 가지 않았다.** …(중간생략)… 모용황이 한수의 말에 따라 **미천왕의 무덤을 파헤쳐 그 시신을 싣고, 궁궐 창고에서 대대로 내려온 보물을 훔쳤으며, 궁궐을 불태운 뒤 남녀 5만여를 사로잡고 환도성을 무너뜨리고 돌아갔다.** 『삼국사기』 고국원왕

이 내용은 『고구려사략』과 『진서』〈재기〉 모용황 편에도 나옵니다. 기록마다 차이는 있으나 기본적인 줄거리는 같습니다. 모용황은 5만 5천의 군사를 남북으로 나누어 고구려를 침공합니다. 남쪽 길은 모용황 자신이 4만 군사를 직접 동원하고, 북쪽 길은 왕우에게 1만5천 군사를 이끌게 합니다. 모용황의 주력은 남쪽입니다. 이에 대응하여 고국원왕은 아우 무武에게 정예 5만을 주어 북쪽 길을 막게 하고, 자신은 약졸들과 함께 남쪽을 맡습니다. 고구려의 주력은 북쪽입니다.

박기자 : 고국원왕이 주력을 북쪽에 배치한 이유는 무엇입니까?

고선생 : 중국의 침공 경로는 북쪽과 남쪽 두 가지입니다. 북쪽은 비교적 평야지대로 전통적인 침공로입니다. 동천왕 때 관구검도 북쪽 경로를 선택합니다. 이에 반해 남쪽은 산악지대로 매우 험준합니다.

박기자 : 그렇지만 중국지도를 펼쳐놓고 보면 평야지대는 오히려 남쪽입니다.

고선생 : 당시 남쪽지형은 현재와는 다릅니다. 요하를 비롯하여 남쪽방향으로 이어진 대릉하, 난하 등의 하류는 온통 늪지대입니다. 대표적인 늪지대는 요하하류의 요택遼澤입니다. 먼 훗날 당태종이 고구려를 침공하여 대패한 후, 후퇴하는 과정에서 수많은 군사를 잃은 지역입니다. 특히 당시

해안선은 지금보다 해수면이 높아 현재 지형보다 수 키로(㎞) 정도는 내륙 안쪽에 위치합니다. 따라서 당시의 남쪽은 해안선이 산악지대에 거의 맞닿아 있고 그나마 평지는 대부분 늪지입니다. 대규모 병력이 이동하기에는 매우 열악합니다. 결론적으로 고국원왕은 오판합니다. 모용황이 전통적인 침공로인 북쪽을 통해 공격해 올 것이라 확신하여 고구려 주력을 북쪽에 배치합니다.

박기자 : 고국원왕이 모용황에게 혀를 찔린 셈이군요.

고선생 : 모용황의 주력부대는 열악한 남쪽으로 침공

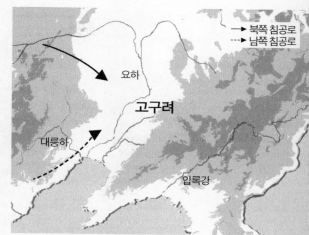

모용황의 고구려 침공 경로

하여 파죽지세로 고구려를 무너뜨리고 수도 환도성에 다다릅니다. 고국원왕은 급히 단웅곡으로 피신하지만 어머니 주周태후와 왕후는 모용황에게 포로로 잡힙니다.

박기자 : 고구려의 일방적인 패배입니까?

고선생 : 다행히 북쪽을 담당한 고구려 주력부대는 모용황 군대를 패퇴시킵니다. 그러나 너무 늦습니다. 모용황은 고국원왕의 아버지 미천왕의 능을 파헤쳐 시신을 탈취하고, 환도성 궁궐 안의 고구려 보물과 백성 5만을 사로잡아 돌아갑니다. 이때 환도성은 완전히 파괴됩니다.

박기자 : 이후 고국원왕은 어떻게 대응합니까?

고선생 : 이듬해인 343년(고국원13) 2월, 고국원왕은 아우(『고구려사략』은 민珉이라 함)를 모용황에게 보내 신하를 칭하고 수많은 보물을 바칩니다. 그러나 모용황은 미천왕의 시신만을 돌려주고, 고국원왕의 어머니 주태후는 계속해서 볼모로 잡습니다. 그해 10월, 고국원왕은 중대 결정을 내립니다. 모용황에 의해 파괴된 환도성 복구를 포기하고 동황성으로 거처를 옮깁니다. 이후 보다 안전한 국내성으로 천도를 단행합니다.

박기자 : 미천왕릉은 어디에 있습니까?

정교수 : 집안현 서쪽의 「마선구고분군」에 속해 있는 「서대묘」로 추정합니다. 명칭은 통구평원

봉분 중앙이 파헤쳐져 소실됨

서대묘(길림성 집안현)

의 서쪽 끝에 위치하고 무덤의 모양이 높고 크다고 해서 붙여진 이름입니다. 서대묘는 심하게 훼손되어 몇 개의 금제 관식과 와당, 기와 파편들만 일부 출토됩니다. 무덤의 중간은 파헤쳐져 바닥이 드러나 있습니다. 무덤양식은 방단적석묘(방단돌무지무덤)로 무덤방이 따로 있었을 것으로 추정합니다. 서대묘를 미천왕릉으로 추정하는 이유는 무덤의 밑바닥까지 파헤쳐 도굴된 점입니다. 이는 몇몇 도굴범의 소행으로 보기에는 불가능한 작업입니다. 상당한 인력이 동원된 도굴이어서 전쟁과 관련된 상황으로 이해합니다. 모용황이 미천릉을 파헤쳐 시신을 탈취했다는『삼국사기』기록과 연계성을 갖습니다.

고선생 : 미천왕릉의 형태를 추정할 수 있는 단서가『고구려사략』에 있습니다.

⑦-8. 12년(342년) 10월, **모용황**慕容皝은 화가 치밀어서 **미천릉**美川陵을 **파헤쳤다.** 애초에 상은 주周태후가 만수를 누린 연후에 미천릉에 합장하려고 **연문**羨門*을 봉하지 않았다. 때문에 적들은 손쉽게 **제궁**梓宮**을 탈취하였다.**『고구려사략』고국원제기

☞ *무덤입구 문 **제왕의 시신

미천왕릉은 무덤방이 봉하지 않은 상태에서 모용황에게 시신을 탈취당합니다. 시신의 탈취만을 고려하면 미천왕릉 자체는 훼손되지 않습니다. 따라서 봉토 자체가 완전히 훼손된 서대묘는 미천왕릉이 될 수 없습니다. 더구나 집안현은 고국원왕이 국내성으로 천도한 이후에 집중적으로 개발된 지역입니다. 미천왕릉이 이곳에 존재할 이유가 전혀 없습니다. 굳이 모용황에게 시신을 탈취당할 당시의 미천왕릉을 찾는다면 요하유역의 환도성 근처입니다. 다만, 고국원왕이 모용황으로부터 미천왕의 시신을 돌려받았기 때문에 이후 집안현 인근에 새로이 능을 조성했을 수도 있습니다.

박기자 : 모용황에게 인질로 잡힌 고국원왕의 어머니 주태후는 어떻게 됩니까? 영영 돌아오지 못

합니까?

고선생: 348년(고국원16) 모용황이 낙마사고로 급사하자 그의 아들 모용준이 즉위합니다. 355년(고국원25) 고국원왕은 사신을 보내 주태후의 송환을 청하고 모용준은 허락합니다. 주태후는 볼모로 잡혀간 지 14년 만에 귀환합니다. 그러나 고국원왕에게 혹이 하나 달라붙습니다. 모용준은 고국원왕에게 「정동대장군영주자사낙랑공」의 관작을 수여합니다.[11] 이는 고구려 왕이 중국왕조로부터 받은 최초의 관작입니다.

박기자: 관작은 무얼 의미합니까?

고선생: 관작은 일종의 외교행위입니다. 통상적으로 주종관계를 전제로 관작을 주는 쪽이 종주국이고 받는 쪽은 종속국입니다. 이 관작으로 인해 신생국 전연前燕은 종주국이 되고, 고구려는 전연의 종속국으로 전락합니다. 이는 전연이 대륙 동북방의 새로운 패자覇者이고, 반대로 고구려는 대륙 동북방을 손실하는 매우 엄중한 사정을 내포합니다. 결론적으로 고구려는 전연에 패함으로써 대륙의 중심(또는 한 축)에서 대륙의 변방으로 밀려납니다. 우리는 이 역사를 가리켜 고구려의 한반도시대 개막이라고 표현합니다. 불편한 해석입니다. 우리 속담에 소 잃고 외양간 고친다는 말이 있습니다. 고칠 수 있는 외양간이라면 열 번, 백 번이라도 고치고 싶습니다.

3. 모용황이 일으킨 역사의 파동

고선생: 342년(고국원12) 모용황의 2차 침공은 신라와 백제의 역사에도 엄청난 변화를 몰고 옵니다. 모용황은 우리 역사의 분화를 촉발하는 커다란 파동을 일으킵니다.

---

11 『삼국사기』 원문은 '以王爲 征東大將軍營州刺史 封樂浪公 王如故'이다. 고국원왕이 받은 관작이 이전과 같다고 되어있다. 그러나 『고구려사략』 원문은 '而封 上爲征東大將軍營州刺使樂浪郡公 玄菟大王如故'이다. 고국원왕이 이전에 받은 작호는 「현도대왕」이다. 『삼국사기』가 '玄菟大'란 글자를 빠뜨린 듯하다. 또한 『고구려사략』을 보면, 2년 전인 353년 모용준이 딸 호인(好仁)공주(당시 13세)를 고국원왕에게 시집보내고, 고국원왕을 「부마도위현도군왕(駙馬都尉玄菟郡王)」으로 삼은 기록도 있다.

박기자 : 신라에는 어떤 영향을 끼칩니까?

고선생 : 이 시기 신라는 마립간麻立干시대를 개창합니다. 마립간은 왕의 칭호입니다. 이전에는 거서간居西干(제1대 시조 박혁거세), 차차웅次次雄(제2대 남해왕), 이사금尼師今(제3대 유리왕~제16대 흘해왕)을 사용합니다. 마립간시대에 대해서는 교수님께서 정리해 주시기 바랍니다.

정교수 : 신라 마립간시대는 제17대 내물왕으로부터 제22대 지증왕까지 6명 왕이 재위한 시기입니다. 대략 4세기중반~6세기초반까지로 기간은 160년(356년~514년) 정도입니다. 마립간시대의 신라는 고고학분야에서 혁명적인 변화가 발생합니다.

박기자 : 어떤 변화입니까?

정교수 : 신라의 수도 경주 한복판에 집단묘역을 조성합니다. 대릉원입니다. 무덤의 외형은 흙으로 쌓은 봉토분이나 내부 형태까지 고려하면 적석목곽분(돌무지덧널무덤)[12]입니다. 이전에 없던 새로운 무덤양식입니다. 흉노를 비롯하여 중앙아시아의 북방유족민족 무덤양식과 유사합니다. 대릉원에는 황남대총을 비롯하여 대형무덤 23기가 밀집합니다. 무덤의 조성시기는 대략적으로 4세기 후반~6세기전반에 해당하여 마립간시대와 일치합니다. 발굴된 유물은 출(出)자형 금관, 금제허리띠, 금제귀고리, 금

대릉원 전경(경주 황남동)

신라 봉수형 유리병

팔찌 등 금세공품과 봉수형(입구부분이 봉황을 닮았다하여 붙여짐)유리병, 천마총유리잔, 상감유리구슬 등 유리가공품이 대표적입니다. 출(出)자형 금관은 오직 신라에서만 발견되는 독창적인 형태로 신라금관이라고도 합니다. 신라금관은 총

---

12 직사각형의 구덩이를 파고 나무덧널(목곽)을 만든 뒤 시신과 부장품을 안치하고, 그 위에 돌을 쌓고(적석) 다시 그 위에 흙을 쌓아 봉토를 만드는 무덤양식이다.

5점으로 황남대총 북분, 금관총, 서봉총, 천마총, 금령총에서 출토됩니다. 유리가공품은 모두 서역식입니다. 서역西域은 중앙아시아로 타클라마칸 사막이 있는 타림분지의 주변지역을 말합니다. 지금의 중국 신장 위구르 자치구로 실크로드Silk Road의 기원이 되는 지역입니다.

신라 금관

박기자 : 서역식이라면 모두 중앙아시아에서 만든 겁니까?

정교수 : 제작방식은 오히려 로마와 페르시아 계통에 가깝습니다. 유리 제품의 경우 「로만글라스Roman glass」라 하는데, 중앙아시아를 거쳐 신라로 들어옵니다. 이들 서역식 제품은 신라 지배층의 신분과시용 위세품威勢品입니다. 다만 초기에는 서역에서 직수입한 제품이 대부분이나 차츰 금속과 유리의 가공기술이 발달하면서 자체 생산합니다.

박기자 : 급격한 변화가 생긴 이유는 무엇입니까?

정교수 : 일반적으로 문화의 전파는 한 지역에서 주변지역으로 시간을 두고 점진적으로 확산합니다. 수평적 전파입니다. 그러나 이 경우에는 어느 날 갑자기 하늘에서 뚝 떨어지듯 이질적인 문화가 한꺼번에 유입합니다. 수직적 전파입니다.

박기자 : 그렇다면 신라에 이민족이 들어온 겁니까?

고선생 : 그렇습니다. 동천왕 때 관구검을 따라온 흉노계통의 이민족에 이어서(제5장 153쪽 참조), 이번에는 모용황을 따라온 또 다른 북방계통의 이민족이 신라로 들어옵니다. 『삼국사기』〈신라본기〉 기록입니다.

⑦-9. 35년(344년) 2월, **왜국倭國이 사신을 보내와 혼인을 요청하였으나**, 딸이 이미 시집갔다는 이유로 **거절하였다.**

⑦-10. 36년(345년) 정월, **강세康世를 이벌찬으로 삼았다.** 2월, 왜왕倭王이 글을 보내와 국교를 끊자고 하였다.

⑦-11. 37년(346년) **왜병倭兵이 갑자기 풍도風島에 이르러 변방의 민가를 노략질하였다.** 또 금성金城을 포위하고 급히 공격하였다. …(중간생략)… **강세가 경기勁騎를 이끌고 격퇴시켰다.** 『삼국사기』〈신라본기〉 흘해이사금

신라 흘해왕(제16대)은 석昔씨입니다. 신라 3성 시조(박혁거세, 석탈해, 김미추)의 하나인 석탈해가 선조입니다. 이 시기 신라는 건국 이래 최대의 암흑기를 맞이합니다. 내부적으로는 실세 관료가 군국정사를 맡아 왕권을 행사하며, 외부적으로는 주변국인 왜국에 예속당합니다. 312년(흘해3) 실세관료인 아찬 급리의 딸을 왜국 왕실에 시집보내며, 또한 330년(흘해21) 벽골제(전북김제) 축조에 신라인이 대거 동원됩니다. 신라는 자신의 일도 아닌데 먼 곳까지 가서 노동력을 제공합니다.[13]

박기자 : 왜국은 어느 나라입니까? 일본입니까?

고선생 : 『삼국사기』〈신라본기〉 기록을 보면, 왜와의 접촉기록이 수십 차례 나옵니다. 신라를 가장 많이 괴롭힌 존재입니다. 왜국은 일본열도의 왜가 아니라 한반도 동남단(경남부산,울산)에 존재한 임나任那입니다. 344년(흘해35) 신라는 왜국의 청혼을 거절합니다(⑦-9). 갑자기 믿는 구석이 생겨 태도를 바꿉니다. 이어 345년(흘해36) 강세康世를 이벌찬으로 삼습니다(⑦-10). 강세는 이전 기록에 언급된 적이 없는 인물로 갑자기 튀어나와 고위관품을 받습니다. 그리고 왜왕이 신라와 국교단절을 선언합니다. 혼인 요구를 거절한 신라의 죄를 묻는 행위입니다. 346년(흘해37) 마침내 왜병이 풍도(울산 태화강의 섬)를 노략질하고, 신라의 수도 금성(경주)까지 포위하며 공격합니다(⑦-11). 신라에 대한 징벌적 군사행동입니다. 이때 강세가 나서서 경기勁騎(날쌘 기병)를 이끌고 왜병을 물리칩니다. 신라역사에서 처음으로 기병부대가 등장합니다.

박기자 : 기병부대를 보유한 유목집단의 출현이군요.

고선생 : 강세집단은 적어도 343년(흘해34) 신라에 도착합니다. 당시 삼국의 사건기록을 면밀히 살펴보면, 342년 모용황이 고구려를 침공한 사건만이 강세집단의 출현과 연관됩니다. 강세집단은 모용황 군대의 일원으로 참전했다가 귀국하지 않고 곧장 신라로 내려옵니다. 강세는 이후 기록에서 사라집니다. 신라 흘해왕은 356년 사망하는데, 뒤를 이은 왕은 마립간의 칭호를 처음으로 사용한 내물왕(제19대)입니다.

박기자 : 혹시 강세가 내물왕입니까?

고선생 : 강세집단의 수장급 인물로 추정됩니다. 분명한 것은 신라 마립간시대를 개창한 세력집

---

13 정재수, 『신라 역사의 명암』(논형, 2018) 제5장 참조.

단이 모용선비와 깊은 연관을 맺고 있는 점입니다.

박기자 : 그렇다면 내물왕의 성씨는 모용씨입니까?

고선생 : 그렇습니다. 참고로 『통전』 신라전에 내물왕의 직계후손인 법흥왕(제22대)의 이름이 나옵니다. '양무제梁武帝 보통2년(521년)에 왕의 성姓은 모慕요 이름은 진秦인데 처음으로 백제 사신을 따라와 방물을 바쳤다.〔梁武帝普通二年 王姓慕名秦 始使人隨百濟獻方物〕' 법흥왕은 모진慕秦입니다.[14] 성씨는 모용慕容씨와 같은 모慕씨입니다. 따라서 내물왕의 성씨 역시 모씨입니다. 그러나 내물왕 집단이 사용한 성씨는 모씨가 아닌 김金씨입니다. 동천왕 때 관구검부대의 일원으로 참전했다가 신라로 내려온 흉노출신의 미추왕(제13대)이 사용한 성씨입니다. 이들 역시 흉노와 같은 북방유목민족인 까닭에 자연스레 김씨 성을 차용합니다.[15]

박기자 : 모용선비 출신이 신라 마립간시대를 열었다고 보아도 무방하군요.

고선생 : 그럼에도 이들 집단이 가져온 문화는 지극히 서역식입니다. 서역은 지금의 신장 위구르자치구 지역이니 당시 모용선비가 지배한 화북성 일대와는 상당한 거리 차이가 납니다. 『일본서기』에는 마립간 왕을 가리켜 '파사매금波沙寐錦'으로 호칭한 기록이 있습니다.[16] 파사波沙는 페르시아입니다. 결론적으로 문화의 수직적 전파 등과 연계해볼 때, 이들 집단은 서역(또는 파사) 출신의 유목민족입니다. 모용선비화된 서역집단입니다.

박기자 : 고구려 역사를 공부하다가 갑자기 신라 역사에 흠뻑 빠진 느낌이군요. 그런데 한 가지 의문이 남는군요. 동천왕 때 관구검을 따라온 흉노집단도, 고국원왕 때 모용황을 따라온 서역집단도 거리상으로 가까운 백제를 두고 먼 신라를 선택하는데요. 이는 어떻게 이해해야 합니까?

---

14 1988년 경북 울진에서 발견된 《울진봉평리신라비》(국보 제242호)의 비문에는 법흥왕을 '모즉지매금왕(牟卽智寐錦王)'으로 기록한다. 모즉지(牟卽智)는 모진(慕秦)에 대응하는 또 다른 이름이다. 매금은 신라의 왕호이다. 牟와 慕는 한자음이 같다.

15 신라 제30대 문무왕(文武王)의 《문무왕릉비》의 비문에 따르면, 신라 김씨왕조의 원조는 흉노 왕족 출신인 투후(秺侯) 김일제(金日磾)이며, 중시조는 성한왕(成漢王) 김알지이다. 이후 신라사회에 뒤늦게 도착한 흉노(*미추왕) 및 모용선비(*내물왕) 출신자들 역시 자연스레 김씨 성을 차용한다.

16 『일본서기』 신공기 9년 기록이다. '신라왕 파사매금(실성왕)이 미질기지파진간기(미사흔)를 인질로 하고, 금은, 채색, 능라, 겸견 등을 80척의 배에 싣고 관군을 뒤따르게 하였다.〔新羅王波沙寐錦 卽以微叱己知波珍干岐爲質 仍齎金銀彩色及綾羅縑絹 載于八十艘船 令從官軍〕'

정교수 : 백제와 신라의 역사를 고찰해보면 북방유목민족의 한반도 유입은 주로 신라에 집중됩니다. 이는 백제의 국력이 신라보다 월등하다는 증거입니다. 이들 외부세력은 백제에 들어갈 수 없어서 비교적 쉽게 터전을 마련할 수 있는 신라를 선택(또는 정복)합니다. 역설적으로 백제가 폐쇄적이라면 신라는 개방적입니다. 신라는 한반도로 유입된 외부세력의 종착지입니다. 신라사회는 다양한 인적자원human resource과 문화culture를 가감 없이 받아들여 경주라는 용광로에 모아놓고 담금질합니다. 신라는 한반도 변방의 가장 약소한 나라입니다. 그럼에도 최종적으로 삼국통일의 대업을 달성합니다. 신라의 인적 다양성이 바로 삼국통일의 원천입니다.

고선생 : 모용황은 342년(고국원12) 가장 강력한 경쟁자인 고구려를 한반도로 밀쳐내고, 이어서 345년(고국원15) 요서지역의 서부여를 공격하여 병합합니다. 이로 인해 우리역사는 다시 한 번 요동칩니다.

박기자 : 서부여는 혹시 위구태가 창업한 나라입니까?

고선생 : 잘 기억해 주었습니다. 위구태의 후손인 의려왕은 285년(서천16) 모용외의 침입을 받아 자살하고, 뒤를 이은 의라왕은 옥저로 망명합니다. 그리고 286년(서천17) 서진의 도움을 받아 서부여는 극적으로 재건합니다(제5장 166쪽 참조). 이후 역사기록에서 사라졌다가 60년 만에 다시 등장합니다.

⑦-12. 영화2년(346년), **처음에 부여扶餘는 녹산鹿山에 거주하였는데 백제百濟의 침략을 받아 부락이 쇠잔하고 흩어져서 서쪽의 연燕에 가까운 곳으로 이주하였으나 미리 방어하지 않았다.** 연왕 모용황慕容皝은 세자 모용준을 파견하여 모용군, 모용각, 모여근 3명의 장군과 1만7천의 기병을 이끌고 **부여를 습격하였다.** 모용준은 중군에서 지휘를 하고 군대의 업무는 모두 모용각에게 맡겼다. **마침내 부여를 빼앗고 그 왕 현玄과 부락주민 5만 여를 사로잡아 돌아왔다. 모용황은 현玄을 진군장군鎭軍將軍으로 삼고 그의 딸을 처로 삼았다.** 『자치통감』진기晉紀

『자치통감』기록입니다. 우리 사서에는 나오지 않는 서부여 멸망을 다룬 기록입니다. 영화2년은 346년입니다. 서부여, 백제, 전연 등 3개의 나라가 나옵니다. 장소는 요서지역입니다.

박기자 : 백제가 요서지역에 있습니까?

고선생 : 편의상 5단락으로 구분합니다. ㉠ 처음에 서부여는 녹산鹿山에 있다. ㉡ 서부여는 백제의 공격을 받고 쇠잔해져 서쪽의 전연 가까이로 옮긴다. ㉢ 전연의 모용황이 서부여를 공격하여 멸망시키고, 서부여 현玄왕과 5만의 백성을 사로잡는다. ㉣ 모용황이 서부여 현왕을 「진군장군」에 봉하고 그의 딸을 처로 준다. 등입니다. 시간상으로 ㉠과 ㉡은 346년 이전이고, ㉢은 346년이며, ㉣은 346년 이후입니다. 먼저 ㉠입니다. 서부여 있던 녹산입니다.

박기자 : 녹산은 어디입니까?

고선생 : 녹산을 중국 흑룡강성 송화강 일대로 비정하는 견해도 있으나, 이는 북부여의 발원지를 서부여에 적용하다보니 발생한 오류입니다. 녹산은 서부여 현왕의 본거지입니다. 청淸대에 편찬한 『흠정대청일통지』에 녹산의 기록이 나옵니다.

녹산의 위치

㉠-13. **포호도산**布祜圖山, **건창현**建昌縣 **객라심좌익**喀喇沁左翼 **동쪽 30리에 있다. 즉 옛날의 백랑산**白狼山**이며 한**漢**대에는 녹산**鹿山**이라 하였다.** 『한서』〈지리지〉에는 백랑현白狼縣에 백랑산이 있어 현의 이름이 되었다.
『흠정대청일통지』 권27

포호도산, 백랑산, 녹산은 모두 같은 이름입니다. 포호布祜(또는 布呼)는 만주어로 사슴鹿을 가리킵니다. 녹산은 요녕성 조양의 건창현에 소재한 백랑산입니다. 참고로 서부여의 건국지는 북부여 왕족출신인 위구태가 요동의 현도지역에서 고구려 태조왕에게 패한 후 피해 들어간 서자몽(자몽의 서쪽지역)입니다.(제3장 105쪽 참조)

박기자 : 서부여가 서자몽에서 녹산으로 이동한 겁니까?

고선생 : 3세기 초중반 북방의 선비족이 동북지역으로 대거 남하합니다. 서부여는 선비족의 한 일

파인 우문선비에게 밀려 옛 낙랑군이 소재한 요서지역으로 본거지를 옮깁니다. 그리고 3세기 중후반 서부여는 모용선비(모용외)의 공격을 받아 의려왕이 죽고, 뒤를 이은 의라왕은 옥저로 피신했다가 서진의 도움으로 서부여를 재건합니다. 녹산은 서부여를 재건한 장소입니다. ㉡은 그 이후인 4세기 초중반의 상황입니다. 이 시기 서부여는 모용선비의 압박을 받아 두 개의 집단으로 분리됩니다. 하나는 요서지역에 서부여를 존치시킨 집단이고, 또 하나는 요서지역을 떠나 한반도 충남지역으로 이동한 백가재해百家濟海(백제) 집단입니다. 참고로, 백가제해집단은 온조를 시조로 하는 한강유역의 백제(이하 한성백제)가 아니라 위구태를 시조로 하는 충남지역의 백제(이하 부여백제)입니다.[17] 이때 부여백제는 자신들의 고향인 요서지역(대방고지)에 일종의 분국을 설치합니다.[18] 바로 ㉡에 나오는 백제입니다.

박기자 : 두 집단이 싸운 이유는 무엇입니까?

고선생 : 기록이 없어 정확한 사정은 알 수 없으나 서부여의 정통성 문제가 배경 중의 하나일 겁니다. 전쟁 결과는 부여백제의 승리로 끝나고 서부여 존치세력은 서쪽 모용황의 전연에 가까운 지역으로 본거지를 옮깁니다.

정교수 : 백제의 「요서경략설」입니다. 백제가 4세기중반에 요서지역에 진출하여 군을 설치하고 지배한 내용입니다. 이를 뒷받침하는 기록은 『송서』, 『남제서』, 『양서』, 『남사』 등의 백제전과 『통전』, 『양직공도』 등에 나옵니다. 모두 중국문헌입니다. 우리사서에는 나오지 않습니다.

㉠-14. 그 후 고구려는 요동을 경략하여 차지하고, 백제는 요서를 경략하여 차지하였다. 백제가 다스린 곳은 진평군晋平郡 진평현晋平縣이다. 『송서』〈동이열전〉 백제

㉠-15. 진晉 때, 고구려가 앞서 요동을 경략하여 차지하자, 백제도 요서遼西, 진평晋平 2군의 땅을 점거하고 스스로 백제군百濟郡을 설치하였다. 『양서』〈동이열전〉 백제

---

17 김상은 한반도 삼한 전체를 지배했다고 해서 '삼한백제'로 칭한다. 시조의 이름을 따서 '구태백제'라고도 한다. 필자는 이들이 대륙의 부여에서 갈라 나왔기 때문에 '부여백제'로 칭한다.

18 정재수, 『백제 역사의 통곡』(논형, 2018) 제2,4장 참조

『송서』는 진평군 1개이고,『양서』는 요서군와 진평군 2개입니다. 기록상으로 다소 차이를 보이지만 백제군으로 통칭합니다. 최근에는「요서경략설」에서 한발 더 나아가 백제가 아예 요서지역에 존재한 것으로 보는「요서백제설」로 확대 해석하기도 합니다. 그럼에도『자치통감』기록에 나오는 부여를 공격한 백제의 실체에 대한 의구심은 여전히 남습니다. 당시 정황으로 보아 백제가 바다 건너 중국 요서지역으로 대규모 병력을 이동시키는 자체가 무리입니다. 또한 백제가 부여를 공격해야할 명분도 전혀 없습니다. 통설은 고구려를 백제로 잘못 기록한 것으로 이해합니다.

고선생 : 중국사서는 '상내약외詳內畧外'의 고약한 필법이 있지만, 그래도 자국에 인접한 지역에서 발생한 사건이면 설사 이민족이라 하더라도 반드시 기록에 남깁니다. 비록 사건내용이 중국편중으로 왜곡되어 있더라도 사건자체는 분명히 존재합니다. 따라서 이 기록들은 존중되어야합니다. 이에 반해『삼국사기』는 한반도 역사만을 기술하는 것이 일관된 필법입니다. 백제가 중국의 요서지역에서 활동한 자체는『삼국사기』가 수용할 수 없는 역사입니다. 만약 이 내용이『삼국사기』에 나오면『삼국사기』스스로 자신의 원칙을 어긴 꼴입니다. 다만, 우리는 한성백제와 부여백제가 명확히 분리되어 있음에도 이를 따로 구분하지 않습니다.『삼국사기』가 부여백제 역사 자체를 부정하기 때문입니다. ⓒ은 346년 상황입니다. 서부여 현왕과 5만 백성이 모용황의 공격을 받고 허무하게 무너집니다. 122년 위구태에 의해 건국된 서부여는 225년간 명맥을 이어오다 346년 공식적으로 멸망합니다.[19]

박기자 : 현왕은 어떤 인물입니까?

고선생 : ⓓ은 서부여 멸망이후 현왕이 전연의「진군장군」에 봉해지고, 모용황의 딸을 처로 맞이한 내용입니다. 참고로『자치통감』기록을 보면, 현왕의 아들 여울餘蔚이 나옵니다. 여울은 346년 서부여가 멸망하면서 아버지 현왕과 함께 전연으로 끌려갑니다. 370년(고국원40) 전진前秦(부건,351~394)이 전연을 공격하자, 서부여와 고구려의 질자質子 5백을 이끌고 당시 전연의 수도인 업성鄴城의 북문을 열어주어 전연 멸망에 결정적 기여를 합니다. 그리고 이후 전진에서 활동하다가 후연後燕(모용수,384~409)의 모용수慕容垂에게 투항하여「정동장군통부좌사마부여왕」의 관작을 받습니다.

---

19 『삼국지』〈위서〉 동이전 부여편 기록에는 위구태의 뒤를 이은 서부여 왕들이 나온다. 간위거(簡位居) → 마여(麻余) → 위거(位居)로 왕통계보가 이어진다. 현왕 이전의 왕들이다.

박기자 : 혹시 현왕의 성씨는 여씨입니까?

고선생 : 그렇습니다. 부여夫餘씨입니다. 줄여서 여씨입니다. 이 시기 여씨가 처음으로 역사 기록에 등장합니다. 예를 들어 『진서』 기록을 보면, 동진東晉(사마예,317~419) 간문제 함안2년(372)에 백제왕 여구餘句가 동진으로부터 「진동장군낙랑태수」의 관작을 받습니다. 이는 『삼국사기』에 나오지 않는 기록입니다. 백제왕 여구를 한성백제의 근초고왕(제13대)으로 보는 것이 통설이지만, 여구는 부여백제 왕입니다. 낙랑태수의 관작은 부여백제가 한반도로 이동하기 전에 요서지역의 낙랑 땅을 지배했기 때문에 받은 관작입니다. 한성백제는 요서지역 낙랑과 관련이 없습니다.

박기자 : 여씨는 어떻게 해서 생긴 겁니까?

고선생 : 여씨는 서부여가 요서지역의 잔존집단과 한반도의 백가제해집단(부여백제)으로 분리되면서 생겨납니다. 서부여 왕족들은 국호 자체를 성씨로 삼아 자신들의 정체성을 고유화합니다. 참고로 『자치통감』 기록을 보면, 3세기중반~4세기초반까지 중국에서 활동한 여씨가 상당수 나옵니다. 서부여왕 여현과 왕자 여울을 비롯하여, 후연의 여화, 여암, 여숭, 여초, 남연南燕(모용덕,398~410)의 여울, 여치 등입니다. 이들은 모두 후연과 남연의 고위직을 맡아 중국에서 활동한 서부여 왕족출신의 여씨입니다.

박기자 : 중국에서 활동한 여씨들이 참으로 많군요.

고선생 : 이와 같이 다소 복잡한 일련의 역사과정은 모두 모용황으로 인해 파생된 결과입니다. 모용황은 고구려뿐 아니라 신라와 서부여(또는 백제)에까지 골고루 영향을 끼친 인물입니다. 우리 역사의 분화를 촉진시킨 장본인입니다.

4. 고국원왕의 불운 (Ⅱ)

고선생 : 고국원왕의 재위전반기는 전연 모용황과의 싸움이라면, 집권후반기는 백제 근초고왕과의 싸움입니다. 342년(고국원12) 모용황에게 수도 환도성을 유린당하며 대륙의 동북방 상당지역을 상실한 고국원왕은 서벌정책을 유보하고 국내성으로 천도하여 본격적으로 남정정책을 추진합

니다.

박기자 : 근초고왕과는 어떻게 충돌합니까?

고선생 : 『삼국사기』는 369년과 371년 두 차례 벌인 전투를 소개합니다. 편의상 369년은 '치양雉壤전투'라 하고, 371년은 '평양성平壤城전투'라 칭합니다. 『삼국사기』〈고구려본기〉와 〈백제본기〉는 동일 내용을 간략히 교차하여 기술합니다. 먼저 369년 치양(반걸양. 황해백천)전투입니다.

> ⑦-16. 39년(369년) 9월, 왕이 군사 2만을 남쪽으로 보내 백제를 침입하였으나 **치양雉壤에서 싸우다 패하였다.** 『삼국사기』 고국원왕
>
> ⑦-17. 24년(369년) 9월, 고구려왕 사유斯由*가 보병과 기병 2만을 거느리고 치양雉壤에 와서 주둔하며 군사를 풀어 민가를 노략질하였다. **왕이 태자**에게 군사를 주어, 지름길로 치양에 이르러 불시에 공격하여 그들을 격파하고 5천여를 사로잡았는데, 노획한 물품은 장병들에게 나누어 주었다. 11월, 한수漢水*** 남쪽에서 크게 군대를 사열하였다. 모두 황색의 깃발을 사용하였다.**
> 『삼국사기』〈백제본기〉 근초고왕
> ☞ *고국원왕 **근구수 ***한강

치양전투는 백제의 승리입니다. 〈고구려본기〉는 고국원왕이 2만의 군사를 보내 치양을 공격하여 패한 내용만 나오지만, 〈백제본기〉는 백제의 병력규모는 알 수 없으나 태자 근구수(제14대 근구수왕)가 치양전투에서 고구려군 5천을 사로잡는 전과를 올립니다. 또한 백제는 승리의 전리품을 골고루 장병들에게 나누어 주는 파격적인 조치를 행하고, 이어 근초고왕은 군대를 사열합니다. 깃발은 모두 황색입니다.

박기자 : 군대사열은 전투 전에 행하는 의식이 아닙니까?

고선생 : 앞뒤가 뒤바뀝니다. 군대사열은 전투 전에 행하는 단결의식입니다. 여기에는 『삼국사기』의 남모를 고민이 담겨있습니다.

박기자 : 어떤 고민입니까?

고선생 : 치양전투에 대한 『고구려사략』 기록입니다. 내용이 아주 상세합니다.

⑦-18. 39년(369년) 정월, **백제가 이진성伊珍城을 되빼앗아 갔고**, 우리 군사들도 많이 상하였다. …(중간생략)… 백제는 승승장구하면서 군사 수를 늘려, 곧 **수곡성水谷城을 탈취할 참**이었다. **장수 막고해莫古解**는 용병을 잘하고 군사들의 마음도 얻었는데, 아군은 힘씀에 틈이 있고 싸울 뜻도 없었다. **5월, 백제가 진격하여 수곡성을 깨뜨렸다.** 당시 백제군은 분기탱천하였다. 자신들의 **태자 대구수大仇首**가 선봉에 서서 진영을 이끄니 군사들 모두가 죽을 각오로 싸우겠다며 말하길 "태자께서 항상 이러하시거늘 우리들은 어찌해야 하겠는가!" 하였다. 상이 이 소식을 듣고 친정親征을 결심하였다. 태보 우신于莘이 말려도 듣지 않았다. **4위군四衛軍 2만을 추가로 움직여 남쪽으로 내려가 대암산大嵓山을 거점으로 삼고 치양雉壤으로 나아가 진영을 꾸렸다. 북한산北漢山을 포위하니 적들은 대적하지 못하고 성을 비우고 물러갔다.** 이에 아군은 승승하여 멀리 있는 이진천伊珍川에까지 이르렀다. 여름이어서 날씨는 무덥고 산 속엔 등에 · 뱀 · 호랑이 · 범들이 많았으며, 양쪽 모두에 돌림병이 돌아 할 수 없이 산 아래에 진을 치고 가을이 오기를 기다렸다. **9월, 적들이 해로海路로 군사를 보충하고는 치양을 습격하였다.** 이때 아군은 크게 피로하여 죽는 이들이 끊이지 않는데다가 호랑이 피해도 많았다. 이에 상은 날래고 건장한 이들을 가려 뽑아서 호랑이를 산으로 쫓아냈다. **적군은 아군이 지친 것을 알아차리고 새로 온 정예군으로 갑자기 쳐서나오니, 아군은 크게 무너졌다. 상은 단기로 무산無山으로 피하였다.** 날씨까지 비가 그치지 않고 갑자기 겨울같이 추워져 많은 군사들이 상하였다. 이에 상은 좌우를 돌아보며 말하길 "짐이 태보의 말을 듣지 않아 패하게 되었소." 하고, 마침내 군사를 돌리라고 명하였다.
『고구려사략』고국원제기

치양전투는 369년 9월에 벌어지나, 전쟁은 정월부터 시작합니다. 백제가 먼저 이진성을 되찾고, 5월에는 수곡성(황해신계)을 점령합니다. 이에 고국원왕은 4위군(왕의 친위부대) 2만을 이끌고 친정합니다. 9월 백제는 해로海路(바닷길)를 통해 대규모 군사를 보충 받아 일거에 치양을 공격하여 대승을 거둡니다. 이에 고국원왕은 무산으로 후퇴하고 날씨마저 악화되자 철군합니다.

박기자 : 전투장소가 모두 황해도 지역이군요.

고선생 : 대방 땅입니다. 314년(미천15) 미천왕이 고구려 영토로 편입한 지역입니다. 정월 이진성과 5월 수곡성 전투를 승리로 이끈 사람은 막고해莫古解입니다. 태자 근구수는 선봉에 서지만, 실제 백제군의 주장은 막고해입니다. 막고해는 『삼국사기』〈백제본기〉 근구수왕 기록에 딱 한번 언급된 인물입니다. 당시 근구수가 수곡성에 이르러 계속해서 고구려 공격을 주장하지만 막고해가 도가道

家의 말[20]을 인용하여 근구수의 주장을 꺾습니다. 근구수는 군말 없이 막고해의 말을 따릅니다. 결론부터 말하면, 막고해는 백제의 장수가 아닙니다.

박기자 : 그렇다면 어느 나라 출신입니까?

고선생 : 치양전투에 단서가 있습니다. 백제군은 치양전투를 앞두고 해로(바닷길)를 통해 추가로 병력을 지원받습니다. 황해도와 경기도는 육지로 연결됩니다. 굳이 해로를 통해 병력을 지원받을 이유가 없습니다. 결국 해로를 통했다는 것은 멀리서 왔다는 이야기입니다. 이들 지원병력은 당시 충남지역에 존재한 부여백제의 군사입니다. 막고해는 한성백제 근초고왕의 장수가 아니라 부여백제 여구왕餘句王[21]의 장수입니다. 또 하나 이를 뒷받침할 수 있는 단서는 치양전투이후 근초고왕의 행동입니다. 승리의 전리품을 전투에 참가한 장병들과 나눕니다. 이전에 없던 행위입니다. 결국 근초고왕은 승리의 전리품을 여구왕과 나눕니다. 또한 치양전투 승리이후 근초고왕은 군대를 사열하며 황색깃발로 통일합니다.[22] 『삼국사기』는 행위의 주체를 근초고왕으로 설정하지만, 당시 부여백제의 위상으로 보아 근초고왕보다 여구왕일 가능성이 높습니다.

박기자 : 너무 어렵군요. 이번에는 백제 역사에 흠뻑 빠지는 군요.

고선생 : 다음은 371년 평양성전투입니다. 『삼국사기』 기록입니다.

⑦-19. 41년(371년) **10월, 백제왕이 군사 3만을 거느리고 평양성平壤城을 공격하였다. 왕이 군사를 이끌고 방어하다가 화살에 맞았다.** 이달 23일에 왕이 죽었다. 고국원故國原에 장사지냈다.
『삼국사기』 고국원왕

⑦-20. 26년(371년) 고구려가 군사를 일으켜 쳐들어왔다. 왕이 이를 듣고 패하浿河 강가에 복병을 배치하고 그들이 오기를 기다렸다가 불시에 공격하니 고구려 군사가 패배하였다. **겨울, 왕이 태자와 함께**

---

20 '만족할 줄을 알면 욕되지 않고, 그칠 줄을 알면 위태롭지 않다.〔知足不辱 知止不殆〕'이다.

21 『진서』 함안2년(372년) 기록을 보면, 백제왕 여구(餘句)가 동진 간문제로부터 「진동장군영낙랑태수(鎭東將軍領樂浪太守)」의 관작을 받는다. 일반적으로 백제왕 여구를 한성백제 근초고왕으로 이해한다. 그러나 근초고왕의 성씨는 여씨가 아닌 해씨이다. 또한 한성백제와 낙랑은 관계가 없다. 여구는 부여백제왕이다.

22 황색은 통상적으로 중국황제의 상징색이다. 이를 근거로 근초고왕의 백제를 황제국으로 이해하기도 하나 이는 잘못이다. 중국황제가 황색을 사용한 시기는 명(明) 때부터이다.

정예군 3만을 거느리고 고구려를 침범하여 평양성平壤城을 공격하였다. 고구려왕 사유斯由가 필사
적으로 항전하다가 화살에 맞아 죽었다. 왕이 군사를 이끌고 물러났다. 도읍을 한산漢山으로 옮겼
다. 『삼국사기』〈백제본기〉 근초고왕

근초고왕이 정예군 3만을 동원하여 평양성을 공격합니다. 그런데 뜻밖에도 고국원왕이 전투 중
에 화살에 맞는 불미스러운 사건이 발생하고 고국원왕은 사망합니다. 고구려는 철군하고 근초고왕
은 급히 도읍을 한산漢山으로 옮깁니다.

박기자 : 평양성은 어디입니까?

고선생 : 평양성전투에 대한 『고구려사략』 기록입니다. 역시 내용은 상세합니다.

⑦-21. 41년(371년) 10월, 백제가 우리가 군대를 움직여서 서쪽을 정벌한다는 소식을 듣고 그 허를
찔러 공격해왔다. 이때, 상은 연燕을 쳐서 지난날을 설욕하고자 하였다. 낙랑樂浪 또한 대거 쳐들어
와서, 양주陽疇가 힘껏 싸우다 죽었다. 대구수大仇首가 북한성北漢城을 공격해 오자, 우리 군대가 한
수漢水에 복병을 깔았다가 이를 크게 깰 무렵에, 대초고大肖古 또한 손수 3만 정병을 끌고 와서 아
들을 도우니, 대구수 군사들은 사기가 크게 올랐다. 우리 군대는 서쪽을 정벌할 생각으로 요동에
집결하고 있었고, 낙랑과 대초고 및 대구수를 나머지의 군대로 나누어 막아야 하기에 우리 군사의
수가 부족하였다. 이에 상이 친히 4위군을 이끌고 앞장서서 장병들을 독려하니 상하가 잘 따랐다. 한
성漢城의 서산西山에서 큰 싸움이 벌어졌는데, 상이 흐르는 화살 두 대를 맞았다. 하나는 어깨에 다
른 하나는 가슴에 맞았다. 상이 화살을 뽑고 다시금 출진하려 하니, 좌우가 죽기로 말렸다. 해명解明은
상의 상처가 심함을 알았으나 이를 숨기고 군사를 불러들여서 진지를 굳게 지키며 선극仙克과 람풍藍
豊을 시켜 힘껏 싸우게 하였다. 해명은 상을 보호하며 고상령高相岺으로 물러났으나, 상은 극심한 고통
끝에 죽었다. …(중간생략)… 이에 해현解玄과 해解후가 달려 나와서 상의 시신을 도성으로 옮기고 발
상發喪하였다. 『고구려사략』 고국원제기

370년(고국원40) 전연이 전진에게 멸망당해 고구려에게 서벌의 기회가 생깁니다.[23] 고국원왕은 과

---

23 전연(前燕)은 337년 모용황에 의해 건국된 후 370년 전진(前秦)의 부견(符堅)에게 멸망당하기까지 33년간을 존속한 단명 왕
조이다. 그럼에도 멸망당시 규모는 군(郡)이 157개이고, 호(戶)는 264만이며, 인구는 999만에 달한다고 한다. 비록 짧은 기간
이지만 중국 화북성 일대를 장악한 거대한 제국이다.

거 전연에게 빼앗긴 동북방 영토를 수복할 목적으로 고구려군의 주력을 서쪽에 배치합니다. 이를 예의주시하던 근초고왕이 고국원왕의 혀를 찌릅니다. 정예군사 3만을 동원하여 고구려의 남쪽을 공격합니다. 그런데 전투장소는 『삼국사기』의 평양성이 아닌 북한성입니다.

박기자 : 둘 중 하나가 잘못된 겁니까?

고선생 : 『삼국사기』와 『고구려사략』 기록을 겹쳐보면 평양성은 분명히 북한성입니다. 『삼국사기』가 기록한 평양성은 남평양을 가리킵니다.[24] 훗날 장수왕이 남진정책을 추진하면서 전진기지로 삼은 북한성입니다. 따라서 평양성과 북한성은 동일 지명입니다. 고국원왕은 북한성의 서산(또는 서쪽 산)에서 어깨와 가슴에 화살 두

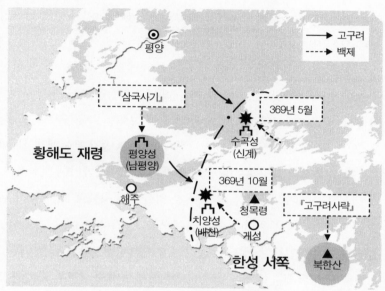

수곡성 · 치양 전투와 고국원왕 전사지역

대를 맞습니다. 가슴에 맞은 화살이 고국원왕의 죽음을 재촉합니다.

박기자 : 근초고왕이 천도한 한산은 어디입니까? 혹시 북한산입니까?

정교수 : 당시 백제 수도는 한강이남의 하남위례성(서울 풍납토성/경기하남 춘궁동)입니다. 근초고왕이 천도한 한산은 두 가지 설이 있습니다. 하나는 경기도 하남시의 남한산성이 소재한 남한산 일대이고, 또 하나는 한강이북의 북한산입니다. 학계의 통설은 북한산으로 봅니다. 하북위례성이라고 합

---

24 고구려 3대 도시는 평양성, 국내성, 남평양이다. 남평양의 위치에 대해서는 2가지 설이 있다. 하나는 황해도 재령근처이다. 『고려사』〈지리지〉나 『동국여지승람』〈지지류〉에 재령의 지명이 한홀(漢忽) 또는 한성으로 표기한 데 따른다. 또 하나는 지금의 서울 부근의 북한산성이다. 『삼국사기』〈지리지〉 한양군조(漢陽郡條)에 '본래 고구려의 북한산군인데 일명 평양이라고도 하였다.'와 『고려사』〈지리지〉에 '남평양이라고도 하였다.'는 기록에 근거한다.

니다. 위치는 서울 북한산 동쪽 산기슭이나 북한산을 배경으로 한 세검동 · 평창동계곡 일대 또는 상계동 · 중랑천 등 여러 비정이 있으나 확실치 않습니다. 다만 천도를 위해서는 장기간 준비가 필요한데 근초고왕은 준비과정을 일체 생략한 채 급히 천도를 서두릅니다. 이 부분에 대해서는 명확히 규명하지 못하고 있습니다.

고선생 : 근초고왕의 천도지가 한강이북의 북한산이 맞다면 다른 해석을 해야 합니다.

박기자 : 어떤 해석입니까?

고선생 : 근초고왕의 북한산 천도는 상식에 맞지 않습니다. 북한산은 한강이북에 소재하며 고국원왕이 전사한 북한성(평양성)과 가깝습니다. 한강은 백제가 고구려 공격을 막아낼 수 있는 천험의 지형지물입니다. 고구려 보복이 뻔히 눈에 보이는 상황에서 북한산을 선택하는 것은 마치 섶을 지고 불로 뛰어드는 격입니다. 이는『삼국사기』가 남긴 부여백제 실존에 대한 중요한 단서입니다. 근초고왕은 북쪽의 고구려보다 남쪽의 부여백제를 경계하여 북한산으로 천도합니다. 한강은 고구려가 아닌 부여백제의 공격을 막아내기 위한 지형지물로 그 역할이 뒤바뀝니다. 근초고왕이 고구려를 공격하기 위해 동원한 병력은 정예군사 3만입니다. 이는 당시 한성백제가 자체적으로 동원할 수 있는 병력이 아닙니다. 상당수 군사는 부여백제로부터 충원됩니다. 그러나 고국원왕을 사망시키는 전과를 올린 백제군 내부에서 근초고왕과 부여백제 여구왕 사이에 모종의 불협화음不協和音이 발생합니다. 이 때문에 근초고왕은 부여백제의 위협으로부터 벗어나기 위해서 보다 방어가 용이한 한강이북의 북한산으로 서둘러 천도합니다.

박기자 : 근초고왕의 한산 천도에는 우리가 모르는 비밀이 숨겨있군요.

고선생 : 고국원왕의 시신은 국내성으로 옮겨져 고국원에 장사지냅니다.

⑦-22. 상은 고국원故國原의 산천을 아끼었다. 수릉壽陵*을 만드는 것이 민폐를 끼친다고 여겨 그만두게 하여서 지금 대행大行**의 시신을 빈궁殯宮에 안치하고 고국원에 무덤을 조성하였다. 태후가 옥관玉棺과 금곽金椁을 쓰고 싶어 하고, 조왕祖王 또한 생각이 같아 산호珊瑚와 상아象牙 및 보패宝貝를 구하였다.『고구려사략』고국원제기

☞ *가묘 **왕이 죽은 뒤 시호(諡號)를 올리기 전에 높여 부르는 말

『고구려사략』이 전하는 고국원왕의 무덤에 대한 기록입니다. 수릉은 가묘입니다. 옥관과 금곽 등이 사용되고, 이를 산호와 상아, 보패(조개껍데기) 등으로 장식합니다. 고구려의 무덤형태를 유추해 볼 수 있는 유용한 기록입니다.

5. 소수림왕과 고국양왕의 선택

고선생 : 고국원왕은 정치, 군사적 역량을 고루 갖춘 보기 드문 군주입니다. 그러나 고국원왕이 맞닥뜨린 역사적 운명은 실로 가혹합니다. 선왕(미천왕)의 유지인 「서벌남정」정책이 고국원왕의 발목을 잡습니다. 특히 두 마리 토끼라 할 수 있는 전연의 모용황과 백제의 근초고왕은 고국원왕보다 군사적 역량이 더 뛰어납니다. 결과적으로 고국원왕은 건국 이래 고구려가 확장해 놓은 대륙의 동북방 영토를 손실합니다. 또한 한반도 신흥강자로 떠오른 백제를 제압하지 못하고 자신의 목숨으로 대신합니다. 고국원왕과 고구려로서는 피할 수 없는 운명이며 불운입니다.

박기자 : 고국원왕의 뒤를 이은 왕은 누구입니까?

고선생 : 제17대 소수림왕小獸林王(371~384)입니다. 이름은 구부丘夫이며 고국원왕의 아들입니다.

⑦-23. **제의 휘는 구부丘夫 또는 소해小解이다. 초기에는 주유대왕朱留大王으로 부르는데, 어머니 해解태후가 꿈에 대무제大武帝*를 보고난 후 낳았기 때문이다.** 체격은 장대하고, 웅대한 계략이 있으며, 정사의 개요를 능히 꿰뚫었다. 아울러 궁마弓馬와 병법에도 능하며, 효성과 우애가 깊어, 어질고 화목하다는 평을 들었다. 『고구려사략』 소수림대제기

☞ *제3대 대무신왕

소수림왕을 가리켜 소해주류왕小解朱留王으로 칭한 기록이 『삼국사기』에 나옵니다. 『고구려사략』이 이유를 설명합니다. 어머니 해解태후가 대무신왕(제3대, 해주류왕)을 꿈에 본 후 소수림왕을 낳습니다. 소수림왕은 대무신왕의 위대성을 승계합니다. 장대한 체격, 웅대한 계략, 정사를 살피는 뛰

어난 능력, 궁마와 병법에도 능하며, 효성과 우애도 깊습니다. 소수림왕은 문무를 겸비한 이상적인 군주입니다.

박기자 : 소수림왕은 고국원왕의 죽음에 대해 어떻게 대응합니까? 근초고왕에게 복수합니까?

고선생 : 『고구려사략』 기록에 따르면, 소수림왕은 339년(고국원9)에 태어나 17세가 되던 355년(고국원25)에 태자에 봉해지고, 고국원왕이 사망한 371년 33세에 즉위합니다. 한참 혈기왕성한 나이인 만큼 부친에 대한 복수심이 소수림왕의 머릿속을 지배합니다. 그러나 소수림왕은 전혀 다른 길을 선택합니다.

박기자 : 어떤 길입니까?

고선생 : 소수림왕의 치적은 크게 3가지입니다. ㉮ 불교의 도입이며, ㉯ 태학의 설립이고, ㉰ 율령의 반포입니다. 이는 선대 미천왕과 고국원왕이 일관되게 추진한 서벌남정의 외부지향 정책과는 전면 배치됩니다. 국가체제 정비를 꾀한 내부지향 정책의 결과물입니다.

박기자 : 갑자기 정책이 바뀐 이유는 무엇입니까?

고선생 : 이들 정책은 소수림왕의 재위초반기에 집중됩니다. 그만큼 소수림왕에게 있어 내부 국가시스템의 정비가 절실합니다. 오랫동안 지속된 서벌남정의 후유증으로 고구려 국력이 상당히 약화된 상태입니다. 먼저 ㉮ 불교佛敎[25] 도입입니다.

> ⑦-24. 2년(372년) 6월, **진秦왕 부견符堅이 사신과 승려 순도順道를 파견하여 불상佛像과 경문經文을 보내왔다.** 『삼국사기』 소수림왕
>
> ⑦-25. 2년(372년) 6월, **진秦왕 부견符堅이 승려 순도順道를 보내와서, 상이 도성 밖까지 나아가 맞이하고, 객사를 만들어 그를 대접하였다.** 순도가 아뢰길 "진秦은 불佛로 흥했으며, 연燕은 선仙으로 망했습니다. 폐하陛下께서 불법佛法을 받아들여 이를 믿으시면 천하의 왕이 될 수 있습니다." 하니, 상이 이르길 "신선神仙은 조종들께서 받드는 바이며, 불력佛力 또한 매우 크니 이 또한 섬길 만한 것이구나." 하고는 **순도를 왕사王師로 삼고, 종실 자녀들에게 불경을 배우라 명하였다.** 『고구려사략』 소수림대제기

---

25 불교(佛敎)라는 용어는 일제강점기 일본인들이 처음 만들어 사용한다. 이전 기록은 불법(佛法)이다.

372년(소수림2) 고구려에 불교가 전래됩니다. 『삼국사기』는 단순히 전진前秦의 순도順道가 고구려에 불교를 전래한 것으로 나와 있으나, 『고구려사략』은 당시 상황을 구체적으로 설명합니다. 순도는 불교로 흥한 전진과 선도仙道(노자의 도교)로 망한 전연의 사례를 소수림왕에게 상기시키며, 불교를 받아들이면 천하의 왕이 될 수 있다고 설득합니다. 이에 소수림왕은 고구려의 고유신앙 신선도神仙道(도교와 다름)를 언급하며, 불교의 수용의사를 밝힙니다. 그리고 순도를 왕사王師로 삼고 먼저 종실자녀부터 불교를 믿게 합니다.

박기자 : 불교 도입은 소수림왕의 통치 차원의 용단이군요.

고선생 : 『고구려사략』 기록은 두 가지를 암시합니다. 첫째는 고구려의 불교 전래가 반강제적으로 이루어진 점이고, 둘째는 소수림왕이 불교를 통해 내부 통제를 꾀한 점입니다.

박기자 : 반강제적은 무슨 의미입니까?

고선생 : 고구려에 불교를 전래한 전진은 370년 전연을 무너뜨리고, 376년 전량前凉(301~376)마저 병합하며 화북지방 전체를 통일합니다.[26] 일시적이나마 양자강(양쯔강)을 경계로 북쪽에는 전진, 남쪽에는 동진이 들어서며 중국대륙을 양분합니다. 고구려로서는 전진의 급성장을 의식하지 않을 수 없습니다. 과거 위(조조)의 관구검과 전연의 모용황으로부터 호되게 당한 역사적 경험이 있습니다. 이때 전진의 부견苻堅(제3대)이 사신과 함께 승려 순도를 고구려에 파견합니다. 이는 마치 대항해시대(15세기후반~18세기중반)에 유럽의 일부 나라가 천주교 선교사를 앞세우고 식민지 개척에 나선 경우와 유사합니다. 소수림왕으로서는 본인의 의지와 상관없이 전진의 뜻에 따라 불교를 수용합니다.

박기자 : 내부 통제는 또 무슨 의미입니까?

고선생 : 소수림왕의 당면과업은 서벌남정의 후유증을 조기에 극복하는 것입니다. 오랜기간 지속된 전쟁으로 고구려 지배층의 불만이 팽배합니다. 불교는 이를 해소시킬 수 있는 최상의 카드이며 돌파구입니다.

---

26 전진은 383년 강남의 동진을 쳐들어갔다고 비수(淝水)전투에서 대패하여 갑자기 멸망한다.

⑦-26. 5년(375년) 2월, 비로소 **성문사**省門寺**를 창건하여 순도**順道**로 하여금 머무르게 하였다. 또한 이불란사**伊弗蘭寺**를 창건하여 아도**阿道**를 머무르게 하니, 이것이 해동불법**海東佛法**의 시초이다.**
『삼국사기』 소수림왕

⑦-27. 5년(375년) 2월, 상원象院을 **초문사**肖門寺**로 만들어 순도**順道**가 법이 되게 하고, 또한 침태**藏胎**를 이불란사**伊弗蘭寺**로 만들어 아도**阿道**가 법이 되게 하였다.** 상은 왕사인 봉태封太와 절익折益 등이 후궁을 음란하게 만드는 것이 싫어, **외부에서 들여온 불법으로 대원**大院*의 주主가 되게 하였다. 불법의 맑고 깨끗함에 선인**仙人**들이 크게 놀랐다.** 『고구려사략』 소수림대제기

☞ *큰 학원

소수림왕은 375년(소수림5) 불사를 창건하며 적극적인 불교 수용정책을 전개합니다. 이때 고구려 최초의 사찰 성문사(『고구려사략』은 초문사임)[27]와 이불란사가 창건됩니다. 당시 신선도를 이끌던 선인仙人들조차 불교의 교리를 긍정적으로 평가한 점은 눈여겨 볼 만합니다.

박기자 : 소수림왕의 불교 수용은 적절한 선택이군요.

고선생 : 다음은 ⓓ 태학太學 설립입니다. 태학은 국가주도의 인재양성기관입니다. 태학의 설립 시기는 372년(소수림2)으로 불교가 전래된 직후입니다.

박기자 : 혹시 불교 전래와 태학 설립은 어떤 관계가 있습니까?

고선생 : 기자님의 통찰력이 돋보입니다. 『삼국사기』와 『고구려사략』 기록입니다.

⑦-28. 2년(372년) 6월, … **태학**太學**을 세워 자제들을 교육하였다.** 『삼국사기』 소수림왕

⑦-29. 2년(372년) 9월, 순도順道가 상에게 고하길 "신이 폐하의 나라를 돌아보니, 무武를 숭상하고 귀鬼를 섬기길 좋아하며, 하민下民들은 우매하고, 대부大夫들은 황음합니다. **대학**大學**을 세우시어 문자와 예의를 가르치길 청하옵니다.**" 하였다. 상이 이를 태후와 상의했는데, 종척宗戚들 대다수는 이를 불편해하였다. 상은 부견符堅이 전한 것이기에 잠시 시험케 하였다.
『고구려사략』 소수림대제기

---

27 『삼국사기』는 성문사(省門寺)로 기록한다. 그러나 『삼국유사』는 초문사(肖門寺)이다. 省와 肖의 한자가 비슷하다. 『해동고승전』은 성문(省門)을 절로 만들어서 초문사가 아닌 성문사로 불렀다고 유래를 설명한다. 『고구려사략』은 『삼국유사』와 같다. 일반적으로 초문사는 성문사의 잘못으로 보는 견해가 지배적이나 그 반대의 경우도 무시할 수 없다.

『삼국사기』는 소수림왕이 태학을 설립하여 자제를 교육시켰다고만 하나, 『고구려사략』은 불교를 전래한 순도의 권고가 있음을 부연합니다. 『삼국사기』는 태학太學이고, 『고구려사략』은 대학大學입니다. 두 명칭의 옳고 그름을 따지는 것은 큰 의미가 없습니다. 어차피 두 명칭은 우리말로 같습니다. 다만, 태학의 설립을 두고 당시 지배층이 상당히 반발합니다. 불교를 수용한 소수림왕에 대한 반발입니다. 기록은 소수림왕이 시험 삼아 태학을 설치한 것으로 나옵니다.

박기자 : 예나 지금이나 변화를 원치 않는 기득권층의 반발이군요.

고선생 : 마지막으로 ㉕ 율령律令 반포입니다. 373년(소수림3)입니다.

⑦-30. 3년(373년), **처음으로 율령律令을 반포하였다.** 『삼국사기』 소수림왕

⑦-31. 3년(373년) 10월, **새로운 율령律令을 반포하였다.** 이에 앞서 국법이 크게 엄하여 죄지은 다수가 사형에 처해졌다. **미천美川시절부터 새로운 법령에 섞여 시행하였고, 선제*는「창번倉樊의 율령」을 채택하였으나 여전히 죽음을 면할 수는 없었다.** 상은 지극히 어질어서 사람 살리기를 좋아하였다. 해명解明을 진秦**과 진晉***에 보내 그 나라의 형정刑政이 어떠한 지를 보고 와서, 죽이거나 귀양 보내거나 곤장을 치거나 노비로 삼는 죄 300여 가지의 율령을 다듬었다. 사평인사使評人司를 시켜 율령을 가르치게 하고, 또한 함부로 노비를 삼거나 어미를 탐하거나 남의 처를 탐하지 못하게 하였다. 곤장 30대를 넘는 죄는 관官이 직접 나서 이를 다스리게 하고 함부로 매를 치는 폐단을 없앴다. **백성들이 크게 흡족해하였다.** 『고구려사략』 소수림대제기

☞ *고국원왕 **전진(북조) ***동진(남조)

『삼국사기』는 최초의 율령 반포라고 소개합니다. 『삼국사기』를 읽다보면 가끔 이런 형태의 기록이 툭 튀어 나옵니다. 6하 원칙의 내용은 없고 제목만 덜렁 있는 기록입니다. 『삼국사기』가 남긴 아쉬움의 극치입니다. 『고구려사략』은 최초가 아닌 새로운 율령 반포라고 설명합니다. 율령은 이미 미천왕 때부터 법령에 섞여 시행되고, 고국원왕 때에는 「창번倉樊의 율령」을 새로이 제정합니다. 율령은 소수림왕 이전부터 존재합니다. 다만 소수림왕은 기존의 율령이 매우 엄하여 죽임을 당하는 사람이 많음을 안타깝게 여겨 이를 보완합니다. 애민군주의 발로입니다.

박기자 : 창번의 율령은 무엇입니까?

고선생 : 창번倉樊은 봉상왕(제14대)을 폐위시킨 국상 창조리의 후손입니다. 『고구려사략』 기록에 367년(고국원37) 창번이 정한 「노비8등례」가 나옵니다. 노비에 관한 율령입니다. 이에 따르면, 노비는 출신별로 산노産奴(노비 자식), 부노俘奴(전쟁 포로), 형노刑奴(범죄자)로 구분하고, 각각의 형편에 따라 1~8등급으로 나누며, 등급에 맞게 업무를 부여합니다. 특히 노비가 공이 있으면 양민으로 환속하는 내용도 있습니다. 당시로서는 파격적인 노비관리법령입니다.

박기자 : 소수림왕의 재위후반기는 어떠합니까?

고선생 : 백제와 몇 차례 전투를 벌입니다. 375년(소수림5) 백제의 수곡성을 공격하고, 376년(소수림6) 백제의 북쪽 변경을 공격합니다. 377년(소수림7) 백제가 고구려 평양성(남평양)을 공격하자 고구려는 남쪽으로 백제를 공격합니다. 『삼국사기』 기록에는 전투의 구체적인 내용과 전투결과 쌍방의 인적·물적 피해에 대한 언급이 전혀 없습니다. 전면전보다 소규모 국지전일 가능성이 높습니다. 소수림왕은 재위14년째인 384년 46세로 사망합니다.

박기자 : 장수한 경우는 아니군요.

고선생 : 소수림왕은 아버지 고국원왕에 대한 복수를 억누르며, 대신 국가체제를 정비하는 내치에 집중합니다. 미천왕, 고국원왕시기 계속된 전쟁으로 방전되다시피 한 고구려 국력은 소수림왕에 의해 재충전됩니다. 결과적으로 소수림왕은 와신상담臥薪嘗膽을 선택합니다. 자신이 직접 복수에 나서지 않고 후대의 몫으로 돌립니다. 소수림왕은 때를 기다릴 줄 아는 불비불명不飛不鳴(『여씨춘추』 출전)의 군주입니다.

박기자 : 소수림왕의 뒤를 이은 왕은 누구입니까?

고선생 : 제18대 고국양왕故國壤王입니다. 이름은 이련伊連(어지지於只支)이며, 소수림왕의 동생입니다. 고국양왕은 일찍이 모용황의 침공 때 어머니 주태후와 함께 전연으로 끌려가 온갖 고초를 겪습니다. 이후 환국하여 형 소수림왕을 적극 보좌합니다. 『삼국사기』는 소수림왕이 '후사가 없어 동생 이련이 즉위하였다〔無嗣 弟伊連卽位〕'고 기록합니다. 그러나 이는 잘못입니다.

박기자 : 어떤 잘못입니까?

고선생 : 소수림왕에게는 아들이 있습니다.

⑦-32. **수림獸林이 죽음을 앞두고 보검과 옥새를 넘겨주며** 이르길 "중원의 나라들은 소란하나, 오직 동방만은 점점 고요해지는구나. 이 모두 조상님들의 음덕이다. **아우도 잘 지켜서 담덕談德에게 물려 주게.**" 하니, **상은 소리 없이 눈물만 흘리며 받았다.**『고구려사략』고국양대제기

담덕談德입니다. 소수림왕은 고국양왕에게 보위를 넘겨주며, 훗날 자신의 아들 담덕이 보위를 잇게 하라고 유언합니다. 고국양왕이 소수림왕의 유언을 들으며 소리 없이 눈물만 흘렸다는 내용이 무척 인상적입니다.

박기자 : 혹시 담덕은 광개토왕입니까?

고선생 : 그렇습니다. 고구려 정복군주의 표상인 광개토왕입니다. 그런데 담덕의 출생과 이름에 대한 흥미로운 내용이『고구려사략』에 있습니다.

⑦-33. 4년(374년) 11월, **천강天罡후가 담덕談德태자를 낳았는데**, 용모가 특이하게도 듬직하였다. 상은 기뻐하며 이름을 복福이라 짓고 싶었는데, 때마침 아도阿道가 진奏*에서 돌아와 아뢰길 "**천자天子는 덕德을 말하지(談德) 이利를 말하지(談利) 않습니다. 덕을 말하면 복은 저절로 내려옵니다.**" 하였다. 이에 상은 그 말을 반기며 **담덕談德이라 이름 지었다.** 대략 열두 달을 채워서 태어났다.
『고구려사략』소수림대제기

☞ *전진

'談德'은 '천자가 말하는 덕'을 뜻합니다. 소수림왕은 승려 아도阿道의 말에서 힌트를 얻어 담덕의 이름을 짓습니다. 담덕은 374년(소수림4) 출생하며 아버지 소수림왕이 사망할 당시는 11세입니다. 소수림왕의 뒤를 잇기에는 너무 어린 나이입니다. 그래서 소수림왕은 아우 고국양왕에게 보위를 물려주는 대신 훗날 자신의 직계인 담덕이 보위를 이을 수 있도록 유언을 통해 안전장치를 마련합니다.

박기자 : 정상적으로 보위가 담덕에게 승계된 것이군요.

고선생 : 고국양왕에게는 아들이 있습니다.『삼국사기』에 나오지 않지만 담윤談允이라는 이름이 『고구려사략』에 나옵니다. 고국양왕은 자신의 아들인 담윤을 후계자로 삼지 않고, 형 소수림왕의

유언을 지킵니다. 386년(고국양3) 담덕을 태자에 봉하여 공식 후계자로 삼습니다.

박기자 : 고국양왕은 어떤 왕입니까?

고선생 : 고국양왕은 384년~392년까지 9년을 재위합니다. 『삼국사기』가 설정한 재위기간입니다. 그런데 《광개토왕릉비》를 보면 광개토왕의 즉위년은 392년이 아니라 391년입니다. 이는 고국양왕의 재위기간이 384년~391년까지 8년이라는 얘기가 됩니다. 『고구려사략』도 고국양왕의 재위기간을 8년으로 설정합니다.

박기자 : 『삼국사기』가 잘못된 겁니까?

고선생 : 『삼국사기』는 고국양왕의 재위기간을 사망시점에 맞춰 설정합니다. 고국양왕은 재위8년째인 391년 광개토왕에게 보위를 미리 넘기고, 이듬해인 392년 사망합니다. 391년은 광개토왕의 나이 18세입니다. 고국양왕은 광개토왕이 보위를 이어받을 수 있는 나이가 되었다고 판단하여 미리 양위합니다.[28]

박기자 : 고국양왕은 형 소수림왕의 믿음을 저버리지 않았군요.

고선생 : 결과적으로 고국양왕의 선택은 고구려가 또 한 번 융성할 수 있는 기회로 이어집니다. 만약 고국양왕이 개인적인 욕심을 부렸다면, 고구려 역사는 다시금 왕실내의 골육상쟁사로 뒤바뀌고 광개토왕과 같은 걸출한 영웅은 출현하지 못했을 겁니다. 고국양왕은 광개토왕에게 바톤을 넘겨주며, 징검다리 소임을 묵묵히 수행한 참으로 훌륭한 군주입니다.[29]

---

28 『국양천왕기國壤天王紀』(남당필사본) 기록이다. '8년(391년) 7월, 왕이 태자에게 전위하였다. 스스로를 태상왕이라 하였다. 융복(隆福)8년을 영락(永樂)원년으로 삼고 천하에 대사면하였다〔八年 七月 王傳位於太子 自稱太上王 以隆福八年爲永樂元年 大赦天下〕' 고국양왕은 생전에 광개토왕에게 양위한다. 참고로 융복은 고국양왕의 연호이다.

29 고국양왕은 참으로 위대한 군주이다. 고국양왕은 자신의 직계에 의한 왕위승계의 유혹을 물리치고 형 소수림왕의 유언에 따라 광개토왕에게 보위를 넘긴다. 우리는 권력욕을 앞세워 쿠데타로 집권한 군주가 혹이라도 조그마한 치적을 쌓으면 그를 높게 평가한다. 그러나 역사는 쿠데타에 집권한 군주를 결코 위대하다고는 말하지 않는다.

1.《광개토대왕릉비》속으로

고선생 : 1889년 일본의 국수주의 기관지 『회여록』 제5집에 '고구려고비고高勾麗古碑考'라는 제목의 특별논고가 발표됩니다. 고구려 고비古碑는 광개토왕의 훈적을 기록한《광개토왕릉비》입니다. 이에 앞서 1883년 일본 육군참모본부 소속의 사코 가케노부酒勾景信 중위가 중국 길림성 집안현에서《광개토왕릉비》를 발견하고 비문의 탁본을 떠서 일본으로 가져가 쌍구가묵본雙鉤加墨本[1]을 만듭니다. 그리고 이를 6년간 연구하여 요코이 다다나오橫井忠直가 처음으로 비문을 해독하여 세상에 내놓습니다.

《광개토왕릉비》(길림성 집안현)

박기자 :《광개토왕릉비》는 일본인에 의해 처음 발견된 겁니까?

고선생 :《광개토왕릉비》의 존재는 조선시대 『용비어천가』와 『지봉유설』(이수광) 등 우리문헌에서도 확인됩니다. 다만, 두 문헌은 광개토왕의 훈적비勳績碑로 인식하지 못하고 여진족이 세운 금金(1115~1234)의 시조비始祖碑 정도로 판단합니다. 만주지역은 청淸(1616~1912)의 발상지로 여겨져 오랫동안 봉금封禁(출입금지)지역으로 묶여 있다가, 1880년 이 지역에 현縣이 설치되며 봉금이 해제됩니다. 이때 한 농부(또는 중국인 관월산)에 의해 처음으로 발견됩니다. 교수님께 자세한 설명 부탁드립니다.

정교수 :《광개토왕릉비》는 장수왕이 아버지 광개토왕의 업적을 기리기 위해 414년 세운 현존하는 고구려의 최고最古 비석입니다. 비석은 4면석의 응회암으로 높이 6.39m, 너비 1.38~2.00m, 측면 1.35m~1.46m인 다소 불규칙한 긴 바위 자연석입니다. 4면에 새겨진 글자는 총 1,775자(또는

---

1 탁본과 달리 비문에 종이를 대고 문자 둘레에 선을 그린 다음(雙鉤), 그 여백에 묵을 넣어(加墨) 탁본처럼 보이게 만듦.

1,802자)로 추정되나 실제 알아볼 수 있는 글자는 1,534자 정도입니다. 글자 크기는 14~16㎝이며 고구려 특유의 웅장한 필체로 음각되어 있습니다. 비문의 내용은 크게 세 부분으로 나눕니다. 첫째 (제1면 1행~6행)는 고구려의 건국신화와 추모왕(동명왕), 유류왕(유리왕), 대주류왕(대무신왕) 등의 왕위 계승과 광개토왕의 행장行狀을 간략히 기술하고, 둘째(제1면 7행~제3면8행)는 광개토왕의 대외 정복사 업을 연대순으로 비교적 상세히 나열하며, 셋째(제3면 8행~제4면 9행)는 수묘인(왕릉을 지키는 사람)의 숫 자와 출신지 및 차출방식, 그리고 수묘인의 매매금지 등을 기록합니다.

고선생 : 비문 기록 중 1면 9행에 나오는 소위 「신묘년 기사」가 있 습니다. '왜가 신묘년에 바다를 건너와 백잔(백제), □□, 신라를 격 파하고 신민으로 삼았다〔倭以辛卯年來渡海破百殘 □□ 新羅以爲 臣民〕'는 내용입니다. 신묘년은 391년에 해당합니다.

박기자 : 정말로 그런 사실이 있습니까?

고선생 : 이 기록은 일제가 한국(조선) 침략을 정당화하는 「정한 론征韓論」의 역사적 근거로 활용됩니다. 『일본서기』에 나오는 소 위 「신공神功황후의 삼한정벌론三韓征伐論」과 「임나일본부任那日本 府설」[2]을 결합한 고대 일본이 한반도를 정벌하고 통치했다는 주장 의 핵심적인 증거로 둔갑합니다. 이후 일제는 1905년 을사늑약을 체결하여 외교권을 박탈하고, 1910년 한일합병을 통해 우리나라를 강제로 병합합니다.

《광개토왕릉비》 쌍구가묵본

박기자 : 암울한 일제강점기의 시작이군요.

고선생 : 「신묘년 기사」의 해독에 대해 처음으로 이의를 제기한 사람은 민족주의 사학자 정인 보(위당, 1893~1950)입니다.[3] 정인보는 1930년대 말에 저술한 「광개토경평안호태왕릉비문석략」에서

---

2 일본의 고대국가 야마토(대왜)가 4세기 후반에 한반도 남부지역에 진출하여 백제, 신라, 가야를 지배하고, 임나일본부라는 통 치기관을 두어 6세기 중엽까지 직접 지배하였다는 설이다.

3 정인보는 6.25전쟁이 한창이던 1950년 7월 서울에서 납치되어 그해 11월 평양에서 사망한다. 만약 정인보가 납치되지 않았다 면 지금도 우리 고대사를 지배하고 있는 일제 식민사학은 일찍이 청산되었다.

'도해파渡海破'의 주어를 왜가 아닌 고구려로 보아 '왜가 신묘년에 왔으므로, (고구려 광개토왕)이 바다를 건너가 왜를 깨뜨리고 백제와 □□, 신라를 신민으로 삼았다'고 해석하여 일본인의 해석이 처음부터 잘못되었다고 지적합니다. 일본인의 해석이 「왜 주어설」이라면, 정인보의 해석은 「고구려 주어설」입니다. 정인보는 당시 정황을 종합적으로 판단해볼 때 결코 왜(일본)가 백제와 신라를 신민으로 삼을 수 없다고 보았습니다.

박기자 : 어느 해석이 맞는 겁니까?

고선생 : 두 가지 상반된 해석은 모두 「신묘년 기사」의 판독문 자체가 옳다는 것을 전제로 합니다. 그러나 1972년 재일동포 사학자 이진희가 일본 참모본부의 이른바 「석회도부작전설石灰塗付作戰說」을 주장하여 큰 파장을 일으킵니다. 일본이 비문에 의도적으로 석회를 발라 「신묘년 기사」 판독문 글자자체가 변조된 점을 지적합니다. 이후 1981년 이형구는 「신묘년 기사」 뿐 아니라 일부 글자의 위작僞作을 확인합니다. 그럼에도 「신묘년 기사」는 여전히 우리 고대사의 불편한 족쇄를 채우고 있습니다.

2. 광개토왕의 실상 (I)

고선생 : 광개토왕은 제19대 왕으로 묘호廟號는 「국강상광개토경평안호태왕」[4]입니다. 이 중 '국강상國岡上'[5]은 광개토왕 무덤이 있는 장소이며, '광개토경廣開土境'은 고구려의 영토를 확장시킨 외치이고, '평안平安'은 내치에 해당합니다. '호태왕好太王'은 고구려 왕의 고유 칭호입니다. 따라서 광개

---

4 중국 길림성 집안현 하해방고분군에서 발견된 모두루 묘지명에는 '국강상대개토기호태성왕(國岡上大開土地好太聖王)'으로, 경주 호우총에서 발견된 호우에는 '국강상광개토지호태왕(國岡上廣開土地好太王)'으로 나온다.

5 『국강호태왕기』(남당 필사본) 영락20년(411년) 정월 기록이다. '왕이 태후를 존하여 천강태왕(天罡太王)으로, 스스로는 국강태왕(國罡太王)으로, 탑(榻)태자는 인강소왕(人罡小王)으로 하였다〔王尊太后爲天罡太王 自爲國罡太王以榻太子爲人罡小王〕' 천강, 국강, 인강은 천지인(天地人)에 대비되는 천국인(天國人)이다. 천강은 하늘의 으뜸(북극성), 국강은 나라의 으뜸, 인강은 사람의 으뜸이다. 국강상은 국강+상으로, 상은 고구려왕을 지칭한다. 따라서 국강상은 나라 중에서도 가장 으뜸인 고구려를 다스리는 왕을 수식한다. 국강상에는 고구려의 천하지배관이 담겨있다.

토왕은 정복군주의 표상입니다. 그러나『삼국사기』기록을 보면 광개토왕은 정복군주와는 전혀 어울리지 않습니다.

박기자 : 무슨 뜻입니까?

고선생 : 광개토왕의 재위기간은 22년입니다. 391년 18세에 즉위하여 413년 39세로 사망합니다. 비교적 단명短命한 경우입니다.『삼국사기』기록을 보면 광개토왕의 재위기간은 전·후반기로 나눌 수 있는데, 전반기는 백제와의 전투가 6차례이며(거란과의 전투 1차례), 후반기는 후연後燕(모용수,384~409)과의 전투가 5차례입니다. 모두 광개토왕이 승리한 기록입니다. 그러나 이 기록만 가지고 광개토왕을 결코 정복군주로 단정할 수 없습니다. 이 정도의 승리기록은 이전 고구려 왕의 치세에서도 얼마든지 나옵니다.

박기자 : 광개토왕이 정복군주가 아니라는 뜻입니까?

고선생 : 그러나 우리는《광개토왕릉비》의 비문기록을 가지고 있습니다. 그런데 이상한 점은『삼국사기』기록과 비문기록의 내용이 완벽하게 겹치지 않습니다.『삼국사기』기록은 비문기록에 없고, 비문기록에는『삼국사기』기록이 없습니다. 마치『삼국사기』가 사전에《광개토왕릉비》의 존재를 인지하고, 비문기록에 없는 내용만 따로 골라서 편집한 것처럼 완벽하게 두 기록은 일치하지 않습니다. 다만『삼국사기』는 백제와 후연이 중심이라면,《광개토왕릉비》는 왜를 중심으로, 비려, 숙신, 동부여 등이 포함됩니다. 두 기록은 접촉대상을 철저히 달리합니다.

박기자 : 두 기록이 접촉대상을 달리한 이유는 무엇입니까?

고선생 :《광개토왕릉비》는 당대의 기록이라면,『삼국사기』는 후대의 기록입니다.『삼국사기』가 편찬될 당시(1145년)인 12세기는 여진족의 금金(1115~1234)이《광개토왕릉비》가 소재한 만주 집안현 일대를 장악합니다. 따라서『삼국사기』편찬자는《광개토왕릉비》의 존재뿐 아니라 비문기록 내용까지도 전혀 알지 못합니다. 그렇다면『삼국사기』원사료인『구삼국사』를 의심해야 합니다.『구삼국사』역시 비문기록 내용은 없었을 겁니다.『구삼국사』는 통일신라시기 신라인이 쓴 삼국의 역사기록입니다. 신라인의 입장에서 보면 고구려 정복군주 광개토왕의 위대성에 대한 적잖은 거부감이 작용했을 겁니다. 더구나 비문기록의 상당 부분을 차지하는 왜는 신라를 수세기 동안 줄기차게 괴

롭힌 존재입니다.

　박기자 : 왜는 어떤 나라입니까? 일본입니까?

　고선생 : 《광개토왕릉비》의 비문기록을 통해 왜의 실체를 접근해 봅니다. 먼저 비문기록 전체를 보면, 왜는 9~10번, 백잔百殘(백제)은 5번, 잔국殘國은 영락6년(396년)에 3번 나옵니다. 왜가 비문기록의 중심입니다. 이는 당시 고구려가 왜를 가장 강력한 경쟁상대로 인식한 증거입니다. 비문기록은 독특한 편집원칙을 준용합니다. 전쟁의 명분과 결과를 명확히 구분하여 기록합니다.

❶ 【영락5년(을미, 395년) 비려碑麗 토벌】: 1면 7~8행

> 永樂五年 歲在乙未 王以碑麗不息□□ 躬率往討 過富山負山至鹽水上 破其丘部落六七百營 牛馬群羊不可稱數 于是旋駕 因過□平道 東來□城力城北豊 王備獵游觀土境田獵而還
>
> 영락5년 을미년, 왕은 ㉠ 비려碑麗가 □□를 멈추지 않으니 친히 군사를 이끌고 토벌하였다. ㉡ 부산富山과 부산負山을 지나 염수鹽水에 이르러 부락 6~7백 영營을 깨뜨렸다. 소, 말, 양들이 헤아릴 수 없었다. 어가를 돌려 동쪽으로 향했다. □평도를 지나오는 길에 □성, 역성, 북풍 등 경내를 순유巡遊하고 사냥하면서 돌아왔다.

　영락5년(395년) 비려 토벌입니다. ㉠는 전쟁명분으로, 광개토왕은 비려가 □□를 멈추지 않아 친정하여 비려를 토벌합니다. ㉡는 전쟁결과로, 광개토왕은 부산富山, 부산負山, 염수鹽水 등에서 비려 부락 6~7백 영營을 깨뜨립니다. 영은 부락을 구성하는 최소단위입니다. 돌아오는 길에 경내를 순유하며 사냥합니다. 고구려 왕으로서 주변 백성을 보살핍니다.

　박기자 : 비려는 어떤 나라입니까?

　정교수 : 비려는 거란으로 추정합니다. 『삼국사기』 광개토왕 원년(391년)에 '9월, 북쪽으로 계주契丹(거란) 공격하여 남녀 5백을 사로잡고, 또한 본국에서 도망갔던 백성 1만을 달래어 데리고 돌아왔다.〔九月 北伐契丹 虜男女五百口 又招諭本國陷沒民口一萬而歸〕'는 기록이 있습니다. 비록 시간상으로는 5년 차이가 나지만, 『삼국사기』의 391년 거란 정벌기록은 《광개토왕릉비》의 395년 비려 토벌기록에 대응합니다.

고선생 : 비려는 거란이 아니라 비리卑離입니다.

⑧-1. 5년(395년) 2월, 상은 **비리卑離가 점차로 교화를 따르지 않자, 친히 파산巴山 · 부산富山 · 부산負山을 정벌하고 염수鹽水에 이르러 700여 부락을 깨뜨리고, 소 · 말 · 양 · 돼지 1만여 마리를 노획하였다.** 『고구려사략』 영락대제기

『고구려사략』 기록은 ❶의 비문기록과 정확히 일치합니다. 비리는 고구려의 옛 제후국으로 광개토왕 당시는 이미 고구려에 흡수되어 국가의 형태가 아닌 부락단위로 존재합니다. 광개토왕은 비리가 '점차로 왕의 교화教化를 따르지 않는다'〔漸違王化〕는 표현으로 보아, 비리의 어떤 움직임을 사전에 방지하기 위해 군사적 조치를 취합니다.

박기자 : 비리의 어떤 움직임은 무엇입니까? 예를 들어 고구려로부터 독립하려 한 겁니까?

고선생 : 답은 이듬해인 396년(영락6) 기록에 있습니다.

❷【영락6년(병신, 396년) 잔국殘國 토벌】: 1면 8~9행, 2면 1~4행

百殘新羅舊是屬民由來朝貢 而倭以辛卯年来渡海破 百殘□□新羅 以爲臣民 以六年丙申 王躬率水軍 討伐殘國 軍□□首攻取壹八城 曰模盧城 若模盧城 幹弓利城 □□城 閣彌城 牟盧城 彌沙城 古舍城 阿旦城 古利城 □利城 雜珍城 奧利城 勾牟城 古須耶羅城 頁□□ □□□ 分而耶羅城 □□□□城 □□□ 豆奴城 沸□ □利城 彌鄒城 也利城 大山韓城 掃加城 敦拔城 □□□□城 婁賣城 散那城 □□城 細城 牟婁城 于婁城 蘇灰城 燕婁城 析支利城 巖門至城 林城 □□□□□□□利城 就鄒城 □拔城 古牟婁城 閏奴城 貫奴城 三穰城 □□□□□羅城 仇天城 □□ □□□其國城 殘不服義敢出百戰 王威赫怒 渡阿利水 遣刺迫城 橫□□□□便國城 而殘主因逼獻 □男女生口一千人 細布千匹 歸王 自誓從 今以後永爲奴客 太王恩赦 先迷之愆 錄其後順之誠 於是 取五十八城 村七百 將殘主弟 幷大臣十人 旋師還都

㉮ **백잔百殘(백제)과 신라는 옛적부터 속민屬民으로서 조공을 바쳐왔다. 왜倭가 신묘년辛卯年에 바다를 건너와 백잔, □□, 신라를 파하고 신민臣民으로 삼았다. ㉯ 영락6년 병신년丙申年 왕이 친히 수군을 이끌고 잔국殘國을 토벌하였다.** 이에 앞서 18성을 공취하였다. 구모루성 … (중간생략) … 구천성 등을 취하고 그 국성國城* 근처에 다다랐다. 잔국殘國이 의義에 따르지 않고 감히 대항하니, 왕이 노

하여 **아리수阿利水**[6]**를 건너 정병을 보내 국성을 압박하였다. 이에 잔주殘主는 곤핍해져 남녀 1천과 세포細布 1천 필을 바치고 금후로 영원히 노객奴客이 되겠다고 맹세하였다. 태왕太王은 잘못을 은혜로써 용서하고 순종해온 정성을 가륵히 여겼다. ㉰ 이때에 58성 700촌을 취하고 잔주殘主의 동생과 대신大臣 10명을 데리고 도성으로 돌아왔다.**

☞ *잔국의 도성

이는《광개토왕릉비》의 핵심기록으로, 우리 역사의 엄청난 비밀을 담고 있습니다. ㉮는 전쟁명분입니다. 백제와 신라는 고구려의 속민屬民으로 조공을 바쳐왔는데, 신묘년(391년)에 왜가 바다를 건너와 백제, □□,신라를 신민臣民으로 삼습니다.

박기자 : 속민과 신민은 어떻게 다릅니까?

고선생 : 속민과 신민은 과거와 현재의 예속관계를 말합니다. 속민은 과거 동족 관계이나 현재는 분리된 나라나 집단이며, 신민은 현재 예속의사를 밝힌 나라나 집단을 지칭합니다. ㉯는 전쟁결과입니다. 병신년(광개토6, 396년)에 친히 수군을 이끌고 잔국殘國을 토벌합니다. 그런데 좀 이상합니다. 전쟁명분은 분명히 왜의 행위 때문인데, 전쟁결과는 왜가 아닌 잔국이 토벌됩니다.

박기자 : 다른 이유는 무엇입니까?

고선생 : 결론부터 말씀드리면, 왜와 잔국은 동일한 존재입니다. 광개토왕은 잔국을 토벌하며 58개 성을 정복합니다. 엄청난 규모입니다. 58개성 이름이 줄줄이 나옵니다. 일부는 글자가 완전히 마모되어 이름을 확인할 수 없으나, 이 중 18개는 미리 정복한(首攻取) 성으로, 주로 한강유역과 경기북부에 위치합니다.[7] 백제의 성들입니다. 그러나 나머지 40개성은 금강유역을 중심으로 한 충청남북

---

6 아리수(阿利水)는 《광개토왕릉비》에 유일하게 나오는 강의 이름이다. 일반적으로 지금의 한강(漢江)으로 비정하나 이는 오류이다. 아리수는 '크다'는 뜻의 阿利와 '물'의 水가 결합된 '큰 물'을 나타낸다. 한강을 지칭한 『삼국사기』 기록을 보면, 백제는 욱리하(郁里河)와 한수(漢水), 신라는 한산하(漢山河)로 쓴다. 고려시대는 열수(洌水)이다. 한강의 이름은 조선시대에 처음 쓰기 시작한다. 조선의 수도 한성(漢城)에 있는 강이어서 한강으로 명한다. 아리수는 특정한 하천의 나타내는 고유명사가 아닌 '큰 강'을 지칭하는 일반명사이다.

7 『삼국사기』 광개토왕 기록에, 391년 백제의 10개 성과 관미성을 빼앗고, 394년 남쪽으로 7개 성을 쌓아 백제의 침범에 대비했다는 기록이 있다. 합하여 18개성이다.

과 경기남부에 해당합니다.[8] 이 지역은 백제의 영역이 아닌 잔국의 영역입니다.

정교수 : 잔국은 백잔으로 이해하는 것이 통설입니다. 백잔은 백제의 비칭卑稱입니다.

고선생 : 잔국은 백잔이 아닙니다. 결코 백제가 될 수 없습니다.《광개토왕릉비》의 비문기록 전체를 통해 잔국은 이 부분에서 딱 3번(殘國1번, 殘±2번) 나옵니다. 백잔은 이 부분을 포함하여 비문기록 전체에 5번 나옵니다. 만약 백잔이 잔국이라면 비문기록 역시 백잔으로 표기했을 겁니다. 그러나 비문기록은 백잔과 잔국을 명확히 구분합니다. 특히 광개토왕이 충청도지역을 장악하기 위해 수군을 동원한 사실은 눈여겨 보아야 합니다. 만약 58개성이 백제의 영역이라면 굳이 수군을 동원할 이유가 없습니다. 그냥 육군을 이용하여 백제 영토로 밀고 내려오면 됩니다. 그러나 광개토왕은 수군을 대동하고 충청도 어느 해

광개토왕이 정벌한 58성

안에 상륙하여 잔국을 쑥대밭으로 만듭니다. 군사전략 측면에서 잔국은 광개토왕에게 혀를 찔립니다. 잔국은 광개토왕의 급습으로 완전히 멸망합니다.

박기자 : 그렇다면 왜가 충청도지역에 존재한 겁니까?

고선생 : 아닙니다. 잔국의 실체는 부여백제입니다. 광개토왕이 정복한 58개성 중 후반부에 '□拔城'(47번째)이 나옵니다. 거발성居拔城입니다. 부여백제의 수도인 충남 공주입니다.《광개토왕릉비》가 세워질 당시는 거발성으로 부릅니다. 부여백제왕은 광개토왕에게 항복하고 백성 1천과 세포 천

---

8 『태백일사』〈고구려국본기〉기록이다. '제(帝, 광개토왕)는 몸소 수군을 이끌고 웅진(충남공주), 임천(충남임천), 와산(충북보은), 괴구(충북괴산), 복사매(충북영동), 우술산(대전대덕), 진을례(충남금산), 노사지(대전유성) 등의 성을 공격하여 빼앗고 도중에 속리산에서 아침 일찍 하늘에 제사를 지내고 돌아왔다.〔帝躬率水軍 攻取熊津 林川 蛙山 槐口 伏斯買 雨述山 進乙禮 奴斯只等城 路次俗離山 期早朝祭天以環」桓檀古記 高句麗國本紀〕'

필을 바치고 노객의 맹세를 합니다. 선택의 여지가 없는 패자의 설움입니다. 이어 광개토왕은 부여백제왕의 아우와 대신 10명을 인질로 잡고 환국합니다.[9]

박기자 : 부여백제는 어떻게 해서 왜가 된 겁니까?

고선생 : 부여백제왕은 급히 일본열도로 망명합니다. 그리고 망명정부인 일본의 고대국가 야마토(大倭,大和)를 지금의 오사카大阪일대에 건국합니다.[10]

박기자 : 부여백제왕은 누구입니까?

고선생 : 『일본서기』에 나오는 야마토의 실질적인 건국자 응신왕應神王(오오진, 제15대)입니다.[11] 천황의 칭호를 최초로 사용한 왕입니다. 『진서』〈효무제본기〉 태원11년(386년) 기록에 백제왕세자 여휘餘暉를 백제왕으로 삼은 기록이 있습니다.〔以百濟王世子餘暉 爲使持節都督鎮東將軍百濟王〕여휘왕이 바로 부여백제왕입니다. 고구려 광개토왕과 한반도 패권을 놓고 자웅을 겨루다가 패하여 졸지에 일본열도로 망명한 응신왕입니다.[12]

박기자 : 너무 어렵군요.

고선생 : 다시 잔국 토벌의 전쟁명분인 ❷-㉮ 기록을 봅니다. 신묘년(391)에 왜가 바다를 건너와 백제, □□,신라를 파하고 신민으로 삼았다는 내용입니다. 바로 「신묘년 기사」입니다.

⑧-2. 8년(391년) 4월, **이때, 왜倭가 가라와 신라에 침입하고 백제의 남쪽에 이르렀는데도**, 진사辰斯* 는 가리佳利와 함께 궁실에서 사치하며 연못을 파고 산을 만들어 특이한 새를 기르고 있었다. **이세異世가 죽었다는 소식을 듣고, 나라의 서쪽에 있는 큰 섬**으로 피해 들어갔으나, 거기에는 이미 왜가 와있는지라 급히 물러나 횡악橫岳***으로 들어갔다. 사람들이 비웃을까 겁내어 사슴을 잡는다**

---

9 당시 광개토왕이 인질로 잡아간 '왕의 아우와 대신 10명'을 백제 아신왕(제17대)으로 이해하는 것이 통설이다. 그러나 『삼국사기』는 이처럼 중요한 기록을 〈고구려본기〉 뿐 아니라 〈백제본기〉에도 남기지 않는다. 이는 사건의 주체가 백제(한성백제)가 아니기 때문이다. 『삼국사기』는 스스로 세운 편집원칙만큼은 철저히 지킨 소름끼칠 정도로 무서운 사서다.

10 정재수, 『백제 역사의 통곡』(논형, 2018) 제5장 참조.

11 응신(應神)왕은 일본의 제15대 왕이다. 이전 왕들은 가야계열 또는 가공으로 보는 게 통설이다. 응신왕은 백제계열의 최초 왕이다. 일본 고문헌 『상기上記』에 '단군의 73세손 응신이 일본의 첫 왕이 되었다.'는 기록도 있다.

12 에가미 나미오(江上波夫)의 「기마민족정복설」에 따르면 일본은 4세기 중후반에 대륙의 기마민족이 일본으로 건너와 전방후원분의 대형 고분시대를 열었다고 주장한다. 이 설을 보다 발전시킨 사람은 레드야드(Ledyard)와 코벨(Covell)이다. 두 사람은 대륙 기마민족을 '한반도 서남부를 거쳐 일본으로 건너간 부여(夫餘)의 전사들'로 규정한다.

는 핑계를 대니, 기세의 허약함이 이토록 심했다. 『고구려사략』 고국양대제기

☞ *백제 진사왕 **강화도 ***북한산

그런데 뜻밖에도 『고구려사략』에 '왜가 가라와 신라에 침입하고 백제의 남쪽에 이르렀다.〔倭侵加羅至濟南〕'는 기록이 있습니다. 저 역시 처음 이 기록을 접하고 무척 놀랐습니다. 《광개토왕릉비》 비문기록과 문맥이 정확히 일치합니다. □□의 결자는 가라加羅입니다. 그러나 비문기록의 '渡海'는 다른 해석이 필요합니다. '건너다'는 뜻을 가진 한자는 '渡(건널 도)와 '濟(건널 제)가 있습니다. '渡'는 강이나 하천 등 소규모의 물을 건널 때 사용하지만, '濟'는 바다와 같은 대규모의 물을 건널 때 사용합니다. 따라서 한자의 용례로 본다면, 왜는 일본열도에서 바다를 건너온 것이 아니라 한반도내의 어떤 강을 건널 수도 있고, 또한 한반도 남해의 연안을 따라 건너갈 수도 있습니다. 왜는 한반도에 존재합니다. 결국 『고구려사략』은 왜가 바다를 건너온 일이 없기에 단순히 '侵'으로 기록하고, '渡海破'라고 하지 않습니다. 이는 당시 백제 진사왕(제16대)의 행동을 통해서도 확인됩니다. 진사왕은 이세異世(이름이 아님. 부여백제의 실권자)가 죽었다는 소식을 듣고 급히 서쪽의 큰 섬(강화도)으로 피합니다. 그런데 그 곳까지 왜가 와있어, 또다시 횡악(북한산)으로 몸을 숨깁니다. 왜는 백제(한성백제)의 지근거리에 위치합니다.

박기자 : 왜가 강화도까지 온 겁니까?

고선생 : 부여백제 여휘왕이 백제(한성백제) 진사왕에게 사신을 파견한 『일본서기』 기록입니다.

⑧-3. 3년(392년 추정) 이 해에 **백제 진사왕**辰斯王**이 서서 천황에게 예**禮**를 범하였다.** 그래서 기각숙니紀角宿禰, 우전실대숙니羽田矢代宿禰, 석천숙니石川宿禰, 목토숙니木菟宿禰를 파견하여 예를 버린 상황을 실책하였다. **그리하여 백제국은 진사왕을 죽이고 사죄하였다. 기각숙니 등은 아화**阿花*를 왕**으로 세우고 돌아왔다.** 『일본서기』 응신應神기

☞ *백제 아신왕

백제 진사왕이 무례를 범하여 왜국왕(부여백제 여휘왕)이 사신을 파견하여 책망하자, 백제가 진사왕을 죽여서 사죄를 구한 내용입니다. 이는 당시 왜가 한반도에 존재한 사실을 증명하는 중요한 기록

입니다. 결론적으로《광개토왕릉비》와『고구려사략』기록은 여휘왕이 광개토왕에게 패하여 일본열
도로 망명한 사실을 증언합니다. 병신년(396년) 부여백제가 멸망하여 한반도에서 사라졌기에 고구
려는 잔국으로 표현하고, 그 후예가 일본열도로 건너가 왜국(야마토)을 건국했기에 신묘년(391년) 기
록은 부여백제를 왜로 소급하여 기록한 겁니다.

박기자 : 이를 증명할 수 있는 다른 기록은 있습니까?

고선생 : 『삼국사기』〈백제본기〉와『일본서기』에 결정적인 단서가 있습니다.

⑧-4. 6년(397년) 5월, **왕이 왜국倭國과 우호를 맺고 태자 전지腆支를 볼모로 보냈다.** 『삼국사기』〈백
제본기〉 아신왕

⑧-5. 8년(397년), 백제인이 내조來朝하였다. 〔『백제기百濟記』에 이르길 아화阿花가 왕이 되어 귀국貴
國에 무례하였다. 이에 우리의 침미다례枕彌多禮 및 현남峴南, 지침支侵, 곡나谷那, 동한東韓의 땅을
빼앗았다. 이에 왕자 직지直支*를 천조天朝에 보내 선왕先王의 우호를 닦게 하였다.〕

『일본서기』 응신기

☞ *전지

처음『삼국사기』〈백제본기〉 397년 기록을 보고 날벼락을 맞은 기분이었습니다. 왜국倭國이 갑자
기 출현합니다. 지금까지『삼국사기』〈백제본기〉는 단 한 번도 왜국을 언급한 적이 없습니다. 그리
고 그 왜국에 백제는 태자 전지腆支를 볼모로 보냅니다. 사신이 아닌 볼모입니다. 기록 자체가 너무
황당합니다. 그러나 이는 부여백제의 실존을 알리는 매우 귀중한 기록입니다. 만약『삼국사기』〈백제본
기〉가 이 기록마저 남기지 않았다면 부여백제의 실체는 결코 밝혀낼 수 없습니다.『일본서기』 기록
은『삼국사기』〈백제본기〉와 동일합니다. 그런데『백제기百濟記』라는 사서를 인용합니다. 문맥으로
보아『백제기』의 주체는 백제가 아닙니다. 스스로 귀국貴國이라 칭하고, 또한 천조天朝(천자天子의 나
라)라 칭한 국가입니다. 바로 부여백제입니다.『백제기』는 부여백제의 사서입니다. 왜국은 백제 아
신왕(제17대)이 무례하여 침미다례枕彌多禮(전라 남부) 및 현남峴南(전라 북부), 지침支侵(충청 남부), 곡나谷
那(충청 북부), 동한東韓(경상 남부) 등 5개 지역을 백제에 양도했다가 다시 회수합니다. 모두 옛 부여백
제의 강역입니다. 그러자 아신왕은 급히 태자 전지(제18대 전지왕)를 왜국에 볼모로 보내 우호를 재개

합니다. 백제는 왜국에 일종의 보험을 듭니다.

박기자 : 『삼국사기』도 왜국의 실체를 인정한 셈이군요.

고선생 : 앞서 질문하신 광개토왕이 395년(영락5) 비리를 토벌한 이유입니다. 그 답은 386년(영락6) 잔국 토벌에 있습니다. 광개토왕은 수군을 동원하여 58개성을 함락합니다. 이 중 40개성은 잔국 영역인 충청남북과 경기남부 지역입니다. 이는 잔국(부여백제)이 일본열도로 망명하며 백제에 양도했다가 회수한 지침과 곡나 지역에 해당합니다. 광개토왕은 잔국을 토벌하면서 지침의 남쪽인 현남 지역은 일절 손대지 않습니다. 원래 이 지역은 마한의 비리국들이 밀집되어 있는 전북지역입니다. 한반도 비리국들입니다.(제3장 106쪽 참조) 그 원조는 중국 대륙 동북방의 비리국입니다. 그 후예가 한반도 건너와 여러 비리국들로 분화합니다. 광개토왕은 396년 잔국 공격을 앞두고, 한 해 전인 395년 대륙 동북방의 비리를 토벌하여 한반도 비리국들에게 경고를 보냅니다. "봐라. 너희들의 원조인 대륙의 비리를 토벌하였으니, 내가 부여백제(잔국)을 공격하더라도 너희 한반도 비리국들은 일절 나서지 말라." 광개토왕의 엄중한 명령입니다.

박기자 : 결국, 395년 비리 토벌은 한반도 비리국들을 묶어놓기 위한 고도의 군사전략이군요.

고선생 : 다음은 영락8년(398년) 비문기록입니다

❸【영락8년(무술, 398년) 백신帛愼 정복】: 2면 5~6행

八年戊戌 敎遣偏師觀帛愼土谷因便抄 得莫□羅城加太羅谷 男女三百餘人 自此以來朝貢□事
영락8년 무술년 일부 군대를 보내 **백신帛愼의 토곡土谷을 정찰하며 초략하고, 막□라성莫□羅城과 가태라곡加太羅谷의 남녀 3백 여를 잡아 왔다.** 이때부터 조공을 바쳐왔다.

영락8년 비문기록은 전쟁명문이 없습니다. 전쟁결과만 나오는데, 광개토왕은 백신의 토곡土谷(땅과 골짜기)[13]에 군대를 파견하여 주변을 정찰하고 막□라성과 가태라곡을 정복한 후 남녀 3백을 포로

---

13 토곡(土谷)을 토욕혼(吐谷渾)으로 보는 견해도 있다. 토욕혼은 모용선비족의 한 갈래로, 중앙아시아 티베트고원에 소재한 중국식 표현의 하남국(河南國)이다. 광개토왕이 수천리 떨어진 중앙아시아까지 진출했다는 해석은 무리다. 토곡은 한자 그대로 땅과 골짜기로 해석하는 게 옳다.

로 잡아옵니다. 이때부터 백신은 고구려에 조공을 바칩니다.

박기자 : 백신은 어떤 족속입니까?

정교수 : 고대 만주의 동북방(러시아 연해주 지역)에 거주한 숙신肅愼으로 이해합니다. 서천왕 때 일부가 고구려에 복속되며,(제5장 163쪽 참조) 이 시기 광개토왕에 의해 완전히 병합된 것으로 추정합니다. 뒤에 만주지역에서 일어난 읍루挹婁, 말갈靺鞨 족속은 숙신의 후예입니다.

고선생 : 전적으로 동의합니다. 『고구려사략』 기록입니다.

⑧-6. 8년(398년) 3월, 군사를 북맥北貊으로 보내 막사국莫斯國과 가태국加太國을 초략하며 남녀 3백을 잡으니, 소와 양을 조공으로 바치겠다고 약조約修하였다. 『고구려사략』 영락대제기

백신은 북맥北貊입니다. 원래 고구려는 맥貊족이 주요 구성원입니다. 북맥 역시 맥족의 한 갈래입니다. 『고구려사략』이 숙신을 북맥으로 규정한 것은 고구려가 숙신을 고구려사회의 일원으로 인식한 증거이기도 합니다. 비문의 막□라성과 가태라곡은 각각 막사국莫斯國과 가태국加太國에 대비됩니다. 따라서 비문의 결자는 '斯'입니다. 다만, 『고구려사략』은 2개의 장소를 국國으로 표기한 점이 비문기록과 다릅니다.

3. 광개토왕의 실상 (Ⅱ)

고선생 : 지금까지 비문기록을 중심으로 광개토왕의 재위전반기 정복활동을 살펴보았습니다. 특히 396년(영락6) 병신년 기록은 우리 스스로가 외면한 부여백제의 실존 증거이며, 이를 반증하는 소위 「신묘년 기사」는 일본이 우리역사에 채운 족쇄가 아니라, 우리《광개토왕릉비》가 일본역사에 채운 족쇄입니다. 광개토왕의 재위후반기도 왜국의 실체에 대한 증거는 계속 나옵니다. 영락10년(400년) 기록입니다.

❹ 【영락10년(경자, 400년) 신라 구원】: 2면 6~10행

九年己亥百殘爲誓與倭和通王巡下平壤而新羅遣使白王云倭人滿其國境潰破城池以奴客爲民歸王請命
太王恩慈矜其忠誠特遣使還告以密計 十年庚子敎遣步騎五萬往救新羅從男居城至新羅城倭滿其中官軍
方至倭賊退□□□□□□自倭背急追至任那加羅從拔城 城卽歸服安羅人戍兵 拔新羅城 鹽城 倭寇大
潰 城內□□□□□□□□□□□□□□ 十九 盡拒隨倭

㉮ **영락9년 기해년 백잔**百殘**이 맹세를 어기고 왜**倭**와 화통**和通**하였다.** 왕이 평양平壤으로 행차하며
내려오니 신라新羅가 사신을 보내 아뢰기를 왜인倭人이 국경지역에 가득 차서 성과 못을 파괴하니, 노
객奴客*은 민民**으로서 왕명을 내려달라 하였다. 태왕太王은 인자하여 그 충성심을 칭찬하고, 신라
사신을 돌려보내면서 밀계密計를 내렸다. ㉯ **영락10년 경자년 교시를 내려 보병과 기병 5만을 보내
신라를 구원하였다.** 그때 남거성男居城에서 신라성新羅城까지 왜倭가 가득하였다. 관군官軍***이 도착
하자 왜적倭賊이 물러갔다. □□□□□□ 급히 **뒤를 추적하여 임나가라**任那加羅 **종발성**從拔城**에 이
르자 그 성은 즉시 귀부하였다.** 이에 안라인安羅人 술병戍兵을 두었다. 이어 신라성, 염성鹽城을 함락
시키니 왜구倭寇가 크게 궤멸되고 성안사람 □□□□□□□□□□□□□□□ 열에 아홉은 왜倭를
따르길 거부하였다.

☞ *신라 **속민 ***고구려군

㉮는 영락9년(399년)으로 전쟁명분입니다. 백제가 맹세를 어기고 왜와 화통합니다. 그런데 왜인倭
人이 신라 국경지역에 가득 차고, 또 신라 국경을 넘어와 성과 못을 파괴하자, 신라왕은 급히 사신
을 보내 광개토왕에게 도움을 요청합니다.

박기자 : 신라왕은 누구입니까?

고선생 : 신라 마립간시대를 개창한 내물왕(제17대)입니다. 『고구려사략』을 보면, 내물왕은 광개토
왕이 즉위한 391년 자신의 두 딸(운모, 하모)을 광개토왕에게 바치며, 이듬해인 392년 내물왕의 조카
뻘인 실성(제18대 실성왕)을 고구려에 볼모로 보냅니다. 당시 신라는 고구려의 속국입니다.

박기자 : 신라가 고구려의 속국이 된 이유는 무엇입니까?

고선생 : 부여백제 때문입니다. 『고구려사략』에 따르면, 391년(신묘년) 왜(부여백제)가 신라를 침입
한 달은 4월이고, 내물왕이 자신의 두 딸을 광개토왕에게 바친 달은 7월입니다. 3개월의 시간 격차

가 있습니다. 내물왕은 부여백제의 억압에서 벗어나자마자 곧바로 고구려쪽으로 선회합니다. 내물왕은 당시 부여백제 여휘왕이 아닌 고구려 광개토왕을 후원자로 선택합니다.

　박기자 : 왜인이 신라국경에 가득 찼다는 말은 무슨 뜻입니까?

　고선생 :『일본서기』의 설명입니다.

　⑧-7. 14년(399년), 이 해에 **궁월군弓月君이 백제로부터 내귀來歸하여 고하길 "신이 120현縣의 인부人夫를 이끌고 귀화하려고 하는데 신라인이 방해를 하여 모두 가라加羅에 머물고 있습니다."** 하였다. 이에 갈성습진언葛城襲津彦을 보내 가라에 있는 궁월군의 인부人夫를 불렀다. 그러나 3년이 지나도록 습진언襲津彦은 돌아오지 않았다.『일본서기』응신기

　궁월군弓月君은 자신이 이끄는 120현(『속일본기』는 127현임)의 백성(인부人夫라 함)이 왜국으로 건너가기 위해 가라(임나)에 머물고 있다고 응신왕에게 알립니다. 120현민은 족히 수십만입니다. 이들 대규모 인구가 한꺼번에 경상도 동남해안지역에 몰려듭니다. 6.25전쟁 당시 부산으로 집결한 피난민의 모습과 흡사합니다. 공간은 협소하고 먹을 것도 부족하니 자연스레 신라국경까지 가득 차게 되고, 또 신라 국경을 넘는 일도 발생합니다. 응신왕은 급히 갈성습진언葛城襲津彦을 파견하여 도왜渡倭를 지원케 합니다. 신라의 입장에는 보면 120현민은 매우 위험한 존재입니다. 내물왕은 사태의 심각성을 깨닫고 급히 광개토왕에게 도움을 요청합니다.

6·25 전쟁 당시 피난민 행렬

　박기자 : 궁월군은 누구입니까?

　고선생 : 궁월군은 120현민을 이끈 지도자입니다. 훗날 응신왕의 뒤를 이어 보위에 오른 인덕왕仁德王(닌토쿠, 제16대)입니다. 일본 왕들 중에서 성군聖君으로 추앙받는 인물입니다.『송서』왜국전에 인덕왕의 이름이 나옵니다. 왜왕 찬讚입니다. ⑭는 영락10년(400년)으로 전쟁의 경과와 결과입니

다. 광개토왕은 보병과 기병 5만을 신라에 급파합니다. 그리고 왜인이 가득한 남거성과 신라성에서 이들을 물리치고 내친걸음으로 본거지인 임나의 종발성從拔城을 접수합니다. 그리고 안라(아라가야. 경남함안)출신 술병(수비병)을 배치하여 지키게 합니다. 『고구려사략』은 이때의 상황을 기록합니다.

⑧-8. 10년(400년) 2월, **왜가 신라에 침입했다는 소식을 듣고 서구**胥狗**와 해성**解猩 **등에게 5만의 군사를 이끌고 가서 구원하여 왜를 물러나게 하였다.** 임나任那, 안라安羅, 가락加洛 등 모두가 사신을 보내 입조하였다. **남방**南方**이 모두 평정되었다.** 『고구려사략』 영락대제기

'남방이 모두 평정되었다.〔南方悉平〕' 참으로 위대한 선언입니다.

박기자 : 종발성은 어디입니까?

고선생 : 임나의 수도입니다. 《진경대사탑비》(국립중앙박물관 소재)의 비문기록을 보면, '임나왕족 초발성지草拔聖枝'가 나옵니다. 신라 김유신의 후손인 진경대사 심희審希의 출신지입니다. 초발성이 바로 종발성입니다. 현재 부산시 진구 초읍동의 옛 성으로 비정합니다.[14] 임나는 부산과 울산지역에 소재한 가야의 한 나라입니다. 『삼국사기』〈신라본기〉는 임나를 모두 왜로 기록합니다.

박기자 : 120현민의 출신은 어디입니까? 혹 부여백제입니까? 또한 이들을 고구려의 포로가 된 겁니까?

고선생 : 그렇습니다. 바로 부여백제입니다. 광개토왕은 120현민(인부)을 평정하면서 일부는 포로가 되지만 대부분은 그대로 남습니다. 이들 120현민은 일본열도로 망명한 부여백제(아마토) 응신왕을 뒤따라간 유민들입니다. 이후의 상황이 『일본서기』에 나옵니다.

⑧-9. 16년(401년). **평군목토숙니**平群木菟宿禰**와 적호전숙니**的戶田宿禰**를 가라**加羅**에 보냈다.** 정병을 주며 이르기를 "습진언襲津彦이 오래도록 돌아오지 않고 있다. 필시 신라가 막아서 지체하고 있을 것이다. 그대들은 빨리 가서 신라를 치고 길을 열라." 하였다. 이에 **목토숙니**木菟宿禰 **등이 정병을 거느리고 진격하여 신라의 국경에 이르렀다. 신라왕은 두려워하여 복죄하였다. 그래서 궁월군**弓月君**의 인부**人夫**를 이끌고 습진언**襲津彦**과 함께 돌아왔다.** 『일본서기』 응신기

---

14 김성호의 비정이다. 김영덕(前 서강대 총장)은 부산시 사하구(또는 사상구 포함) 일대의 초량(草梁)으로 추정한다.

401년(광개토11)입니다. 광개토왕이 남방을 평정한 이듬해입니다. 응신왕은 갈성습진언葛城襲津彦이 돌아오지 않자, 다시 평군목토숙니平群木菟宿禰와 적호전숙니的戶田宿禰에게 군사를 주어 120현민의 도왜를 돕게 합니다. 이들 야마토의 장수와 군사가 신라의 국경에 이르자 신라 내물왕은 항복합니다. 이로써 궁월군의 120현민은 무사히 도왜합니다. 이는 한일 고대사에 있어 최대 규모의「엑소더스exodus(대량탈출)」사건입니다. 한반도의 대규모 인구가 한꺼번에 일본열도로 이주한 사건입니다. 참고로, 일본은 4세기 후반을 기점으로 대형고분시대가 시작되는데, 이때부터 일본의 인구는 폭발적으로 증가합니다. 당시 일본이 인구장려 정책을 펼친 기록이나 근거는 없습니다. 대규모 인구가 일본에 유입됩니다. 궁월군이 이끄는 120현민의 엑소더스는 이를 반증합니다.

박기자 : 과가 우리 역사에 엑소더스가 있었다는 사실이 놀랍군요.

고선생 : 엑소더스 사건은 백제와 신라에 상당한 후유증을 남깁니다.『삼국사기』기록입니다.

⑧-10. 8년(399년) 8월, 왕이 고구려를 침범하고자 군사와 말을 대대적으로 징발하였다. **백성들이 병역을 고통스럽게 여겨 신라로 많이 달아나서 가구 수가 줄어들었다.**『삼국사기』〈백제본기〉 아신왕

⑧-11. 원년(402년) 3월, **왜국倭國과 우호를 맺고, 내물왕의 아들 미사흔未斯欣을 볼모로 보냈다.**『삼국사기』〈신라본기〉 실성왕

〈백제본기〉는 399년(진사8)입니다. 당시 상당수 백제인이 엑소더스를 위해 백제에서 빠져나간 사실을 증언합니다. 백제의 가구 수가 확 줍니다. 〈신라본기〉는 엑소더스가 이루어진 이듬해인 402년(실성1)입니다. 내물왕의 뒤를 이은 실성왕(18대)은 왜국과 우호를 맺고, 미사흔未斯欣왕자를 볼모로 보냅니다. 신라는 400년(광개토10) 광개토왕의 도움으로 당장의 위기를 모면하지만, 120현민의 도왜를 돕기 위해 출병한 왜국(야마토)에 무릎을 꿇습니다. 미사흔왕자는 훗날 박제상의 도움으로 왜국을 탈출하여 신라로 귀환합니다.

정교수 : 경자년(400) 광개토왕의 5만 군사가 신라에 파병된 내용은『삼국사기』에 없는 기록입니다. 참고로, 해방 직후인 1946년 경주 노서동에서 신라고분 하나를 발굴합니다. 당시의 고구려와 신라의 교섭관계를 추정할 수 있는 유물이 출토됩니다. 뚜껑달린 청동 호우壺杅(그릇)입니다. 그래서

「호우총」이라 합니다. 호우의 밑바닥에 새겨진 명문은 '乙卯年國岡上廣開土地好太王壺杅十'입니다.[15] 을묘년은 415년으로 장수왕 3년에 해당합니다. 광개토왕을 기념하는 의례행위에 사용하기 위해 고구려에서 제작한 것으로 추정됩니다. 이 호우가 어떤 경로로 신라에 유입되어 고분에 묻히게 되었는지 정확히 알 수 없으나, 경자년(400년) 광개토왕의 5만 군사의 신라파병과 무관하지 않습니다. 신라 실성왕은 402년(실성1) 왜국에 미사흔을 볼모로 보낼 뿐 아니라 412년(실성11) 고구려에 내물왕의 후손인 복호卜好를 볼모로 보

광개토왕 호우(경주 노서동)

냅니다. 이로 미루어보아 호우를 가져온 사람은 복호이거나 또는 그의 후손일 가능성이 높습니다.

박기자 : 한 가지 궁금하군요. 어찌하여 이처럼 중요한 기록들이 『삼국사기』에는 일체 없고, 《광개토왕릉비》나 『일본서기』 기록에만 남아 있는 겁니까?

고선생 : 『삼국사기』는 기본적으로 공간의 역사를 기록한 사서입니다. 가능한 한 역사공간을 한반도에 국한하여 우리 역사를 기술합니다. 중국대륙에서 출발하여 한반도 서남지역에 정착했다가 일본열도로 빠져나간 부여백제의 역사는 편집원칙상 삭제될 수밖에 없습니다. 이에 반해 《광개토왕릉비》는 당대의 고구려 역사를 있는 그대로 기술합니다. 비록 고구려의 시각이지만 보다 객관적입니다. 『일본서기』는 부여백제 당사자의 역사이기 때문에 상세히 기록을 남깁니다. 참고로, 이후 백제는 부여백제의 후손이 왕실을 장악하고 부여씨 왕조를 개창합니다. 제20대 비유왕(427~455)입니다. 이때부터 백제와 야마토는 형제국으로 보다 긴밀한 유대관계를 형성합니다. 400년을 전후한 액소더스 사건은 일본에게는 가희 축복 중에서도 최고의 축복입니다. 이들 한반도에서 일본으로 건너간 도래인들은 국가를 창업하고 운영해본 경험자들로 선진화된 문물과 문화를 일본사회에 뿌립니다. 일본은 이 시기부터 국가체제를 완비하고 정치, 문화. 기술 등 전 분야에 걸쳐 비약적으로 발전합니다.

박기자 : 고구려 역사를 살피다 또 다시 백제와 신라의 역사를 넘보았군요. 좀 더 공부를 해야겠

---

15 호우 명문 상단에 井(우물 정)를 눕혀놓은 듯한 ※의 표식이 있다. 광개토왕의 시호인 국강國罡(나라의 으뜸), 즉 동서남북 사방의 중심을 도식화한 광개토왕의 로고이다. ※에는 광개토왕의 천하관이 담겨있다.

지만 여러 장면들은 가슴 뭉클하게 만드는군요.

고선생 : 다음은 영락14년(404년) 비문기록입니다.

❺【영락14년(갑진, 404년) 왜의 대방帶方 침입】: 3면 3~4행

> 十四年甲辰 而倭不軌 侵入帶方界 □□□□□石城□ 連船□□□ 王躬率□□ 從平穰 □□□鋒相遇 王幢要截刺 倭寇潰敗 斬煞無數
>
> 영락14년 갑진년, ㉮ **왜倭가 불궤不軌하게도 대방지역帶方界을 침입하였다.** (□□와 연합하여) □석성을 공격하였다. □연선連船이 □□□하니 왕은 친히 군사를 이끌고 (그들을 토벌하기 위해) 평양에 다다랐다. □□□가 선봉이 되어 왕당王幢*을 이끌고 막아내어 무찔렀다. ㉯ **왜구倭寇가 패하여 무너지니 참살한 자가 헤아릴 수 없이 많았다.**

☞ *왕의 군대

㉮는 전쟁명분으로 왜가 수군을 동원하여 황해도 대방지역을 □□와 연합하여 침입합니다. 광개토왕은 친히 군사를 이끌고 이들을 막아냅니다. ㉯는 전쟁결과로 왜구가 패하여 무수히 많은 자들이 참살당합니다. 내용은 간단하지만 이 기록은 여러 사실을 함축합니다. 첫째는 왜의 대방 공격입니다. 대방은 백제와 접경지역에 있는 고구려의 최전방 영토입니다. 왜가 선박을 이용하여 참으로 멀리까지 옵니다. 둘째는 왜와 연합한 세력입니다. 결자缺字이지만 당시 정황으로 보아 한강유역의 백제입니다.[16] 셋째는 처음에는 왜로 기록하나, 마지막에 참살당한 존재는 왜구입니다.

박기자 : 왜는 일본열도의 야마토입니까?

고선생 : 이때의 상황을 정리한 『고구려사략』기록입니다.

⑧-12. 14년(404년) 5월, 이때, **왜倭가 대방帶方에 쳐들어왔기에** 붕련朋連에게 군사를 주어 **왜의 선박을 공격하니, 목을 베고 사로잡은 자가 헤아릴 수 없이 많았다.** 이들은 **해적海賊 무리이며, 인덕仁**

---

16 『국강호태왕기國罡好太王紀』(남당필사본) 기록이다. '영락17년 정미(407년) 5월, 한산이 반(反)하였다. 백제가 왜와 함께 대방남지를 빼앗자, 장군 조기와 갈무에게 명하여 보기 5만을 이끌게 하여 이들을 토벌하고 평정하였다. 〔永樂十七年 丁未 五月 漢山反 與百濟及倭掠帶方南地 命將軍祖奇葛武奉步騎五萬 討平之〕' 《광개토왕릉비》 비문기록의 왜와 연합한 세력을 나타내는 결자는 백제이다.

德**이 알지 못하는 이들이었다.** 인덕은 사신을 보내 사죄하고, 상은 서구胥狗를 왜에 보내어 그 진상을 알아보게 하였다. 『고구려사략』영락대제기

내용은 비문기록과 별단 다르지 않습니다. 한 가지 특이한 점은 왜를 해적집단으로 표현합니다. 해적집단은 비문기록의 왜구와 같습니다. 인덕仁德은 야마토 인덕왕(닌토쿠)입니다. 광개토왕은 인덕왕이 대방을 공격한 왜를 알지 못한다고 하자 서구胥狗를 파견하여 진상을 알아보게 합니다.

박기자 : 여기서 왜는 누구입니까?

고선생 : 일본열도의 야마토가 아니라 부산지역의 임나입니다. 400년(영락10) 광개토왕의 남방평정에 대한 앙갚음으로 한성백제와 연합하여 고구려 대방을 공격합니다. 광개토왕에게 패하여 참살당한 해적무리는 왜구를 지칭합니다. 참고로 광개토왕이 야마토에 파견한 사신 기록이 『일본서기』에 나옵니다.

⑧-13. **28년(404년) 9월, 고구려왕이 사신을 보내 조공하였다.** 그리고 표문表文을 올렸다. 그 표에 "고구려왕이 일본국에 교지를 내린다." 하였다. 이에 **태자 토도치랑자兎道稚郎子가 그 표를 읽고서 화를 내며 표의 무례함에 대해 고구려 사신을 나무라며 그 표문을 찢어버렸다.** 『일본서기』응신기

고구려 사신 이름은 앞의 『고구려사략』(⑧-12)에 나오는 서구입니다. 야마토 태자 토도兎道(稚郎子는 존칭임)가 표의 무례함을 들어 아예 표문을 찢어버립니다. 야마토의 결기입니다. 함부로 깔보고 무시하지 말라는 강력한 의지의 표명입니다.

박기자 : 토도태자는 인덕왕의 아들입니까?

고선생 : 아닙니다. 응신왕의 아들입니다. 응신왕은 403년 사망하고 토도가 보위에 오릅니다. 그러나 토도는 아쉽게도 일본(야마토) 왕력에서 빠집니다. 『일본서기』는 407년 토도가 자신의 부덕을 알고 인덕에게 보위를 양보한 것으로 나옵니다.[17] 404년은 토도의 치세기간입니다. 그러나 실권자

---

17 『일본서기』인덕기를 보면, 토도가 3번에 걸쳐 인덕에게 보위를 양보하나 인덕이 이를 받아들이자 않자 자살한 것으로 나온다. 그러나 당시 토도의 학문적 스승인 왕인(王仁, 응신왕의 요청으로 일본으로 건너가 천자문 등 학문을 전함)박사가 인덕을 강력히 지원한 것으로 나와서 비정상적 방법으로 인덕의 왕위승계가 이루어 진 것으로 본다.

는 인덕입니다. 그래서 『고구려사략』은 인덕으로 기록합니다.

박기자: 야마토의 사정도 상당히 복잡하군요.

고선생: 다음은 영락17년(407년) 비문기록입니다.

❻【영락17년(정미, 407년) ○○ 공격】: 3면 4~6행

> 十七年丁未敎遣步騎五萬 □□□□□□□□王師四方合戰斬殺蕩盡 所穫鎧鉀一萬餘領軍資器械不可
> 稱數 還破沙溝城 婁城 牛□城 □城 □□□□□□城
>
> 영락17년 정미년 ㉮ 보병과 기병 5만을 출병시키라는 명령을 내렸다. □□□□□□□ 왕은 사방
> 포위작전을 지시하였다. 적을 대부분 참살하였으며, ㉯ **노획한 개갑鎧鉀* 1만 벌과 군자軍資**, 기
> 계류도 이루 헤아릴 수 없이 많았다.** 돌아오는 길에 사구성沙溝城, 루성婁城, 우牛□성, □성, □□□
> □□□성을 격파하였다.

☞ *갑옷 **군수물자

㉮는 407년(영락17) 광개토왕이 보병과 기병 5만을 출병시키는데, 전쟁 대상이 누구인지, 또한 명분은 무엇인지 전혀 알 수가 없습니다. 8개 결자에 세부 내용이 있을 겁니다. ㉯는 전쟁결과로 개갑(갑옷) 1만 벌과 군수물자, 기계류 등을 노획하는 전과를 올립니다. 또한 귀국길에 사구성沙溝城, 루성婁城을 포함한 6개성을 빼앗습니다.

박기자: 전쟁 대상은 전혀 알 수 없습니까?

정교수: 광개토왕이 귀국길에 빼앗은 6개성 중 사구성과 루성이 있습니다. 사구성은 『삼국사기』〈백제본기〉 전지왕(제18대) 기록에 나오는 '사구성沙□城'과 동일한 성으로 봅니다. 또한 루성의 '婁'는 광개토왕이 경자년(396)에 정벌한 백제와 잔국의 58개성에도 여러번 나오는 글자입니다. 따라서 사구성과 루성은 백제성입니다. 다만 이때 광개토왕이 정벌한 지역이 어디인지 명확하지 않습니다. 한반도내 미정벌지역으로 남아있는 영산강유역으로 추정합니다.

박기자: 한반도 전체가 광개토왕의 발아래 굴복한 것이군요.

고선생: 8개 결자가 확인되지 않는 한, 가장 근접한 해석입니다. 그러나 뜻밖에도 『고구려사략』에 명확한 기록이 있습니다.

⑧-14. 17년(407년) 2월, **붕련朋連과 해성解猩에게 명하여 군사 5만을 이끌고 나아가 모용희慕容熙를 정벌하게 하니**, 장무章武의 서쪽에서 싸웠다. 모조리 죽여서 쓸어내고, **개갑鎧甲 1만 벌을 노획하였으며, 군자軍資 및 기계器械 등의 수는 셀 수가 없었다. 사구沙溝 등 6성을 빼앗았다.**
『고구려사략』 영락대제기

영락17년(407년) 공격대상은 한반도내 세력이 아니라 중국 요동지역의 모용희慕容熙의 후연後燕입니다. 비문의 결자 8개는 '모용희를 정벌하게 하니 장무의 서쪽에서 싸웠다.〔伐慕容熙 戰于章武之西伐〕'는 내용과 비슷할 겁니다. 이후 개갑 1만 벌과 군수물자, 기계류 등을 노획한 것과 사구성 등 6개성을 빼앗은 것은 비문기록과 똑 같습니다.

박기자 :『고구려사략』 기록이 정확하군요.

고선생 : 참고로『삼국사기』가 기록한 후연과의 전쟁기록입니다. 모두 광개토왕의 재위후반기에 해당합니다.《광개토왕릉비》 비문기록에는 없습니다.

년도	기록 내용
400년 (영락10)	2월, 연왕 모용성慕容盛이 왕이 예禮가 거만하다하여 군사 3만을 거느리고 공격해왔다.
402년 (영락12)	왕이 연의 **숙군성宿軍城을** 공격하였다.
404년 (영락14)	11월, 군사를 출동시켜 연을 공격하였다.
405년 (영락15)	정월, 연왕 모용희慕容熙가 **요동성遼東城을** 공격하였으나 이기지 못하고 돌아갔다.
406년 (영락16)	12월, 연왕 모용희가 **목저성木底城을** 공격하였으나 이기지 못하고 돌아갔다.
407년 (영락17)	-
408년 (영락18)	3월, 북연北燕에 사신을 보내 같은 종족으로서의 예를 베풀었다. 북연왕 모용운慕容雲이 시어사 이발李拔을 보내 답례하였다. 모용운의 조부 고화高和는 고구려의 방계 혈족으로, 자칭 고양高陽씨의 후손이라 하여 고高를 성씨로 삼았다.

광개토왕은 400년~406년까지 5차례에 걸쳐 거의 매년 후연과 충돌합니다. 그런데《광개토왕릉비》영락17년(407년) 기록은『삼국사기』에 나오지 않습니다. 후연은 384년 모용수가 전연(모용황, 337~370)의 뒤를 이어 건국한 나라로 모용보, 모용성, 모용희로 4대가 이어오다, 407년 모용희가 북연北燕을 세운 모용운(고운)과 풍발에게 죽임을 당하며 멸망합니다. 407년은 바로 후연이 멸망한 해입니다.『고구려사략』기록을 보면 광개토왕이 후연을 공격한 달은 2월입니다. 후연의 모용희는 그해 7월 모용운에게 암살당합니다. 5개월의 시간 격차가 있습니다. 결과적으로《광개토왕릉비》영락17년의 후연 공격은 후연 멸망을 촉발시킨 전쟁입니다.

박기자 : 그렇다면『삼국사기』는 무슨 이유로 이 기록만 뺀 겁니까?

고선생 : 알 수 없습니다. 다만『삼국사기』가 기록한 후연과의 전쟁은 숙군성, 요동성, 목저성 등 특정지역에 한정된 소규모의 국지전局地戰입니다. 이에 반해 비문기록은 대규모의 전면전全面戰 성격이 강합니다. 다만 추정할 수 있는 것은『삼국사기』가 의도적으로 이 기록을 뺐다면, 후연의 멸망을 촉발시킨 고구려 광개토왕의 위대성을 조금이나마 지워보려는 의도로 보입니다.

박기자 :『삼국사기』에 대한 아쉬움이군요.

고선생 : 마지막으로 영락20년(410년) 기록입니다.

❼ 【영락20년(경술, 410년) 동부여東夫餘 진압】: 3면 6~8행

二十年庚戌 東夫餘舊是鄒牟王屬民中叛不貢 王躬率往討軍到餘城而餘城國駭服獻出□□□□□王恩普覆 於是旋還又其慕化隨官來者 味仇婁鴨盧 卑斯麻鴨盧 偄社婁鴨盧 肅斯舍鴨盧 □□□鴨盧 凡所攻破城六十四村一千四百

영락20년 경술년, ㉠ **동부여東夫餘는 옛날에 추모왕의 속민屬民이었는데 중간에 배반하여 조공하지 않았다. 왕이 친히 군사를 거느리고 토벌에 나섰다. 군사들이 여성餘城에 이르자 부여는 온 나라가 두려워하여 굴복하였다.** □□□□□왕의 은혜가 널리 퍼졌다. 이에 개선하여 귀환하였다. 또 그 나라는 왕의 은덕을 사모하여 관군을 따라온 자들은 미구루압로味仇婁鴨盧, 비사마압로卑斯麻鴨盧, 단사루압로偄社婁鴨盧, 숙사사압로肅斯舍鴨盧, □□□압로鴨盧이었다. ㉡ **무릇 이때 공파한 성이 64개요, 촌이 1,400개였다.**

㉮는 전쟁명분으로 동부여가 속민임에도 불구하고 배반하여 조공을 바치지 않자, 광개토왕은 친히 토벌에 나섭니다. ㉯는 전쟁결과로 64개성과 1,400촌이 고구려에 편입됩니다.

박기자: 64개성과 1,400촌이라면 실로 어마어마한 규모이군요.

고선생: 동부여는 시조 추모왕의 고향으로 대무신왕(제3대) 때 완전히 멸망하여 고구려에 복속됩니다.(제2장 62쪽) 그러나 고구려가 중국대륙 동북방의 서벌西伐에 치중하고, 특히 수도를 국내성으로 옮긴 후 본격적인 한반도의 남정南征을 강화하는 소위「서벌남정」정책에 치중하다보니, 고구려의 동북방인 옛 동부여 지배지역은 상대적으로 소홀하게 됩니다. 중국 길림성 일부와 흑룡강성, 그리고 러시아 연해주지역은 고구려의 힘이 일시적이나마 미치지 못합니다.

박기자: 동부여가 재건된 겁니까?

고선생: 그렇다고 보아야 합니다. 64개성과 1,400촌은 국가체제를 갖추지 않으면 결코 지배할 수 없습니다. 아마도 이 시기 동부여는 고구려의 속국에서 벗어나 독자노선을 취한 것으로 추정됩니다. 비문기록에 대응하는『고구려사략』기록입니다.

⑧-15. 20년(410년) 정월, **동부여**東扶餘**가 배반하니 이의 보답으로 여성**餘城**을 정벌하고 그 왕 은보처**恩普処**를 붙잡아서 돌아왔다. 64성 1,400여 촌락의 우두머리 모두를 새로운 사람으로 교체하였다.**『고구려사략』영락대제기

여성餘城이 나옵니다. 비문기록에도 나옵니다. 동부여의 마지막 수도 책성柵城으로 지금의 두만강 하류인 길림성 훈춘琿春입니다. 아마도 이 시기의 책성은 옛 부여를 계승하는 차원에서 여성(부여성)으로 개명한 듯합니다. 광개토왕은 여성을 함락하고 동부여왕 은보처를 사로잡습니다. 『고구려사략』은 당시 동부여를 독립국가로 인식합니다. 이때 정벌당한 압로鴨盧[18]의 일부가 광개토왕을 따라 고구려로 망명해오고 광개토왕은 동부여 지도자들을 전원 교체합니다. 대대적인 인

---

18 백제는 '담로(擔魯)'라는 독특한 지방 행정조직이 있다. 『양서』백제전에 따르면, 백제는 전국에 22담로를 두고 왕자나 왕족을 파견하여 다스린 기록이 있다. 동부여의 '압로(鴨盧)'는 백제의 담로가 유사한 지방 행정조직이다. 몇 개의 성을 하나로 묶어 압로라 칭하지 않았나 싶다.

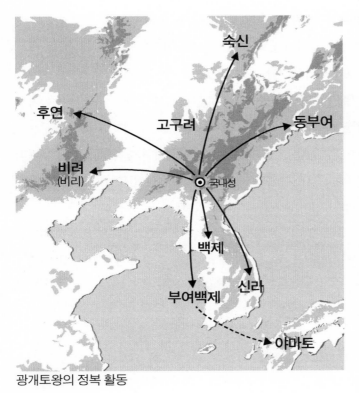

광개토왕의 정복 활동

적쇄신을 단행합니다.

박기자 : 인사가 만사라는 말이 새롭군요. 오늘날에도 정권이 바뀌면 지배층을 전원 교체하는데, 광개토왕 역시 이를 잘 알고 있었나 보군요.

고선생 : 이상이 《광개토왕릉비》와 『삼국사기』가 기록한 광개토왕의 정복활동 전체입니다. 광개토왕은 동으로 동부여를, 서로는 후연을, 북으로는 숙신을 정벌합니다. 특히 남으로는 백제와 신라를 포함하여 일본열도로 망명한 부여백제까지 한반도 전체를 아우르는 실로 방대한 영토를 개척합니다. 광개토왕의 정복활동은 전 방위에 걸쳐 광범위하게 펼쳐진 한편의 파노라마panorama입니다. 우리는 광개토왕의 시호가 왜 광개토이며, 광개토왕이 왜 위대한 정복군주인지 그 이유를 또 한번 확인합니다. 광개토왕에 의해 개척된 고구려 영토는 역대 어느 왕도 결코 달성하지 못한 광대한 영역입니다. 이는 광개토왕의 남다른 군사역량이 가장 큰 동력이지만, 광개토왕 이전의 소수림왕과 고국양왕이 닦아놓은 내치 기반이 또한 큰 역할을 합니다. 이때 비축한 군사력과 군사기술을 활용하여 광개토왕은 제국의 꽃을 활짝 피웁니다. 광개토왕은 413년 39세 나이로 사망합니다(재위기간 22년). 굵고 짧게 산 인생입니다. 천수를 다하지 못한 점이 못내 아쉽습니다.

4. 외교의 달인 장수왕

고선생 : 장수왕長壽王은 제20대 왕입니다. 이름은 거련巨連입니다. 재위기간은 413년~491년까지 79년입니다. 장수長壽는 장수왕에게 가장 어울리는 시호입니다. 장수왕은 한 세기 가까이 고구려를 통치합니다. 이 시기 백제는 무려 9명 왕이, 신라는 5명 왕이 교체됩니다. 장수왕은 백제와 신라의 왕권교체 영욕과 부침을 손바닥 보듯이 지켜봅니다. 기자님께 질문합니다. 장수왕이 왜 장수했다고 생각하십니까?

박기자 : 글쎄요. 건강관리를 잘한 덕분이 아닐까요? 혹이 다른 이유가 있습니까?

고선생 : 장수왕이 산삼을 먹은 기록이 있습니다.

⑧-16. 영락22년(412년), **백산白山사람이 불로초不老草를 바쳤는데 생긴 것이 마치 동자童子 같았다. 백산후白山后가 이를 쪄서 거련巨連 태자에게 맛보라 하였다. 거련이 이를 먹고 열이 나고 정신을 잃으니**, 왕은 먹은 것에 독이 있다고 의심하여 불로초를 바친 자를 옥에 가두었다. 바친 자가 말하길 "영약靈藥의 조짐이 나타나는 것입니다. 만약 독이 있다면 신이 나머지를 먹으면 죽을 것입니다." 하였다. 이에 왕이 먹으라 하니 그 또한 열이 나고 하루 동안 죽었다가 깨어났다. 왕이 이를 기이하게 여겨 다시 구해오라 명하였으나 구하지 못하였다. 『국강호태왕기』

광개토왕의 일대기를 기록한 『국강호태왕기』(남당필사본)에 나오는 내용입니다. 광개토왕은 사냥에서 돌아와 갑자기 몸이 좋지 않게 되자, 급히 백산사람이 불로초를 구해 바칩니다. 광개토왕은 이를 의심하여 대신 거련(장수왕)이 먹게 됩니다. 불로초는 산삼으로 추정됩니다. 거련이 열이 나고 하루 동안 기절한 것은 산삼의 부작용이 아니라 일종의 명현반응瞑眩反應입니다. 진시황도 구하지 못한 불로초를 광개토왕은 코앞에서 놓쳐 사망하고, 대신 먹은 장수왕은 그야말로 장수를 누립니다.

박기자 : 흥미로운 기록이군요.

고선생 : 『삼국사기』는 장수왕을 광개토왕의 장자로 설정합니다. 그러나 장수왕은 광개토왕의 장자가 아닙니다. 『고구려사략』 장수왕 기록입니다.

⑧-17. 전해오길, 제의 휘는 거련巨連 혹은 연璉이다. **영락제의 둘째 아들이다. 평양후**平陽后**가 꿈에 무량수불**無量壽佛***을 보고 낳았다.** 몸집이 건장하고 재주가 뛰어나며 널리 인자하고 효성과 우애가 깊으며 백성을 아꼈다. 경적과 사서에 통달하고 예절을 익혔으며, 장수와 병사를 통솔하는 기이한 지략도 있었다. **때가 되어 즉위하니 21세이다.** 『고구려사략』장수대제기

 * 대승불교의 부처 가운데 서방 극락정토의 주인이 되는 아미타불을 높여 부르는 말

 장수왕은 광개토왕의 둘째 아들입니다. 원래 광개토왕의 장자는 따로 있습니다. 『천강태후기』(남당필사본, 천강태후는 광개토왕의 어머니) 기록을 보면, 탑榻이라는 왕자가 나옵니다. 장수왕의 동복형입니다. 그런데 탑왕자가 갑자기 요절하는 바람에 장수왕에게 기회가 찾아옵니다.

【광개토왕과 장수왕의 가계도】

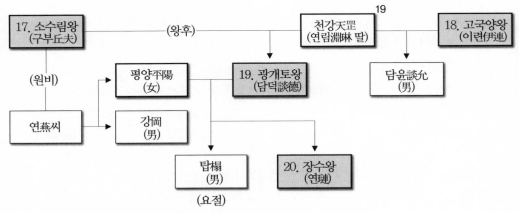

※ 광개토왕은 이복누나 평양공주를 왕후로 맞이하여 장수왕을 낳는다.

박기자 : 장수왕은 산삼을 먹어 장수하고, 또한 형이 일찍 죽어 보위마저 얻었으니 참으로 행운아이군요.

---

19 천강(天罡)은 소수림왕의 왕후이며 광개토왕의 어머니이다. 소수림왕 사후, 천강은 보위를 이은 소수림왕의 동생 고국양왕의 왕후가 된다. 전형적인 형사취수제이다. 『고구려사략』고국양대제기에는 천강이 고국양왕의 왕후가 된 사유가 나온다. '원년 갑신(384년) 12월, 대행을 수림(獸林)에 장사지냈다. 천강(天罡)을 황후로 삼았는데, 이는 유명(遺命)에 따른 것이다.〔元年甲申 十二月, 葬大行于獸林 以天罡為皇后 乃遺命也〕' 소수림왕의 유언 때문이다.

고선생 : 『삼국사기』 장수왕 기록은 아래와 같이 시작합니다.

⑧-18. 원년(413년), 왕이 장사長史 고익高翼을 진晉에 보내 표문을 올리고 붉고 흰 말을 바쳤다. **진晉의 안제安帝가 왕을 고구려왕낙랑군공高句麗王樂浪郡公으로 책봉하였다.** 『삼국사기』 장수왕

장수왕 원년인 413년입니다. 장수왕은 즉위하자마자, 마치 기다렸다는 듯이 동진에 사신을 파견하고 동진황제로부터 「고구려왕낙랑군공」의 관작을 받습니다. 이 기록은 장수왕시대 전체를 관통하는 상징적인 사건입니다.

박기자 : 어떤 상징입니까?

고선생 : 『삼국사기』를 보면, 장수왕은 재위 79년 동안 중국왕조와 전쟁을 벌인 기록이 단 한 차례도 없습니다. 이는 과거 역대 왕들이 겪었던 중국왕조와의 치열한 싸움과 비교하면 상상할 수 없는 일입니다. 그렇다고 해서 장수왕 시기 중국왕조의 상황이 녹록한 것은 결코 아닙니다. 그럼에도 장수왕은 전쟁 한번 치르지 않고 고구려를 중국왕조로부터 굳건히 지켜냅니다.

박기자 : 특별한 비결이 있습니까?

고선생 : 조공朝貢과 책봉冊封입니다. 원래 조공과 책봉은 천자국과 제후국 사이에서 주고받는 일종의 주종관계의 표식입니다. 그러나 한漢 멸망이후 중국대륙에 북방민족의 신생국이 우후죽순 생기며 조공과 책봉은 본래의 기능을 상실합니다. 신생국 모두가 천자국을 자칭하면서 주변국의 지지와 지원을 받아내기 위한 외교수단으로 변질됩니다. 『삼국사기』 장수왕 기록을 보면, 장수왕은 무려 42회에 걸쳐 중국왕조에 조공을 하며 때론 책봉을 받습니다. 『삼국사기』 기록 자체가 온통 조공기사로 도배됩니다.

박기자 : 정말입니까?

고선생 : 기록만 놓고 본다면, 장수왕은 우리나라 최초로 외교의 중요성을 선각先覺하고 이를 국가정책에 적극 반영한 외교의 선구자입니다. 또한 오로지 외교 하나만으로 중국왕조의 군사행동을 사전에 억제하고 차단한 위대한 외교군주입니다. 장수왕의 외교술을 이해하려면 당시 중국의 상황을 알아야합니다. 교수님께 설명을 부탁드립니다.

정교수 : 이 시기 중국은 남북조시대의 태동기에 해당합니다. 남북조시대(420~589)는 동진東
晉과 수隋의 중간시대로, 중국대륙이 남
북으로 갈려 각각 왕조가 교체되며 흥망
을 거듭합니다. 남조는 한족漢族왕조로 동
진東晉(317~419)에 이어 송宋(420~478), 제齊
(479~502), 양梁(502~557), 진陳(557~581)의
4왕조가 계속해서 들어섭니다. 북조는 북
방민족 왕조로 5호16국의 혼란을 수습한
선비족 탁발부의 북위北魏(386~534)가 화
북지역을 150여 년간 지배하다가 이후 동
위東魏(534~550)와 서위西魏(535~557), 그리

중국 남북조시대

고 북제北齊(550~557)와 북주北周(557~581)로 단기간 거듭 분열되다 수隋(581~618)가 들어서 남조인
진陳마저 멸망시키고 589년 중국 대륙 전체를 통일합니다. 장수왕 재위시기 남조는 동진 → 송 →
제로 이어지며, 북조는 북위입니다.

고선생 : 『삼국사기』(⑧-17)에 나오는 진晉이 바로 남조인 동진東晉입니다. 동진은 전통적으로 백제
와 긴밀한 외교관계를 맺습니다. 부여백제가 한반도에 있을 때, 부여백제왕 여구와 여휘가 각각 「진
동장군낙랑태수」(372년)와 「사지절도독진동장군백제왕」(386년)의 관작을 동진으로부터 받으며, 백제
는 근초고왕 때인 372년과 373년 연거푸 동진에 사신을 파견하여 조공합니다. 장수왕은 백제의 전통
우방인 동진을 향해 먼저 손을 내밀고 외교관계를 수립합니다.[20] 이는 백제를 외교적으로 고립시키
고, 북조의 절대강자인 북위를 남조의 동진을 통해 견제코자하는 외교술입니다. 장수왕은 동진과 외
교관계 수립을 통해 백제와 북위 두 마리 토끼를 동시에 잡습니다.

---

20 장수왕이 관작을 받은 413년에 부여백제의 후신인 야마토왕 찬(贊)이 동진황제에게 「사지절도독왜백제신라임나진한모한
6국제군사안동장군왜국왕」의 관작을 요구하여 이 중 「안동대장군왜국왕」의 관작만을 받는다. 야마토가 공식적으로 외교
무대에 처음 등장한다. 이에 대항하여 백제는 3년 후인 416년에 전지왕이 「사지절도독백제제군사진동장군백제왕」의 관
작을 동진황제로부터 받는다. 백제가 한발 늦는다.

박기자 : 장수왕의 외교수완을 엿볼 수 있는 대목이군요.

고선생 : 이처럼 조공과 책봉의 외교적 수단을 통해 중국왕조의 군사행동을 사전에 억제한 대표적인 사건이 2개 있습니다. 하나는 송宋과 벌인 풍홍馮弘의 처리 사건이며, 또 하나는 북위와 벌인 왕실 혼인의 밀당(밀고 당기기의 줄임말) 사건입니다. 먼저 송과 벌인 풍홍의 처리 사건입니다. 이 사건의 발단은 북연왕 풍홍(제3대)이 고구려로 망명해오면서 시작합니다. 북연北燕(407~436)은 광개토왕 때인 407년 고구려 출신 모용운(제1대,고운)이 한漢족 풍발(제2대)과 함께 후연의 마지막왕인 모용희를 암살하고 세운 나라입니다. 고구려와 북위사이에 위치하여 완충지대 역할을 합니다. 그런데 북연은 북위의 공격을 받아 3대 29년 만에 멸망합니다. 이에 풍홍은 장수왕에게 자신과 식솔들의 삶을 의탁합니다. 이어 북위는 풍홍의 소환을 요구하지만 장수왕은 거절합니다. 장수왕은 고구려 왕실의 방계 혈족인 북연의 창업자 모용운과의 관계를 고려하여 망명객 풍홍을 보호합니다. 그런데 풍홍이 적반하장으로 거드름을 피며 딴 마음을 품습니다.

박기자 : 딴 마음은 무엇입니까?

고선생 : 『삼국사기』 장수왕 기록입니다.

⑧-19. 26년(438년) 3월, 처음 연왕 풍홍馮弘이 요동에 당도했을 때, 왕이 사신을 보내 위로하였다. "용성왕 풍군馮君이 이곳에 와서 야숙을 하고 있으니, 군사와 말이 피곤하겠소." **풍홍은 부끄러워하면서도 분노하며 법도를 들먹이고 오히려 왕에게 대들었다. 왕은 풍홍을 평곽平郭에 머물게 했다가, 얼마 뒤 북풍北豊으로 옮기게 하였다.** 풍홍은 원래 우리를 업신여기고, 정치와 법 제도와 상벌을 자신의 나라와 똑같이 하려하였다. 왕은 곧 그의 시종을 빼앗고, 그의 태자 왕인王仁을 볼모로 삼았다. 풍홍이 이를 원망하여 송宋에 사신을 보내 편지를 올리고 자신을 받아줄 것을 요청하였다. **송宋 태조太祖가 사신 왕백구王白駒 등을 보내 그를 맞이하게 하고, 우리에게 그를 보내줄 것을 요청하였다.** 왕은 풍홍이 남쪽으로 가는 것을 원치 않기 때문에, 장수 손수孫漱와 고구高仇 등에게 북풍에서 풍홍과 그의 자손 10여 명을 죽이도록 하였다. 송 사신 왕백구 등은 풍홍이 지휘하던 군사 7천여를 이끌고, 고구려 장수 손수와 고구를 습격하여 고구를 죽이고 손수를 생포하였다. 왕은 왕백구 등이 고구를 아무런 이유 없이 죽였다는 것을 알면서도 그를 잡아 송으로 보냈다. 송 태조는 먼 곳에 있는 나라인 고구려의 뜻을 어기지 않기 위해 왕백구 등을 옥에 가두었다가 얼마 뒤에 석방하

였다. 『삼국사기』 장수왕

풍홍은 장수왕이 제공한 북풍北豊지역에서 독자세력화를 꾀합니다. 이에 장수왕은 풍홍의 아들을 볼모로 잡자, 풍홍은 남조인 송宋(유송)에 망명을 요청합니다. 송 태조(유의륭)가 왕백구를 보내 풍홍의 망명을 돕게 하자 장수왕은 아예 풍홍 일가를 죽여 버립니다. 이로 인하여 불상사가 발생합니다. 송 사신 왕백구가 풍홍의 잔여 군사를 이끌고 대항하는 와중에 고구려 장수 고구가 죽습니다. 장수왕은 즉각 군대를 파견하여 왕백구를 사로잡습니다. 그러나 장수왕은 왕백구를 죽이지 않고 살려 보냅니다.

박기자 : 이 사건으로 장수왕이 얻은 것은 무엇입니까?

고선생 : 장수왕은 비록 장수 하나를 잃지만 그 이상의 외교적 성과를 거듭니다. 첫째, 장수왕은 송 사신 왕백구를 살려 보내는 넓은 아량을 보임으로써 송 태조의 신뢰를 얻습니다. 송과의 관계가 우호적으로 확대됩니다. 장수왕은 463(장수51) 송 세조(유준,효무제)로부터 「거기대장군개부의동삼사」의 관작을 받습니다. 「개부의동삼사」는 황제 다음가는 1등급의 최고 관품입니다. 둘째, 장수왕은 북연의 잔존세력을 제거함으로써 혹시라도 고구려 영토내에서 발생할 수 있는 북연의 재건 씨앗을 완전히 없애버립니다. 풍홍의 제거는 북위 역시 강력히 원하는 사항이어서 고구려와 북위 두 나라 모두에게 이득이 됩니다. 다만, 이로 인해 고구려는 북위와 직접적으로 국경을 맞대는 부담을 안게 됩니다.

박기자 : 풍홍의 제거는 누이 좋고 매부 좋은 꼴이군요.

고선생 : 다음은 북위와 벌인 왕실 혼인의 밀당 사건입니다. 466년(장수54) 북위는 황제의 후궁으로 삼을 만한 왕녀를 고구려에 요구합니다. 장수왕의 딸을 후궁으로 두어 인질로 삼겠다는 의사표시입니다. 이를 두고 고구려와 북위는 밀당을 거듭하는데, 이 장면이 『삼국사기』에 나옵니다.

⑧-20. 54년(466년) 3월, 위魏에 사신을 보내 조공하였다. **위魏의 문명文明태후가 현조顯祖**의 6궁六宮이 미비하다 하여, 우리에게 왕의 딸을 바치라고 요구하였다. 왕이 글을 올려 "딸은 이미 출가하였다." 알리고, 대신 아우의 딸을 바치겠다고 하였다. 위가 이를 받아들이고 안락왕安樂王 진眞과 상

서 이부李敷 등을 파견하여 폐백을 보내왔다. 이때 어떤 사람이 왕에게 말하였다. "위가 이전에 연燕과 혼인한 후 얼마 안 되어 연을 쳤으니, **이는 사신들이 지리적 상황을 상세히 알게 된 까닭입니다. 지난 일을 통해 교훈을 얻었으니 적당한 방법으로 거절해야 합니다.**" 왕은 곧 위에 편지를 보내 아우의 **딸이 죽었다고 알렸다.** 위는 이것이 거짓말이라고 의심하여 다시 가산기상시 정준程駿을 보내 엄중히 따지며 "만약 딸이 정말 죽었다면, 다시 종실의 다른 여자를 선택하는 것을 인정하겠다." 하였다. 왕이 말하길 "만약 천자가 나의 이전의 잘못을 용서한다면 삼가 지시대로 따르겠다." 하였다. **이즈음 현조가 때마침 죽어서 이 일은 중단되었다.** 『삼국사기』 장수왕

장수왕은 북위의 헌문제(탁발홍, 당시13세, 문명태후가 섭정함)가 후궁으로 삼을 딸을 요구하자, 이미 혼인했다는 이유를 들어 대신 동생의 딸을 보내겠다고 약속합니다. 이후 동생의 딸이 죽었다고 알리자 북위는 대신 다른 종실의 딸을 재차 요구하고 장수왕은 또 다시 약속합니다. 그러나 갑자기 헌문제가 죽으면서[21] 혼인 문제는 유야무야 끝납니다.

박기자 : 내용은 단순하군요.

고선생 : 『삼국사기』는 466년 당해년도에 발생한 사건으로 기록하나, 『고구려사략』은 466년 ~470년까지 계속 진행된 사건으로 설명합니다.

⑧-21. 34년(466년) 정월, 탁발준의 처 **풍馮씨***가 아들 홍弘**을 위해 청혼하여 6궁을 갖추려 하면서, **이미 혼인한한 딸은 정후正后가 될 수 없다며 사양하겠다고 알려왔다.** 7월, 풍馮씨가 또 정준程駿을 보내 종실의 딸을 달라 하기에, **고련皐連의 딸 원元씨를 보냈다.** 36년(468년) 4월, **위魏가 또 다른 딸을 달라고 청하였다.** 상이 웃으며 이르길 "풍馮녀가 짐에게 시집오길 원한다면, 짐은 응당 맞아들이겠소." 하였다. 10월. **위魏가 또 청혼을 해왔다.** 37년(469년) 2월, 위魏가 또 청혼을 해왔다. 안락왕安樂王 진眞과 상서 이돈李敦 등이 찾아와 채단을 바치면서, 나이가 어리면 사양하겠다고 하였다. 38년(470년) 2월, **위魏가 또 찾아와 혼인을 재촉하며 예물을 바치고 황금 천 냥과 백마 50필을 바쳤다.**

『고구려사략』 장수대제기

☞ *문성태후 **헌문제

---

21 북위 헌문제는 471년 보위를 아들 원굉元宏(효문제)에게 물려주고, 476년 23세에 풍태후(문성태후)의 미움을 받아 죽는다.

『고구려사략』 기록을 정리하면 이렇습니다. 466년 문명태후가 헌문제의 후궁으로 장수왕의 딸을 요청하고, 장수왕은 혼인 경험이 있는 딸을 보내려 하자 문명태후가 거절합니다. 대신 종실 고련의 딸을 보냅니다. 그러나 북위는 이에 만족하지 않고 4차례나 계속해서 사신을 파견하며 추가로 혼인을 요구합니다. 그럼에도 장수왕은 북위의 청혼에 즉답을 하지 않습니다. 471년 북위 헌문제가 퇴위당하면서 청혼 사건은 갑자기 막을 내립니다.

박기자 : 두 기록이 차이가 나는 이유는 무엇입니까?

고선생 : 『삼국사기』는 북위의 청혼 사건을 국가의 안위관점에서 기술합니다. 빈번한 사신왕래에 따른 고구려 지형정보의 노출에 초점을 맞춥니다. 다시 말해 과거 연(후연)의 사례를 들어 북위가 청혼을 빙자하여 고구려 지형정보를 획득한 후, 이들 바탕으로 고구려를 침공할 수 있다는 의심이 깔려 있습니다. 결과적으로 『고구려사략』은 4차례 북위 사신이 고구려를 방문했다고 기록하여 『삼국사기』가 제시한 청혼 사건의 배경과 궤를 같이 합니다.

박기자 : 장수왕이 추가 청혼을 받아들이지 않은 이유는 또 무엇입니까?

고선생 : 일반적으로, 왕실간 혼인은 동맹을 전제로 합니다. 혼인동맹입니다. 이는 군사동맹으로 곧바로 연결됩니다. 결론적으로 장수왕의 입장에서 보면, 북위와 군사동맹을 체결해야 하는 이유도 명분도 전혀 없습니다. 만약 북위와 혼인동맹을 체결하게 된다면, 고구려는 불문곡직不問曲直하고 북위의 군사활동에 적극 참여해야합니다. 예를 들어 북위가 남조인 송을 공격한다면 고구려 역시 송을 공격해야 합니다. 송과 우호적인 관계를 맺고 있는 고구려로서는 매우 불편한 강요입니다. 장수왕은 바로 이점을 우려합니다. 앞을 내다보는 혜안의 정세판단입니다. 『삼국사기』와 『고구려사략』 기록을 보면 장수왕이 북위왕실에 청혼한 기록 자체가 없습니다. 이 또한 장수왕이 북위와 혼인동맹을 원치 않은 증거입니다. 장수왕의 대 북위정책은 북위가 변심하여 고구려를 침공하는 일이 없도록 사전에 외교적으로 다독이는 일입니다. 그래서 장수왕은 계속해서 조공을 바치는 외교행위를 멈추지 않습니다.

박기자 : 북위의 청혼 사건은 장수왕의 남다른 역사적 안목을 엿볼 수 있군요.

5. 장수왕의 남진과 한성의 몰락

고선생 : 장수왕은 중국왕조와는 외교를 통한 유화정책을 구사하는 한편, 남쪽 백제와 신라에 대해서는 군사적 압박을 통한 강공정책을 펼칩니다. 대표적인 사건이 475년(장수63) 장수왕의 백제 침공입니다. 이로 인하여 백제 개로왕(제21대)은 장수왕에게 죽임을 당하며, 백제는 한성시대를 마감하고 급히 웅진으로 천도합니다.

박기자 : 혹시 개로왕이 아차산에서 참살당한 사건입니까?

고선생 : 그렇습니다. 백제로서는 건국이래 최대의 위기를 맞이합니다. 먼저 이 사건을 살펴보기 전에 검토할 부분이 있습니다.

박기자 : 무엇입니까?

고선생 : 장수왕의 평양 천도입니다. 427년(장수15) 장수왕은 국내성에서 평양으로 수도를 옮깁니다. 장수왕의 평양 천도에 대한 통설은 장수왕이 백제를 군사적으로 압박하기 위해 평양 천도를 단행한 것으로 해석합니다. 그러나 이는 잘못된 해석입니다. 장수왕이 백제를 전면 공격한 해는 475년입니다. 평양으로 천도한 427년과는 무려 48년의 시간격차가 있습니다. 48년 후에 발생할 일을 미리 예상하고 백제와 좀 더 가까운 장소로 이동했다는 논리는 선뜻 수긍하기 어렵습니다. 이는 장수왕이 생물학적으로 장수할 것을 미리 알았다는 얘기가 됩니다. 무리한 해석입니다. 장수왕의 평양 천도는 국내성의 지형적 한계에 기인합니다. 압록강 중상류 지역에 위치한 국내성은 주변이 온통 산악지대입니다. 유일한 출구는 압록강 줄기입니다. 피난처로서는 최적지이나 대제국 고구려의 수도로서는 어울리지 않는 매우 협소한 장소입니다. 평양은 고국원왕이 국내성으로 천도하면서부터 차기 천도지로 검토됩니다.『고구려사략』에는 고국원왕이 국내성 천도직후인 363년(고국원33) 국내성의 인구가 조밀해져 여러 관청을 평양으로 옮긴 기록이 있으며,『삼국사기』에는 광개토왕이 393년(광개토3) 평양에 9개의 절을 창건한 기록도 있습니다. 평양은 천도이전부터 사전에 철저히 준비되고 개발된 계획도시입니다.

박기자 : 결국 장수왕의 평양 천도는 국내성의 지형적 한계가 배경이군요.

고선생 : 475년(장수63) 장수왕은 전면적으로 백제를 침공합니다. 이에 앞서 장수왕은 백제에 밀파

한 고등간첩 도림道琳을 통해 백제 침공의 최적화 조건을 만듭니다.

박기자 : 어떤 조건입니까?

고선생 : 도림은 백제 개로왕이 바둑을 좋아한다는 사실을 알고 개로왕에게 접근하여 상객上客의 대우를 받으며 개로왕을 움직입니다. 그리고 여러 명분을 만들어 대규모 공역공사를 부추깁니다.

⑧-22. … 이에 왕은 **백성들을 징발하여 흙을 구워 성을 쌓고, 그 안에는 궁실과 누각과 대사를 지었는데, 웅장하고 화려하지 않은 것이 없었다. 또 욱리하郁里河에서 큰 돌을 캐다가 관을 만들어 선왕*의 유골을 장사 지내고, 사성蛇城 동쪽으로부터 숭산崇山 북쪽까지 강을 따라 둑을 쌓았다.** 이 때문에 창고가 텅 비고 백성들이 곤궁해져서 나라의 위태로움이 계란을 쌓아놓은 것보다 심하였다. 이에 **도림道琳이 도망해 돌아와서 장수왕에게 이 사실을 보고하였다.** 장수왕이 기뻐하며 백제를 치기 위하여 장수들에게 군사를 나누어 주었다. 『삼국사기』〈백제본기〉 개로왕

☞ *백제 비유왕

백제 침공을 목전에 둔 상황입니다. 도림의 사전 공작은 개로왕으로 하여금 궁궐을 화려하게 개축하고, 선왕(비유왕)의 묘를 화려하게 조성하며, 사성의 동쪽에서 숭산(검단산, 경기하남) 북쪽에 이르는 대규모 강둑공사를 실시하게 합니다. 이로 인해 백제는 재정이 고갈되고 노역에 시달린 백성의 삶은 극도로 피폐해집니다.

박기자 : 개로왕이 장수왕의 계략에 놀아난 겁니까?

고선생 : 그러나, 장수왕이 백제 침공을 결심하게 된 배경은 따로 있습니다. 472년(장수60) 개로왕은 장수왕의 의표를 찌릅니다. 북위황제에게 표문[22]을 올려 고구려를 성토하고 전격적으로 군사동맹을 제안합니다.

박기자 : 백제와 북위는 군사동맹을 체결합니까?

고선생 : 그런데 이 표문 내용이 고스란히 장수왕에게 노출됩니다. 장수왕은 선제적 방어에 나섭

---

22 개로왕의 상표문이다. 『삼국사기』〈백제본기〉에 전문이 실려 있다. 총 539자로 백제와 고구려는 원래 한 뿌리인데 고구려가 우호를 깨고 백제를 공격하며 핍박하니 백제와 북위가 군사동맹을 맺어 북위가 고구려를 공격하면 백제도 고구려를 공격하겠다는 내용이다. 특히 사마천의 『사기』에 나오는 맹상군(孟嘗君)과 신릉군(信陵君)의 고사가 실려 있어, 당시 백제 지배층의 지식수준을 알 수 있다.

니다. 백제에 파견된 북위사신을 억류하는 등 백제와 북위사이의 연결고리를 차단합니다. 결국 북위의 답변을 초조히 기다리던 개로왕은 북위로부터 아무런 연락을 없자 백제-북위 동맹은 유야무야 끝납니다. 이를 계기로 장수왕은 군대를 사열하는 등 본격적으로 군사력을 증강하고, 또한 백제 내부를 와해시킬 목적으로 은밀히 도림을 밀파합니다.

박기자 : 장수왕의 백제 침공은 어떻게 전개됩니까?

고선생 : 장수왕은 3만의 정예군사를 준비합니다. 출정선언문이 『고구려사략』에 나옵니다.

⑧-23. 42년(474년) 7월, 상이 주류궁朱留宮으로 갔다가 황산으로 돌아와 영락대제에게 제사를 올리고 종실과 삼보들에게 이르길 "**선제先帝*****께서는 국강國岡******의 치욕을 씻고자 하셨으나, 하늘이 목숨을 충분히 주지 않았다. 짐은 병력을 키워서 그 기회를 기다린 지 오래되었다. 지금 때가 이미 무르익었다. 아이들 모두가 백제 해골들은 남쪽으로 물 건너 도망가고, 신라 사람들은 몸을 사리고 경계를 지킨다는 말들을 한다. 인심은 암암리에 천심을 살피는 것이니, 이제 경사慶司***** **그놈이 기필코 망할 때가 되었다.**" 하였다. 신하들이 이구동성으로 찬동하였다. 상은 화덕華德에게 명하여 군사 3만을 이끌고 먼저 떠나라 하였다. 『고구려사략』 장수대제기

☞ *광개토왕 **고국원왕 ***백제 개로왕

장수왕은 화덕을 총사령관에 임명하고, 백제에서 망명해온 재증걸루와 고이만년을 향도嚮導(길잡이)로 삼아 선봉에 세웁니다. 그리고 475년(장수43) 전면 남침을 단행하여 파죽지세로 밀고 내려갑니다. 한강을 도하하여 당시 백제 수도인 한성을 포위하여, 북성(풍납토성)을 7일 만에 함락하고, 이어 남성(몽촌토성)을 공격합니다. 개로왕이 남성을 빠져나가자 추격하여 사로잡은 후, 아차성(서울 광진구)으로 끌고 가서 참수합니다. 장수왕 군대는 공격을 멈추지 않고 계속하여 남하하여 오늘날 곡교천[23]까지 밀고 내려옵니다.

박기자 : 백제가 일방적으로 당한 겁니까?

---

23 충남 천안시, 아산시, 세종특별자치시를 가로지르는 하천이다. 천안시 광덕면에서 발원한다. 풍세면에 이르러서는 한천(漢川) 또는 한내라 부른다. 배방면 세교리에서는 쏙개 또는 봉호(蓬湖), 혹은 봉강(蓬江)이라 하며, 곡교리에 이르러서는 곡교천이 된다. 당시는 통칭해서 한천으로 부른다.

고선생 : 당연합니다. 장수왕은 사전에 철저히 준비하고, 더구나 도림을 밀파하여 개로왕을 농락하니 백제는 일방으로 패배할 수밖에 없습니다. 그러나 개로왕에게는 비장秘藏의 카드가 있습니다.

박기자 : 어떤 카드입니까?

고선생 : 장수왕 군대가 국경을 넘어오자, 개로왕은 급히 신라에 태자 문주(제22대 문주왕)를 보내 지원병을 요청합니다.[24] 그러나 신라 자비왕(제20대)이 보낸 1만 군사는 제때에 백제에 도착하지 못합니다. 개로왕의 죽음을 막기에는 너무 늦습니다. 신라군은 일모성(양성산성, 충북청원)에 진을 치고 장수왕 군대의 남진을 억제합니다. 이로써 곡교천과 충북 청원 일대로 이어지는 대치전선이 형성됩니다.

장수왕의 남진

정교수 : 고구려 장수왕이 충청지역까지 내려온 고고학적 증거는 있습니다. 충남 세종시 부강면에 '청원 남성골 산성'입니다. 성벽을 돌이 아닌 나무기둥으로 세운 점이 특이합니다. 임시방편으로 급조한 목책성입니다. 2001년과 2002년 발굴 조사한 바 있습니다. 출토품은 5세기경의 고구려 토기가 주를 이룹니다. 성벽 안쪽에는 집자리 구덩이, 토기가마터 등도 확인됩니다. 일정기간 생활시설과 생산시설을 갖춘 성입니다. 장수왕 군대가 이곳까지 내려와 머물렀던 성으로 추정됩니다.

박기자 : 이후 전쟁은 어떻게 됩니까?

고선생 : 대치전선이 형성된 이후 백제는 문주왕(제22대)이 즉위하고 웅진(충남공주)에 새로이 도읍

---

24 나제동맹은 493년 백제 동성왕이 신라 이찬 비지의 딸을 맞아들이며 체결된 혼인동맹이 효시로 되어 있다. 『삼국사기』 기록이 근거다. 그러나 『고구려사략』과 『신라사초』에는 433년 백제 비유왕과 신라 눌지왕 간에 혼인동맹을 체결한 것으로 나온다. 따라서 나제동맹은 『삼국사기』 기록보다 60년 앞서 체결한다. 475년 장수왕의 공격을 받은 백제가 신라에 구원병을 요청하고, 신라 또한 즉시 1만의 지원군을 파병한 것은 433년에 체결한 나제동맹에 근거한다.

을 정하며,[25] 급한 대로 내부 정비에 박차를 가합니다.

⑧-24. 43년(475년) **5월, 호덕好德이 백제의 50여개 성을 점령하니, 문주文周는 자비慈悲에게로 도망쳤다.** 이에 상이 자비가 하늘을 거역함에 노하여 정벌하려 하다가, 황룡태자가 "멈출 줄 아는 것도 귀중한 것입니다. 두 마리 사슴을 쫓아서는 안됩니다." 간하여 그만두었다. 6월, **풍옥風玉태자를 자비에게 보내서, 백제 땅을 나누는 문제를 의논케 하였다. 자비는 자신의 딸 둘을 태자에게 바쳐서 시침侍寢*들게 하였다.** 태자는 자비가 조서를 봉행하지 않아 책망하였고, 자비는 오락가락하면서 단안을 내리지 못하였다. 『고구려사략』 장수대제기

☞ *잠자리 시중드는 행위

『고구려사략』이 전하는 당시의 급박한 상황입니다. 발생년도는 475년으로 되어 있으나, 실제는 476년입니다. 5월까지의 전투로 장수왕은 백제 성은 50여 개를 점령합니다. 주로 경기남부와 충청북부 지역입니다. 장수왕은 신라마저 공격하려다가 주위의 간언을 듣고 멈춥니다. 그런데 6월 기록을 보면, 장수왕이 신라 자비왕(제20대)에게 점령한 백제 영토를 나눠 갖자고 제안합니다. 자비왕은 망설입니다. 자신의 딸을 고구려 풍옥태자에 바치며 단안을 내리지 못합니다.

박기자 : 신라로서는 백제 땅을 자국의 영토로 편입할 수 있는 절호의 기회이군요. 자비왕은 무엇 때문에 망설이는 겁니까?

고선생 : 신라 자비왕은 나제동맹의 원칙을 지킵니다. 백제가 최악의 상황에 몰려있다고 해서 백제 땅을 차지하는 것은 도리가 아니라고 판단합니다. 자비왕은 장수왕의 제안에 받고 이를 급히 백제에 알립니다. 백제 문주왕은 야마토(왜국)에서 귀국한 곤지昆支왕자[26]를 신라에 급파합니다. 곤지왕자는 자비왕의 주선으로 고구려 풍옥태자와 협상을 벌입니다.

『백제와 곤지왕』

---

25 『삼국사기』〈백제본기〉 문주왕 기록을 보면, 477년(문주3)에 웅진도성의 궁궐을 중수(重修)한 기록이 있다.〔三年 春二月 重修宮室〕이는 웅진에 이전부터 궁궐이 존재했다는 뜻이다. 옛 부여백제의 궁궐이다.

26 백제 개로왕의 동생이다. 461년 야마토에 파견된 후, 475년 고구려 장수왕이 백제를 전면 공격하자, 476년 야마토의 지원병을 이끌고 백제로 귀환한다. 곤지의 직계 후손은 백제 동성왕(제24대)과 무령왕(제25대)이다. 백제는 660년 멸망하기까지 곤지계의 왕통이 이어진다. 일본 오사카 하비키노(羽曳野)시에 곤지를 제신으로 하는 「아스카베(飛鳥戸) 신사」가 현존한다.

박기자 : 협상결과는 무엇입니까?

고선생 : 기록이 없어 내용은 알 수 없습니다. 다만, 장수왕은 남진을 멈추고 되돌아갑니다. 고구려와 백제의 국경은 지금의 경기도와 충청남도의 경계선 정도로 재조정됩니다. 475년 장수왕의 남침은 백제에게 치명상입니다. 백제는 선택의 여지없이 한성시대를 마감하고 웅진시대를 맞이합니다. 백제는 한강유역을 포함한 경기지역에 대한 지배력을 상실합니다. 이 사건의 여파는 삼국의 위상에 큰 변화를 가져옵니다. 고구려는 중국대륙이 아닌 한반도에 관심을 집중하고, 한강유역을 상실한 백제는 계속해서 남쪽으로 밀리며, 신라는 본격적으로 웅비의 기회를 잡습니다. 이후 삼국은 한반도의 중심인 한강유역을 두고 치열한 각축전을 벌입니다.

박기자 : 본격적인 삼국의 한반도시대가 시작되는군요.

고선생 : 장수왕은 491년(장수79) 사망합니다. 나이는 98세입니다.

⑧-25. 79년(491년) 12월, **왕이 죽었다. 나이는 98세이다. 왕의 호를 장수왕**長壽王**이라 하였다.** 위魏의 효문제孝文帝가 소식을 듣고, 흰색의 위모관委貌冠과 베로 만든 심의深衣를 지어 입고 동쪽 교외에서 애도의 의식을 거행하였다. 그리고 알자복야 이안상李安上을 보내 왕을 「거기대장군태부요동군개국공고구려왕車騎大將軍太傅遼東郡開國公高句麗王」으로 추증하고, **시호를 강강**康**이라 하였다.** 『삼국사기』 장수왕

북위 효문제가 장례의복을 걸치고 손수 동쪽 교외까지 나가서 장수왕의 애도식을 거행합니다. 그리고 「거기대장군태부요동군개국공고구려왕」으로 추증합니다. 북위는 장수왕에 대해 최대의 예우를 표합니다. 특히 시호 '강康'은 북위가 이민족 왕에게 수여하는 최고의 시호입니다.

박기자 : 북위가 장수왕의 죽음에 대해 특별한 예우를 보인 이유는 무엇입니까?

고선생 : 북위는 장수왕을 높이 평가합니다. 그만큼 장수왕을 경계한 반증이기도 합니다. 북위의 입장에서 보면, 장수왕은 참으로 고마운 존재입니다. 만약 장수왕이 북위에 대해서 조공과 같은 유화적인 외교정책을 취하지 않고 적대적인 군사정책을 취했다면, 북위와 고구려의 군사적 충돌은 필연입니다. 이는 중국 화북지역을 장악한 당시의 북방민족의 국가들(5호16국)이 모두 단명한 사례에서 볼 수 있듯이, 만약 북위와 고구려의 군사적 충돌이 잦아지면 북위의 국력은 약화되어 조기에 멸

망할 수도 있습니다. 북위는 장수왕 시기에 중국 화북지역의 통일국가로 150여 년간을 존속합니다. 장수왕의 외교적 선택이 북위의 국가 명맥을 유지시킵니다. 북위는 장수왕에게 감사해야합니다.

　박기자 : 장수왕의 무덤은 어디에 있습니까?

　정교수 : 중국 길림성 집안현(국내성)의 「우산하禹山下고분군」에 소재하는 「장군총(우산하 1호분)」으로 추정합니다. 장군총은 '기단계단식 석실적석총(돌방돌지무덤)'[27]으로 화강암 장대석(장방형 입방체) 1,100여개를 이용하여 방대형 단을 7층으로 올려 쌓고, 제4층 단의 중앙에 널길(연도)과 돌방(석실)을 설치합니다. 무덤 높이는 11.28m, 밑변은 29.34m, 밑면적은 총 860㎡입니다. 전체 모양이 피라미드처럼 생겨서 '동방의 피라미드'라고도 합니다. 특히 장군총을 둘러싸고 왕

장군총(길림성 집안현)

의 근신近臣(왕의 가까운 신하) 무덤인 배총(딸린 무덤) 2기와 부속시설인 제사건물지 등이 확인되어 능원陵園을 형태를 갖추고 있습니다. 또한 일대에는 광개토왕릉으로 추정되는 '태왕릉'[28]과 《광개토왕릉비》가 소재합니다.

　박기자 : 장군총이 장수왕릉이군요.

　정교수 : 다만 장군총의 조성시기는 5세기 초반으로 추정되어 장수왕의 사망시점인 5세기 후반(491년)과는 시기적으로 상당한 격차가 있습니다. 또한 당시에는 왕이 살아 있을 때 무덤을 만드는

27　고구려의 적석무덤은 단순적석총(單純積石塚), 기단적석총(基壇積石塚), 기단계단식곽적석총(基壇階段式槨積石塚), 기단계단식석실적석총(基壇階段式石室積石塚), 봉석석실적석총(封石石室積石塚) 등으로 점차 발전한다.

28　태왕릉은 《광개토왕릉비》와 장군총 사이에 위치한다. 정식명칭은 '우산하 541호분'이다. 일제강점기인 1913년 '원태왕릉안여산고여악(願太王陵安如山固如岳)'의 벽돌명문이 발견되어 태왕릉으로 부른다. 무덤양식은 기단식적석총으로 한 변의 길이가 66m, 높이는 14.8m로 장군총의 4배 크기이다. 일반적으로 광개토왕릉으로 보는 견해가 우세하나 고국원왕릉으로 보기도 한다.

수릉壽陵(가묘)제도나 망자가 고향이나 가문의 근거자로 돌아가 묻히는 귀장歸葬제도가 보편적으로 시행되었다고 볼 수 있는 근거가 없습니다. 이런 까닭으로 집안현의 장군총이 장수왕릉이 될 수 없다는 견해도 있습니다. 이의 대안으로 장수왕이 사망한 평안남도 평양(평양성) 인근의 전傳 동명왕릉(평양시 역포구역, 제1장 39쪽 참조)이나 평양 경신리 1호분[29]을 장수왕릉으로 추정하기도 합니다. 참고로,《충주고구려비》(국보 205호)가 있습니다. 한반도 남쪽지역에서 발견된 현존하는 유일한 고구려비입니다. 높이 203cm, 폭 55cm, 두께 33cm입니다. 4면에 예서체의 글이 새겨져 있는데, 뒷면과 우측면은 글자의 마모가 심하여 알아볼 수 없고, 앞면과 좌측면의 일부 글자만 확인됩니다. 비문에는 고

《충주고구려비》

구려왕을 칭하는 '고려대왕高麗大王'이 있으며, '신라토내당주新羅土內幢主'의 표현도 있습니다. 이는 고구려군이 신라의 영토에 주둔하며 영향력을 행사한 증거입니다. 이외에도 비문에는 고모루성古牟婁城, 대사자大使者 등 당시의 고구려 지명과 관직명도 나옵니다. 비석이 세워진 시기는 4세기부터 6세기까지 여러 설이 있으나, 일반적으로 고구려가 남한강 유역까지 영역을 확장한 5세기 장수왕 때 세워진 것으로 봅니다.

---

29 평양 시가지에서 동북쪽으로 30㎞ 거리에 소재한다. '한왕묘(漢王墓)' 또는 '황제묘(皇帝墓)'로 불린다. 무덤은 하단에 사각형 석축 기단을 조성하고 그 위에 흙을 쌓은 형태로 전체크기는 지름 54m, 높이 약 12m이다. 석실 상부에 와당과 기와로 덮은 별도의 시설이 존재했음이 확인되어 국내성 시기에 만들어진 적석총 상부에 설치된 건물시설과 유사하다. 무덤의 축조 시기는 5세기 후반으로 추정한다.

9장

전성기의 변곡점
문자명왕과 후예들

1. 문치의 수수께끼 문자명왕

고선생 : 문자명왕文咨明王은 제21대 왕으로 이름은 나운羅雲입니다. 장수왕의 손자입니다.

⑨-1. 문자명왕文咨明王(명치호왕明治好王)의 이름은 나운羅雲이며 장수왕의 손자이다. 아버지는 장수왕의 아들인 고추대가古鄒大加 조다助多이다. **조다가 일찍 죽자 장수왕이 나운을 궁에서 길러 태손太孫으로 삼았다.** 장수왕이 재위 79년에 죽자, 나운이 그 뒤를 이어 왕위에 올랐다.
『삼국사기』 문자명왕

『삼국사기』는 문자명왕의 아버지 조다助多가 일찍 죽어, 장수왕이 나운을 궁에서 길러 태손太孫으로 삼았다고 설명합니다. 어떤 내막이 담긴 듯한데 『삼국사기』가 추가적으로 밝히지 않아 궁금증만 더합니다.

박기자 : 어떤 내막입니까?

고선생 : 그래서 『삼국사기』 장수왕 재위 기록을 샅샅이 뒤졌습니다. 그러나 조다와 나운의 이름조차 언급이 없습니다. 다만 기록에서 보듯이 장수왕은 조다가 죽자 손자 나운을 후계자로 삼은 듯합니다. 그럼에도 나운이 공식적으로 후계자가 된 기록은 없습니다.

박기자 : 혹시 나운이 쿠데타라도 일으킨 겁니까?

고선생 : 『고구려사략』에 나오는 나운의 아버지 조다의 행적입니다.

⑨-2. 48년(480년) 2월, **조다助多의 시신屍身이 위魏에서 도착하였다.** 이혁李奕은 풍馮태후*와 좋아지냈는데, 조다가 풍태후와 좋아지면서 아이를 낳아 시새움이 컸다. 여러 번 자객을 시켜 엿보다가, **이때에 이르러 도적의 화살을 맞아 독으로 죽었다.** 이에 상이 말하길 **"아비는 동쪽의 황제이고, 너는**

서쪽의 황제여서 복이 이미 넘쳤거늘, 왜 조심하지 않아 이런 꼴을 당한단 말이냐?" 한탄하였다.
『고구려사략』장수대제기

☞ *문명태후, 헌문제의 어머니

조다는 480년(장수68) 북위에서 암살당합니다.『고구려사략』장수대제기의 다른 기록을 보면, 조다는 장수왕의 후궁 가란(북위 출신)의 소생으로 444년(장수32)에 태어납니다. 476년(장수64) 북위 헌문제(제6대)가 사망하자, 조문사의 자격으로 북위에 파견되었다가 풍馮태후(문명태후)가 조다를 좋아하여 붙잡는 바람에 귀국하지 못합니다. 풍태후는 장수왕에게 수차례 사신을 파견하여 조다를 후계자로 삼아 달라 요청합니다. 이에 장수왕은 동궁(태자)의 인장과 책봉서를 북위에 보냅니다. 조다의 태자 책봉식은 북위에서 따로 행해집니다.

박기자 : 풍태후가 조다를 장수왕의 후계자로 지명한 꼴이군요.

고선생 : 조다는 풍태후의 사랑을 얻어 장수왕의 후계자가 되지만, 그 사랑의 대가로 오히려 목숨을 잃습니다. 하나를 얻으면 하나를 잃는다는 일득일실一得一失의 이치를 거스르지 못합니다. 조다의 사망소식을 듣고 장수왕이 한탄하며 한 말은 새겨볼 만합니다. 장수왕은 자신은 동쪽(고구려) 황제, 조다는 서쪽(북위) 황제로 칭합니다.『고구려사략』기록입니다.

⑨-3. 48년(480년) 2월, 조다助多 비妃가 울며 아뢰길 "황상이신 아버님께서 설욕해 주십시오. 풍홍馮弘과 풍馮년이 지아비를 죽였습니다. 어찌 이를 알고서도 복수하지 않을 수 있겠습니까?" 하니, 상이 이르길 "네가 오래도록 지아비 없는 홀몸이 되더니 이 아비를 원망하는구나. 짐이 어찌 잘못이 없다고 말할 수 있겠느냐? 다만 너는 아들이 이미 장성하였으니, 개가는 아니 된다." 하였다. **황손皇孫에게 명하여 어미와 함께 가서 아비를 황산에 묻어주라 하였다.**『고구려사략』장수대제기

조다 시신이 고구려에 도착한 후, 조다 비妃가 장수왕에게 지아비의 복수를 요구한 장면입니다. 황손이 나옵니다. 조다의 아들 나운입니다. 기록으로 보아, 황손皇孫(『삼국사기』는 태손太孫임)의 칭호는 이전부터 부여됩니다. 조다가 동궁으로 책봉된 직후로 추정됩니다. 역시『고구려사략』장수대제기의 다른 기록을 보면, 487년(장수75) 나운은 장수왕으로부터 '감국소황監國小皇'에 책봉됩니다. 감

국감國은 정사를 처리할 수 있는 권한을 부여받은 자로 장수왕의 왕권을 대신합니다. 이때 나운은 26세이고 장수왕은 94세입니다.

박기자 : 나운이 쿠데타를 일으킨 것은 아니군요.

고선생 : 그러나 『신라사초』 기록은 『고구려사략』과 또 다릅니다.

⑨-4. 13년(491년) 백양白羊 10월, **고구려 왕 거련巨連이 죽었다. 거련은 오소리 같은 마음과 이리 같은 욕심을 가지고 곰과 호랑이 같은 뚱뚱한 몸집으로 한 끼에 양 한 마리를 먹어치웠다.** 전쟁을 좋아하고 여자를 탐하여 자식이 100명이나 되었다. 막내 아들 조다助多가 찬가讚加에게 장가를 들었는데 매우 아름다웠다. 찬가가 조다의 아들 나운羅雲을 낳자, **거련이 그녀를 빼앗아 첩으로 삼고, 조다를 의자㣉子로 삼았다. 조다가 이로 인하여 병들어 죽었다. 거련이 이를 후회하여 나운을 사자嗣子*로 삼고, 찬가 또한 총애를 입어 내정을 장악하였다. 거련이 점차 늙어가자 의심과 시기로 자주 화를 내니, 나운이 변고가 있을까 두려워하여 거련을 궁중에 가두었는데 몇 달 후 죽었다. 이에 거련의 신하들을 모두 내쫓고 즉위하였다.** 『신라사초』 소지명왕기

☞ *후계자

신라 소지왕(제21대) 13년(191년) 기록입니다. 장수왕이 조다(막내아들로 나운)의 처를 빼앗아 첩으로 삼자. 조다는 비관하여 병을 얻어 죽습니다. 이에 장수왕은 손자 나운을 사자嗣子(후계자)로 삼는데 장수왕이 점차로 늙어 의심과 시기로 자주 화를 내자, 나운은 이를 두려워하여 마침내 장수왕을 유폐시켜 죽음에 이르게 합니다.

박기자 : 결국 쿠데타입니까?

고선생 : 『신라사초』 기록은 나운이 쿠데타를 일으켰다고 설명합니다. 특히 나운은 장수왕 사망 직후에 장수왕의 신하들을 모조리 축출하고 보위에 오릅니다. 『고구려사략』은 승자인 문자명왕(나운)의 기록이고, 『신라사초』는 제3자의 시각입니다. 『신라사초』 기록이 보다 객관적일 수 있습니다. 그럼에도 당시 장수왕은 생물학적 수명이 얼마 남지 않은 상태입니다. 나운이 극단의 선택을 할 필요가 있는지는 여전히 의문입니다.

박기자 : 어느 기록이 사실입니까?

고선생 : 만약 나운이 쿠데타를 일으켰다면 할아버지 장수왕을 제거한 꼴이 됩니다. 도덕적인 관점에서 보면, 나운은 천륜을 어긴 최악의 폭군입니다. 또한 나운은 '문자명'과 같은 존귀한 시호를 결코 받을 수 없습니다. 『고구려사략』과 『신라사초』 기록은 각기 다른 역사적 사실을 전하지만, 장수왕이 죽고 손자 나운이 뒤를 이었다는 『삼국사기』의 짤막한 기록이 역사적 진실입니다.

박기자 : 어렵군요.

고선생 : 문자명왕은 말 그대로 문치文治의 상징입니다. 명치明治 또한 같은 맥락입니다.[1] 그러나 『삼국사기』의 문자명왕 재위기간(492~517) 기록을 보면 시호에 걸 맞는 내용이 전혀 없습니다. 북위를 포함한 남북조 국가에 조공한 기록과, 백제, 신라와 소규모 전투를 벌인 것이 대부분입니다.

박기자 : 『고구려사략』에는 기록이 있습니까?

고선생 : 아쉽게도 『고구려사략』은 문자명왕 기년 기록이 아예 없습니다. 따라서 문자명왕에 한해서는 『고구려사략』의 도움을 받을 수 없습니다.

박기자 : 다른 문헌기록은 있습니까?

고선생 : 그래서 『신라사초』 기록을 살펴보니, 역시 마찬가지입니다. 문자명왕의 문치를 확인할 수 있는 내용은 없습니다.

박기자 : 그렇다면 문자명왕의 문치는 알 수 없는 겁니까?

고선생 : 훗날이라도 문자명왕의 문치에 대한 사료(문헌기록, 비문기록)나 유물이 발견된다면 확인할 수 있겠지만, 현재로서는 풀 수 없는 수수께끼입니다. 광개토왕의 경우, 『삼국사기』는 광개토왕이 어떤 근거로 광개토의 시호를 받게 된 것인지 설명하지 못합니다. 그러나 우리는 《광개토왕릉비》 비문기록을 통해 『삼국사기』가 설명하지 못한 부분을 모두 확인할 수 있습니다. 마찬가지로 『삼국사기』는 문자명왕이 어떤 근거에 의해 문자명(또는 명치)의 시호를 받게 되었는지 설명하지 않습니다. 그럼에도 문자명왕은 문치를 상징하는 시호를 받습니다. 설사 문치의 구체적인 내용을 확인할 수 없더라도 우리는 문자명왕을 고구려 문치시대를 이끈 왕으로 기억해야합니다. 교수님께서

---

1 명치(明治)는 문자명왕의 연호이다. 광개토왕은 영락(永樂)이며, 장수왕은 건흥(建興)이다. 광개토왕은 연호에 따라 생전에 영락대왕이라 불린다. 문자명왕의 생전 호칭은 명치호왕(明治好王)이다.

종합해주시길 바랍니다.

　　정교수 : 문자명왕은 선대 장수왕의 정책을 이어 받아 중국 남북조와의 등거리 외교를 통해 국제 관계를 안정시키고, 고구려의 남쪽 영토를 확장시키는가 하면, 498년(문자명7) 금강사를 창건하여 불교 진흥에 힘쓰는 등 고구려 최대 전성기를 이끈 군주입니다. 문자명왕은 즉위 직후에 북위로부터 「사지절도독요해제군사정동장군령호동이중랑장요동군개국공고구려왕」의 관작을 받습니다. 이때 북위는 고구려에 친조親朝나 왕자의 입조入朝를 요구하는데 고구려는 북위의 요구를 거절함으로써 한때 양국 간의 긴장관계가 형성됩니다. 양국은 상호 경계와 견제를 지속하면서도 겉으로는 조공과 같은 외교를 통해 화친을 유지합니다. 또한 문자명왕은 494년(문자명3) 남제南齊(소도성,479~502), 508년(문자명17) 양梁(소연,502~557) 등 남조로부터 각각 「사지절산기상시독영평이주정동대장군낙랑공」과 「무동대장군개부의동삼사」의 관작을 받으며, 이들 남조와도 조공을 통한 외교관계를 지속합니다. 남조와의 외교관계는 북조인 북위에 대한 견제입니다. 한편 문자명왕은 남쪽으로 백제와 신라를 공격하여, 497년(문자명6) 신라의 우산성, 512년(문자명21) 백제의 가불성과 원산성을 점령하기도 합니다. 전체적으로 볼 때, 문자명왕은 광개토왕과 장수왕의 위업을 이어받아 고구려 전성기를 지속시킨 군주로 평가합니다. 그럼에도 『삼국사기』가 기록을 소략疎略하여 문자명왕이 고구려를 어떻게 다스렸는지 구체적으로 알 수 없는 점은 아쉬움입니다.

2. 안장왕과 안원왕의 뒷모습

　　고선생 : 문자명왕의 뒤를 이은 왕은 안장왕安藏王(제22대) → 안원왕安原王(제23대) → 양원왕陽原王(제24대) → 평원왕平原王(제25대)입니다. 시호만 본다면, 문자명왕의 후예인 이들 4명 왕은 문자명왕과 마찬가지로 고구려 문치시대를 이끌어 갑니다. 그러나 『삼국사기』 기록을 보면, 이들이 이룩한 문치의 업적이 무엇인지 쉬이 가늠하기 어렵습니다. 역시 아쉬운 부분입니다. 먼저 안장왕입니다.

⑨-5. 제는 휘가 **흥안興安**, 자는 **숭현崇賢**이며, **명치대제明治大帝*의 장자이다. 어머니는 연淵태후로 황휴태자의 딸이다. 총명하고 학문을 좋아했으며 그림도 잘 그렸다. 어머니가 엄하게 교육한 탓에 예 의를 익혔고 근검하였다. 욱호崀好태후가 여러 번 자신의 아들로 동궁東宮을 바꾸려고 하였지만 뜻 을 이루지 못하였다. 이제야 즉위하니 춘추 43세이다.** 연호를 안장安藏으로 바꿨다.

『고구려사략』안장대제기

☞ *문자명왕

이름은 흥안興安입니다. 문자명왕의 장자이며 어머니는 연淵태후입니다. 안장왕은 어려서부터 연 태후의 엄격한 교육을 받고 자랍니다. 오늘날로 치자면 전형적인 엄친아입니다. 그런데 태자가 된 이후로(『삼국사기』는 498년(문자명7) 태자에 책봉됨) 오히려 입지가 흔들립니다. 욱호崀好태후가 나옵니다. 안장왕을 태자에서 끌어내리고 자신의 소생을 태자에 앉히려다가 실패합니다.

박기자 : 욱호태후는 누구입니까?

고선생 : 장수왕의 후궁입니다. 장수왕이 말년에 총애한 여인으로, 담휴(481~)과 균稱(483~)을 낳 습니다. 두 왕자는 장수왕의 아들입니다. 욱호태후가 태자로 삼고자 한 왕자는 둘 중의 하나입니다. 둘 다 조다(문자명왕의 父)와 형제지간이므로 안장왕에게는 할아버지뻘입니다.

박기자 : 어찌하여 이런 일이 발생한 겁니까?

고선생 : 장수왕이 남긴 불편한 유산입니다. 장수왕은 79년을 재위하며 수많은 후궁을 둡니다. 하 다못해 말년에는 따로 침비枕婢²까지 둘 정도로 여인을 가까이 합니다. 당연히 왕자들이 많을 수밖 에 없습니다. 『고구려사략』장수대제기 기록을 보면, 이름이 확인된 왕자만 29명입니다. 안장왕의 할아버지 조다는 19번째 왕자입니다.

박기자 : 정말입니까?

고선생 : 안장왕은 욱호태후의 흔들림에도 굳건히 태자자리를 지키며, 43세 늦깍이에 즉위합니 다. 이 사건 하나만을 놓고 보면, 으레 그럴 수도 있습니다. 그러나 여러 후궁들과 왕자들은 고구려

---

2 침실에서 시종 드는 여인을 일컫는다. 『고구려사략』장수대제기 기록을 보면, 489년(장수77) 백제 동성왕이 이복 여동생인 진 화(眞花)를 감국황제(문자명왕)에게 바치는데, 감국황제는 진화를 장수왕의 침비로 삼는다.

문치시대를 쇠하게 하는 요인으로 작용합니다. 그런 의미에서 이 사건은 역사적 상징성이 매우 큽니다. 특히 후궁들은 대부분 귀족가문 출신이어서 한 명의 왕자가 태어나면, 그 왕자는 해당 귀족가문을 뒷배로 보위를 넘봅니다. 고구려는 최고의 전성기를 맞이하지만, 또한 귀족세력의 발흥이라는 독버섯이 자라게 됩니다.

박기자 : 안장왕의 치세는 어떠합니까?

고선생 : 안장왕의 재위기간은 519년~531년까지 13년입니다.[3] 안장왕은 재위기간 내내 남조의 양梁(502~557)과 북조의 북위와의 조공 외교에 힘씁니다. 519년(안장1) 즉위하자마자 양으로부터「영동장군도독영평이주제군사고구려왕」을, 북위로부터「안동장군영호동이교위요동군개국공고구려왕」의 관작을 각각 받습니다. 조공은 양에 4차례, 북위에 1차례 이뤄집니다. 양에 대한 조공 횟수가 많은 이유는 백제를 집중적으로 견제하기 위해서입니다. 안장왕 시기 백제와의 전투는 523년(안장5), 529년(안장11) 2차례 벌어집니다. 523년 전투는 패하고, 529년 전투는 승리합니다.

⑨-6. 11년(529년) 10월, 왕이 백제와 오곡五谷에서 싸워 승리하였다. **2천여의 머리를 베었다.** 『삼국사기』 안장왕

⑨-7. 7년(529년) 10월, 고구려왕 흥안興安*이 직접 병사를 거느리고 침범하여 북쪽 변경의 혈성穴城을 함락시켰다. 왕이 좌평 연모燕謨에게 명하여 보병과 기병 3만을 거느리고 오곡五谷 벌판에서 막아 싸우게 하였으나 이기지 못하였다. **죽은 자가 2천여이다.** 『삼국사기』〈백제본기〉 성왕

⑨-8. 11년(529년) 9월, 상이 친히 정예기병 2만을 이끌고 수곡성水谷城으로 나아갔다. 복福태자에게 1만 군사를 주어 혈성穴城을 쳐서 빼앗았다. 이에 명농明穠**이 연모燕謨와 함께 3만 군사를 이끌고 와서 오곡五谷에서 맞서 싸웠다. 이들을 패퇴시키고 **남녀 2천여를 산채로 잡아 돌아왔다.** 『고구려사략』 안장대제기

☞ *안장왕 **백제 성왕

529년(안장11) 백제와의 전투 기록입니다. 3개 기록 모두 기본적인 내용은 같습니다. 안장왕이 친정하여 혈성을 빼앗고 이어 오곡(서울 강서구) 벌판에서 백제 성왕(제26대)이 이끄는 백제군 3만을 대파시킨 사건입니다. 크게 차이나는 부분은 승리의 결과입니다. 『삼국사기』〈고구려본기〉는 '2천여

---

3 『양서』에는 '안장왕이 재위 8년, 보통7년(526년)에 죽었다.〔安藏王在位第八年 普通七年卒〕'는 기록도 있다.

의 머리를 베었다.〔殺獲二千餘級〕'이고 〈백제본기〉는 '죽은 자가 2천이다.〔死者二千餘人〕'이며, 『고구려사략』은 '남녀 2천여를 산채로 잡아 돌아왔다.〔生擒男女二千余人而歸〕'입니다. 〈고구려본기〉와 〈백제본기〉는 죽였다는 의미에서 같은 맥락이나, 『고구려사략』은 죽인 것이 아니라 산채로 잡아옵니다.

박기자 : 어찌하여 『삼국사기』와 『고구려사략』이 전혀 상반된 결과를 내놓은 겁니까?

고선생 : 지금까지 고구려는 수많은 전쟁을 치르지만, 백제를 상대로 무참하게 머리(또는 목)를 벤 경우는 없습니다. 대부분 포로로 잡는 것이 일반적인데, 『삼국사기』〈고구려본기〉는 이 부분에 한해 머리를 벳다는 표현을 씁니다. 상대방의 머리를 베는 행위는 전형적인 북방유목민족의 습속입니다. 대표적인 사례는 신라 진흥왕(제24대)과 백제 성왕이 한반도 남부지역의 패권을 놓고 싸운 554년 관산성(충북옥천)전투입니다. 이때 신라 진흥왕은 백제 성왕을 포함하여 좌평 4명과 백제연합군(야마토, 가야군 일부 포함) 2만9천6백의 목을 벱니다. 산 자와 죽은 자를 가리지 않고 모두 목 벱니다. 우리 역사가 기록한 가장 잔혹한 사건으로 세계 역사에도 보기 드문 사례입니다.[4] 이는 당시 신라가 북방유목민족의 영향을 받은 증거로 이해합니다.

박기자 : 그렇다면 『삼국사기』〈고구려본기〉는 무슨 이유로 머리를 벳다고 표현한 겁니까?

고선생 : 『삼국사기』는 신라인에 의해 신라 중심으로 재편된 삼국의 역사기록입니다. 신라 진흥왕이 백제에 행한 잔혹한 행위를 조금이라도 희석시키기 위한 의도로 보입니다. 이런 맥락에서 비슷한 시기에 이루어진 고구려 안장왕의 백제에 행한 행위도 유사하게 표현한 듯합니다. 529년(안장11) 전투의 역사적 사실은 『고구려사략』 기록입니다. 산채로 잡아 오는 것이 지극히 고구려다운 행위입니다.

박기자 : 기록 하나하나에도 편찬자의 의도가 숨겨있군요.

고선생 : 이 외에도 『삼국사기』는 521년(안장3) 흘본(원문은 졸본)에 가서 시조 추모왕 사당에 제사를 지내며, 523년(안장5) 심한 가뭄으로 기근이 들어 창고를 풀어 백성을 구제한 기록도 있습니다. 여기

---

4 정재수, 『신라 역사의 명암』(논형, 2018) 제8장 참조

까지가 『삼국사기』가 기록한 안장왕의 치세입니다. 문자명왕과 마찬가지로 문치를 가늠할 수 있는 내용은 전혀 없습니다. 『고구려사략』 기록입니다.

⑨-9. 원년(519년) 4월, 상이 황극전皇極殿 동쪽 누각에 나가, **105명을 시험 쳐서 학문과 행실이 두루 갖춘 18명을 뽑아** 전중사인殿中舍人으로 삼았다. 5월, **수경원修鏡院에 태학사太學士를 두고 대경代鏡과 유기留記를 찬수케 하였다.** 이로써 선덕과 성훈을 널리 드러내게 하였다.

⑨-10. 2년(520년) 10월, **9경卿 5관館을 두었다. 선황先皇*의 명이었다.** 9경은 다음과 같다. 대부경大府卿은 궁궐 내의 창고와 재화를 관장하고, 소부경小府卿은 궁궐 내의 조달과 영선을 관장하며, 비부경秘府卿은 새보와 옥책을 관장하고, 태상경太常卿은 제향祭享과 조위弔慰를 관장하며, 사재경司宰卿은 궁중 연회와 주방을 관장하고, 위위경衞尉卿은 우림과 소금, 장무를 관장하며, 태복경太僕卿은 거마 즉 사냥을 관장하고, 홍노경鴻臚卿은 예빈禮賓과 사행使行을 관장하며 사농경司農卿은 권농과 백성의 구휼을 관장하였다. 5관은 다음과 같다. 효현관孝賢館은 효자와 현인을 양성하고, 한림관翰林館은 문장재사를 양성하며, 국사관國射館은 활과 칼을 쓰는 무사를 용감하게 키워내고, 사역관司譯館은 통역과 외사外事를 맡으며, 군기관軍器館은 병장기와 전선戰船을 만들었다.

☞ *문자명왕

⑨-11. 12년(530년) 3월, **위魏의 오수전五銖錢 사용을 금하였다. 상이 안장원보安藏元宝를 주조하였으나 그 돈이 너무 크고 사용하기가 불편하였다.** 백성들이 다시 오수전으로 바꿔 사용하니 손해가 적지 않았다. 『고구려사략』 안장대제기

이들 기록은 안장왕의 문치를 일부라도 확인할 수 있는 내용입니다. 519년(안장1) 정중사인殿中舍人(왕의 비서)을 선발하기 위해 별도의 시험을 치며, 『대경代鏡』과 『유기留記』 등 사서를 편찬합니다(⑨-9). 이는 고구려가 관리 선발제도를 따로 마련하여 시행해오고 있음을 증언하는 소중한 기록입니다.

박기자 : 『대경』과 『유기』는 무엇입니까?

고선생 : 『대경』은 당대 왕의 치세 기록입니다. '경鏡'은 '실록實錄'과 같습니다.[5] 예를 들어 조선의 세종대왕 치세를 정리한 『세종실록』이 있듯이, 이 시기 안장왕이 편찬한 대경은 전임 문자명왕의

---

5 경(鏡)은 거울, 비추다, 밝히다 등의 뜻이다. 사서의 명칭을 '경(鏡)'이라 한 것은 역사를 후대의 본보기로 삼고자 하는 고구려인의 역사관이 반영된 것이다. 고구려는 사서의 명칭까지도 남달랐던 위대한 제국이다.

치세를 정리한 『문자명경』입니다. 『고구려사략』의 이전 기록을 보면, 시조 추모왕의 『추모경』을 비롯하여 추모왕, 유리왕, 대무신왕 등 3대왕의 치세를 따로 정리한 『삼대경』을 편찬합니다. 이후에도 역대 왕들의 『대경』은 계속해서 편찬합니다. 『유기』는 역대 왕의 『대경』들을 한꺼번에 모아 정리한 사서입니다. 『조선왕조실록』과 같습니다. 『고구려사략』이 전하는 최초의 『유기』 편찬은 광개토왕 때입니다. 398년(영락8년) 『유기』 70권을 편찬합니다. 시조 추모왕으로부터 고국양왕에 이르는 왕의 『대경』들을 종합합니다. 또한 『유기』는 장수왕 때인 443년(장수11)에도 편찬합니다. 유학자 왕문이 편찬을 주도합니다. 아마도 적잖은 부분이 유교적인 틀에 맞춰 개정된 것으로 추정합니다.

정교수 : 『삼국사기』가 기록한 고구려 사서편찬은 600년(영양11)입니다.

⑨-12. 11년(600년), 왕이 태학박사太學博士 이문진李文眞에게 옛 역사를 **요약하여 5권의 『신집新集』을 편찬하도록 명하였다. 건국 초기에 처음으로 문자를 사용했을 때, 어떤 사람이 기사記事 1백 권을 쓰고 이것을 『유기留記』라 하였는데, 이때에 와서 이를 정리하고 수정하였다.** 『삼국사기』 영양왕

5권의 『신집』을 편찬하는데, 당시 현전한 1백 권의 『유기』를 참조하여 수정 보완합니다. 따라서 『유기』는 이전부터 존재한 고구려사서입니다.

고선생 : 『유기』는 바로 광개토왕, 장수왕 시기에 편찬한 사서입니다. 아쉽게도 이들 고구려사서는 현전하지 않습니다. 다만, 고려초 문신 황주량이 편찬한 추모왕의 일대기를 기록한 『유기추모경』이 남당필사본으로 남아있습니다. 또한 지금까지 줄곧 인용한 『고구려사략』은 고려말 어느 문신이 『유기』 등을 참조하여 정리한 사서로 추정됩니다. 고구려 역사기록이 『삼국사기』만이 전부는 아닙니다. 다음은 520년(안장2) 9경 5관의 설치입니다 (⑨-10). 고구려 관부를 직능별로 세부화합니다. 9경은 주로 왕실을 지원하는 제반업무를 담당하여, 관리는 경卿 1인, 소경小卿

9경	담당업무	5관	담당업무
대부경	궁중 창고, 재화	효현관	효자, 현인 양성
소부경	궁중 조달, 영선	한림관	문장재사 양성
비부경	새보, 옥책	국사관	무사 양성
태상경	제향, 조위	사역관	통역관 양성, 외사
사재경	궁중 연회, 주방	군기관	병장기, 군선 제작
위위경	우림, 소금, 장부		
태복경	거마, 사냥	9경 관리 : 경 1인, 소경 2인	
홍노경	예빈, 사행	5관 관리 : 대부 1인, 낭중 2인	
사농경	권농, 구휼		

2인입니다. 특히 백성의 권농과 구휼을 담당하는 조직(사농경)을 따로 설치한 점은 고구려가 왕실보존 못지않게 민생을 중시한 국가임을 확인할 수 있습니다. 5관은 전문 인력 양성과 군수물자제작 등을 담당하며, 관리는 대부大夫 1인, 낭중郎中 2인입니다. 9경 5관은 대제국 고구려를 체계적, 효율적으로 관리하기 위한 선진화된 행정조직 체제입니다. 다만 관부의 설치가 문자명왕의 명命이 있다고 한 점으로 보아 문자명왕 시기에도 관부의 설치는 검토된 듯합니다. 530년(안장12) 오수전五銖錢을 대신하는 고구려 화폐「안장원보安藏元宝」를 주조합니다(⑨-11). 고구려가 자체적으로 화폐를 주조한 기록입니다. 다만 화폐가 너무 큰 관계로 사용이 불편하여 다시 오수전으로 환원합니다. 비록 화폐개혁은 실패하나, 당시 고구려의 경제규모를 가늠해 볼 수 있는 기록입니다.

박기자 : 오수전은 어떤 화폐입니까?

고선생 : 오수전은 무게가 오수五銖(3.35g)여서 붙여진 이름입니다. 한무제 원수5년(서기전118년)에처음 주조되어 수隨대에 이르기까지 널리 통용됩니다. 양무제 때인 523년 철제 오수전이 주조되고, 당고조 때인 621년 완전히 폐지됩니다. 오수전은 오늘날 달러dollar화나 위완元(인민폐)화처럼 널리통용된 일종의 국제화폐(기축통화)입니다.

정교수 : 오수전은 한반도에서도 다량 출토됩니다. 대부분 중국문화의 직접적인 영향을 받은 북부지방에 집중됩니다. 평양 주변의 무덤에서 다수 출토되고, 황해도 지역의 무덤에서도 발견됩니다. 북부지방과는 출토빈도나 수량에 있어 비교할 수 없지만 남부지방에서 출토됩니다. 남해안의 해안지역, 영호남 내륙지역과 한강유역, 강원도 동해안지역 등입니다.[6] 오수전은상품거래의 수단의 교역 매개물, 위세품, 부장품, 의례용 등 여러 가지 기능과 용도로 사용됩니다. 다만, 당시

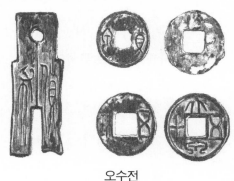

오수전

---

6 서울 풍납토성 1점, 강릉 초당동 2점, 여수 거문도 980점, 창원 다호리 유적 3점, 창원 성산 1점, 사천 늑도 유적 1점, 경산시 임당동 3점, 영천시 용전리 돌널무덤 3점, 제주시 산지항 4점, 제주도민속자연사박물관 소장 11점, 신안 해저침몰선 2점 등이다. 이 밖에도 충남 공주의 무령왕릉의 왕비 지석(誌石) 위에서 90여개의 철제 오수전이 발견된다.

는 화폐경제사회가 아니어서 화폐의 유통기능보다 위세품의 역할이 컸을 것으로 이해합니다.

고선생 : 안장왕의 뒤를 이은 왕은 제23대 안원왕安原王입니다.

⑨-13. **안원왕의 이름은 보연寶延이며, 안장왕의 동생이다.** 키가 7척 5촌이며 도량이 커서 **안장왕이 그를 사랑하였다.** 안장왕이 재위13년에 죽자 아들이 없어 보연이 왕위에 올랐다.

『삼국사기』 안원왕

안원왕의 이름은 보연寶延이며 안장왕의 동생입니다. 『삼국사기』는 안장왕이 아들이 없어 동생인 안원왕이 보위를 넘겼다고 설명합니다.[7] 그러나 『고구려사략』에는 안장왕의 아들이 여럿 나옵니다. 초운楚雲왕후가 낳은 각恪을 비롯하여 령鈴, 석奭, 흘忔, 변忭 등 5명입니다. 따라서 아들이 없어 보위를 안원왕에게 넘겼다는 기록은 잘못입니다.

박기자 : 무슨 이유입니까?

고선생 : 당연히 상응하는 이유가 있어야 합니다. 『고구려사략』과 『신라사초』 기록입니다.

⑨-14. 제는 **휘는 보연宝延이고 자는 흥수興壽이다.** 명치제明治帝의 둘째 아들이며 모친은 경鯨태후이다. 용모가 아름답고 예의범절이 바르며 기사騎射도 잘하였다. 신장은 7척 5촌이었다. 도량이 크고 무술에 통달하며, 또한 능히 상의 뜻을 받들어 모실 줄도 알았다. **명치제*는 평소에 제**와 대행大行***에게 "너희는 형제간에 전위傳位하라. 한 마음이면 몸이 나뉘어도 두 사람이 아니다." 일렀고, 이로써 대행은 항상 제와 함께 기거하고, 같은 것을 먹고 마시며 의복도 똑같으니 쌍둥이처럼 행동하였다.** 대행이 병을 앓을 땐 제가 항상 곁을 극진히 지키며 지극함이 이를 데 없었다. **죽음이 임박하자 초운楚雲황후에게 무릎 꿇고 새보璽寶를 바치라 명하였다. 이에 보연이 천자天子의 위에 올랐다. 연호를 대장大藏으로 바꿨다.** 후에 세종경황제世宗景皇帝로 높여졌다.

『고구려사략』 안원대제기

☞ *문자명왕 **안원왕 ***안장왕

---

7 『삼국사기』는 아들이 아닌 동생이 왕위를 승계할 경우, 전임 왕의 '아들이 없다'라고 기록하는 경우가 종종 있다. 이는 중국사서가 전후(前後) 왕의 혈통관계를 모를 경우, 무조건 부자관계로 설정하는 필법과 다를 바 없다. 『삼국사기』의 의도를 이해하기 어렵다.

⑨-15. 18년(531년) 백해白亥 5월, **고구려 군주 흥안興安*이 병으로 죽어 총애하는 동생 보연宝延** 이 섰다. 처음에 보연의 모母가 흥안과 사통하고 흥안을 옹립하였다. 그런 연유로 흥안은 보연을 태 자로 삼았다.** 이제 와서 보연의 어머니는 색이 쇠하니, 흥안은 고준高峻의 딸을 맞아들여 총애하고 보 연을 폐하고자 하였다. 보연이 고준의 딸과 화통하여 말하길 "나의 형은 늙었는데 어찌 나를 세우지 않 는가?" 하였다. **고준의 딸이 이를 받아들여 보연을 세우고, 흥안을 유폐시켜 마침내 죽었다고 한 다.** 『신라사초』금천대제법흥진왕기(법흥왕)

☞ *안장왕 **안원왕

『고구려사략』은 안원왕이 형제간에 전위傳位하라는 아버지 문자명왕 유명遺命에 따라 안장왕이 죽자 보위를 승계하고, 『신라사초』는 안원왕이 안장왕을 유폐시켜 죽게 만들고 보위를 잇습니다. 정권다툼이 원인입니다.

박기자 : 어느 기록이 맞는 겁니까?

고선생 : 『고구려사략』 기록을 좀 더 검토합니다. 문자명왕의 형제간(흥안-보연) 전위 유명遺命은 지극히 불확실한 미래입니다. 비록 흥안(안장왕)이 형이지만, 동생 보연(안원왕)이 먼저 죽을 수도 있 기 때문입니다. 따라서 이 기록은 보연의 즉위 명분을 만들기 위해 개작改作한 기록일 가능성이 높 습니다. 다만 두 사람은 이복형제지간(흥안 모 → 연淵태후, 보연 모 → 경鯨태후)임에도 불구하고 상당히 가깝게 지낸 것만은 사실로 보입니다. 『신라사초』 기록이 역사적 사실에 가깝습니다. 흥안은 보연 의 어머니 경태후와 사통한 덕에 그녀의 도움을 받아 보위에 오릅니다. 그리고 보연을 태자로 삼 아 경태후의 공을 보상합니다. 문제는 그 이후에 발생합니다. 안장왕은 새로이 고준의 딸을 부인 으로 맞이하며 경태후를 멀리합니다. 그러자 이번에는 보연이 안장왕 부인 고준의 딸과 화통합 니다. 어머니 경태후를 버린 안장왕에 대한 복수심리가 발동합니다. 결국 보연은 보위마저 빼앗 고 안장왕을 유폐시켜 죽입니다.

박기자 : 복잡하군요. 왕실내 치정癡情관계가 얽히고설킨 궁중 쿠데타이군요.

고선생 : 『일본서기』가 당시 상황을 짤막하게 기록합니다. 계체왕継体王(게이타이, 제26대) 25년인 531년입니다. '10월, 고구려가 그 나라 왕 안安을 살해하였다.〔高麗弑其王安〕' 고구려 왕 안安은 바 로 안장왕입니다. 『일본서기』 조차 안장왕이 살해되었다고 증언합니다. 결론적으로 안장왕에서 안

원왕으로 이어지는 왕위승계는 비정상적입니다.

박기자 : 안장왕의 아들들은 어떻게 됩니까? 안원왕이 죽입니까?

고선생 : 아닙니다. 안원왕은 즉위하자마자 안장왕의 아들 각㤼을 태자에 봉합니다.

박기자 : 이는 또 무슨 경우입니까?

고선생 : 각태자는 안장왕의 왕후 초운의 소생입니다. 초운왕후(태후)는 안원왕 보연에게 새보(옥새)를 바칩니다(⑨-14). 안원왕의 쿠데타를 직간접적으로 지원(또는 묵인)합니다. 그 대가로 아들 각이 태자가 됩니다. 다만 각태자는 2년 후인 533년(안원3) 태자자리를 내려놓습니다.

> ⑨-16. 3년(533년) 정월, **각㤼태자가 글을 올려 동궁東宮자리를 내놓으며** 아뢰길 "신은 성격이 나태하고 돌아다니며 놀기를 좋아하니 마땅치 않습니다. 강호江湖에 머무르기로 뜻을 세웠습니다. **신의 자식 평성平成은 학문을 좋아하고 예의가 바릅니다. 동궁자리를 그 아이에게 물려주길 청하옵니다.** 그리해주시면 신은 마음 편히 병을 돌보며 구름 밖에서 한가로이 살 수 있습니다." 하였다. **상은 그의 성품이 지나치게 맑고 차가운지라 힘들여 말릴 수 없어서 평성平成을 동궁으로 삼았다. 각㤼을 한왕漢王으로 고쳐 봉하고, 그 지위는 동궁보다 높게 하였다.** 『고구려사략』 안원대제기

『고구려사략』은 각태자가 스스로 태자자리를 자신의 아들 평성平成에게 넘겼다고 설명합니다.[8] 새로이 태자가 된 평성은 훗날 안원왕의 뒤를 잇습니다.

박기자 : 안원왕의 치세는 어떠합니까?

고선생 : 안원왕의 재위기간은 531년~545년까지 15년입니다. 안원왕 역시 전임 안장왕과 마찬가지로 중국 남북조왕조와의 조공외교에 힘씁니다. 덕분에 재위기간동안 중국왕조들과는 단 한 번의 군사충돌도 발생하지 않습니다. 안원왕은 즉위하자마자 531년(안원1) 양으로부터 전임 안장왕의 「영동장군도독영평이주제군사고구려왕」 관작을 승계하며, 532년(안원2) 북위로부터 「사지절산기상시영호동이교위요동군개국공고구려왕」의 관작을 받습니다. 이 시기 북위는 내란으로 인해 동위東

---

8 『삼국사기』는 문자명왕으로부터 안장왕, 안원왕으로 이어지는 일련의 왕위계승에 얽힌 고구려왕실의 복잡한 치정(癡情) 관계를 모두 생략한다. 그리고 '왕자 평성을 세워 태자로 삼았다.〔立王子平成爲太子〕'는 짤막한 기록으로 이 모든 역사 과정을 완전히 덮어버린다. 『삼국사기』의 지독한 유교적 역사관이 우리 역사의 실체를 원천적으로 봉쇄한다.

魏(534~550)와 서위西魏(535~556)로 분리됩니다. 이때 안원왕은 고구려와 인접한 동위를 선택하여 조공외교를 이어갑니다. 『삼국사기』 기록을 보면, 안원왕의 조공횟수는 남조인 양에 4회, 북조인 북위에 2회, 동위에 7회 등 입니다. 매년 조공외교를 펼칩니다.

박기자 : 조공외교 말고는 다른 기록은 있습니까?

고선생 : 535년(안원5) 홍수, 지진, 전염병, 536년(안원6) 가뭄, 황충(메뚜기떼), 기근, 542(안원12) 태풍 피해 등의 기록이 있습니다. 주로 자연재해에 관한 내용입니다. 『고구려사략』 기록 역시 『삼국사기』와 별반 다르지 않습니다. 안원왕은 재위15년째인 545년 3월 사망합니다. 그리고 평성태자가 보위를 잇습니다. 그런데 『일본서기』에 매우 흥미로운 기록이 있습니다.

⑨-17. 6년(545년), 이 해 고구려가 크게 어지러워 죽임을 당한 자가 많았다. 〔『백제본기百濟本紀』에는 '12월 갑오에 고구려 세군細群과 추군麤群이 궁문宮門에서 싸웠는데 북을 치면서 전투를 벌였다. 세군이 패하고 군사를 해산하지 않은 지 사흘이 되자 세군의 자손을 모두 사로잡아 죽였다. 무술에 맥국貊國의 향강상왕香岡上王이 죽었다.' 한다.〕 7년(546년), 이 해 고구려가 크게 어지러워 무릇 싸우다 죽은 자가 2천여였다. 〔『백제본기百濟本紀』에는 '고구려가 정월 병오에 중부인中夫人의 아들을 왕으로 세웠는데 나이는 8살이었다. 맥왕狛王에게는 3명의 부인이 있었는데 정부인正夫人은 아들이 없었다. 중부인이 세자世子를 낳았는데 그의 외할아버지가 추군麤群이었다. 소부인小夫人도 아들을 낳았는데 그의 외할아버지는 세군細群이었다. 맥왕狛王의 질병이 심해지자 세군과 추군이 각각 중부인과 소부인의 아들을 즉위시키고자 하였다. 그러므로 세군의 죽은 자는 2천여 명이었다.' 한다.〕
『일본서기』 흠명欽明기

545년과 546년에 발생한 흠명왕欽明王(긴메이, 제29대) 기록입니다. 『일본서기』는 『백제본기百濟本紀』를 인용합니다. 『백제본기』는 백제인이 기록한 백제의 사서입니다.[9] 먼저 545년 기록을 보면, 고구려 추군麤群과 세군細群이 궁궐에서 내전을 벌여 추군이 승리합니다. 패자인 세군의 자손은 모두 죽임을 당하고, 이때 형강상왕香岡上王도 죽습니다.

---

9 『백제기百濟記』, 『백제본기百濟本紀』, 『백제신찬百濟新撰』 등을 '백제3서'라 한다. 660년 백제 멸망이후, 당시 일본으로 망명한 백제 지식인들이 일본으로 가져간 것으로 추정된다. 『일본서기』는 720년 편찬하는데, '백제3서'는 『일본서기』의 원사료로 집중해서 인용된다. '백제3서'는 현존하지 않는다.

박기자 : 향강상왕은 누구입니까?

고선생 : 안원왕(곡향강상왕鵠香岡上王, 안강상왕女岡上王)입니다.

박기자 : 추군과 세군은 또 누구입니까?

고선생 : 546년 기록에 두 사람의 실체가 나옵니다. 안원왕은 3명의 부인을 둡니다. 정부인(왕후)은 왕자가 없고, 중부인은 왕자(세자)를 낳는데 당시 나이는 8세입니다. 어린 나이입니다. 추군은 중부인의 왕자 외조부입니다. 소부인도 왕자를 낳는데, 세군은 소부인의 왕자 외조부입니다. 소부인의 왕자 역시 중부인의 왕자와 마찬가지로 어린 나이로 추정됩니다. 추군과 세군이 내전을 벌인 이유는 자신들의 외조카를 보위에 앉히기 위해서입니다. 이 내전으로 세군측은 2천이 죽습니다.

박기자 : 2천이 목숨을 잃을 정도라면 상당히 중요한 사건이군요. 『삼국사기』는 몰라도 『고구려사략』에는 기록이 있을 듯싶군요.

고선생 : 직접적인 기록은 없습니다. 다만, 『고구려사략』은 안원왕의 죽음을 소개합니다.

⑨-18. 15년(545년) 3월, 을묘일 초하루, **상은 병이 깊어져, 경진일에 죽었다.** 동궁*이 손가락의 피를 내어 입에 흘려 넣으니 다시 살아났다. **덕양德陽왕후에게 옥새와 어보를 전하게 하였다. 색을 밝히지 말고 선정을 베풀며 장례는 검소하게 치르라** 유명遺命을 남기고 죽었다. 동궁이 우두전牛頭殿에서 즉위하고 백단문白檀門 위에 올라 백관들의 산호를 받았다. 『고구려사략』 안원대제기

☞ *평성태자

평성태자는 안원왕의 병이 깊어지자 손가락을 깨물어 피를 입에 넣어 살려보지만, 안원왕은 병을 극복하지 못하고 3월에 사망합니다. 이어 평성태자가 즉위합니다.

박기자 : 그렇다면 평성태자가 중부인의 아들입니까?

고선생 : 아닙니다. 평성태자는 안원왕의 조카입니다. 안장왕의 장자 각侚의 아들입니다.(⑨-16 참조) 『고구려사략』에 따르면, 평성태자는 518년 출생합니다. 당시 나이가 28세이니 추군과 세군이 벌인 내전과는 무관합니다.

박기자 : 혹시 『일본서기』가 인용한 『백제본기』 기록이 잘못된 겁니까?

고선생 : 『백제본기』는 백제인이 기록한 사서입니다. 백제 역사가 아닌 고구려 역사를 조작했다

고 보는 것은 무리입니다. 시각의 차이는 있을 수 있으나, 사건의 실제성은 부정할 수 없습니다.

박기자 : 내전에서 승리한 추군세력은 어떻게 됩니까?

고선생 : 『백제본기』는 추군세력의 승리만을 전합니다. 추군세력의 어린 왕자가 보위에 올랐다는 기록은 없습니다. 참고로, 평성태자는 훗날 안원왕의 뒤를 이어 양원왕(제24대)이 됩니다. 그런데 『삼국사기』 기록을 보면 양원왕은 재위후기인 557년(양원13) 장자 양성陽成(평원왕)을 태자에 봉합니다. 이는 매우 이례적 경우입니다. 문치시대 왕들은 재위초기에 태자를 정하는데, 유독 양원왕만 뒤늦게 태자를 정합니다. 이는 양원왕 재위초기에 어떤 피치 못할 사정이 있음을 암시합니다. 앞의 『일본서기』 기록(⑨-16)은 추군세력의 어린 왕자를 세자(태자)로 칭합니다. 이들 종합하면 다음의 추정이 가능합니다. 양원왕은 재위초기에 추군세력의 압박에 굴복(또는 정치적 타협)하여 추군세력의 어린 왕자를 태자에 봉했다가 재위후기에 추군세력을 몰아내며 자신의 아들 양성으로 태자를 교체했다고 볼 수 있습니다. 『삼국사기』는 양원왕이 '13년(557년) 4월, 왕자 양성을 태자로 삼고. 여러 신하들을 위해 내전에서 연회를 베풀었다.〔十三年 夏四月 立王子陽成爲太子 遂宴群臣於內殿〕'고 기록합니다. 여러 신하들에게 연회를 베푼 대목이 눈길을 끕니다. 태자교체를 강하게 시사합니다.

박기자 : 『고구려사략』에는 기록이 있습니까?

고선생 : 아쉽게도 『고구려사략』은 안원왕을 마지막으로 기록이 끝납니다. 이제는 『고구려사략』의 도움을 받을 수 없습니다.

박기자 : 교수님께서는 추군과 세군의 내전 사건을 어떻게 보십니까?

정교수 : 문자명왕 이후 고구려의 왕권교체는 매끄럽지 못합니다. 안장왕의 경우 피살의 의심이 있으며, 안원왕 또한 추군세력과 세군세력의 노골적인 왕권다툼 과정에서 희생된 것으로 추정되기 때문입니다. 장수왕이후 고구려는 조공외교를 통해 중국왕조의 침범을 근본적으로 차단하고 남쪽으로 백제와 신라를 부분적으로 압박하며 최전성기를 구가합니다. 그러나 내면에는 외척의 귀족집단이 독자적으로 발흥하여 새로운 위험요소로 등장합니다. 추군과 세군의 내전 사건은 당시 지배층의 분열양상을 보여주는 대표적인 사례입니다. 이들 귀족집단은 장수왕의 평양천도이후 세력기반이 위축된 국내성계의 기성귀족세력과 장수왕의 천도를 지지한 평양성계의 신진귀족세력간의

권력다툼으로 이해합니다. 국내성계가 문자명왕 말기부터 다시 중앙정계의 변수로 등장하며 평양성계와의 대립은 필연입니다. 안장왕은 국내성계와 정치적 타협을 모색하던 가운데 평양성계에 의해 피살당한 것으로 추정되며, 양원왕은 평양성계의 추군세력이 국내성계의 세군세력을 진압하면서 즉위합니다.

【문치시대 왕의 계보도】

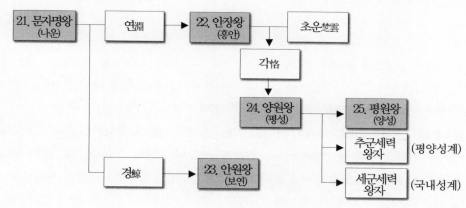

3. 양원왕과 평원왕의 갈림길

고선생 : 양원왕陽原王(양강상호왕陽崗上好王)은 제24대 왕으로, 이름은 평성平成입니다. 재위기간은 545년~559년까지 15년입니다. 『삼국사기』는 양원왕을 안원왕의 장자로 설정하나, 앞서 살펴본 바와 같이 안원왕의 조카입니다.(287쪽 참조) 태어나면서 총명하고 지혜로우며, 장성해서는 남달리 호방합니다. 전형적인 군주의 재목입니다. 양원왕은 전임 왕들과 마찬가지로 조공외교에 힘씁니다. 다만 양원왕은 북조에 집중합니다. 550년(양원6) 동위가 망하고 새로이 북제北齊(550~577)가 들어섭니다. 이 해에 양원왕은 북제로부터 「사지절시중표기대장군영호동이교위요동군개국공고구려왕」의 관작을 받습니다. 양원왕은 재위기간 중 동위는 4회, 북제는 3회에 걸쳐 조공합니다.

박기자 : 조공외교는 변함없이 계속되는 군요.

고선생 : 양원왕 재위초기는 귀족세력이 왕권을 압도합니다. 『삼국사기』〈열전〉 거칠부 편을 보면, 551년(양원7) 고구려 고승 혜량이 신라로 망명하는데, 이때 혜량이 나라의 정사가 어지러워 멸망이 멀지 않았다고 거칠부에게 말하는 장면이 나옵니다. 추군세력을 포함한 귀족세력이 정사를 좌지우지하는 상황을 설명합니다. 같은 연장선상에서 당시 귀족세력의 권력이 얼마나 대단한 지를 단적으로 보여주는 기록이 있습니다.

⑨-19. 대관大官은 대대로大對盧이며, 그 다음은 태대형太大兄·대형大兄·소형小兄·의사사意俟奢·오졸烏拙·태대사자太大使者·대사자大使者·소사자小使者·욕사褥奢·예속翳屬·선인仙人 그리고 욕살褥薩 등 무릇 13관등이 있어, 나라 안팎의 일을 나누어 담당한다. **대대로는 강약彊弱에 따라 서로 싸워서 빼앗아 스스로 차지하며, 왕의 서품이나 임명은 없다.** 『주서』〈이역열전〉 고구려

⑨-20. **그 나라의 관직은 대대로大對盧가 가장 높으며, 1품에 비견된다. 국사를 총괄하며 3년에 한 번씩 바꾸는데, 만약 그 직을 잘 수행하는 자는 연한에 구애받지 않는다. 교체하는 날, 만약 서로 승복하지 않으면, 모두 군대를 이끌고 서로 공격하여 이기는 자가 그 자리를 차지한다. 왕은 단지 궁문을 닫고 스스로 지킬 뿐 제어하지 않는다.** 다음을 태대형太大兄이라고 하는데 정2품에 비견된다. 대대로 이하의 관직은 모두 12등급이다. 지방에는 60여 성에 주州와 현縣을 두었다. 큰 성에는 욕살褥薩 1명을 두니, 도독都督에 비견된다. 모든 성에는 도사道使를 두니, 자사刺史에 비견된다.
『구당서』〈이역열전〉 고구려

『주서』와 『구당서』 고구려 편에 나오는 내용입니다. 고구려 13관등이 나열되는데, 최고관직인 대대로大對盧에 대한 설명이 이채롭습니다. 『주서』는 대대로 임명권한이 왕에게 없으며, 서로 싸워 힘있는 자가 대대로를 차지합니다. 『구당서』는 대대로 임기는 3년이나 직을 잘 수행하면 임기에 구애받지 않습니다. 그러나 귀족세력들이 승복하지 않으면 서로 군대를 동원하여 이기는 자가 차지합니다. 왕은 그저 궁궐을 지킬 뿐입니다. 이는 당시 최고관직인 대대로가 귀족세력간의 각축角逐의 결과로 결정됩니다. 추군과 세군의 내전도 같은 맥락에서 발생한 사건입니다.

정교수 : 대대로 관직에 대한 경쟁적 독점화 현상은 여러 유력 귀족세력이 서로간의 타협과 연립

을 모색한 일종의 '귀족연립정권'의 형성으로 이해합니다. 다시 말해서 막강한 실권을 가진 대대로 관직을 유력 귀족세력들 사이에서 3년마다 선임(또는 중임)하는 형태로 운영하여 귀족세력 중심의 지도체제가 확립됩니다. 고구려의 전성기는 왕권이 아닌 신권臣權의 시대입니다.

박기자 : 고구려 전성기의 화려함 뒤에 감춰진 어두운 면이군요.

고선생 : 양원왕은 재위중기인 551년(양원7) 서북쪽의 돌궐突厥[10]과 남쪽의 신라로부터 동시에 공격을 받습니다. 돌궐이 신성과 백암성을 침입하자, 양원왕은 즉각 군사 1만을 보내 물리치고 1천여의 머리를 벱니다.

박기자 : 신라와의 전투는 어떻게 됩니까?

고선생 : 돌궐과의 전투는 승리하나, 신라와의 전투는 일방으로 패합니다. 돌궐을 막기 위해 고구려군의 주력을 서북쪽에 집중 투입한 것이 패착입니다. 신라는 이 틈을 놓치지 않고 한강유역의 고구려 10개성(『삼국사기』〈신라본기〉는 10개군으로 나옴)을 급습하여 탈취합니다. 이는 고구려에게 뼈아픈 영토의 상실이지만, 신라는 이를 계기로 한강유역을 차지합니다. 한반도 동남방의 약소국 신라가 처음으로 한반도 중심지역으로 진입합니다.[11]

박기자 : 신라가 삼국 역사의 전면에 등장하는 시기군요.

고선생 : 양원왕은 재위15년째인 559년 3월 사망합니다. 사망 두 해 전인 557년(양원13) 옛 고구려의 수도 환도성에서 간주리干朱理가 반란을 일으켰다가 처형당합니다. 간주리는 평양출신의 지방관인지 아니면 환도성의 토호인지 알 수 없으나, 귀족세력간 계속된 권력다툼의 연장선에서 발생한 사건입니다.

박기자 : 외부의 적보다 내부의 권력다툼이 더 무섭다는 말이 딱 어울리는 군요.

고선생 : 마지막으로 평원왕平原王(평강상호왕平崗上好王)입니다. 제25대 왕으로 재위기간은 559년 ~590년까지 32년입니다. 이름은 양성陽成이며[12], 양원왕의 장자입니다. 담력이 크고 말타기와 활

---

10 6세기 중엽부터 대략 200년 동안 몽골고원을 중심으로 활약한 투르크(Turkic)계 민족이다.

11 정재수, 『신라 역사의 명암』(논형, 2018) 제8장 참조

12 평원왕(平原王)의 이름은 양성(陽成)이고, 양원왕(陽原王)의 이름은 평성(平成)이다. 그러나 한자의 대비로 본다면, 평원왕은 평성이고, 양원왕은 양성이 어울린다. 혹시 두 왕의 이름(또는 시호)이 서로 바뀐 것은 아닐까!

쏘기가 뛰어납니다. 전형적인 무인의 기질입니다.

　박기자 : 혹시 평원왕은 '바보온달과 평강공주' 설화에 등장하는 왕입니까?

　고선생 : 그렇습니다. 흔히 평원왕을 평강공주의 아버지요 온달장군의 장인정도로만 알고 있습니다. 그러나 실상은 조금 다릅니다.

　박기자 : 어떤 면이 다릅니까?

　고선생 : 평원왕은 고구려 문치시대의 마지막 왕으로, 쇠락의 길로 접어든 고구려를 일시적으로나마 부흥시킨 군주입니다. 특히 군사역량을 집중적으로 강화시킨 점은 훗날 수隨의 4차에 걸친 대규모 침공을 모두 막아내는 원동력으로 작용합니다. 좀 더 구체적으로 살펴보면, 첫째, 평원왕은 계속된 왕통의 흔들림을 바로 잡습니다. 565년(평원7) 장자 원元(제26대 영양왕)을 태자에 봉하여 왕위승계를 명확히 합니다. 둘째, 실추된 왕실의 권위를 재확립합니다. 평원왕은 559년(평원1) 즉위하자마자 시조 추모왕의 사당에 친히 제사를 지냅니다. 셋째, 민생을 적극 살펴 백성의 지지를 확보합니다. 2가지 사형죄를 범한 중죄인을 제외하고 모두 풀어주는 대사면을 단행합니다. 이를 통해 적잖은 노동력을 확보합니다. 563년(평원5) 큰 가뭄이 들자, 스스로 음식 섭취를 줄이고 산천에 기우제를 지냅니다. 백성에게 스스로 모범을 보입니다. 571년(평원13) 궁궐 공사 중에 메뚜기떼가 발생하고 날씨마저 가물자 공사를 중단시킵니다. 581년(평원23) 여름철 서리와 우박으로 곡식이 큰 피해를 입자, 몸소 백성들을 찾아 위로하고 구제합니다. 583년(평원25) 급하지 않은 공사는 부역을 줄이고 군과 읍에 사신을 파견하여 농사와 양잠을 적극 권장합니다. 모두 민생정치를 실현한 내용입니다.

　박기자 : 평원왕이야말로 진정한 애민군주이군요.

　고선생 : 평원왕은 중국왕조에 대한 조공외교도 강화합니다. 남북조 왕조들과 두루 교섭관계를 유지하며 고구려의 안정을 도모합니다. 560년(평원2) 북조의 북제로부터 「사지절영동이교위요동군공고구려왕」을, 577년(평원19) 북주로부터 「개부의동삼사대장군요동군개국공고구려왕」을 각각 받습니다. 또한 562년(평원4) 남조의 진으로부터 「영동장군」의 관작도 받습니다. 조공횟수는 북제 3회, 북주 1회, 진 6회입니다. 재위초반기에는 주로 남조인 진에 치중합니다. 그러나 북주를 계승한 수(581~619)가 등장하면서 조공외교는 변화합니다. 재위 후반기인 581년(평원23) 수로부터 「대장군

요동군공」의 관작을 받으며 북조인 수에 집중합니다. 조공횟수는 7회입니다. 583년(평원25) 한 해에는 3회를 조공하기도 합니다.

박기자 : 조공외교를 수 쪽으로 전환한 이유는 무엇입니까?

고선생 : 평원왕은 수의 급성장을 예사롭지 않게 판단합니다. 수는 589년(평원31) 남조의 진을 무너뜨리고 중국대륙을 통일합니다. 한漢이후 삼국시대, 5호16국시대, 남북조시대를 거치며 370여 년간 분열된 중국이 수에 의해 재통일됩니다. 590년(평원32) 평원왕은 진陳의 멸망소식을 듣고, 군사훈련과 군량미 비축 등 군사력 강화에 힘씁니다. 수의 침공에 적극 대비합니다.

박기자 : 수의 통일이 고구려의 군사력을 증강하게 만들었군요.

고선생 : 참고로 평원왕의 외교 대상은 비단 중국왕조에 국한한 것만은 아닙니다. 평원왕은 야마토(왜)에 사신을 파견하기도 합니다.

⑨-21. 31년(570년) 7월, 임자 초하루 고구려 사신이 근강近江에 도착하였다. 허세신원許勢臣猿과 길사적구吉士赤鳩을 보내 난파진難波津을 출발하여 협협파산狹狹波山에서 배를 끌고 와 식선飾船을 장식하고, 근강의 북쪽 산에 가서 맞이하였다. 마침내 산 뒤쪽의 고위관高威館에 인도하여 들이고 동한판상직자마려東漢坂上直子麻呂와 금부수대석錦部首大石을 보내 지키게 하였다. 또 상락관相樂館에서 고구려 사신에게 연회를 베풀었다. 『일본서기』흠명欽明기

570년(평원12) 『일본서기』 기록입니다. 고구려 사신이 야마토의 근강近江[13]에 도착합니다. 흠명왕(제29대)은 영접사를 보내 고구려 사신을 맞이하고, 또한 연회도 베풀며 환대합니다.

박기자 : 고구려가 야마토에 사신을 파견한 이유는 무엇입니까?

고선생 : 한반도 중심세력으로 급성장하는 신라를 적극 견제하기 위해서입니다. 당시 신라 진흥왕(제24대)은 한반도 동남부의 가야세력을 모두 병합하고(532년 금관가야, 562년 대가야), 이어 북상하

---

13 일본에서 가장 큰 비와코(琵琶湖) 호수에서 오사카(大坂) 만으로 흘러들어가는 물줄기를 오오미가와(近江)라 한다. 당시 야마토의 수도 교토(京都)와 가장 가까운 강이라 하여 붙여진 이름이다. 현재의 이름은 요도가와(淀川)이다.

여 한강유역 뿐 아니라 한반도 동북부지역까지 영토를 확장합니다.[14]

　　박기자 : 중국뿐 아니라 일본까지 전방위 외교를 펼쳤군요.

　　고선생 : 평원왕은 586년(평원28) 수도를 평양성에서 장안성長安城으로 천도합니다. 평양성은 427년(장수15) 장수왕이 천도한 지금의 대성산성大城山城(평양시 대성구역) 일대로 안학궁安鶴宮[15]이 주변에 소재합니다. 장안성은 대성산성 남서쪽 20㎞ 위치한 지금의 평양성(평양시 중심구역)입니다. 외성, 중성, 내성을 갖춘 평지성과 산성이 결합된 형태로 전체면적은 1,185만㎡이며 성벽길이는 23㎞입니다. 장안성은 552년(양원8) 양원왕이 처음 공사를 시작하여 586년(평원28) 평원왕이 완공하기까지 꼬박

35년이 소요됩니다. 공사기간이 장기화된 점은 평원왕이 백성의 공역부담을 최대한 도로 줄였기 때문입니다. 평원왕의 애민정신을 읽을 수 있는 또 하나의 사례입니다.

　　박기자 : 천도에 대한 귀족세력의 반발은 없는 겁니까?

　　고선생 : 당연히 있을 수 있습니다. 그러나 대성산성과 장안성은 지리적으로 가깝습니다. 먼 거리가 아닌 만큼 귀족세력의 경제적 피해는 적을 겁니다. 다만 두 지역의 지형을 보면 대성산성은 주변에 하천이

고구려의 수도(평양성, 장안성)

---

14 정재수, 『신라 역사의 명암』(논형, 2018) 제8장 참조

15 『고구려사략』 장수대제기 14년(427년) 2월 기록이다. '평양의 신궁으로 옮겼다. 궁전과 관사의 규모가 웅장하길 나라가 있어 온 이래로 처음이었다. 상이 돌아보고 좌우에 이르길 "옛날 동명께서는 띠풀 지붕에 사시면서도 대업을 이루었다. 짐은 금전(金殿)에 머물 생각을 하니 마음이 개운치 않다. 장차 어찌 동명께 보답한단 말이냐. 그대들 백료는 각자의 재주와 성심을 다해 임금을 섬기어 동명의 나라를 빛내주기 바라오." 하니, 군신들이 엎드려 절하였다.〔移居于平壤新宮 宮殿府司之規模雄壯 有國以來初有也 上顧謂左右 曰"昔我東明 居於茅茨 而能成大業 朕以不爽居此金殿 將何以報答東明耶 宜爾百僚 各以其技誠心事君 以光東明之國" 群臣拜伏〕' 장수왕이 평양으로 천도하며 새로 마련한 신궁은 안학궁(평양시 대성산성 남쪽)이다. 기록은 안학궁을 금전(金殿)으로 표현한다. 안학궁의 웅장함과 화려함을 엿볼 수 있는 대목이다. 지금은 주춧돌만 덩그러니 남아 있다.

없습니다. 이에 반해 장안성은 대동강을 끼고 있습니다. 대동강은 활발한 물류 이동을 제공합니다. 장안성의 천도는 정치적인 이유보다 경제적 필요가 배경입니다. 마지막으로 바보온달과 평강공주 이야기입니다. 『삼국사기』〈열전〉 온달 편에 자세한 내용이 나옵니다. 지체 높은 신분의 평강공주가 아버지 평원왕의 반대를 무릅쓰고 천한 신분의 온달에게 시집갑니다. 평강공주는 온달을 잘 인도하여, 바보 온달을 장군 온달로 만듭니다. 온달은 578년(평원20) 북주가 요동을 침공할 때, 배산전투에서 전공을 세워 대형(제3관등)의 관등을 받고 또한 평원왕의 사위로 인정받습니다. 이후 영양왕(제26대) 때 신라에게 빼앗긴 영토를 되찾기 위해 전투에 참여했다가 아단성阿旦城[16]에서 화살에 맞아 죽습니다. 이 이야기는 시사점이 있습니다.

박기자 : 어떤 시사점입니까?

고선생 : 신분에 관한 문제입니다. 평강공주는 신분격차를 깨고, 온달은 신분상승을 이룹니다. 당시는 엄격한 신분사회입니다. 왕족, 귀족, 평민, 노비 등의 계급이 명확히 구분되고, 계급간 이동은 불가능합니다. 온달은 평민계층입니다. 평원왕은 전격적으로 온달을 발탁하여 중용합니다. 이는 계급을 초월하여 인재를 널리 구한 경우입니다. 평원왕이 온달을 특별히 발탁한 배경에는 당시 귀족세력의 권력독점에 대한 견제도 작용했을 겁니다.

---

16 아차성(阿旦城)이라고도 한다. 서울시 광진구와 구리시에 걸쳐있는 지금의 아차산성(峨嵯山城)이다. 충북 단양의 온달산성(옛 성산고성)으로 보는 견해도 있다.

10장
수성의 위대함
영양왕과 영류왕

1. 수성의 군주 영양왕

고선생 : 1456년(조선 세조2) 3월, 집현전 직제학 양성지(1415~1482)가 편의便宜 24개 사事에 대해 세조에게 상소를 올립니다. 이 중에는 전대의 임금과 재상을 제사지내야 한다는 내용이 있습니다. 『조선왕조실록』입니다.

⑩-1. 신이 그윽이 명明의 제사諸司 직장職掌을 보니, 관원을 보내어 **역대 군상君相을 제사하는데 대뢰大牢로써 쓰니 심히 성거盛擧입니다.** 본조는 역대 군왕이 도읍하였던 곳에서 산제散祭하는 데도 혹은 당연히 제사지내야 할 텐데 제사하지 않는 것이 있고 혹은 배향配享한 대신大臣이 없어 흠전欠典된 것 같으니, 바라건대 **매년 봄가을로** 동교東郊에서 전조선왕 단군, 후조선왕 기자, 신라의 시조, 태종왕, 문무왕, **고구려의 시조, 영양왕,** 백제의 시조, 고려의 태조, 성종, 현종, 충렬왕 이상 12위位를 합제合祭하고, 신라의 김유신, 김인문, **고구려의 을지문덕,** 백제의 흑치상지와 근일에 정한 전조前朝의 배향 16신과 한희유, 나유, 최영, 정지 등을 **배향하게 하소서.** 『조선왕조실록』〈세조실록〉

양성지가 배향을 건의한 전대의 왕은 12명입니다. 이 중 고구려 왕은 시조 추모왕과 영양왕嬰陽王, 두 사람이며, 신하는 을지문덕입니다.

박기자 : 추모왕은 시조이니 당연하지만, 영양왕은 무슨 이유로 들어간 겁니까?

고선생 : 또 하나 기록을 봅니다.

⑩-2. 고구려 땅은 후한後漢시기*에 사방 2천리이고, 위魏시기**에 남북이 점점 줄어들어 겨우 1천여리이나, 수隋대에 이르러서는 점점 커져 동서 6천리에 이르렀다. 『통전』고구려전
☞ *1~2세기 **3세기

『통전』은 고구려 영토가 수隋(581~618) 시기에 최대라고 설명합니다. 바로 영양왕 때입니다. 결론부터 말씀드리면, 영양왕은 360여년 만에 중국대륙을 재통일한 신흥대국 수와 흥망을 함께한 군주

입니다. 수는 4차례에 걸쳐 고구려를 대대적으로 침공하는데, 영양왕은 수의 공격을 모두 막아내고 승리합니다. 이로 인해 수는 패배의 후유증을 극복하지 못하고 38년 만에 멸망합니다. 수의 명줄을 끊은 사람이 바로 영양왕입니다.

박기자 : 영양왕은 어떤 왕입니까?

고선생 : 제26대 왕입니다. 이름은 원元(대원大元)이며, 평원왕의 장자입니다. 565년(평원7) 태자가 되어 아버지 평원왕의 치세를 보좌합니다. 『삼국사기』는 '풍채가 준수하고 쾌활하며 제세안민濟世安民을 스스로의 임무로 삼았다.〔風神俊爽 以濟世安民自任〕'고 기록합니다. 세상을 구제하고 백성을 편안하게 하는 일은 군주의 로망roman입니다. 그러나 영양왕은 안타깝게도 제세안민의 왕도정치王道政治를 실현하지 못합니다.

박기자 : 무슨 이유입니까?

고선생 : 영양왕에게 있어 수와의 대결은 결코 피할 수 없는 운명입니다. 앞서 평원왕은 수가 중국대륙을 통일하자 군사력 증강에 힘을 쏟습니다. 수의 공격에 적극 대비합니다. 이전 중국 대륙은 남북조로 양분되어 있어, 고구려는 이들 남북조와의 적절한 등거리 조공외교를 통해 중국왕조의 공격을 억제합니다. 그러나 수의 등장으로 조공외교의 한계가 드러납니다. 수가 힘의 우위를 앞세워 변심할 수 있기 때문입니다. 그럼에도 영양왕은 평원왕이 해왔던 것처럼 조공외교에 매달립니다. 수문제隋文帝(고조)는 영양왕이 즉위하자 「상개부의동삼사요동군공고구려왕」 관작을 수여하고, 영양왕은 이에 화답하여 감사를 표시합니다. 그리고 2차례(영양3, 영양8) 수에 조공합니다. 그러나 상황은 엉뚱하게 변합니다.

박기자 : 어떻게 변합니까?

고선생 : 598년(영양9) 영양왕은 전격적으로 수를 공격합니다.

박기자 : 영양왕이 선제 공격을 한 겁니까?

고선생 : 그렇습니다. 영양왕의 선제 공격으로 고구려와 수의 전면전쟁이 시작됩니다. 고수(고구려-수)전쟁의 서막이 오릅니다.

⑩-3. 9년(598년), **왕이 말갈 군사 1만 여를 거느리고 요서遼西를 침공하였으나, 영주총관營州摠管 위충韋冲이 우리 군사를 물리쳤다.** 수문제隋文帝가 이 소식을 듣고 크게 화를 내며, 한왕漢王 양량諒과 왕세적王世積 등을 모두 원수元帥로 임명하여 **육군과 수군 30만을 거느리고 고구려를 치게 하였다.** 6월, 수문제가 조서를 내려 왕*의 관작을 박탈하였다. 한왕 양의 군대가 유관渝關에 도착하였을 때, 장마로 인하여 군량미의 수송이 이어지지 못하였다. 이로 말미암아 군량 떨어지고 또한 전염병이 돌았다. 주라후周羅睺의 수군은 동래東萊**에서 바다를 건너 평양성平壤城으로 오다가 풍랑을 만나 선박이 거의 유실되거나 침몰하였다. 『삼국사기』영양왕

☞ *영양왕 **산동반도

『삼국사기』가 전하는 제1차 고수전쟁의 전말입니다. 598년(영양9) 영양왕이 먼저 수를 공격합니다. 말갈 1만을 보내 요서를 공격하지만 수의 영주총관 위충에게 패합니다. 그런데 수문제는 이 소식을 듣자마자 곧바로 육군과 수군 30만을 동원하여 고구려를 공격합니다. 양(양량)과 왕세적의 육군은 유관渝關[1]에 도착하나, 장마로 인하여 군량미 지원을 못 받은 상태에서 전염병까지 돌아 퇴각하고, 주라후의 수군은 바다 건너 평양성으로 향하다가 풍랑을 만나 선박이 유실 또는 침몰합니다.

박기자 : 싱거운 전쟁이군요. 장마와 풍랑이 수군을 물리쳤다는 얘기군요.

고선생 : 『삼국사기』기록은 『수서』고구려전에도 나옵니다. 내용은 동일합니다. 그러나 이 기록은 몇 가지 문제점이 있습니다. 첫째, 영양왕이 선제 공격한 명분과 이유에 대한 설명이 없습니다. 둘째, 영양왕이 선제 공격을 하여 패했음에도 불구하고 수는 곧바로 30만 대군을 동원합니다. 앞뒤가 맞지 않습니다. 셋째, 수의 30만 대군에 대항하여 싸운 고구려군의 실체가 없습니다. 수군은 장마와 풍랑으로 자멸합니다. 고구려군과 싸워 패배한 것이 아니라 자연적인 불가항력과 싸워 패배합니다. 선뜻 이해하기 어렵습니다.

박기자 : 기록이 의문투성이가 된 이유는 무엇입니까?

고선생 : 단재 신채호는 『삼국사기』가 『수서』기록을 일방으로 차용하여, 제1차 고수전쟁의 사건 전말을 소략疏略 또는 왜곡시켰다고 비판합니다.

---

1 임유관(臨渝關)이다. 만리장성의 최동단 관문인 산해관(山海關) 아래에 위치한다. 당시 고구려와 수의 경계를 알려주는 중요한 기록이다. 만리장성 이북의 동북방지역은 여전히 고구려의 영토이다.

⑩-4. 영양대왕은 모욕적인 글을 받고 분노하였다. 대왕은 신하들을 불러 답변 서한을 준비시켰다. 이때 강이식姜以式이 "이 같이 모욕적이고 무례한 글에 대해서는 붓으로 답할 게 아니라 칼로 답해야 합니다." 말하면서 개전을 주장하였다. 이 말을 반긴 대왕은 강이식을 병마원수兵馬元帥로 삼고 정예병 5만과 함께 임유관臨渝關을 향하도록 하였다. 그는 또 예족濊族(『수서』의 말갈)군 1만을 보내 요서지방을 침공하여 수의 군대를 유인하게 하는 한편, 거란군 수천을 보내 바다 건너 산동山東을 치게 하였다. 이로써 양국의 제1차 전쟁이 개시되었다. 이듬해(598년) 고구려군은 요서를 공격하였다. 고구려군은 수의 요서총관인 장충張冲과 접전을 벌이다가 거짓으로 패하는 척하며 임유관으로 물러났다. 그러자 수문제隋文帝는 한왕漢王 양량楊諒을 행군도총관으로 삼고 30만 대군과 함께 임유관으로 가도록 하고, 주라후周羅睺를 수군총관으로 삼아 바다로 나가게 하였다. 주라후는 공개적으로는 평양으로 향하는 것처럼 했지만, 실은 양곡 선박을 인솔하고 요해遼海로 들어갔다. 양량의 군대에 군량을 대 줄 목적이었다. 강이식은 수군을 보내 바다에서 수의 양곡 선박을 격파하는 한편, 전군에 명령을 내려 요새를 지키고 출전하지 말게 하였다. 수군은 양식이 없는 상태에서 6월 장마를 만났다. 이로 인해 굶주림과 질병으로 사망자가 속출하자 수군은 결국 퇴각을 결정하였다. 추격에 나선 강이식은 유수渝水에서 그들 대부분을 섬멸하고, 수많은 군수물자와 장비를 획득하여 개선하였다. 『조선상고사』

『조선상고사』가 기록한 제1차 고수전쟁입니다.[2] 앞의 『삼국사기』 기록(⑩-3)과는 상당한 차이를 보입니다. 앞서 제기한 기록상의 문제점들을 보완합니다. 먼저 영양왕이 선제 공격한 이유입니다. 영양왕은 수문제로부터 모역적인 글을 받고 분노합니다. 이는 선제 공격의 직접적인 배경입니다. 강이식姜以式이 나옵니다. 『삼국사기』가 기록하지 않은 고구려 장수입니다. 제1차 고수전쟁을 승리로 이끈 장본인입니다. "붓으로 답할 게 아니라 칼로 답해야 한다."는 강이식의 말이 인상적입니다. 고구려 장수의 기개가 하늘을 찌릅니다.

박기자 : 영양왕이 받은 모욕적인 글은 무엇입니까?

고선생 : 수문제가 영양왕에게 보낸 새서璽書(옥쇄가 찍힌 국서)입니다. 『수서』 고구려전에 전문이 나옵니다. 『삼국사기』도 그 일부를 인용합니다.

---

2 신채호가 참조한 문헌은 『대동운해大東韻海』와 『서곽잡록西郭雜錄』이다.

⑩-5. 32년(590년) … "그대의 나라가 비록 국토가 좁고 인구도 적지만, 이제 **짐이 만약 왕을 쫓아낸다면 그 자리를 비워둘 수는 없을 것이므로, 결국은 다시 관리를 선택하여 그곳을 안정시켜야 할 것이다. 왕이 만약 마음을 단정히 하고 행동을 고쳐서 우리의 법도를 따른다면 그때는 짐의 좋은 신하가 될 것이다. 그렇게 된다면 굳이 힘을 들여 다른 인재를 보내겠는가?** 요수遼水의 넓이가 장강長江*과 비교하여 어떠한지, 고구려 인구가 진陳**과 비교하여 어떠한지를 왕은 말하여 보라. 짐이 왕을 용서하려는 심정이 없고 왕의 과거의 잘못을 추궁하기로 한다면 한 사람의 장군에게 정벌을 명령해도 될 것이니 어찌 큰 힘이 필요하겠는가? 짐이 간곡한 말로 타이르는 것은 왕이 스스로 자신을 새롭게 바꾸도록 하려는 데에 있다." 『삼국사기』 평원왕

☞ *양자강 **남조국가 진(557~589)

『삼국사기』는 수문제가 새서를 보낸 년도를 평원왕 때인 590년(평원32)으로 설정합니다. 그러나 『수서』 기록을 보면 개황(수문제 연호)17년인 597년(영양8)으로 나옵니다. 따라서 새서를 받은 왕은 평원왕이 아니라 영양왕입니다. 새서의 내용을 요약하면 수문제는 고구려가 굴복하지 않으면 영양왕을 교체시킬 것이며 또한 고구려를 무력으로 정벌하겠다고 겁박합니다. 노골적인 선전포고입니다. 당연히 영양왕은 분개합니다.

박기자 : 결국 수문제의 새서는 고구려를 침공하기 위한 명분 쌓기이군요.

고선생 : 잘 보았습니다. 새서는 영양왕을 자극하기 위한 심리전술의 수단입니다. 이에 앞서 수문제는 중국을 통일한 후 서둘러 주변국을 복속합니다. 북으로는 돌궐과 토욕혼, 남으로는 베트남 등이 수에 굴복당합니다. 그러나 고구려는 다릅니다. 영양왕은 수에 조공외교를 하면서도 복속은 거부합니다. 이에 수문제는 고구려 정벌을 결심하고 30만 대군을 준비합니다. 그리고 영양왕을 자극하는 새서를 보냅니다.

박기자 : 영양왕이 수문제의 심리전술에 말려든 겁니까?

고선생 : 그렇게 볼 수도 있습니다. 그러나 영양왕은 새서를 받기 전에 수의 침공계획을 사전에 입수합니다. 그리고 치밀한 전략과 전술을 수립하고 수를 선제 공격합니다. 공격이 최상의 방어입니다. 먼저 말갈과 거란의 군사를 보내 공격하게 하고, 곧바로 병마원수 강이식이 이끄는 정예병 5만의 주력군이 뒤따릅니다. 강이식은 수의 요서총관 장충(『수서』는 영주총관 위충 임)과 맞닥뜨려 거짓으로 패한

척하고(전략적 후퇴) 임유관臨渝關(『삼국사기』는 유관 임)으로 물러납니다. 그리고 수의 30만 대군을 고구려 영토 안으로 끌어들입니다. 때마침 장마와 풍랑으로 수군의 전투력은 급격히 약화됩니다. 고구려에게는 호기입니다. 강이식은 수군을 유수渝水(대릉하, 『수서』는 요수遼水 임)로 끌어들여 역공을 펼칩니다. 고구려군의 공격을 받은 수군은 전멸하다시피 합니다. 이때 살아 돌아간 자가 열에 하나라고 『수서』는 기록합니다. 고구려의 완벽한 승리입니다. 수군은 강이식의 계략에 말려들어 고구려 영토 깊숙이 들어왔다가 대패합니다. 다만 장마와 풍랑의 자연적 악재는 수군에게 겹친 또 하나의 불행입니다.

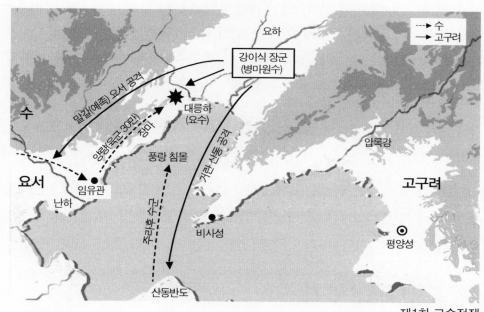

제1차 고수전쟁

박기자 : 강이식은 고구려의 숨겨진 영웅이군요.

고선생 : 『삼국사기』가 기록한 제1차 고수전쟁 이후의 상황입니다.

⑩-6. 9년(598년) 9월, 왕은 두려워하여 사신을 보내어 사죄의 표문을 올렸다. **표문에서 왕은 자신을 요동분토신遼東糞土臣이라고 칭하였다. 수문제가 그때서야 군대를 철수하고 처음과 같이 대우하였다.** 『삼국사기』 영양왕

이 내용은 『수서』에도 동일하게 나옵니다. 영양왕은 수문제에게 사죄의 표문을 올립니다. 왕 자신을 '요동분토신遼東糞土臣'이라 칭합니다.

박기자 : 요동분토신은 무엇입니까?

고선생 : '요동땅의 똥덩어리 신하'입니다. 참으로 역겨운 비하卑下(업신여김)의 표현입니다. 그런데 이 기록은 앞뒤가 뒤바뀌어 있습니다. 패자가 승자에게 머리를 숙이는 것이 보편적 상식인데, 엉뚱하게도 승자인 영양왕이 패자인 수문제에게 오히려 사죄합니다. 영양왕이 표문을 올린 기록만 있을 뿐 표문의 내용은 아예 없습니다. 실제로 영양왕이 표문을 올린 것이지, 또한 그 표문은 사죄의 내용인지, 더구나 요동분토신과 같은 극단적인 비하의 표현을 정말로 사용한 것인지 온통 의문투성이입니다. 원래 중국사서는 상내약외詳內略外의 춘추필법을 철저히 준용한 기록입니다. 따라서 『수서』 기록은 그럴 수 있다고 넘길 수 있지만, 『삼국사기』가 이를 무비판적으로 수용한 것은 참으로 이해하기 어렵습니다.

박기자 : 이후 양국은 어떻게 됩니까?

고선생 : 임유관 전투 이후로 수문제는 두 번 다시 고구려를 침공하지 않습니다. 아니 침공하지 못합니다. 고구려에 대한 두려움 때문입니다. 이후 양국은 표면적으로는 전쟁 없는 평화 시기를 10여 년간 유지됩니다. 그러나 평화는 수양제가 등장하면서 끝납니다.

2. 구국의 영웅 을지문덕

고선생 : 수양제隋煬帝는 수문제의 둘째 아들로 이름은 양광楊廣입니다. 600년(영양11) 형 양용의 태자자리를 뺏은 후, 604년(영양15) 아버지 수문제마저 살해하고 제2대 황제에 오릅니다.

박기자 : 천륜을 저버린 천하의 패륜아이군요.

고선생 : 수양제는 패륜 뿐 아니라 폭정을 일삼은 역대 중국왕조 최악의 군주입니다. 대토목공사를 일으켜 백성들의 노동력을 극단적으로 착취합니다. 대운하 건설이 대표적입니다. 북쪽의 황하와 남쪽의 양자강(양쯔강)을 연결하는 대운하는 진시황의 만리장성에 버금가는 대공사입니다.

'복수복족福手福足'이란 말이 있습니다. '복 받은 팔과 다리'라는 뜻인데, 수양제의 토목공사에 동원되어 죽느니 차라리 스스로 팔이나 다리를 잘라 노역을 피하고자한 백성들의 처지에서 유래합니다. 612년(영양23) 수양제는 고구려 정벌을 공식적으로 천명합니다. 제2차 고수전쟁의 서막이 오릅니다.

박기자 : 수양제가 고구려를 공격한 이유는 무엇입니까?

고선생 : 표면적인 이유는 수양제의 입조 요구를 영양왕이 거부합니다. 그러나 이는 명분일 뿐 수양제는 처음부터 고구려를 멸滅할 몽상을 갖고 있습니다. 수양제의 몽상을 촉발시킨 상징적인 사건이 607년(영양18) 발생합니다. 수양제는 고구려 침공에 앞서 돌궐을 복속시켜 뒷단속을 철저히 할 목적으로 돌궐을 친히 방문하는데, 뜻밖에도 이 자리에서 고구려 사신과 맞닥뜨립니다. 고구려 사신은 돌궐과 우호관계를 맺기 위해 영양왕이 파견한 사신입니다. 수양제는 속내를 숨기고 고구려 사신에게 영양왕의 입조를 재차 요구합니다.

고구려 사신 모습(양직공도)

박기자 : 영양왕이 입조합니까?

고선생 : 입조하지 않습니다. 영양왕은 이미 제1차 고수전쟁에서 수를 대패시킵니다. 결코 수양제에게 굴복하지 않으며, 굴복할 이유도 없습니다. 결국 영양왕과 수양제 두 사람은 돌아올 수 없는 루비콘Rubicon강을 건넙니다. 폭주 기관차가 되어 서로를 향해 질주합니다. 수양제는 육군을 좌12군, 우12군 등 총 24군으로 편성합니다.[3] 전투 병력은 1백13만3천8백입니다(외형적으로는 2백만이라고 함). 군량 수송과 병장기의 보급을 맡은 지원 병력은 2백26만입니다(전투 병력의 2배라 함). 대략 육군만 3백40만입니다. 당시 고구려의 인구는 3백만~4백만 정도로 추정합니다. 고구려 전체인구에 맞먹는 대규모 병력을 수양제는 준비합니다. 여기에 수군水軍이 추가됩니다. 숫자에 대한 기록은 없

---

3 좌12군은 누방(鏤方), 장잠(長岑), 명해(溟海), 개마(蓋馬), 건안(建安), 남소(南蘇), 요동(遼東), 현도(玄菟), 부여(扶餘), 조선(朝鮮), 옥저(沃沮), 낙랑(樂浪)이며, 우12군은 점선(黏蟬), 함자(含資), 혼미(渾彌), 임둔(臨屯), 후성(候城), 제해(提奚), 답돈(踏頓), 숙신(肅愼), 갈석(碣石), 동이(東暆), 대방(帶方), 양평(襄平)이다.

으나 수군의 규모 또한 상당합니다.

박기자 : 수양제는 어떻게 해서 대규모 병력을 모은 겁니까?

고선생 : 수양제는 나라 전체에 징집령을 내립니다.

⑩-7. 4월, 경오에 거가車駕가 탁군涿郡의 임삭궁臨朔宮에 이르렀다. 이에 앞서서 **조서를 내려 천하의 군사를 징집하였는데, 멀고 가까움을 따지지 않고 모두 탁군에 모이게 하고,** 또 강남江南과 회남淮南의 수수水手 1만과 노수弩手 3만, 영남嶺南의 배찬수排鑹手 3만을 징발하였다. 5월에 하남河南, 회남, 강남에 명령하여 병거兵車 5만 승乘을 만들어서 갑옷과 무기를 모두 싣게 하고, 하남과 하북河北의 백성들을 징발하여 군수물자를 공급케 하였다. 7월에 강남과 회남의 백성과 배를 징발해서 여양黎陽과 낙구洛口의 여러 창고에 있는 쌀을 탁군涿郡으로 운반하도록 하였는데, **배가 1천여 리나 이어졌다. 그리고 무기와 공격용 도구 등을 싣고 오가느라 길 위에 있는 자가 항상 수십만이나 되어 길을 꽉 메워 주야로 끊이지 않았다. 죽은 자가 줄을 지어 온 천하가 요란하였다.** 『자치통감』 수기隋紀

611년(영양22) 『자치통감』 기록입니다. 고구려 공격을 앞둔 한 해전 상황입니다. 수양제는 멀고 가까움을 따지지 않고 나라 전체에서 군사를 징집합니다. 전쟁도구와 군수물자는 주로 하남, 회남, 강남 등 남쪽지방에서 조달합니다. 탁군(하북성 베이징 일대)은 최종 집결지입니다. 징집 군사를 포함하여 전쟁도구 및 군수물자를 집결시키는 데에만 1년 가까이 걸립니다.

박기자 : 실로 어마어마한 전쟁준비이군요.

고선생 : 그렇지만 수양제는 막상 출병을 앞두고 불안한 기색을 드러냅니다. 앞의 『자치통감』 기록(⑩-7)은 다음으로 이어집니다.

⑩-8. 사방의 군사들이 모두 탁군涿郡에 모였다. 수양제隋煬帝가 합수령合水令 유질庾質을 불러 묻기를 **"고구려의 무리들이 우리 한 군郡 당해 내지 못할 것인데, 이제 짐이 이 많은 군사로 치고자 하니, 경은 이길 것으로 생각하는가, 못 이길 것으로 생각하는가?"**하니, 답하길 **"치면 이길 것입니다. 그러나 신은 폐하께서 친히 나가서 싸우지 말았으면 합니다."** 하였다. 수양제가 얼굴빛이 변하면서 말하길 **"짐이 지금 모든 군사를 거느리고서 이곳에 이르렀다. 그런데 어찌 적을 보기도 전에 먼저 물러갈 수 있겠는가?"**하니, 대답하길 **"싸워서 이기지 못하면 위엄이 손상될까 걱정입니다. 만약 거가車駕를 이곳에 머무르게 하시고 용맹한 장수와 강한 군사에게 명하여 지시를 받은 다음 속히 달려가**

게 하여, 고구려에서 미처 생각 못한 사이에 나가게 하면 반드시 이길 것입니다. 일은 신속히 해야만 합니다. 때를 놓치면 성공하지 못할 것입니다." 하였다. **이를 듣고 수양제가 기뻐하지 않았다.**
『자치통감』 수기隋紀

수양제는 자신의 측근인 유질에게 전쟁의 승패여부를 묻습니다. 유질은 필승을 예상하면서도 수양제의 친정은 반대합니다. 만약 실패하면 수양제의 위엄이 손상된다는 이유입니다. 그러나 수양제는 유질의 간언을 듣지 않고 자신이 직접 대군을 이끌고 출정합니다. 수의 대군은 하루에 1군씩 고구려를 향해 출발합니다. 먼저 출발한 군대가 40리를 가면 또 다음 군대가 출발합니다. 24군이 모두 출발하는데 만 무려 40일이 소요됩니다. 총 행군길이가 1천여 리에 달합니다.

박기자 : 행군길이가 1천여 리라는 말이 믿겨지지 않는군요.

고선생 : 제2차 고수전쟁의 전개과정을 살펴봅니다. 고구려군의 1차 방어선은 요하입니다. 영양왕은 요하를 등지고 수군과 대적하는 것은 위험부담이 크다고 판단합니다. 일단 요하 서쪽을 수군에게 내줍니다.[4] 612년(영양 23) 2월, 수군이 요하 서쪽에 도착하여 진을 칩니다. 그러나 요하는 수심이 깊고 강폭이 넓어 무턱대고 건널 수 있는 강이 아닙니다. 수양제는 3개의 부교(임시교량)를 설치합니다. 그런데 부교가 1장丈 정도 짧아 동쪽 언덕에 닿지 않습니다. 이를 지켜보던 고구려군이 일제히 공격하여 수군을 격퇴합니다. 수양제는 다시 부교를 길게 늘려 설치하고 드디어 요하를 건넙니다. 이어 요하 동쪽 언덕에서 큰 전투가 벌어지고 고구려군은 1만의 사상자를 내고 물러납니다.

박기자 : 결국 요하방어선이 무너졌군요.

고선생 : 수양제는 승세를 타고 곧장 요동성遼東城[5]으로 진격합니다. 요동성은 요동반도 중심에 위치한 당시 고구려 서쪽지방의 정치, 군사, 행정의 중심지입니다. 고구려가 요동성을 잃는 것은 이 지역 전체를 수에 넘겨주는 것과 마찬가지입니다.

---

4 『삼국사기』에는 이때 수양제가 요하에 이르러 요하의 왼쪽(서쪽)지방 백성들을 위로하고 군현을 설치하여 10년간 부역을 면제시킨다는 기록이 있다. 수양제의 침공이 있기 전의 요하서쪽은 분명히 고구려 영토이다.

5 『삼국사기』는 요동성을 가리켜 한(漢)대의 양평성(襄平城)이라고 하나, 요동성은 한의 양평성과는 관계가 없다. 한은 요하 동쪽을 결코 지배한 적이 없다. 한의 양평성은 요하가 아닌 난하 지역에 위치한다. 요동성은 현재의 중국 요녕성 요양시이다. 고구려의 옛 수도인 평양성이다. 고국원왕 때 고구려 수도를 국내성으로 옮기면서 평양성이 요동성으로 명칭이 변경된다.

박기자 : 요동성은 어떻게 됩니까?

고선생 : 612년(영양23) 5월, 수양제는 요동성을 겹겹이 포위합니다. 고구려군은 성문을 굳게 닫고 농성전籠城戰을 펼칩니다. 뜻밖에 요동성이 강하게 저항하자 수양제는 애가 닳습니다. 두 달이 지나자 수양제는 휘하 장수들을 모아놓고 목을 벨 수 있다고 으름장을 놓으며 독려하지만 요동성은 요지부동입니다. 수양제는 아예 요동성 서쪽 몇 십리에 임시 궁전을 짓고 공격을 지휘합니다. 그럼에도 수양제는 끝내 요동성을 함락시키지 못합니다.

박기자 : 수양제가 요동성에 단단히 발목을 잡혔군요.

고선생 : 이즈음 내호야가 이끄는 수군은 산동반도를 출발하여 곧장 바다를 건너 대동강 하구에 도착합니다. 그리고 대동강을 거슬러 올라가 평양성으로부터 60여리 되는 지점에서 고구려군의 저지를 격파하고 본격적으로 평양성 공격을 준비합니다. 이때 부총관 주법상이 육군이 도착하지 않았다며 평양성 공격을 만류하나 내호야는 이를 무시하고 정예병 수만을 뽑아 곧장 평양성으로 진격합니다. 평양성 외성을 탈취하고 약탈에 여념이 없는 사이 고구려 복병이 내호야를 기습합니다. 고구려가 평양성 외성을 내준 것은 일종의 유인작전입니다. 혼비백산한 내호야는 간신히 대동강으로 달아납니다. 승기를 잡은 고구려군은 내호야를 계속해서 추격하나 주법상이 합류하는 바람에 더 이상의 추격을 멈춥니다. 대동강 하구로 퇴각한 내호야는 이러지도 저러지도 못합니다.

박기자 : 수양제는 어떻게 하고 있습니까?

고선생 : 수양제는 요동성 함락이 어렵게 되자 작전을 바꿉니다. 교착상태에 빠진 요동성 공격은 계속 진행하되 따로 평양성을 공격하게 합니다. 수양제는 30만5천의 별동대를 편성하고 우문술을 대장으로 삼아 100일 치의 식량을 줍니다. 100일 내로 평양성을 함락하고 나머지 식량은 자체 조달하라는 극약 처방입니다. 수양제는 보급부대 마저 따로 두지 않습니다. 이로 말미암아 별동대 군사들은 무게를 감당하지 못하고(1인당 3섬, 79㎏) 아예 식량을 땅에 묻는 경우도 발생합니다. 별동대가 압록강 근처에 도착했을 때는 이미 군사들은 기근에 시달리는 상태입니다.

박기자 : 수양제의 무서운 면을 볼 수 있군요.

고선생 : 이 대목에서 우리 역사는 또 한 분의 위대한 전쟁영웅의 탄생을 준비합니다.

박기자 : 혹시 을지문덕乙支文德입니까?

고선생 : 그렇습니다. 제1차 고수전쟁의 영웅이 강이식이라면, 제2차 고수전쟁의 영웅은 단연코 을지문덕입니다. 을지문덕은 살수대첩薩水大捷과 한 몸입니다. 살수대첩은 청천강에서 수양제의 별동대를 격멸시킨 대사건입니다. 살수대첩 하나로 제2차 고수전쟁의 승패는 사실상 결판납니다. 영양왕의 승리입니다.

⑩-9. 23년(612년) 7월, **우문술宇文述의 군대가 살수薩水에 이르러 강을 절반쯤 건널 때 우리 군사가 그들의 후위부대를 공격하였다.** 이때 적장 우둔위장군 신세웅辛世雄이 전사하였다. 그러자 여러 부대가 한꺼번에 무너져 걷잡을 수 없었다. 수의 장졸은 압록강까지 4백5십 리를 하루걸러 도주하였다. 천수天水사람 왕인공王仁恭의 후군이 우리의 군대를 막았다. 내호아來護兒는 우문술이 패했다는 소식을 듣고 물러났다. 다만 위문승衛文昇의 군대만이 온전하였다. **처음 9군이 요동에 도착했을 때는 30만5천이었는데 요동성으로 돌아갔을 때는 2천7백뿐이었다. 수는 수만의 군사와 장비들 모두 잃었다.**
『삼국사기』 영양왕

『삼국사기』가 전하는 살수대첩 장면입니다. 후퇴하던 우문술의 별동대 주력이 살수 도하를 시작하여 강의 중간에 이를 즈음, 을지문덕은 신세웅의 후위부대를 격살합니다. 후위가 무너지자 살수를 도하하던 별동대 주력은 무방비상태가 되고 을지문덕은 이들을 총공격하여 격멸시킵니다. 마치 양식장에 갇혀있는 수많은 물고기를 망태그물로 걷어 올리는 격입니다. 살수에서 겨우 목숨을 건진 일부 수군 장졸은 허겁지겁 도망가기에 바쁩니다. 살수에서 압록강에 이르는 4백5십리(약 180Km)의 길을 하루 만에 독파합니다. 모두 마라톤 선수입니다. 처음 30만5천이 와서 2천7백만이 살아 돌아갑니다. 생존율은 0.009%입니다. 100명 중 1명 정도입니다.

박기자 : 살수대첩은 수군을 수장水葬시킨 사건으로 알고 있는데요. 사실입니까?

고선생 : 저도 그렇게 배웠습니다. 초등학교 시절 선생님의 설명이 아직도 생생합니다. 을지문덕이 살수 위쪽에 물막이를 미리 설치해 놓고 수군이 살수를 건널 즈음 물막이를 터트려 일시에 수군 전체를 수장시킨 이야기입니다. 그러나 『삼국사기』는 물막이를 이용한 수장에 대해서 전혀 언급이 없습니다.

⑩-10. **칠불사**七佛寺 ; 북성北城 밖에 있는데, 세상에 전하길 '수隋의 군사가 강가에 늘어서서 강을 건너려고 하였으나 배가 없었다. 그런데 문득 7명의 승려가 강가에 와서 이 중 **6명의 승려가 옷을 걷어 올리고 건너자 수의 군사가 이를 보고 물이 얕은 줄 알고 다투어 강을 건너다 물에 빠져 죽었다. 시체가 강에 가득하여 강물이 흐르지 않았다.** 절을 짓고 칠불사라 명하고 7명의 승려처럼 7개의 돌을 세워 놓았다.' 한다. 『신증동국여지승람』 안주목

『신증동국여지승람』에 나오는 평남 안주에 소재한 칠불사 창건설화입니다. 7명의 승려가 홀연히 나타나 수군을 강물로 유인하여 모두 **빠져** 죽게 한 내용입니다. 얕은 강물과 물에 빠져 죽었다는 표현이 서로 연결되지 않습니다. 어떤 인위적인 수단이 개입된 것처럼 보입니다. 그럼에도 시체가 강에 가득하여 강물이 흐르지 않을 정도입니다. 만약 물막이를 이용한 수장이라면 시체 대부분은 강 하류로 떠내려가 황해 바닷속으로 사라졌을 겁니다. 이 또한 모순입니다.

정교수 : 물막이를 이용한 수공水攻작전은 만들어진 역사입니다. 당시 정황으로 보아 이는 불가능합니다. ㉮ 당시 기술로는 물막이 공사가 쉽지 않습니다. ㉯ 통신이 발달하지 않아 제 때에 물막이를 터트리기 어렵습니다. ㉰ 한 번에 물막이를 터트릴 만한 폭약과 같은 수단이 당시에는 없습니다. ㉱ 『삼국사기』를 비롯하여 중국기록 어디에도 물막이 이야기는 없습니다. ㉲ 살수(청천강)는 30만이 수장될 만큼 크고 깊은 강이 아닙니다. 다만 우리 전쟁사에서 수공水攻의 사례는 있습니다. 고려의 강감찬姜邯贊이 요遼군을 공격할 때 등장합니다. 강감찬은 흥화진(평북의주)에서 소가죽으로 만든 물막이 둑을 터뜨려 소배압의 요군을 저지합니다. 이를 근거로 부풀려진 것이 강감찬의 수공작전 이야기입니다. 이후 귀주대첩龜州大捷 자체까지 수공으로 완성됩니다. 마찬가지로 을지문덕의 살수대첩도 그 이야기가 덧씌워져 수공설화로 발전한 듯싶습니다.

박기자 : 그렇다면 살수대첩의 진실은 무엇입니까?

고선생 : 다시 처음으로 돌아갑니다. 30만5천의 별동대 파견 소식을 접한 영양왕은 을지문덕에게 전권을 맡깁니다. 이때 고구려 방어선은 압록강입니다. 영양왕은 먼저 수군의 동태를 살피기 위해 을지문덕에게 거짓 항복하게 합니다. 을지문덕은 수군 진영에 들어가 수군이 군량지원을 못 받아 기아에 허덕이고 있다는 사실을 간파합니다. 수군 진영을 **빠져**나온 을지문덕은 과감한 작전을 구사

합니다. 아사餓死(굶주려 죽게 만듦)작전입니다. 을지문덕은 싸우다가 패하는 척하면서 수군을 계속해서 유인합니다. 하루에 7번을 싸워 모두 져주기도 합니다. 압록강을 내주고, 이어 청천강도 내주며 수군을 내륙 깊숙이 끌어들입니다. 물론 을지문덕은 져주면서 청야전술淸野戰術[6]을 전개합니다. 을지문덕은 수군의 식량이 될 수 있는 쌀 한 톨 남기지 않고 모두 불태웁니다.

박기자 : 별동대는 어디까지 들어옵니까?

고선생 : 평양성 밖 30리에 도달합니다. 평양성이 목전입니다. 그러나 거기까지입니다. 우문술은 평양성을 공격할 엄두도 못 냅니다. 굶주림과 짙은 고립감이 별동대 진영을 엄습합니다. 이때 을지문덕이 우중문에게 보낸 한 편의 시가 별동대 본영에 전달됩니다.

> 神策究天文 그대의 신기한 전력은 하늘의 이치를 알았고
> 妙算窮地理 기묘한 계책은 땅의 이치마저 통달하였도다.
> 戰勝功旣高 싸움에 이겨 공이 높으니
> 知足願云止 만족할 줄 알고 이제 그만 멈춤이 어떠한가!

을지문덕의 시[7]는 칭송이 아니라 경고입니다. 한마디로 살고자 한다면 당장 물러가라는 뜻입니다. 우문술은 을지문덕의 유인책에 걸려든 것을 뒤늦게 깨닫습니다. 그러나 너무 늦었습니다. 우문술은 을지문덕의 경고대로 살 길을 찾아야 합니다. 퇴각만이 유일한 생존의 길입니다. 우문술이 퇴각을 시작하자 영양왕은 즉각 을지문덕에게 공격명령을 하달합니다. 을지문덕은 퇴각하는 수군을 틈을 주지 않고 강하게 밀어붙입니다. 수군은 도망가기에 급급합니다. 그리고 어느덧 살수에 다다릅니다.

박기자 : 막다른 골목이군요.

고선생 : 살수대첩의 실체는 수공작전으로 보기 어렵습니다. 어떤 분은 수군이 부교(임시 다리)를 설치하여 건너다가 을지문덕에게 당한 것으로 설명합니다. 그러나 이 역시 어울리지 않습니다. 칠불

---

6 주변에 적이 사용할 만한 모든 군수물자와 식량 등을 없애 적군을 지치게 만드는 전술이다. 견벽청야(堅壁淸野)라고도 한다.
7 이 글은 『삼국사기』〈열전〉 을지문덕전과 『수서』 우중문전에 실려 있다.

사 창건설화의 '시체가 강에 가득하여 강물이 흐르지 않았다.'는 표현이 단서입니다. 다시 말해 수군은 살수 안에서 몰살당한 겁니다.[8] 이는 고구려군이 강변 양쪽(남북)을 점유하고 동시에 협공하지 않으면 이러한 결과가 나올 수 없습니다. 마치 물구덩이에 수군을 몰아넣고 일제히 공격하는 모양새입니다. 수양제는 패배를 인정하고 퇴각합니다. 『삼국사기』는 그해 7월, '수양제가 크게 화를 내며 우문술 등을 쇠사슬에 묶어 돌아갔다.〔帝大怒 鎖繫述等 癸卯引還〕'고 기록합니다.

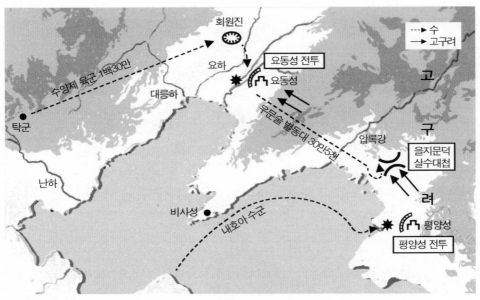

제2차 고수전쟁

박기자 : 을지문덕은 우리 역사의 진정한 전쟁영웅이군요.

고선생 : 『삼국사기』도 을지문덕에 대해서만큼은 후하게 평가합니다. 『삼국사기』〈열전〉[9] 을지문

---

8 현재 칠불사터(북한 국보 제146호)가 평남 안주시 서북쪽 강변에 있다. 7명의 승려가 수군을 유인하여 강을 건넜던 오도탄(誤渡灘, 잘못 건너간 여울)이 근처에 있으며, 또한 이때 몰살된 수군의 시체가 쌓여 이루어진 섬으로 전해지는 골적도(骨積島)도 있다.

9 『삼국사기』〈열전〉은 제신전(諸臣傳, 명신)과 별전(別傳)으로 나누는데, 제신전에 52명, 별전에 34명 등 총 86명이 수록되어 있다. 이 중 을지문덕은 김유신에 이어 두 번째이다.

덕 편에 나오는 사론史論입니다.

사관은 논하다. "수양제의 요동 전쟁은 출동 병력에서 전례가 없을 만큼 컸다. 고구려는 한 모퉁이에 있는 조그마한 나라이다. 그런데도 이를 방어하고 스스로를 보전하였을 뿐 아니라 그 군사를 거의 섬멸할 수 있던 것은 오로지 을지문덕 한 사람의 힘이다.『춘추좌씨전』에는 "군자가 없으면 어찌 나라를 다스릴 수 있으리오?" 했으니, 참으로 옳은 말이다."

『삼국사기』 편찬자는 을지문덕 한 사람의 힘으로 수양제의 대군을 막았다고 칭송합니다. 다만 고구려를 중국 변방의 소국으로 인식한 점은 매우 유감입니다.

박기자 : 을지문덕에 대해 좀 더 알 수 있습니까?

고선생 : 『삼국사기』는 을지문덕이 자질이 침착하고 굳세며 지모가 있고 또한 겸하여 글도 잘 지었다고 소개하며, 그 가문의 내력이 전해지지 않아 알 수 없다고 합니다. 그러나『해동명장전』(조선후기, 홍양호)에 을지문덕의 출신지가 나옵니다. 평양 석다산입니다.[10] 석다산은 평남 증산군 석다리에 소재합니다. 이곳에는 을지문덕이 글을 읽고 무술훈련을 연마한 이야기가 전해옵니다. 참고로 전시戰時(또는 비상사태시) 전투에 참가하여 뚜렷한 무공을 세운 자에게 수여하는 무공훈장武功勳章이 있습니다. 태극무공훈장, 을지무공훈장, 충무무공훈장, 화랑무공훈장, 인헌무공훈장 등 5등급으로 분류합니다. 을지무공훈장(2등급)은 을지문덕의 공적을 기리기 위해 붙여진 이름입니다. 충무무공훈장(3등급)은 이순신입니다. 2003년 북한은 을지문덕의 기념주화를 발행합니다.

정교수 : 을지문덕을 가장 높게 평가한 사람은 단채 신채호입니다.

---

10 일제강점기인 1935년, 동아일보 10월 1일~3일자 연재기사에 김준연(金俊淵)의 답사기가 실려 있다. 이에 따르면 을지문덕의 묘는 평남 강서군의 현암산 동쪽 기슭에 있다고 한다. 또한 김준연은 을지문덕의 후손 돈종각(頓宗珏)씨도 만났는데, 돈(頓)씨는 을지문덕의 15세손 을지수(乙支遂), 을지달(乙支達), 을지원(乙支遠) 등 3형제가 고려 묘청의 난 때 의병을 일으켜 관군을 도운 공로로 돈산(頓山)에 봉해져서 돈(頓)씨를 사성(賜姓)받았다 한다.

> "대개 동서고금에 역사나 야담이 많지만 그 중 전쟁을 하면서 **적은 군사로 큰 군사를 물리침에 을지문**
> **덕만한 사람이 있었는가? 약한 세력으로 강한 세력을 대적함에 을지문덕만한 사람이 있었는가? 한**
> **나라의 대신으로 백만 대군의 적진에 들어가 정탐함에 을지문덕만한 사람이 있었는가? 안으로는 정**
> **치와 교화에 힘쓰고 밖으로서는 적국을 방어하여 한 몸으로 장수와 재상의 직을 겸임하며 행동에 있**
> **어 여유 있고 동요됨 없음이 을지문덕만한 사람이 있었는가?"**

1908년 발표한 단재의 전기소설 『을지문덕』에 소개된 내용입니다. 신채호는 을지문덕을 '대동의 4천년 역사에서 첫 번째로 손꼽을 수 있는 위인[大東四千載第一大偉人]'으로 평가하며, "을지문덕 만한 사람이 있었는가?"하고 강하게 반문합니다. 일제강점기 신채호는 민족자존과 독립정신을 일깨 우고자 을지문덕을 롤모델로 삼습니다. 이와 같은 후대의 찬사와 평가에도 불구하고 정작 을지문덕 은 살수대첩 이후로 우리 역사기록에서 사라집니다. 이유는 알 수 없으나, 을지문덕의 활약상을 더 이상 접할 수 없어 매우 아쉽습니다.

3. 영양왕의 행운과 좌절

고선생: 제2차 고수전쟁에서 참패한 수양제는 고구려 정벌에 대한 몽상을 버리지 못합니다. 613 년(영양24) 다시 군사를 징집하고 군량미와 군수물자를 징발하여 탁군에 집결시킵니다.

⑩-11. 24년(613년) 2월, 수양제隋煬帝가 신하들에게 말하였다. "고구려의 하찮은 것들이 상국上國을 업 신여기니 짐은 이제 바닷물을 뽑아내고 산을 옮길 수 있는 일도 능히 할 수 있는 데 하물며 이따위 적이야 무엇을 못하겠는가?" 그리고 **수양제는 고구려 정벌을 다시 논의하였다.** 이때 좌광록대부 곽영郭榮이 간하였다. "융적戎狄*이 예를 잃은 것은 신하들이 처리할 일입니다. 새앙주 한 마리를 잡기 위해 천 근의 노弩**를 쏘지 않는 법인데, 어찌 천자의 위를 욕되게 하면서까지 작은 도적을 대적하려고 하 십니까?" 그러나 수양제는 이 말을 듣지 않았다. 『삼국사기』 영양왕
☞ *고구려 **큰 활

수양제는 영양왕에게 호되게 당했음에도 여전히 객기를 부리며 고구려 정벌 의지를 불태웁니다. 곽영이 신하들에게 맡겨 달라 청해도 이를 무시해 버립니다. 제3차 고수전쟁이 시작됩니다.

박기자 : 수양제는 무엇 때문에 고구려 정벌의 의지를 버리지 못한 겁니까?

고선생 : 수양제의 성품입니다. 한번 칼을 뽑으면 끝장을 보겠다는 고집입니다. 그러나 이는 수양제 자신의 명을 단축시킬 뿐 아니라 결국에는 거대제국 수의 명줄을 끊게 만듭니다. 이때까지만 하더라도 수양제는 스스로를 철석같이 믿습니다.

박기자 : 제3차 전쟁은 어떻게 전개됩니까?

고선생 : 613년(영양24) 3월, 수양제는 고구려 공격을 명령합니다. 이번에는 30만을 동원합니다. 이전 113만(지원병력 포함 3백만)에 비하면 적은 규모이나, 이 역시 고구려가 대적할 수 있는 숫자는 아닙니다. 영양왕에게는 여전히 상대하기 버거운 병력입니다. 수양제는 작전에 변화를 줍니다. 을지문덕에게 패한 우문술을 다시 기용해 별동대를 조직하여 곧장 압록강을 건너 평양성으로 직행하고, 바다를 건너오는 내호야의 수군과 합세하라고 명령합니다. 그리고 자신은 이전과 마찬가지로 요하를 건너 요동성으로 향합니다.

박기자 : 제2차 패배를 반면교사反面教師로 삼았군요.

고선생 : 요하를 건넌 수양제는 여기에서도 작전의 변화를 줍니다. 요동지역에 산재한 고구려의 여러 성들을 분산, 공격하여 전선의 다각화를 꾀합니다. 먼저 왕인공이 이끌던 선봉대가 요하를 건너 신성을 함락합니다. 그리고 요동지역에 산재해 있는 고구려의 여러 성들에 대한 지원을 봉쇄합니다. 이에 따라 고구려 성들은 자체 역량으로 수의 공격을 막아내야 하는 어려움에 직면합니다. 이어 수양제는 주력을 이끌고 요동성에 집결합니다. 요동성은 수양제가 2차 전쟁 때 수많은 공을 들였음에도 결국은 함락시키지 못한 성입니다. 수양제는 요동성에 맹공을 퍼붓습니다. 20여 일간 치열한 공방전이 벌어집니다. 이때 수가 사용한 신무기들이 『삼국사기』에 나옵니다.

박기자 : 어떤 신무기입니까?

고선생 : 첫째 비루飛樓입니다. 성벽 높이로 만든 원두막 같은 누각(통나무집)입니다. 지붕은 소가죽을 씌워 화살이나 창이 뚫지 못하게 하여 성벽에 접근하여 공격하는 무기입니다. 둘째는 동차童

車입니다. 오늘날 장갑차와 유사합니다. 통나무 상자에 네 바퀴를 달아 성벽에 접근한 후 쇠망치 등을 이용해 성벽을 파괴하는 무기입니다. 셋째는 운제雲梯입니다. 오늘날 이사 때 사용하는 사다리차와 유사합니다. 동차에 사다리를 연결하여 성벽에 접근한 다음 사다리를 펼쳐 성벽을 넘는 데 사용하는 무기입니다. 넷째는 지도地道입니다. 땅굴 파는 기계입니다. 사면을 철갑으로 두른 채 성벽에 접근하여 두더지처럼 성벽 밑을 파는 무기입니다.

운제(사다리차)

　　박기자 : 요동성은 함락됩니까?

　　고선생 : 수양제는 신무기들을 동원해 요동성을 줄기차게 공격합니다. 이에 맞서 고구려군도 필사적으로 대항합니다. 일부 성벽이 무너지면 오히려 성 밖으로 뛰쳐나가 기습하여 무너뜨리고 재빨리 돌아와 무너진 성벽을 신속히 복구합니다. 수양제는 온갖 수단과 방법을 동원해도 요동성을 함락하지 못하자 이번에는 어량대도魚梁大道를 만듭니다.

　　박기자 : 어량대도는 또 무엇입니까?

　　고선생 : 백만 개의 흙포대로 요동성의 높이와 동일하게 쌓은 큰 둑길입니다. 전체 모양이 물고기와 같다하여 붙여진 이름입니다. 수양제는 어량대도를 이용하여 요동성을 직접 공격할 계획입니다. 또한 팔륜누차八輪樓車를 만듭니다. 성보다 훨씬 놓은 8개 바퀴달린 고공수레입니다. 어량대도와 요동성 성벽 사이를 오가며 군사들을 운반하고 공격하는 다목적 용도의 무기입니다.

　　박기자 : 요동성이 풍전등화이군요.

　　고선생 : 당연히 요동성의 고구려군은 동요합니다. 그러나 뜻밖의 사건이 발생하며 수양제의 계획은 수포로 돌아갑니다.

　　박기자 : 어떤 사건입니까?

　　고선생 : 군수물자 조달의 책임자인 예부상서 양현감楊玄感이 수의 본국에서 반란을 일으킵니다. 또한 고관의 자제들도 반란에 가담합니다. 뒤통수를 얻어맞은 수양제는 분노와 두려움이 교차합

니다.

박기자 : 양현감이 반란을 일으킨 이유는 무엇입니까?

고선생 : 수양제의 자업자득自業自得입니다. 무리한 고구려 정벌을 단행하면서 백성들이 도탄에 빠집니다. 백성들의 불만이 하늘을 찌릅니다. 양현감은 군량미와 병장기를 수양제에게 보내지 않고 모아두었다가 의용군을 모집하여 반란을 일으킵니다. 수많은 백성들이 반란군에 동조합니다.

박기자 : 수양제는 어떻게 대처합니까?

고선생 : 선택의 여지가 없습니다. 고구려 정벌보다 양현감 반란 진압이 먼저입니다. 이제 수양제는 영양왕이 아닌 양현감과 싸워야 합니다. 이때 측근인 병부시랑(국방부차관) 곡사정이 수양제를 배신하고 고구려로 망명합니다. 곡사정은 양현감과 절친한 사이인데, 수양제의 보복이 두려워 고구려로 도망칩니다. 그날 밤, 수양제는 모든 병장기와 군수물자를 그대로 놔두고 황급히 퇴각합니다. 은밀히 요동을 빠져 나갑니다.

박기자 : 수양제로서도 내부 반란 만큼은 어쩔 수 없군요.

고선생 : 이렇게 해서 제3차 고수전쟁은 막을 내립니다. 우문술의 별동대는 압록강을 건너가 보지도 못하고 퇴각하며, 내호야의 수군도 고구려 땅을 밟지 못하고 해상에서 물러납니다. 영양왕으로서는 또 한 번의 위기를 넘깁니다.

박기자 : 표현이 적절하지는 않지만 천우신조天佑神助이군요.

고선생 : 본국으로 돌아간 수양제는 반란군을 진압하고, 양현감을 붙잡아 주살합니다. 그리고 이듬해인 614년(영양25) 2월, 또다시 고구려 정벌을 선포하고 군사를 징집합니다. 그러나 이번에는 출발부터 삐그덕거립니다. 징집에 반대하는 소요와 반란이 나라 전체로 번집니다. 수양제가 조서를 내려 고구려 정벌을 논의케 하는데, 신료들은 조서를 따르지 않고 일제히 입을 닫아 버립니다. 무언의 반대입니다. 그럼에도 수양제는 고구려 정벌을 강행합니다. 614년(영양25) 3월, 또 다시 대규모 군대를 출동시킵니다. 제4차 고수전쟁입니다. 614년(영양25) 7월, 수양제는 회원진懷遠鎭에 도착합니다. 탁군을 떠나온 지 4개월째입니다. 그 사이 도망병이 속출하는 등 군 기강이 무너져 행군속도가 무척 더딥니다.

박기자 : 회원진은 어디입니까?

고선생 : 회원진은 지금의 요녕성 북진北鎭 근처입니다. 요하 서쪽으로 옛 고구려의 발원지입니다. 추모왕이 도읍한 의무려산(흘승골성)이 북진 서쪽에 있으며, 고구려 초기에는 이 일대가 고구려의 중심지입니다. 제2차 고수전쟁 때인 612년(영양23) 요하 서쪽이 통째로 수양제에게 넘어가면서 고구려의 지배에서 벗어난 지역입니다. 참고로 이후 고구려는 요하 서쪽지역을 영영 상실합니다. 수양제는 회원진에 머무르며 더 이상 전진하지 않습니다. 요하도 건너지 않습니다. 정작 고구려 정벌을 위해 출진하지만 양현감과 같은 내부의 반란을 의식하지 않을 수 없습니다. 대신 수양제는 내호아의 수군을 출정시킵니다. 내호아는 요동반도 끝자락에 상륙하여 고구려의 비사성(대흑산산성, 요녕성 대련)을 함락합니다. 이어 수양제는 고구려에 사신을 보냅니다. 제3차 전쟁 때 고구려로 망명한 곡사정을 돌려 달라 요구합니다. 그리고 영양왕이 항복의사를 밝히고 수양제에게 입조하면 군대를 물리겠다는 조건을 제시합니다.

박기자 : 영양왕은 어떤 결정을 합니까?

고선생 : 비사성 하나 빼앗겼다고 해서 항복할 영양왕이 아닙니다. 요하조차 건너오지 못하는 수양제의 처지를 누구보다 잘 아는 영양왕입니다. 그러나 고구려 내부에서 문제가 발생합니다. 수양제의 제의를 놓고 주전파主戰派와 주화파主和派로 의견이 갈립니다. 주화파쪽에 무게가 더 실립니다. 사실 고구려의 사정도 어렵기는 수와 별반 다르지 않습니다. 해마다 거듭되는 전쟁으로 고구려의 군사력과 경제력도 상당히 약화된 상태입니다. 비록 평원왕 때 군사력을 증강 탓에 지금까지는 수의 공격을 막아냈지만 앞으로는 장담할 수 없습니다. 더구나 계

비사성(요녕성 대련)

속되는 전쟁으로 백성들의 삶은 피폐합니다. 영양왕은 중대결단을 내립니다.

　박기자 : 수양제에게 항복합니까?

　고선생 : 영양왕은 수양제의 제의를 받아들입니다. 곡사정을 돌려보내고 사신을 파견하여 항복의사도 밝힙니다.[11] 수양제는 그해 8월 회원진에서 군대를 철수시킵니다. 이로써 제4차 고수전쟁도 막을 내립니다.

　박기자 : 영양왕은 수양제에게 입조합니까?

　고선생 : 입조하지 않습니다. 수양제가 고구려 사신을 억류하고 입조를 독촉하지만 영양왕은 입조만큼은 거부합니다. 수양제는 또 다시 고구려를 정벌하겠다고 으름장을 놓습니다. 그러나 이는 어디까지나 공허한 협박입니다. 수양제는 전쟁의 후유증으로 걷잡을 수 없이 와해되는 수를 지키지 못합니다. 도처에서 반란이 일어나며 수양제가 감당할 수 있는 임계치臨界値를 넘어섭니다. 결국 618년(영양29) 수양제는 자신의 부하인 우문화(우문술의 아들)에게 살해되고, 수의 운명도 수양제의 죽음과 함께합니다.

　박기자 : 수양제의 고집이 수의 명운을 갈랐군요.

　고선생 : 그해 9월 영양왕도 사망합니다. 재위29년째입니다. 국가의 명운을 걸고 서로 한 치의 물러섬이 없던 수양제와 영양왕 두 사람은 같은 해에 명을 달리합니다. 아이러니컬한 역사의 한 장면입니다. 제세안민의 왕도정치를 꿈꾼 영양왕은 결국 그 꿈을 실현하지 못합니다. 그러나 영양왕은 거대제국 수의 쓰나미(지진해일) 공격을 고구려 백성과 혼연일체가 되어 꿋꿋이 막아냅니다. 백성의 삶을 편안케 만들지는 못했지만, 백성의 자긍심을 무한히 일깨워준 영양왕입니다. 만약 이때 고구

---

11 『태백일사』〈고구려국본기〉 기록이다. '홍무(弘武)25년(614년) 양광(楊廣-수양제)은 또 다시 동쪽으로 침략해 왔다. 먼저 장병을 보내 비사성을 여러 겹으로 포위하자 관병이 이에 맞섰으나 승리하지 못하였다. 바야흐로 평양을 습격하려 하니 제(영양왕)가 소식을 듣고 완병(緩兵-출병을 늦춤)하며 먼저 곡사정(斛斯政)을 되돌려 보내는 계략을 썼다. 때마침 조의(皀衣) 일인(一仁)이 자원하여 따라가기를 청하니, 함께 보내 양광에게 표(表)를 올렸다. 양광이 배에서 표를 손에 들고 읽는데 절반도 채 읽기 전에 일인이 소매 속에서 작은 활을 꺼내 급히 쏘아 가슴을 맞혔다. 양광은 놀라 자빠져 실신하였다. 우상(右相) 양명(羊皿)이 서둘러 양광을 업게 하여 작은 배로 갈아타고 후퇴하였다. 회원진(懷遠鎭)에 명을 내려 병력을 철수시켰다.〔弘武二十五年 廣又復東侵 先遣將兵 重圍卑奢城 官兵戰不利 將襲平壤 帝聞之 欲圖緩兵 執遣斛斯政 適有皀衣一仁者 自願廳從而借到 獻表於楊廣 廣於舡中 手表而讀未半 遽發袖中小弩 中其胸廣驚到失神 右相羊皿 使負之 急移於小船而退 命懷遠鎭撤兵〕' 영양왕의 항복의사 표시는 수양제를 잡기위한 계책이다.

려가 무너졌다면 한반도 전체가 중국 영토로 편입됐을 겁니다. 영양왕이야말로 우리 역사의 영속성을 유지시킨 참으로 위대한 수성守成 군주입니다.[12]

정교수 : 평남 강서군에 고구려 왕릉급 무덤인 「강서대묘江西大墓」가 있습니다. 봉분은 직경

51.6m, 높이 8.86m의 원형으로 무덤양식은 연도(널길)와 석실(널방)을 갖춘 대형 봉토석실분입니다. 석실은 잘 다듬은 화강암 판석으로 쌓았으며 천장은 평행삼각고임 방식입니다. 강서대묘는 사신도 벽화로 유명합니다. 동벽의 청룡, 서벽의 백호, 남벽의 주작, 북벽은 현무 등입니다. 사신도는 구상이 장대하고 힘차며 필선은 세련되고 정교합니다. 채색 또한 화려하여 전체적으로 환상적인 신비감을 강하게 풍깁니다. 우리나라 고분벽화 중에서 단연 최고의 걸작입니다. 고

강서대묘(평남 강서) 청룡도

분의 축조연대는 6세기 후반에서 7세기 초로 추정합니다. 무덤주인은 영양왕일 가능성이 높습니다.

4. 화해의 모순과 영류왕

고선생 : 영양왕의 뒤를 이은 영류왕嬰留王은 제27대 왕으로 재위기간은 618년~642년까지 25년입니다. 이름은 건무建武입니다. 영양왕의 이복동생으로 영양왕이 죽자 곧바로 즉위합니다.

박기자 : 영양왕의 아들은 없습니까?

---

12 영양왕은 야마토(왜)와의 관계도 개선한다. 595년(영양6) 승려 혜자(慧慈) 파견한다. 이때 혜자는 왜국에 머물면서 쇼토쿠(聖德) 태자의 스승이 된다. 605년(영양16) 호류사(法隆寺) 장육불상(丈六佛像)을 만드는데 황금 300량을 보내며, 담징(曇徵, 579~ 631) 등의 승려와 기술자, 화가 등을 파견하기도 한다. 『일본서기』 기록에 나온다.

고선생 : 영양왕의 아들 기록은 없습니다. 다만, 영양왕의 뒤를 이은 영류왕은 태자에 책봉된 사실이 없습니다, 즉위할 당시는 태자가 아닌 왕자의 신분입니다. 이는 당시 고구려 지배층 내에 영류왕을 지지 또는 후원하는 별도 세력의 존재를 암시합니다. 바로 이 세력이 영류왕을 옹립합니다.

박기자 : 어떤 세력입니까?

고선생 : 제4차 고수전쟁이 단서입니다. 이 전쟁은 고구려가 수양제의 항복제의를 받아들이면서 종결됩니다. 이때 영양왕을 압박하여 수양제의 항복제의를 수용하도록 강요한 세력은 주화파입니다. 이들은 이후 영양왕과 주전파를 제압하고 고구려 정계를 장악합니다. 영양왕이 사망할 즈음에는 이들의 권력이 영양왕을 압도합니다.

박기자 : 그렇다면 영양왕은 이들 주화파에 의해 제거된 겁니까?

고선생 : 추정은 할 수 있으나 기록은 없습니다. 영류왕은 즉위하자마자 수를 무너뜨리고 새로 건국한 당唐과의 관계개선에 적극 나섭니다. 선대 영양왕의 대결정책을 버리고 과감히 화해정책을 선택합니다. 영류왕은 고수전쟁으로 단절된 중국왕조에 대한 조공외교를 다시 시작합니다.

박기자 : 당은 어떤 나라입니까?

정교수 : 건국자는 이연李淵입니다. 수양제의 신하로 있다가 전국 각지에서 반란이 일어나자 장안을 탈취하고 공제(양유)를 추대한 후 스스로를 당왕이라 칭합니다. 618년 수양제가 양주에서 우문화급에게 시해당하자, 이연은 공제를 폐위하고 스스로 황제에 오릅니다. 장안(서안)에 수도를 정하고 당을 건국합니다. 당고조입니다. 당이 건국될 당시 전국은 군웅들이 할거하는 분열상태입니다. 당고조는 먼저 유문정을 보내 북방의 돌궐을 제압하고, 둘째 아들 이세민李世民(당태종)을 파견하여 관중, 하남, 화북, 산동의 군웅세력들을 차례로 정벌하고 전국을 통일합니다.

고선생 : 영류왕은 재위기간 동안 11차례 당에 사신을 파견합니다. 622년(영류5) 당고조의 요청으로 고수전쟁 때 포로로 잡은 1만여의 중국인을 돌려줍니다. 624년(영류7) 당고조로부터 「상주국요동군공고구려국왕」의 관작을 받으며, 625년(영류8) 불교와 노자의 교리를 당에 요청합니다. 영류왕은 전후 복구가 우선이고, 당고조는 내부 수습이 먼저입니다. 그러나 626년(영류9)부터 상황이 급변합니다.

박기자 : 무슨 이유입니까?

고선생 : 당고조 둘째 아들 이세민이 626년(영류9) 7월, '현무문의 변'을 일으켜, 태자인 형 이건성과 동생 이원길을 죽이고 태자 자리를 쟁취한 후, 이어 당고조로부터 황위를 물려받아 즉위합니다. 당태종(제2대)입니다. 중국 역대 황제 중 최고의 성군으로 불리며, 청淸의 강희제와 종종 비교되기도 합니다. 당태종이 다스린 시기를 「정관의 치貞觀之治」라 부릅니다. 그러나 당태종은 은연중 고구려에 대한 야심을 드러냅니다. 『삼국사기』 기록입니다.

⑩-12. 24년(641년), 황제*가 말하길 "고구려는 본래 중국의 4군이었던 곳이다. **짐이 수만의 군사를 출동시켜 요동을 공격하면, 필시 그들은 총력으로 요동을 구원하러 올 것이다. 이때 수군을 동래東萊** 에서 출발시켜 바다로부터 평양을 향하게 하고 수륙군이 합세하면 고구려를 점령하기 어렵지 않다.** 다만 산동山東의 여러 고을이 전쟁의 상처가 회복되지 않아, 짐이 그들의 수고를 원치 않을 뿐이다." 하였다. 『삼국사기』 영류왕

☞ *당태종 **산동반도

고구려에 파견된 당의 사신 대덕이 귀국하여 고구려에서 환대받은 사실과 정탐한 내용을 보고하는 자리에서 당태종이 한 말입니다. 당태종은 마음만 먹으면 얼마든지 고구려를 정벌할 수 있다고 자신합니다.

박기자 : 당태종 역시 수양제와 별단 다르지 않군요.

고선생 : 두 사람은 혈육을 죽이고 황위를 찬탈한 공통점이 있습니다. 그러나 성격은 전혀 다릅니다. 수양제가 앞뒤를 가리지 않고 일방적으로 밀어붙이는 저돌형이라면, 당태종은 돌다리도 두들겨보고 건너는 신중형입니다.

박기자 : 영류왕은 어떻게 대응합니까?

고선생 : 631년(영류14) 고구려를 자극하는 사건이 발생합니다. 당태종은 장손사를 시켜 고구려가 세운 '경관京觀'(수의 군사들의 시체를 한 곳에 묻고 그 위에 설치한 전승기념물)을 허물어 버립니다. 이에 영류왕과 고구려조정은 당태종의 침공을 예감합니다.

박기자 : 대비책은 있습니까?

고선생 : 영류왕은 장성을 쌓아 방어선을 구축합니다.

⑩-13. 14년(631년) 2월, 왕이 백성을 동원하여 장성長城을 쌓았다. 이 성은 동북쪽 부여성扶餘城에서 시작하여 서남쪽 바다에 이르기까지 1천여 리이다.[13] 16년 만에 완성하였다.『삼국사기』영류왕

『삼국사기』가 기록한 고구려 천리장성입니다. 동북쪽 부여성으로부터 서남쪽 바다에 이르는 1천여 리의 장성입니다. 축조 기간은 16년입니다.

　박기자 : 천리장성의 위치는 어디입니까?

　고선생 : 천리장성을 쌓은 목적은 당의 침입에 대한 대비입니다. 당시 고구려와 당은 요하를 경계로 동과 서로 나뉩니다. 따라서 천리장성의 위치는 요하를 연하는 동쪽지역입니다. 동북쪽 부여성으로부터 신성(요녕성 무순), 개모성(요녕성 심양), 요동성(요녕성 요양), 백암성(요녕성 등탑), 안시성(요녕성 해성), 건안성(요녕성 개평) 등으로 이어지는 라인입니다. 그러나 지도를 놓고 보면, 동북쪽 부여성으로부터 신성까지의 거리가 1천여 리이고, 또 신성에서 건안성까지의 거리가 1천여 리입니다.[14] 당시 상황으로 보아 당이 부여성(길림성 장춘, 농안고성)이 있는 북쪽을 향해 공격할 가능성은 매우 희박합니다.

천리장성 추정도

　박기자 : 그렇다면 신성에서 건안성까지 이어지는 라인이군요.

　고선생 : 천리장성은 신성에서 건안성까지가 가장 합당합니다. 다만, 기록대로 시발점인 부여성을 고집한다면, 부여성의 위치를 다시 찾아야 합니다. 부여성은 현재 비정되는 길

---

13 원문은 '東北自扶餘城 西南至海千有餘里'이다.『구당서』(권199)는 '東北自扶餘城 西南至海有里'이고,『신당서』(권220)는 '東北首扶餘城 西南屬海'이다.

14 통설은 부여성으로부터 요동반도의 끝자락인 비사성(요녕성 대련)까지이다. 이는 2천 6백~7백여 리에 해당한다. 특히 비사성은 육군이 아닌 수군의 주요 공격지점이다. 따라서 건안성에서 비사성까지 연장해서 추정하는 것은 무리이다.

림성 장춘이 아닌 요녕성 철령鐵嶺 정도로 추정됩니다.[15] 그럼에도 아쉬운 점은 천리장성이 중국의 만리장성처럼 하나의 성벽으로 연결된 고고학적 증거는 발견되지 않습니다. 따라서 천리장성의 실제성에 다소 의문이 듭니다.

정교수 : 천리장성의 축조기간은 16년입니다. 이 짧은 기간 동안에 1천여 리를 직접 연결하는 성을 쌓는다는 자체가 불가능합니다. 수십만의 인력과 대규모 물자가 동시에 투입해야 하는 실로 엄청난 대규모 공사입니다. 천리장성은 기존의 거점성들을 중심으로 적의 침공이 예상되는 침투로에 소규모 요새 또는 보루를 두어, 거점성과의 유기적 연결체계를 강화하여 방어의 효율성을 극대화한 일종의「네트워크식 장성」입니다. 중국의 만리장성이나 오늘날의 휴전선처럼 개미새끼 한 마리도 들어올 수 없는 형태는 결코 아닙니다.

고선생 : 642년(영류25) 10월, 영류왕은 사망합니다. 연개소문이 쿠데타를 일으켜 영류왕과 주화파 세력을 전원 척살하고 정권을 잡습니다. 이로써 영류왕의 화해정책은 막을 내립니다. 대신 고구려는 당과의 대결을 선택합니다. 다시 한 번 고구려는 전쟁의 소용돌이 속으로 빠져듭니다.

---

15 서길수는 고구려 부여성을 원래의 부여성과 구분하여 요녕성 철령시 서풍현 청하변의 '양천진(凉泉鎭) 성자산산성'을 부여성으로 비정한다.

11장
야망과 멸망
분열과 수복운동

1. 연개소문의 유혈쿠데타

고선생 : 642년 10월, 세상을 뒤흔든 경천동지驚天動地의 충격적인 사건이 고구려에서 발생합니다. 고구려 조정의 핵심 관료와 귀족 180여 명이 한 연회장에서 전원 살해당합니다. 연개소문淵蓋蘇文이 쿠데타를 일으킵니다. 이어 연개소문은 궁궐에 난입하여 영류왕도 죽입니다. 그리고 왕의 조카인 보장왕寶藏王을 보위에 세우고, 자신은 막리지莫離支에 올라 집정執政합니다. 연개소문 정권이 출범합니다.

박기자 : 연개소문이 쿠데타를 일으켰군요.

고선생 : 연개소문의 쿠데타는 전형적인 유혈쿠데타입니다. 특히, 180여 명을 일거에 살해한 세계사에 보기 드문 잔혹한 쿠데타입니다. 통상 쿠데타는 핵심인물 몇 명을 죽이고, 나머지는 구금 후 경중에 따라 형벌을 주거나 회유하는 것이 일반적입니다. 그러나 연개소문은 마치 일망타진하듯이 모두를 한꺼번에 살해합니다.

박기자 : 쿠데타의 전말을 좀 더 알 수 있습니까?

고선생 : 『구당서』에 쿠데타 장면이 상세히 나옵니다.

⑪-1. 정관16년(642년)에 **서부대인西部大人 개소문蓋蘇文이** 섭직攝職하며 왕을 범하려 하자, 여러 대신大臣들이 건무建武*와 의논하여 그를 죽이고자 하였다. 일이 사전에 누설되자, 소문蘇文은 부병部兵을 모두 불러 모아 군병軍兵을 사열한다고 말하고, 아울러 성城 남쪽에다 주찬酒饌을 성대히 준비해 놓았다. 여러 대신들이 모두 와서 보게 했는데, 소문이 군사를 시켜 대신들을 모조리 죽였다. 죽은 자가 백여 명이었다. 이어 창고를 불사르고 왕궁으로 달려가 건무建武를 죽인 다음, 건무의 아우인 대양大陽의 아들 장臧**을 왕으로 세웠다. 스스로 막리지莫離支에 오르니 중국의 병부상서兵部尙書 겸 중서령中書令에 해당하는 관직이다. 이로부터 국정國政을 마음대로 하였다. **소문蘇文의 성은 천씨泉氏이다.** 수염

이 고슴도치 같고 몸집이 거대하며 다섯 자루의 칼을 차고 다녔다. 주위 사람들은 감히 그를 올려다보지 못하였다. 항상 관속官屬을 땅에 엎드리게 하여 그 등을 밟고 말에 올랐으며 말에서 내릴 때에도 그렇게 하였다. 밖에 나갈 때는 반드시 병졸들을 도열시키고 선도하는 자가 먼저 가면서 행인들을 비키게 하면 백성들을 두려워서 피하며 엉겁결에 구렁텅이에 빠지는 자도 많았다. 『구당서』〈동이열전〉고구려

☞ *영류왕 **보장왕

이 기록은 연개소문의 출신을 비롯하여 쿠데타의 배경과 전개과정, 결과 등을 소개하고, 이어 연개소문의 성씨와 남다른 외모, 성격 등을 추가로 설명합니다. 먼저 ㉮ 연개소문의 출신입니다.『구당서』는 연개소문이 서부대인입니다. 서부출신입니다. 그러나『신당서』는 연개소문의 아버지가 동부대인 대대로大對盧(제1관등)로 나옵니다. 연개소문 역시 동부 출신입니다.

박기자 : 중국사서도 각기 다르군요. 어느 기록이 맞는 겁니까?

고선생 :『삼국사기』는 동부대인입니다. 어느 쪽 기록이 맞다고 단정할 수 없으나 동부 쪽에 무게를 둡니다. ㉯ 연개소문이 쿠데타를 일으킨 배경입니다. 먼저 연개소문이 영류왕을 제거하려 하자, 이를 알아 챈 영류왕이 여러 대신들과 규합하여 연개소문을 제거할 계획을 세웁니다. 그러나 이 계획은 연개소문에게 누설되어 역으로 연개소문이 선수를 칩니다. 대신들을 열병식과 연회행사에 초대합니다.

박기자 : 어떻게 해서 수많은 대신들이 연개소문의 초대에 응한 겁니까?

고선생 : 미스터리한 부분이나 추정은 가능합니다.『삼국사기』기록을 보면, 이 해에 연개소문은 천리장성 축조의 책임자로 발령받습니다. 열병식과 연회는 연개소문이 임지로 떠나기 전에 벌인 고별행사입니다. 대신들 입장에서 보면, 연개소문을 중앙정계에서 축출한 모양새이니 부담 없이 응합니다. 연개소문의 마지막 모습을 직접 보고 즐기는 자리입니다. ㉰ 쿠데타의 전개과정입니다. 기록은 대신들을 살해한 장소가 열병식장인지 아니면 연회장인지 다소 불분명합니다.『신당서』는 연회장으로 기록하고 있어, 열병식이 끝난 후 실질적인 살육이 시작됩니다. 이어 연개소문은 창고를 불태우고 궁궐로 들어가 영류왕을 살해합니다.

박기자 : 연개소문이 죽인 대신들은 누구입니까?

고선생 : 연개소문의 반대파입니다. 신흥제국 당과의 대결보다 화친을 선택한 주화파세력입니다. 이들은 제4차 고수전쟁 때 영양왕을 압박하여 수양제의 항복제의를 수용하게 만든 세력들로, 이후 영류왕을 옹립하고 조정 권력을 장악하면서 훈구화된 대당온건세력입니다. 이에 반해 연개소문은 대당강경노선을 견지한 주전파세력이며 또한 신진파입니다. 결국 연개소문의 쿠데타는 대당정책을 놓고 노선을 달리하며 대립한 결과입니다.

박기자 : 창고를 불태운 이유는 무엇입니까?

고선생 : 병장기를 보관한 창고가 아닐까 싶습니다. 만약에 있을 지도 모르는 반격에 대비하여 미리 그 수단을 없애버린 조치입니다. ㉔ 쿠데타의 결과입니다. 대양大陽의 아들 장藏(보장왕)을 보위에 세우고 자신은 막리지에 올라 국정을 총괄합니다. 이로써 연개소문의 쿠데타는 종결됩니다.

박기자 : 대양은 누구이며, 막리지는 또 무엇입니까?

고선생 : 대양은 영류왕의 동생입니다. 아버지는 평원왕입니다. 첫째 아들이 영양왕이고, 둘째 아들은 영류왕이며, 셋째아들이 대양입니다. 대양은 이후 왕으로 추존됩니다. 막리지莫離支는 처음 기록에 등장하는 관직입니다. 『구당서』 기록(⑪-1)의 설명에 따르면, 막리지는 당의 병부상서(국방부장관)와 중서령(국무총리)을 겸하는 직책입니다. 정치, 군사를 총괄하는 국정의 최고책임자입니다.

정교수 : 막리지의 성격에 대해서는 여러 견해가 있습니다. 제1관등인 대대로와 동일한 것으로 대대로를 통칭하여 막리지로 불렀다는 주장이 있으며, 또한 제2관등인 태대형太大兄의 별칭別稱으로 보는 의견도 있습니다. 고구려 말기 왕권이 약화되고 귀족세력이 대두되면서 보다 권력을 집중시키기 위해 만든 것으로 이해합니다. 이후 대막리지, 태대막리지로 그 위세가 점점 강화됩니다.

박기자 : 혹시 영류왕에게 아들이 있습니까?

고선생 : 환권桓權이라는 이름을 가진 태자가 있습니다. 『삼국사기』를 보면, 640년(영류23) 영류왕이 환권태자를 당에 보내 조공하고, 또 영류왕의 자제들을 당의 교육기관인 국학에 입학을 청한 기록이 있습니다. 환권태자는 더 이상 기록에 나오지 않아, 연개소문이 영류왕을 시해할 때 함께 살해된 것으로 추정됩니다. 참고로 일본의 고대 씨족 족보인 『신찬성씨록』에 영류왕의 아들 복덕福德이 나옵니다. 고마高麗씨 가문의 시조인데, 환권태자의 동생으로 추정됩니다.

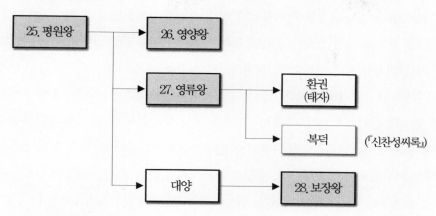

【영류왕 계보도】

```
25. 평원왕 ──┬──▶ 26. 영양왕

            ├──▶ 27. 영류왕 ──┬──▶ 환권
            │                 │    (태자)
            │                 │
            │                 └──▶ 복덕   『신찬성씨록』
            │
            └──▶ 대양 ──────────▶ 28. 보장왕
```

㉗ 연개소문의 성씨입니다. 우리는 흔히 연개소문을 연淵씨로 압니다. 그러나 『구당서』는 천泉씨입니다. 『신당서』에는 연개소문이 '스스로 물속에서 태어났다고 하여 사람들을 현혹시켰다.'는 기록이 있습니다. '淵(연못 연)'이나 '泉(샘 천)' 둘 다 물과 연결됩니다. 『삼국사기』 역시 천씨입니다. 〈열전〉 개소문 편에 '개소문蓋蘇文(혹은 개금蓋金이다)은 성이 천泉씨이다.'고 기록합니다. 『구당서』, 『신당서』 기록을 인용합니다. 그럼에도 『삼국사기』는 무슨 연유인지 모르나 연개소문을 표기할 때, 성씨를 생략하고 개소문(또는 소문)의 이름만 사용합니다. 연개소문이 정말로 연씨인지 의문스럽습니다.

박기자 : 연개소문이 아니라면 천개소문입니까?

정교수 : 연개소문의 성씨에 대해서 처음으로 관심을 가진 사람은 안정복(1721~1791)입니다. 『동사강목』을 통해, 『신라기新羅記』의 '고구려 귀신貴臣 연정토淵淨土가 신라에 내항來降하였다.〔高句麗貴臣淵淨土來降〕'는 기록과 『통고通攷』의 '정토淨土는 소문蘇文의 동생이다.〔淨土蘇文之弟〕'는 기록을 근거로 삼아 연개소문의 성씨를 연씨로 제시합니다. 또한 중국사서가 연씨를 천씨로 바꿔 기록한 것은 당고조 이연李淵의 이름과 겹쳐 이를 의도적으로 기휘忌諱(꺼리어 피함)한 것이라고 부연합니다. 안정복의 주장은 현재의 정설입니다. 그러나 연개소문의 아들 남생의 묘지명(1923년, 하남성

《천남생 묘지명》

북망산 출토)이 세상에 알려지면서 연개소문의 성씨 문제가 다시 한 번 주목을 받습니다. 묘지명에는 연남생이 아닌 천남생으로 나옵니다.[1] 또한 묘지명은 '멀리 계보를 살펴보면 본래 천泉(샘)에서 나왔으니 신께 의지해 복을 받았고 태어난 곳을 따라 족속의 이름을 붙였다.〔遠系出於泉 旣托神以隤祉 遂因生以命族〕'고 기록합니다. 泉을 성씨로 삼은 배경설명입니다. 이로 미루어 볼 때, 당시 연개소문의 성씨는 중국 기록과 마찬가지로 천씨일 가능성이 높습니다. 다만 淵이나 泉 둘 다 물과 연관되므로, 이는 음차의 편의적 선택으로 이해합니다. 결론적으로 연씨와 천씨 둘 다 사용해도 무방합니다. 참고로 『일본서기』는 연개소문을 '이리가수미伊梨柯須彌'[2]로 표기합니다.

고선생 : ⑭ 연개소문의 외모와 행동입니다. 수염이 고슴도치 같고, 몸집이 거대합니다. 전형적인 무인의 기골입니다. 백성들이 무서워 할 만도 합니다. 특히 다섯 자루의 칼을 몸에 지니고 다녔다는 표현이 인상적입니다.[3] 중국의 전통 연극인 경극京劇이 있습니다. 짙은 화장과 화려한 복장을 한 배우들이 노래, 대사, 동작 등을 연출하는 일종의 형식연극입니다. '패왕별회覇王別姬(초楚 패왕 항우項羽와 우미인虞美人의 이별을 그린 작품)'는 널리 알려진 대표작입니다. 그런데 이들 경극 중에 연개소문이 등장하는 작품이 있습니다. '독목관獨木關', '분하만汾河灣', '어니하淤泥河' 등입니다. 이 작품들의 줄거리는 비슷합니다. 당태종 이세민이 연개소문에 쫓겨 위기에 처하자, 설인귀가 나타나 구해주는 내용입니다. 보통 연개소문과 설인귀가 주연이고, 당태종은 조연입니다.

경극에 나오는 연개소문

---

1 연개소문의 셋째 아들 남산(男産)의 묘지명에도 연남산이 아닌 천남산으로 나온다. 출토지는 중국 하남성 낙양 북망산으로 천남생묘지명의 출토지와 같다.

2 伊梨柯須彌는 伊梨+柯須彌로 나눌 수 있다. 伊梨는 성이고, 柯須彌는 이름이다. 연개소문의 또 다른 이름은 개금(蓋金)이다. 즉 柯須彌는 蓋金이다. 『일본서기』는 백제 개로왕(蓋鹵王)을 가수리군(加須利君)으로 기록하는데, 蓋鹵는 加須利이다. 따라서 柯須(또는 加須)는 蓋에 대응한다. 伊梨는 泉(또는 淵)의 방훈(方訓)인 於乙(얼)이라고 한다. 따라서 伊梨柯須彌는 泉(또는 淵)蓋金이다.

3 『한원』 고구려전에는 '남자들은 허리에 은띠를 차는데, 왼쪽에는 숫돌을, 오른쪽에는 칼 다섯 자루를 차고 다닌다.'는 기록이 있다. 칼 다섯 자루를 차고 다니는 것은 고구려 남성들의 일상 모습이 아닐까 싶다.

연개소문은 푸른빛의 얼굴 화장을 하고 다섯 자루의 칼을 찬 무술이 뛰어난 인물이면서도, 또한 잔인하고 사납고 포악한 인물로 묘사됩니다. 연개소문은 중국인들에게 있어서 무섭고 두려운 존재입니다.

박기자 : 연개소문의 평가는 어떠합니까?

고선생 : 전통적으로 연개소문에 대한 평가는 부정적입니다. 왕을 죽이고 전횡을 일삼아 나라를 기울게 한 역신逆臣입니다. 이는 중국사서(『구당서』, 『신당서』)가 취한 극단적인 평가입니다. 『삼국사기』 평가도 중국과 같습니다. 고구려 역사에서 왕을 시해한 신하는 3명입니다. 창조리는 봉상왕을, 명림답부는 차대왕을, 그리고 연개소문은 영류왕을 시해합니다. 『삼국사기』〈열전〉에 이들 3명이 모두 나오는데, 창조리와 명림답부는 충신으로 연개소문은 역신으로 분류합니다.

박기자 : 『삼국사기』가 부정적으로 평가한 이유는 무엇입니까?

고선생 : 김부식은 연개소문에게 역신의 누명을 씌워 우리 역사 앞에 무릎을 꿇립니다. 이는 신라에 대한 배려 때문입니다. 연개소문은 쿠데타 직후에 신라 김춘추의 예방을 받는데, 김춘추가 자신과 연합하여 백제를 치자고 제안합니다. 연개소문은 거절합니다. 이후 김춘추는 왜국으로 달려가고, 또 당으로 달려가 당태종 앞에 무릎을 꿇고 애원하여 '나당연합'을 성사시킵니다. 신라입장에서 보면, 연개소문은 한마디로 '나쁜 사람'입니다. 조선사회도 연개소문의 평가는 부정적입니다. 유교적 관점에서 왕을 시해하는 것은 만고의 대역죄입니다. 그러나 일제강점기에 들어서 연개소문은 나라와 민족을 구한 '구국의 영웅'으로 재평가됩니다.

⑪-2. 기존 역사가들은 '성공했나 실패했나' 또는 '흥했나 망했나'는 기준으로 사람의 우열을 판단하거나 유교적 윤리관으로 사람의 시시비비를 판단하였다. 연개소문의 경우에는, 본인은 성공했지만 불초한 자식들이 유업을 제대로 지키지 못하였다. 그래서 춘추필법을 흉내 내는 사람들은 연개소문을 배척하고 연개소문을 흉적凶賊으로 몰며 모독과 치욕을 가했다.…(중략)… **하지만 연개소문은 다르다. 그는 봉건 세습적인 호족 공화제를 타파하고 정권을 한 곳에 집중함으로써 분권적인 국면을 통일적인 상태로 바꾸었다. 또 반대파는 군주든 호족이든 불문하고 죄다 소탕하였다. 그는 영류왕을 비롯해서 수백의 관료들을 주살하였다. 또한 침략해온 당태종을 격파하였을 뿐 아니라, 이를 추격하여 중국 전**

역을 진동시켰다. 그는 혁명가의 기백을 가지는 데 그치지 않고, 혁명의 능력과 지략까지 갖추었다고 봐야 한다. 『조선상고사』

　　대표적인 인물이 단재 신채호입니다. 『조선상고사』를 통해 연개소문을 '우리 역사의 위대한 혁명가'로 평가합니다. 같은 맥락에서 박은식(백암)은 '독립 자주의 정신과 대외 경쟁의 담략을 지닌 우리 역사상 제1인자'로, 문일평(호암)은 '천고의 영걸英傑'로 연개소문을 높게 평가합니다.

　　정교수 : 현재의 평가는 부정과 긍정이 다소 복합적으로 얽혀있습니다. 고구려 멸망의 책임이 있고, 자신의 안위를 위해 반역을 저질러 함부로 대신들을 해쳐 나라의 기반을 무너뜨린 역적이라는 부정적 평가와, 당과의 대치에 있어서 결코 굴욕적인 아닌 자주적 외교를 펼친 점과 또한 전쟁에서 승리를 이끌어낸 훌륭한 리더쉽을 가진 지도자라는 긍정적 평가입니다.

2. 당태종을 무릎 꿇린 연개소문

　　고선생 : 연개소문은 쿠데타 성공이후 642년~666년까지 25년을 집권합니다(보장왕의 재위기간은 642년~668년임). 《천남생묘지명》에 연개소문의 가계가 나오는데, 할아버지는 자유子遊이고 아버지는 태조太祚입니다. 연개소문은 집권하자마자 신라 김춘추의 예방을 받습니다. 김춘추가 신라와 연합하여 백제를 멸망시키자고 제안합니다.

　　박기자 : 김춘추가 백제를 멸하자고 제안한 이유는 무엇입니까?

　　고선생 : 당시 신라와 백제는 최악의 대치상황입니다. 연개소문이 집권한 642년 8월, 신라와 백제는 대야성(경남합천)에서 혈전을 벌입니다. 백제 의자왕(제31대)은 641년 즉위하자마자 곧바로 신라를 공격하여 신라의 서쪽 40여개 성을 빼앗고, 여세를 몰아 대야성으로 진격합니다. 대야성은 신라 서쪽방면의 전략적 요충지로, 신라로서는 대야성을 빼앗기면 곧장 수도 경주가 위험에 노출됩니다. 대야성 전투는 백제의 공세가 절정에 달한 사건입니다. 이 전투에서 의자왕은 1만의 군사를

동원하여 대야성을 함락하고 당시 성주인 김춘추의 사위 김품석과 딸 고타소를 죽입니다.[4] 이 사건으로 김춘추의 분노는 극에 달하고, 백제를 멸망시킬 결심을 굳힙니다. 그리고 곧장 연개소문에게로 달려갑니다.

박기자 : 연개소문은 김춘추의 제안을 받아들입니까?

고선생 : 일단은 받아들입니다. 그러나 연개소문은 신라 진흥왕(제24대)이 **빼앗아간** 한강유역의 옛 고구려 영토 반환을 조건으로 내세웁니다. 이는 김춘추가 독단으로 처리할 수 있는 문제가 아닙니다. 결국 협상은 결렬되고, 김춘추는 연개소문의 추적을 간신히 따돌리고 고구려를 탈출합니다. 잔뜩 기대한 고구려와의 연합은 물 건너가고 오히려 적개심만 키웁니다.

박기자 : 김춘추는 혹을 떼러 갔다가 혹을 붙여 온 격이군요.

고선생 : 이후 김춘추는 당으로 달려가 애원하다시피 당태종을 설득하여 648년(보장7) '나당연합'을 성사시킵니다. 나당연합에는 당태종과 김춘추의 동상이몽同床異夢이 작동합니다. 당태종은 어차피 고구려와 한판 붙을 요량이니 신라로부터 군사적 도움을 받는다면 손해 볼 것이 없고, 김춘추 또한 신라 단독으로 삼국통일을 달성할 수 없다면 당의 군사적 도움이 절대적으로 필요합니다. 동상이몽에는 누이 좋고 매부 좋은 양국의 계산이 깔립니다. 643년(보장2) 연개소문은 당에 사신을 파견하여 도교를 구합니다. 당태종은 도교의 도사道士들과 노자의 『도덕경』을 보내줍니다.

박기자 : 뜬금없이 도교는 또 무엇입니까?

고선생 : 일종의 탐색전입니다. 연개소문은 자신이 먼저 손을 내밀어 당태종의 의중을 살피고, 당태종 또한 연개소문이 내민 손을 일단은 잡습니다. 그러나 당태종은 은연중 본심을 드러냅니다. 『삼국사기』 기록입니다.

⑪-3. 2년(643년) 6월, 당태종唐太宗이 물었다. "**연개소문은 자신의 왕을 죽이고 국정을 휘두르고 있는데, 이는 실로 참을 수 없는 일이다. 오늘 우리의 병력으로 고구려를 빼앗는 것은 어렵지 않다. 다만 백성들을 힘들게 하고 싶지 않으므로, 거란과 말갈에게 그들을 치게 하고자 하는데 어떠한가?**" 장손

---

4 정재수, 『신라 역사의 명암』(논형, 2018) 제9장 참조.

11장 야망과 멸망, 분열과 수복운동　333

무기長孫無忌가 답하였다. "연개소문은 자신의 죄가 크다는 것을 알고, 우리가 죄를 엄하게 물을 것이 두려워 견고한 수비를 하고 있습니다. 폐하께서 먼저 인내하면 연개소문은 방심하게 될 것이며, 또한 반드시 교만하고 나태해져서 죄는 더욱 커질 것입니다. 이렇게 된 연후에 토벌하여도 늦지 않을 것입니다." 당태종이 "좋다." 하였다 『삼국사기』 보장왕

고구려 사신이 당에 머무는 동안 당태종이 측근인 장손무기와 주고받은 대화입니다. 당태종이 고구려 정벌 의사를 내비치자, 장손무기가 아직은 때가 아니라는 이유를 들어 반대합니다. 당태종은 장손무기의 의견을 군말 없이 수용합니다.

박기자 : 당태종이 장손무기 의견을 받아들인 것은 뜻밖이군요.

고선생 : 바로 이점이 당태종의 강점입니다. 아마도 수양제라면 황제의 의지를 꺾었다하여 장손무기에게 벌을 내렸을 겁니다. 그러나 당태종은 신중합니다. 또한 신하들의 의견을 경청하고 이를 수용할 줄 아는 도량이 있습니다. 이처럼 연개소문의 집권초기에는 당과의 관계가 비교적 원만합니다. 그러나 연개소문과 당태종의 관계가 틀어지는 문제가 발생하며 결국 고구려와 당은 대결국면으로 전환합니다.

박기자 : 어떤 문제입니까?

고선생 : 644년(보장3) 당태종은 고구려에 사신을 파견하여 신라를 공격하지 말라는 협박성 서신을 보냅니다. 이때 연개소문은 군사를 이끌고 신라의 2개성을 공격하고 있다가 급히 돌아와 당 사신을 만납니다. 당태종의 서신을 본 연개소문은 고구려가 신라를 공격하는 것은 어디까지나 신라에 빼앗긴 영토를 되찾는 일이라며 앞으로도 싸움은 계속될 것이라고 당 사신에게 일갈합니다. 한마디로 제3자인 당은 간섭하지 말라는 경고성 발언을 날립니다. 이에 당 사신은 고구려가 요동 땅을 중국으로부터 빼앗아 차지하고 있는데도 자신들은 고구려에 아무런 행동도 취하지 않고 있다며 오히려 연개소문을 압박합니다. 그러나 연개소문은 영토를 되찾을 때까지 신라를 계속해서 공격하겠다는 의지를 꺾지 않습니다. 당 사신은 귀국하여 당태종에게 이를 보고하고, 당태종은 연개소문이 자신의 말을 듣지 않는다며 즉각 고구려 정벌준비를 지시합니다.

박기자 : 결국 신라 때문에 연개소문과 당태종 사이가 틀어진 것이군요.

고선생 : 표면적으로 신라문제가 둘 사이를 갈라놓는 계기가 된 것은 분명합니다. 그러나 『신당서』장엄 전을 보면, 당태종은 한 차례 더 사신을 보내 연개소문을 회유한 것으로 나옵니다. 이때 연개소문은 아예 당 사신 장엄을 토굴에 가둬버립니다. 이 사건이 결정적인 도화선입니다. 644년(보장3) 11월, 당태종은 육군과 수군 총 50만의 대규모 원정군으로 고구려 공격을 명령합니다.[5] 당태종은 출병에 앞서 조서를 발표합니다.

⑪-4. "옛날 수양제는 부하들을 잔혹하게 다루었고, 고구려 왕은 백성들에게 인애仁愛하였다. 수양제는 반란을 도모하는 군사를 이끌고 화목한 군대를 공격한 까닭으로 성공할 수 없었다. 하지만 **지금 우리에게는 다섯 가지 필승의 도道가 있다. 첫째는 큰 나라로 작은 나라를 치는 것이요, 둘째는 순리로 역리를 치는 것이요, 셋째는 안정된 나라로 어지러운 나라를 치는 것이요, 넷째는 건강한 군사로 피로한 군사를 치는 것이요, 다섯째는 기쁜 백성이 원망하는 백성을 치는 것이다.** 사정이 이러한데 어찌 이기지 못할 것이라 걱정하겠는가? 백성들에게 포고하노니 추호도 의심하거나 두려워하지 말라."
『삼국사기』 보장왕

이 내용은 『삼국사기』에 실린 조서의 일부입니다(『자치통감』에 전문이 나옴). 당태종은 다섯 가지 필승의 도道를 들어 고구려와 전쟁은 이길 수밖에 없다고 설파합니다.

박기자 : 당은 크고 선한 존재로, 고구려는 작고 악한 존재로 대비한 대목이 인상적이군요.

고선생 : 당태종은 요동도행군대총관 이세적을 선봉군 총사령관에 임명하고, 육군 20여만을 주어 먼저 요동을 향하게 합니다. 그리고 자신은 친정군 20만을 이끌고 뒤따릅니다(6도행군 36만이 추가됨). 이때 평양도행군대총관 장량의 수군 10만(상륙군 4만3천 포함)은 1천척의 함선에 승선하고 등주(산동반도)를 출발합니다. 제1차 고당(고구려-당)전쟁이 시작됩니다.

박기자 : 연개소문은 어느 정도 군사로 당에 대응합니까?

---

5 제1차 고당전쟁에 동원된 당군의 숫자에 대해, 『구당서』는 육군 6만, 수군 4만3천 등 총 10만4천으로, 『신당서』는 육군 10만, 수군 7만 등 총 17만으로 나온다. 그러나 개별 전투에 참가한 당군의 숫자를 종합적으로 고려하면, 당군은 전투병력만 최소 50~60만 정도로 추산된다. 중국기록은 당태종이 연개소문에게 패한 사실이 부끄러웠는지 당군 숫자를 확 줄인다. 이것은 만들어진 역사의 폐단이다.

고선생 : 알 수 없습니다. 기록 자체가 아예 없습니다. 참고로 연개소문의 집권시기에 해당하는 『삼국사기』 보장왕 재위기록을 읽다보면 숨이 콱콱 막힙니다. 도대체 고구려의 역사기록인지 아니면 당의 역사기록인지 도통 종잡을 수가 없습니다. 고구려는 중국왕조와 직접 국경을 맞대고 있어 직접 충돌이 불가피합니다. 그래서 『삼국사기』〈고구려본기〉는 중국기록에 대부분을 의존합니다. 그럼에도 보장왕 재위기록을 보면 실로 가관입니다. 당태종 어록을 비롯하여 당 장수들의 이름과 직책, 그리고 작전활동, 전투행적, 당군 숫자 등의 내용이 너무나도 상세합니다. 그러나 이에 대응한 고구려 장수의 이름과 대응한 군사 숫자 등은 아예 없습니다. 이 기록을 보고 고구려 역사기록이라고 한다면, 앉은뱅이가 일어나 걷고 장님이 눈을 뜨는 것과 하등 다를 바가 없습니다.

박기자 : 정말로 없는 겁니까?

고선생 : 전혀 없는 것은 아닙니다. 그러나 이 또한 당에 투항한 고구려 장수 이름 정도입니다. 당이 승리한 기록을 보면, 고구려사람 몇 천 또는 몇 만을 포로로 잡았다고 적습니다. 더욱 답답한 점은 이들 포로들에 대해 당태종이 은혜를 베풀었다고 꼬박꼬박 기록합니다. 『삼국사기』가 이 부분에 대해서만큼은 해도 해도 너무한다 싶을 정도입니다.

정교수 : 『삼국사기』〈고구려본기〉의 전체 기록을 놓고 보면, 보장왕의 재위기간 기록이 역대 왕들과 비교할 때 가장 많은 분량을 차지합니다. 『구당서』, 『신당서』, 『자치통감』 등 중국기록에 대부분을 의존합니다. 다만, 『삼국사기』를 굳이 변명하자면 편찬당시 이 부분에 대한 우리 기록이 부재하여 중국기록 중심으로 편집했을 가능성이 높습니다. 그럼에도 고구려 중심으로 기술하지 못한 점은 매우 아쉬운 부분입니다.

고선생 : 다시 전쟁 상황으로 돌아갑니다. 해가 바뀌어 645년(보장4) 유성(요녕성 조양)을 출발한 이세적의 선봉대는 처음 회원진(요녕성 북진 근처)으로 향하다가 갑자기 방향을 틀어 수백km 북쪽에 위치한 통정진에 집결합니다.

박기자 : 통정진은 어디입니까? 또한 방향을 튼 이유는 무엇입니까?

고선생 : 통정진通定鎭은 지금의 요녕성 신민新民 근처입니다. 동요하와 서요하가 만나는 지점으로 요하(대요하)상류에 해당합니다. 이 지역은 강폭이 좁고 수심이 얕아 도하가 수월합니다. 회원진

은 요하 중류에 위치합니다. 고수전쟁 때 수양제가 전초기지로 삼은 곳입니다. 요하 하류는 강폭이 넓고 수심도 깊습니다. 또한 강가는 온통 늪지대로 요택逸澤이라 불리던 지역입니다. 대규모 군대의 도하는 매우 어렵습니다. 수양제는 고구려를 침공할 때 요하 중류를 이용합니다. 이를 잘 알고 있는 당태종은 이세적의 선봉부대를 회원진이 아닌 통정진으로 이동시켜 도하의 위험부담을 제거합니다. 이는 고구려 입장에서 보면 혀를 찔린 격입니다. 고구려 방어부대 주력은 요하 중류지역에 배치했을 공산이 큽니다.

박기자 : 처음부터 고구려가 불리한 상황이군요.

고선생 : 요하를 건넌 이세적은 선봉대를 3갈래로 나눕니다. 이세적 자신은 6만의 군사로 현도성으로 향하고, 이도종에게 6만을 주어 신성을 공격하게 하며, 또 장검에서 역시 6만의 군사로 건안성을 치게 합니다.

박기자 : 3갈래로 나눈 이유는 무엇입니까?

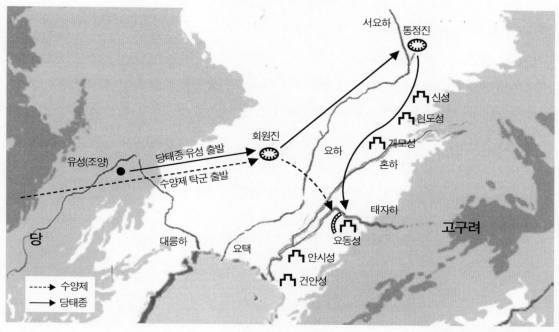

당태종 고구려 침공로

고선생 : 고구려 요동지역의 중심은 요동성입니다. 요동성은 고수전쟁 때 수양제가 여러 차례 맹공을 퍼붓지만 끝내 함락하지 못한 난공불락의 철옹성입니다. 수양제는 요동성을 먼저 공격하여 고구려의 예봉銳鋒을 꺾고 이어 주변성들을 축차적으로 함락하는 전략을 쓴 반면, 당태종은 요동성을 제외한 주변성들을 먼저 함락한 후 마지막으로 요동성에 집중하는 전략을 세웁니다.

박기자 : 당태종은 수양제의 패배를 철저히 반면교사 삼았군요.

고선생 : 이세적의 기습을 받은 현도성(5월5일)이 쉽게 함락당합니다. 이도종은 신성을 공격하다 실패하자 방향을 돌려 인접 개모성(5월26일)을 함락합니다. 장검은 요하 남쪽 건안성을 공격하나 함락시키지 못합니다. 이 시기 장량의 수군도 요동반도 끝자락에 위치한 비사성(5월31일)을 함락합니다. 요동지역 고구려 성들이 줄줄이 무너집니다. 당태종은 요동성 공격을 명령합니다. 연개소문은 사태의 심각성을 깨닫고 신성과 국내성의 보병과 기병 4만을 요동성에 급파합니다(고구려 장수의 이름은 나오지 않음). 요동성 인근에서 이세적과 이도종의 당군과 맞닥뜨린 고구려군은 처음에는 당군을 물리치며 기세를 올리나 결국에는 패배합니다. 드디어 당태종이 친정군을 이끌고 요하를 건너 요동성 인근에 도착합니다.[6]

박기자 : 요동성이 풍전등화이군요.

고선생 : 당태종은 요동성에 맹공을 가합니다. 수백 겹으로 요동성을 포위하고 12일 간 밤낮없이 공격합니다. 그러나 요동성은 끄떡없습니다. 이즈음에서 『삼국사기』가 매우 중요한 기록을 하나 남깁니다.

박기자 : 어떤 기록입니까?

고선생 : 요동성 안에 소재한 추모사당에 대한 기록입니다.

⑪-5. 4년(645년), **성 안에는 주몽**朱蒙**사당이 있었다. 사당에는 쇠사슬 갑옷과 날카로운 창이 있는데,**

---

6 당태종은 요하를 건넌 후 설치한 부교를 전부 없앤다. 승리를 확신한 결기이다. 그러나 훗날 당태종은 고구려에 패배한 후, 부교가 없어 요하 하류의 늪지대인 요택을 건너 퇴각한다. 수많은 당군이 요택에서 빠져나오지 못하고 죽는다. 당태종의 결기가 객기가 된 셈이다.

망령되게도 이전 연燕시대에 하늘이 내려준 것이라고 하였다 한다.[7] 사태가 긴박해지자, 미녀를 치장시켜 부신婦神*으로 삼았다. 무당이 말하길 "주몽께서 기뻐하시니 성은 반드시 온전할 것이다." 하였다. 『삼국사기』 보장왕

☞ *추모왕을 지아비로 섬기는 여신

요동성이 위기에 빠지자 미녀를 예쁘게 치장시켜 시조 추모왕의 부신婦神으로 삼습니다. 추모왕이 요동성을 온전히 지켜줄 것이라는 믿음 때문입니다. 추모사당이 요동성 안에 존재한다는 것은 요동성이 고구려의 옛 수도라는 사실을 증언합니다. 요동성이 바로 평양성입니다. 지금의 요녕성 요양입니다. 처음 추모사당은 고구려의 건국지이자 최초 수도인 홀승골성(의무려산, 요녕성 북진)에 있습니다. 247년(동천21) 동천왕이 평양성으로 천도하면서 추모사당도 함께 이전한 것으로 추정됩니다.[8] 요동성은 고구려 요동지역의 거점이라는 전략적 중요성도

요동성총(평남 순천) 벽화의 요동성 지도

있지만, 고구려의 뿌리와 정신이 살아 숨 쉬는 상징적 중요성이 더 큰 장소입니다.(제5장 173쪽 참조)

박기자 : 요동성은 어떻게 됩니까?

고선생 : 결국은 당태종에게 함락됩니다. 이때 발차拔車라는 신무기가 등장합니다. 오늘날 대포와 유사합니다. 발차에서 발사된 커다란 돌맹이가 300보를 날아가 성벽을 때리자 요동성이 무너져

---

7 추모사당 안에 갑옷과 창이 있다. 아마도 하늘이 내려준 것이니 매우 귀중한 보물이다. 연(燕)은 춘추전국시대의 연을 지칭한다. 다만, 『삼국사기』는 보물을 얻은 것을 두고 하늘이 내려주었다고 하여 '망령되게도(妄言)'라는 표현을 쓴다. 참으로 어이없다.
8 청대의 『요동지』〈능묘〉편에 요양 동쪽 30리에 동명왕릉이 있다는 기록이 있다. 추모사당과 마찬가지로 추모왕의 능묘도 평양성(요동성, 현 요양)으로 천도하면서 이전했을 것으로 추정된다.

내립니다. 고구려군은 신속히 나무로 만든 임시 성책을 세워 무너진 성벽을 복구합니다. 그리고 또 10일을 버팁니다. 그러나 강풍이 불며 요동성은 최악의 상황으로 내몰립니다. 당태종은 화공법火攻法을 사용하고 결국 요동성은 불타며 함락됩니다. 『삼국사기』는 요동성전투로 죽은 자가 1만, 포로는 군사 1만과 백성 4만이며 그리고 양곡 50만 섬을 당태종이 탈취했다고 기록합니다.

박기자 : 이후 전쟁은 어떻게 전개됩니까?

고선생 : 요동성이 함락되자, 인접한 백암성 성주 손대흠이 당에 투항하며 백암성을 통째로 당태종에게 바칩니다. 이제 요동지역에 남아 있는 고구려 성은 안시성과 건안성뿐입니다. 당태종은 두 성의 공격 우선순위를 놓고 작전회의를 엽니다. 당태종은 안시성을 보류하고 건안성을 먼저 칠 생각인데, 이세적이 안시성을 놓아두고 건안성을 먼저 치면 안시성으로부터 후미를 급습당할 수 있고 또한 보급로마저 끊길 수 있다며 안시성을 먼저 치자고 제안합니다. 당태종은 이세적의 의견을 받아들이고 안시성을 겹겹이 포위합니다. 이즈음 연개소문은 요동성 함락소식을 듣고, 급히 고연수(북부 욕살)와 고혜진(남부 욕살)에게 15만(말갈병 포함) 대병력을 주어 요동에 파견합니다. 그런데 두 사람은 지구전을 펼치라는 평양의 지시를 어기고 들판에서 당군과 정면 대결합니다. 고구려군은 당군의 유인전술에 말려들어 3면이 포위당하며 대패합니다. 결국 고연수와 고혜진은 제대로 싸워보지도 못하고 당태종에게 투항합니다.[9] 이제 홀로 남은 안시성은 외부로부터 지원을 받을 수 없는 고립무원에 빠집니다.

박기자 : 양만춘 장군의 활약이 시작되는 군요.

고선생 : 고수전쟁의 영웅이 을지문덕이라면, 고당전쟁의 영웅은 단연코 양만춘楊萬春입니다. 그런데 『삼국사기』나 중국기록에는 양만춘의 이름이 나오지 않습니다. 대신 송준길의 『동춘당선생별집』과 박지원의 『열하일기』 등에서 확인됩니다. 우리는 정사正史가 아닌 야사野史를 통해 양만춘의 이름을 발견합니다. 기록에 따르면 양만춘은 연개소문이 쿠데타를 일으켰을 때 연개소문에게 동조

---

9 당태종은 포로로 잡은 고구려군 중 3천5백은 당으로 옮기고, 나머지는 전원 석방하여 평양으로 되돌려 보낸다. 그 대신 말갈병 3천3백은 전원 생매장한다. 고도의 심리전이다.

하지 않은 것으로 나옵니다. 이로 미루어 보아 양만춘은 연개소문에게 매우 껄끄러운 존재입니다.[10] 이는 양만춘이 중앙정계의 인물이 아닌 변방의 일개 성주라는 사실이 이를 증명합니다. 이런 연유로 당태종 역시 양만춘의 존재는 잘 알지 못합니다. 당태종이 안시성을 먼저 선택한 이유입니다. 당태종은 건안성을 먼저 쳤다가 혹시나 안시성으로부터 뒷벌미를 잡힐까봐 안시성을 먼저 공격합니다. 그러나 그 미혹迷惑으로 당태종의 야심은 수포로 돌아갑니다. 우리는 안시성 전투를 통해『삼국사기』가 외면한 또 한분의 위대한 영웅을 기억하게 됩니다.

박기자 : 안시성 전투는 어떻게 진행됩니까?

고선생 : 안시성 전투는 7월 5일부터 시작합니다. 안시성을 끝내 함락시키지 못한 당태종이 퇴각을 결정한 날이 9월 18일이니, 양만춘과 당태종은 70일 이상 혈투를 벌입니다. 안시성 전투의 핵심은 토산(흙으로 쌓은 산)입니다. 당태종은 60일 동안 총인원 50만을 동원하여 안시성보다 높게 토산을 쌓습니다. 이는 과거 수양제가 요동성을 함락시키기 위해 흙포대를 쌓은 어량대도와 유사합니다(제10장 316쪽 참조). 결국 당태종도 수양제의 전철을 밟습니다. 그러나 토산은 짧은 기간에 쌓다보니 견고하지 못합니다. 양만춘은 바로 이 허점을 꿰뚫어보고, 당태종이 어렵게 쌓은 토산을 일거에 무너뜨립니다. 토산이 무너지면서 수만의 당군이 흙속에 매몰됩니다. 양만춘은 무너진 토산마저 점령합니다. 이제 당태종에게는 선택의 여지가 없습니다.

박기자 : 혹시 요동성 공격에 사용한 신무기 발차發車는 사용하지 않습니까?

고선생 : 안시성은 산성입니다. 요동성은 평지성이기 때문에 발차가 효력을 발휘할 수 있지만, 산성 공격에는 무용지물입니다. 당태종은 철군을 명령합니다. 양만춘은 성루에 올라 퇴각하는 당태종에게 정중히 작별의 예를 표합니다.[11] 당태종은 답례로 겹실로 짠 비단 1백 필을 남깁니다. 양만춘을 인정할 수밖에 없습니다. 이로써 제1차 고당전쟁은 막을 내립니다.『삼국사기』는 이때 당태종이

---

10 당시 요동지역에서 가장 높은 직급을 가진 성주는 단연코 요동성의 성주이다. 비록 요동성이 당태종에게 함락되지만 우리는 끝까지 항전한 요동성 성주의 이름조차 알지 못한다. 그러나 당시 상황으로 보아 요동성 성주는 연개소문의 최측근일 가능성이 높다. 연개소문은 다소 껄끄러운 안시성 성주 양만춘을 요동성 성주 휘하에 두고 양만춘을 견제하려고 한 것은 아닐까?

11 일설에는 당태종이 안시성 전투 중에 날아온 유시(流矢)에 맞아 한쪽 눈을 잃었다고 하고, 또 양만춘이 쏜 화살에 맞았다고도 한다. 확인할 수 없는 내용이다.

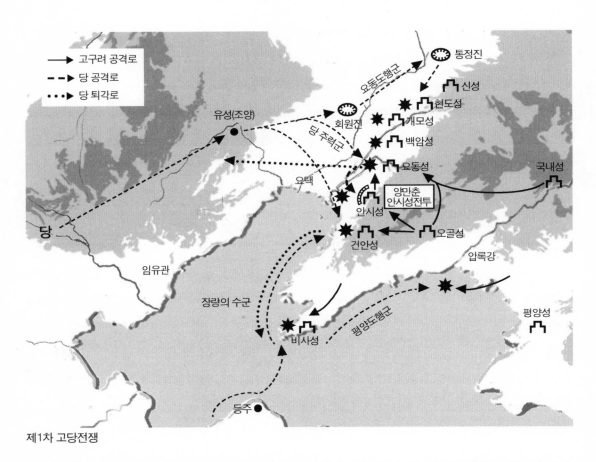

제1차 고당전쟁

철군하면서 고구려의 10개성에서 붙잡은 7만의 고구려 백성을 중국으로 이주시켰다고 기록합니다.

정교수 :『삼국사기』편찬자가 남긴 사론史論입니다.

> **당태종은 어질고 명철하여 보기 드문 뛰어난 황제이다.** 난을 평정하기는 탕왕湯王과 무왕武王에 견줄
> 만하고, 이치에 통달하기는 성왕成王이나 강왕康王과 비슷하며, 병법에는 기묘한 전술이 무궁하여 가는
> 곳마다 대적할 상대가 없었다. 그러나 **동방 정벌로 모든 공이 안시성에서 무너졌으니, 그 성주야말로
> 비상한 호걸豪傑이라고 이를 만하다.** 그러나 역사 기록에는 그의 이름이 전하지 않는다. 이는 양자楊
> 子가 이른바 '제齊와 노魯의 대신은 역사에 그 이름이 전해지지 않는다.' 한 것과 다름없으니, **매우 애석
> 한 일이다.**

양만춘을 영웅호걸로 평가합니다. 다만 이름을 알 수 없어 애석하다고 합니다. 그러나 우리는 그 영웅호걸의 이름이 양만춘이라는 사실을 너무나도 잘 알고 있습니다. 적어도 이 순간만큼은 『삼국사기』 편찬자보다 행복합니다.

3. 분열과 멸망의 함수관계

고선생 : 649년(보장8) 4월, 당태종은 사망합니다. 645년(보장4) 제1차 고당전쟁에서 패한지 4년이 되는 해입니다. 당태종은 죽기 직전에 요동정벌을 중지하라는 유언을 남깁니다.

박기자 : 당태종은 고구려 공격을 아예 포기한 겁니까?

고선생 : 아닙니다. 당태종은 죽기 전까지 고구려 정벌의 미련을 버리지 못합니다. 646년(보장5) 당태종은 북쪽지방의 위협세력인 설연타薛延陀[12]를 멸망시킵니다. 북쪽이 안정화되자 당태종은 다시금 고구려 공격을 재개합니다. 그러나 1차 전쟁 때처럼 대규모 병력을 이끌고 당태종 자신이 전면전을 펼치는 것이 아니라 부하장수를 보내 소규모 국지전을 치릅니다. 647년(보장6) 당태종은 육군 3천으로 요동지역을, 수군 1만으로 요동반도 동남쪽 내륙의 석성과 적리성을 침공합니다. 또한 648년(보장7) 수군 3만을 보내 고구려 박작성(압록강 하류지역)[13]을 공격합니다. 그러나 종국에는 모두

---

12 6~7세기 중앙아시아에 분포한 투르크계 유목민족 중의 하나이다.

13 박작성(泊灼城)은 압록강하구 북쪽인 중국 요녕성 단동 주변에 위치한 고구려 성이다. 중국은 동북공정을 진행하면서 박작성의 이름을 호산산성으로 개명하고, 중국식 벽돌성으로 완전히 개보수한다. 그리고 만리장성 동쪽 끝이 바로 호산산성이라고 주장한다. 진시황이 쌓은 만리장성 동쪽 끝이 산해관(갈석산 동쪽,하북성 진황도시)이라는 중국의 옛 기록들을 뛰어넘어 명(明)대에 압록강 하구까지 확장했다는 논리다. 지독한 역사 빼탈이다. 만에 하나라도 훗날 북한땅이 중국영토가 된다면, 중국은 이병도가 낙랑군 수성현으로 비정한 황해도 수안까지 만리장성을 연장할 것이다. 참고로, 일제강점기인 1930년에 발표된 중국 왕국량(王國良)이라는 자의 〈中國長城沿革攷〉 논문을 보면, 만리장성을 한반도 황해도까지 연결해 놓고 있다.

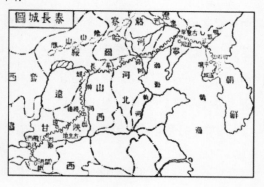

고구려에게 패하여 퇴각합니다.

박기자 : 당태종 사후 고구려와 당의 관계는 어떻게 변화합니까?

고선생 : 당태종의 뒤를 이어 이치(당태종의 9자)가 즉위합니다. 당의 제3대 황제 고종입니다. 당고종은 아버지 당태종의 유언을 따릅니다. 649년~654년까지 6년 동안 양국의 군사대결은 중지됩니다. 그러나 655년(보장14) 당고종은 고구려 공격을 개시합니다. 신라의 구원요청에 따른 공격으로 귀단수(혼하渾河, 요하의 지류)에 침입하나 곧바로 물러납니다. 이어 당은 658년(보장17) 적봉진을, 659년(보장18) 횡산과 석성을 침입합니다. 소규모 국지전입니다. 그러나 661년(보장20) 상황은 급변합니다. 당고종이 대규모 군사를 동원하여 고구려를 침공합니다. 다시 전면전이 시작됩니다. 제2차 고당전쟁입니다.

박기자 : 제2차 고당전쟁이 벌어진 이유는 무엇입니까?

고선생 : 660년(보장19) 백제가 나당연합의 집중 공격을 받습니다. 소정방의 당 13만과 김유신의 신라 5만이 동서로 협공하여 백제 수도 사비성을 함락하고, 이어 웅진성으로 피신한 백제 의자왕마저 항복하면서 백제는 멸망합니다. 700년 찬란한 역사와 문화를 지켜온 한반도의 한 축이 역사 밖으로 밀려납니다.[14] 이때 당고종과 태종무열왕(제29대, 김춘추)은 나당연합을 결성하면서 밀약을 맺습니다. 먼저 백제를 멸하고 이후 고구려를 멸하는 선제후려先濟後麗입니다. 신라는 백제를 원하고 당은 고구려를 원합니다. 나당연합은 두 나라가 철저히 이득을 취한 완벽한 거래입니다.

박기자 : 결국 당의 고구려 공격은 예정된 수순이군요.

고선생 : 661년 8월, 당고종은 6개 부대 44만으로 고구려를 침공합니다. 6개 부대는 소사업의 부여도행군, 정명진의 누방도행군, 계필하력의 요동도행군, 소정방의 평양도행군, 임아상의 패강도행군, 방효태의 옥저도행군 등입니다. 그런데 당고종은 전통적인 침공방식인 요하를 건너 요동을 경유하고 이어 압록강을 건너 평양으로 직행하는 육군 주력이 아닌, 수군을 이용하여 직접 평양을 공격하는 새로운 방식을 선택합니다.

박기자 : 침공방식을 바꾼 이유는 무엇입니까?

---

14 정재수, 『백제 역사의 통곡』(논형, 2018) 제10장 참조

고선생 : 첫째는 당의 수군력이 강화됩니다. 당은 백제를 멸망시키기 위해 13만 대군을 동원합니다. 이때 수많은 함선이 제작되고, 실전경험이 풍부한 수군 또한 확보합니다. 둘째는 군량미를 포함한 보급품은 신라가 담당합니다. 따라서 당고종은 전통적인 침공방식을 고집하며 군이 요동지역에서 힘을 뺄 필요가 없습니다. 곧바로 평양으로 직행할 수 있는 최적의 요건이 조성됩니다. 당고종은 소사업과 정명진 2개 부대는 전통방식대로 요하를 건너 요동지역에 투입하고, 계필하력 부대는 수군을 이용해 압록강 하류지역을 장악합니다. 그리고 나머지 소정방, 임아상, 방효태 등 3개 부대는 역시 수군을 이용해 대동강 하류에 상륙하여 곧바로 평양을 공격합니다. 이들 3개 부대가 당의 실질적인 주력입니다. 요동에 투입한 소사업, 정명진 2개 부대는 요동지역의 고구려 주력군을 묶어놓기 위한 일종의 미끼이며, 계필하력 부대는 평양에서 요동에 이르는 고구려군의 보급로를 차단합니다.

박기자 : 당고종의 작전계획대로라면 고구려는 꼼짝없이 당할 입장이군요.

고선생 : 661년 8월, 소정방, 임아상, 방효태 등 3개 부대가 대동강 하류에 먼저 상륙합니다. 당의 기습에 고구려 해안방어는 일시에 무너지고, 당군은 평양 공격을 준비합니다. 이 시기 소사업, 정명진 2대 부대도 요하를 건넙니다. 9월, 계필하력 부대가 압록강 하류에 상륙합니다. 연개소문은 급히 아들 남생에게 정병 수만을 주어 당군을 저지하나, 남생은 계필하력에게 대패하여 3만의 군사를 잃고 겨우 몸만 피신합니다. 계필하력 부대는 평양을 향해 남진을 서두릅니다. 이처럼 개전초기에는 당의 3개 방면 기습공격으로 고구려는 수세에 몰립니다. 특히 고구려 주력군이 대부분 요동지역에 집중된 상태이고, 평양과 요동의 중간지대인 압록강 하류를 계필하력 부대가 점령하면서, 평양은 완전히 고립됩니다. 하지만 뜻밖의 변수가 발생하며, 전쟁 양상은 전혀 다른 방향으로 전개됩니다.

박기자 : 어떤 변수입니까?

고선생 : 그해 10월, 철륵鐵勒[15]의 회흘(위구르)부족이 대규모 반란을 일으켜 당의 수도 장안을 위협하는 긴급 사태가 발생합니다. 당고종은 급히 철륵도행군 부대를 편성하여 대응하나 오히려 대

---

15 수·당 때 중국인이 돌궐(突厥) 이외의 투르크계 여러 부족을 일컫은 말이다. 투르크의 한자말이 철륵이다.

패하며 더 큰 위기에 봉착합니다. 이에 당고종은 고구려 공격에 투입한 요동의 소사업 부대와 압록강 하류의 계필하력 부대를 급히 회군시킵니다(계필하력은 철륵 출신임).

박기자 : 철륵이 고구려를 구원한 셈이군요.

고선생 : 평양을 포위하고 있던 소정방, 임아성, 방효태 등 3개 부대는 계필하력 부대가 철군하면서 군량미 등 군수물자 보급이 끊깁니다. 갑작스레 상황이 역전되어, 당의 부대는 오히려 고구려 한가운데 버려져 고립됩니다. 전세가 완전히 역

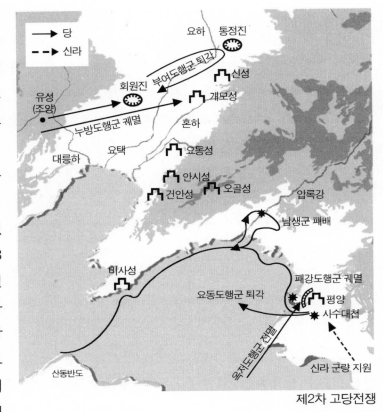

제2차 고당전쟁

전됩니다. 소정방은 다급히 신라에 군량미를 요청합니다. 12월, 김유신은 쌀 4천섬을 가지고 경주를 출발합니다. 해가 바뀌어 662년(보장21) 2월, 연개소문은 대반격을 시작합니다. 각지에 흩어진 고구려 군사를 모아 고립된 당의 부대에 총공세를 가합니다. 연개소문의 지휘아래 고구려군은 임아상과 방효태 부대를 몰살시킵니다. 임아상은 행방불명되고(『자치통감』에는 임아상이 죽었다 함), 방효태 부대는 사수(대동강)에서 전멸합니다.[16]

---

16 방효태의 옥저도행군은 중국 양자강 이남인 강남출신으로 구성된 부대이다. 이들은 추위에 절대 약하다. 『삼국사절요』에는 방효태가 자신이 데리고 온 향리의 자제 5천이 이미 죽어 자신만 살아 돌아갈 수 없다며, 결국 온몸에 고슴도치처럼 화살을 맞아 죽었다고 기록한다.

박기자 : 김유신의 신라군은 어떻게 됩니까?

고선생 : 김유신은 임아상과 방효태 부대가 연개소문에게 패하여 전멸한 직후 평양 인근에 도착합니다. 소정방에게 군량미를 인계합니다. 그러나 소정방은 군량미를 받고도 철군을 결정합니다. 더 이상 연개소문에게 대항하다가는 남아있는 자신의 부대마저 몰살당할 수 있다는 두려움 때문입니다. 이로써 제2차 고당전쟁의 막이 내립니다.

⑪-6. 21년(662년) 정월, 당唐의 좌효위장군백주자사옥저도총관 방효태龐孝泰가 연개소문과 사수蛇水에서 싸웠다. 그의 군대가 전멸하였고, 방효태도 아들 13명과 함께 죽었다. **소정방蘇定方은 평양을 포위했으나, 마침 큰 눈이 내려 포위를 풀고 물러났다. 이처럼 당은 전후의 전쟁에서 매번 큰 성과 없이 물러갔다.**『삼국사기』보장왕

『삼국사기』는 당의 패배를 비판합니다. 매번 큰 성과 없이 물러났다고 호되게 나무랍니다. 당의 침공은 처음부터 잘못되었다고 꼬집습니다. 또한 고구려에는 연개소문이 분명히 있었다고 증언합니다.

박기자 : 『삼국사기』가 모처럼 자주적인 역사관을 피력했군요.

고선생 : 666년(보장25) 연개소문이 사망합니다.[17] 집권 25년째입니다. 645년 제1차 고당전쟁을 승리로 이끌며 당태종을 무릎 꿇리고, 또한 662년 제2차 고당전쟁을 통해 당고종의 코를 납작하게 만든 고구려의 절대중심이 파란만장한 생을 마감하고 역사에서 퇴장합니다. 『일본서기』에 연개소문의 유언이 나옵니다.

⑪-7. 3년(664년) 10월, 이 달에 고구려의 대신 개금蓋金*이 죽었다. 그는 자신의 아들들에게 유언하기를 **"너희 형제는 물과 어수漁水**처럼 화합하여 작위를 둘러싸고 다투지 마라. 만약 그렇지 못하면 반드시 이웃 나라의 웃음거리가 될 것이다."** 하였다. 『일본서기』천지天智기

☞ *연개소문 **물고기

---

17 연개소문의 사망년도는 기록마다 차이가 있다. 『삼국사기』는 666년이고, 『일본서기』는 664년이다. 《천남생묘지명》에는 665년 연남생이 태막리지가 되어 군국을 총괄한 기록이 있다. 이는 연개소문의 사망년도가 665년 또는 그 이전이다. 『삼국사기』 기록을 따른다.

연개소문에게는 3명의 아들이 있습니다. 남생, 남건, 남산입니다. 연개소문은 첫째인 남생에게 막리지 관직을 물려주며, 형제간 관직을 놓고 다투지 말라고 유언합니다. 그러나 연개소문의 유언은 지켜지지 않습니다. 남생이 막리지가 된 후 여러 성을 순행하는 사이, 둘째 남건이 보장왕을 움직여 막리지 관직을 탈취합니다. 무혈쿠데타를 일으킵니다. 그리고 군사를 출동시켜 남생 토벌에 나섭니다.

박기자 : 연개소문의 유언이 공염불空念佛이 되었군요.

고선생 : 당시 남생은 국내성에 있다가 남건의 군사가 자신을 토벌하러 온다는 소식을 듣고 지지자들과 함께 당으로 망명해 버립니다. 이 사건은 당고종을 자극합니다. 제2차 고당전쟁에서 연개소문에게 패하여 절치부심切齒腐心하던 당고종에게 뜻밖의 호박이 덩굴째 굴러옵니다. 이제 고구려에는 연개소문이 없습니다. 당고종은 고구려 정벌카드를 다시 꺼냅니다. 666년(보장25) 12월, 이세적을 요동도행군대총관으로 임명하고 전쟁준비에 박차를 가합니다. 그리고 이듬해인 667년(보장26) 9월, 요하를 건너 신성을 함락합니다(당군 숫자는 기록에 나오지 않음). 제3차 고당전쟁이 본격적으로 막이 오릅니다.

박기자 : 제3차 전쟁은 어떻게 진행됩니까?

고선생 : 이 전쟁은 처음부터 고구려가 질 수밖에 없습니다. 당으로 망명한 남생이 고구려의 모든 정보를 당에 제공합니다. 요동지역 16개성이 일거에 항복하며 당의 수중에 떨어집니다.

박기자 : 도대체 평양의 남건은 무엇하고 있는 겁니까? 요동이 무너져도 가만히 있는 겁니까?

고선생 : 남건은 당에 빼앗긴 요동지역을 수복하기 위해 20만 대군을 모집하여 요동에 파견합니다. 고구려의 주력입니다. 그러나 금산에서 당의 설인귀에게 대패하며 고구려 군사력 자체가 사실상 와해됩니다. 이때 설인귀는 북쪽의 부여성과 주변 40여성도 함락합니다. 압록강 이북의 서쪽 고구려 땅이 모두 당에 복속됩니다(안시성은 함락시키지 못함). 그런데 당고종은 공격의 고삐를 죄지 않고 압록강에서 머뭇거립니다.

박기자 : 무엇 때문입니까?

고선생 : 당고종은 고구려 정복을 확신하지 못합니다. 그래서 감찰관을 파견하여 요동전선 상황을 살펴봅니다. 『삼국사기』 기록입니다.

⑪-8. 27년(668년) 2월, 시어사 가언충賈言忠이 임무를 받들고 요동에서 귀국하였다. 당고종이 "군대 내부 상황이 어떠한가?" 묻자, 그가 대답하였다. "반드시 승리할 것입니다. 선제先帝께서 고구려에 죄를 물었을 때, 뜻대로 되지 않은 까닭은 적에게 빈틈이 없기 때문입니다. 속담에 '군대에도 중매잡이가 없으면 중도에 돌아선다.'는 말이 있습니다. 이제 남생이 형제끼리 싸워 향도鄕導가 되어, 적의 내부 상황을 모두 알고 있습니다. 게다가 장수들은 충성스럽고 군사들은 힘을 다하고 있기에 반드시 승리한다고 말씀드리는 것입니다. 그리고 『고구려비기高句麗秘記』에는 '9백년에 못 미쳐 마땅히 80세의 대장이 멸망시킨다.'는 말이 있는데, 고高씨가 한漢때 나라를 세워 지금 9백년이 되었고, 이적李勣의 나이가 80세입니다. 적들은 거듭 흉년이 들고, 백성들은 서로 노략질하고 팔려가며, 지진으로 땅이 갈라지고 이리와 여우가 성에 들어오며, 두더지가 문에 구멍을 뚫고, 인심이 흉흉하니, 이번 원정이 마지막이 될 것입니다." 『삼국사기』 보장왕

가언충이 귀국하여 당고종에게 보고하며 한 말입니다. 『고구려비기高句麗秘記』가 나옵니다. 고구려 역사가 9백년이 되기 전에 80세 장수에게 멸망한다는 내용이 있습니다. 가언충은 고구려가 이제 9백년이 되었으며, 80세 장수는 이적李勣이라고 자신의 의견을 피력합니다.

박기자 : 이적은 누구입니까?

고선생 : 이세적입니다. 당의 원정군 총사령관인 요동도행군대총관입니다. 이때 나이는 80세입니다.

박기자 : 그렇다면 『고구려비기』의 내용이 정말로 맞는 겁니까?

정교수 : 『고구려비기』는 일종의 참위서讖緯書[18]입니다. 『당회요』에 '천년에 못 미쳐 80세의 노장군이 와서 멸망시킨다.〔不及千年 當有八十老將來滅之〕'는 기록이 있습니다. 이는 『삼국사기』의 '9백년에 못 미쳐 80세의 대장이 와서 멸망시킨다.〔不及九百年 當有八十大將滅之〕'는 기록⑪-8과 비슷합니다. 단지 차이가 있다면, 『당회요』는 '천년-노장'인데, 『삼국사기』는 '9백년-대장'입니다. 『삼국사기』 기록은 『신당서』에도 나옵니다. 『삼국사기』가 『신당서』를 그대로 인용합니다. 그런데 이 기록은 『구당서』에 나오지 않습니다. 이로 미루어 보아, 당의 이세적을 특별히 미화하기 위해

---

18 참(讖)은 전한 말에서 후한에 걸쳐 유행한 천하의 정치적 혼란과 왕조 교체에 관한 미신적 예언이며, 위(緯)는 경서를 부회(附會) 설명한 책인 『위서緯書』를 말한다. 원래 전한의 오행설이나 천인상관설(天人相關說)에 기초한 것으로, 사람이나 왕조의 운명, 즉 인사(人事)는 천운(天運)에 의해 숙명적으로 결정된다고 믿는 천인감응설(天人感應說)에 의거한다.

『구당서』에 없던 내용을 『신당서』를 편찬할 때 『당회요』의 기록을 개서改書해서 삽입한 것으로 추정됩니다. 『고구려비기』는 현전하지 않습니다. 그러나 당시에는 분명히 존재했을 겁니다. 내용은 전해지지 않지만, 『삼국사기』 기록과 유사한 어떤 예언적 내용은 포함되어 있을 겁니다.

고선생: 『당회요』 기록은 '천년 운수'를 말하고, 『삼국사기』 기록은 '9백년 운수'을 말합니다. 역대 중국왕조 중에 천년의 역사기간을 가진 왕조는 없습니다. 기껏 장수한 왕조는 3백년 정도입니다. 천년이라는 단어가 단순히 장수를 나타내는 것이 아니라 말 그대로 천년의 숫자를 지칭한다면, 이를 적용할 수 있는 나라는 오직 고구려와 신라뿐입니다. 따라서 고구려 역사기간 9백년은 결코 허수가 아닙니다. 특히 가언충은 당대의 뛰어난 관료이자 지식인입니다. 그가 고구려 역사기간을 9백년으로 이해하고 있다면 그럴만한 정보도 가지고 있을 겁니다. 고구려 역사기간이 7백년이 아닌 9백년이 된 이유는 북부여 역사기간 180년을 포함하기 때문입니다.(제1장 23쪽 참조)

박기자: 이후 당고종은 어떤 결정을 합니까?

고선생: 당고종은 가언충의 말을 곧이곧대로 믿으며 잔뜩 고무됩니다. 지금이야 말로 고구려 정복의 마지막 기회라고 확신합니다. 668년(보장27) 1월, 유인궤를 요동도부대총관으로 삼아 병력을 추가로 파견합니다(당군 숫자는 기록에 나오지 않음). 유인궤는 이세적의 본대에 합류하고, 당군은 곧장 압록강 전선을 돌파하며 파죽지세로 평양을 향해 남진합니다. 이때 김흠순과 김인문이 이끄는 신라군도 북진합니다. 668년(보장27) 6월, 신라군은 고구려 남부의 12개성을 함락합니다. 그리고 9월 초에 평양 인근에 주둔하고 있는 당군과 합류합니다. 나당연합군은 평양성을 포위합니다.

박기자: 고구려의 운명이 풍전등화이군요.

고선생: 나당연합군은 한 달 가까이 평양성을 포위합니다. 연개소문의 셋째아들 남산이 수령 98명을 데리고 성 밖으로 나와 항복하고, 연개소문의 둘째 아들 대막리지 남건은 계속 항전합니다. 그러나 승려 신성의 배신으로 성문이 열리고, 보장왕과 남건이 당군에 붙잡히며 평양성은 함락됩니다. 이로써 제3차 고당전쟁은 종결됩니다. 668년(보장27) 9월, 고구려는 역사 속으로 영영 사라집니다.

박기자: 나당은 고구려를 멸망시킨 후 어떤 조치를 취합니까?

고선생: 668년, 당은 평양성을 함락하고 안동도호부安東都護府를 설치합니다. 일제강점기 조선총

독부와 같은 통치기관입니다. 당
고종은 설인귀를 '검교안동도호
(총독)'에 임명하고, 당군 2만을 주
둔시킵니다. 그리고 기존의 고구려
행정구역 5부 1백76성을 9도독부,
42주, 1백현의 당의 행정구역으로
개편하여 당에 협조적인 부역자 중
심으로 도독, 자사, 현령 등의 지방
관을 임명합니다. 이들 지방관에는
중국인도 상당수 포함됩니다. 그리
고 원천적으로 저항을 봉쇄하기 위
해 당의 통치에 반대할 만한 2만8

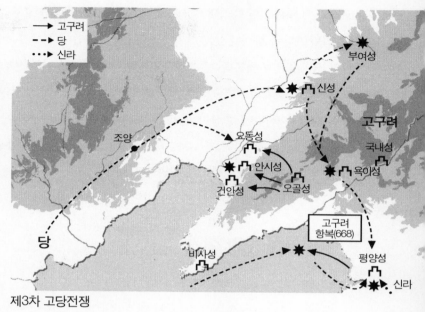

제3차 고당전쟁

천2백호를 추려내어 중국 내지의 강서성 일대 및 감숙성과 청해성 등 당의 서부와 남부지역 변경으
로 강제 이주시킵니다.[19]

박기자 : 신라는 당의 행위를 지켜만 봅니까?

고선생 : 바로 이점이 나당연합의 한계이며 실체입니다. 나당연합은 당이 중심이고 신라는 보조
입니다. 당은 전투병력을 동원하고 신라는 군사물자를 지원하는 시스템입니다. 660년 백제 멸망이
후 당은 백제에 웅진도독부熊津都督府를 설치하여 직접 통치합니다. 또한 신라에는 계림도독부鷄林
都督府를 따로 설치하여 신라마저 지배하려는 야욕을 보입니다. 이때 신라는 당의 일방적 행위에 대
해 일절 대항하지 못합니다. 나당연합의 합의사항인 백제 땅은 신라가 갖고 고구려 땅은 당이 갖는

---

19 668년 고구려 멸망 이후, 대략 2천여 명의 고구려인이 일본으로 망명한다. 일본조정은 대보3년(703년) 고구려 왕족
　(보장왕 서자) 현무약광(玄武若光)에게 고려왕(高麗王-고마노고시키)씨를, 천평승보2년(750년) 광개토왕의 5대손 배
　내복덕(背奈福德)의 후손에게 고려조신(高麗朝臣-고마노아손)씨를 각각 하사한다. 안장왕의 3대손을 시조로 하는 고
　마(狛)씨도 있다. 참고로 현무약광의 자손은 대대로 고마신사(高麗神社-사이타마현)의 궁사(宮司)를 맡아 오늘날까
　지 이어오고 있다.

조건이 있음에도 당의 강압은 신라를 압도합니다. 그나마 고구려는 신라의 개입여지가 아예 없습니다. 나당연합의 합의에 고구려 영토는 당의 소유입니다. 참고로 우리는 신라의 삼국통일이 나당연합의 결과물로 이해합니다. 그러나 나당연합은 삼국통일의 전부가 아니며 하나의 과정일 뿐입니다. 나당연합은 백제와 고구려의 멸망까지만 적용됩니다. 이후 신라는 8년간에 걸쳐 당과 처절한 사투를 벌입니다. 신라가 중심이 되어 옛 백제, 고구려 백성들까지 모두 하나로 똘똘 뭉쳐 당에 대항합니다. 676년 11월, 삼국(옛 고구려, 백제 포함)의 합동군은 금강하구의 기벌포(충남장항)에서 당의 수군을 섬멸합니다. 당을 한반도에서 완전히 축출합니다.[20]

4. 수복운동의 한계

박기자 : 고구려의 부흥운동은 어떻게 전개됩니까?

고선생 : 먼저 용어를 정리합니다. '부흥', '회복', '수복'의 단어가 있습니다. 뜻은 비슷하지만 엄밀히 따지면 조금씩 차이가 납니다. '부흥復興'은 쇠퇴하였던 것이 다시 일어나는 것을 말하며, '회복回復'은 원래상태로 돌이키거나 원래 상태를 되찾는 것을 의미합니다. '수복收復'은 잃었던 땅이나 권리 따위를 되찾는 것을 말합니다. 부흥이란 용어가 언제부터 어떤 이유로 사용되었는지 알 수 없으나 이는 적절치 않습니다. 부흥은 말 그대로 쇠잔해진 상태에서 다시 일어나는 것으로 대상이 없어진 멸망과는 어울리지 않습니다. 부흥은 오히려 재건이나 복구의 개념이 강합니다. '회복'이라는 용어도 일부 사용하나 이는 주로 상태의 호전을 말하니 이 또한 어색합니다. '수복'은 유무형의 모든 것을 다시 되찾는 것이니 적절하다고 판단됩니다. '수복'의 용어사용을 권합니다.[21]

박기자 : 그렇지 않아도 부흥하면 '경제부흥'이나 기독교에 말하는 '심령부흥회' 등이 먼저 떠올라 이상하다 싶었군요.

고선생 : 고구려 수복운동은 크게 3가지입니다. 첫째는 669년, 검모잠劍牟岑이 한성(남평양, 황해재

---

20 정재수, 『신라 역사의 명암』(논형, 2018) 제10장 참조.
21 단재 신채호는 '옛 땅을 되찾는다.' 뜻을 가진 '다물(多勿)'이라는 용어를 사용한다.

령)을 근거지로 삼아 왕족 안승(安勝)을[22] 왕으로 옹립하고 당에 대항한 사건입니다. 그러나 검모잠의 수복운동은 안승이 검모잠을 죽이며 싱겁게 끝납니다. 이후 안승은 신라에 투항하여 신라 문무왕(제30대)으로부터 「고구려왕」(이후 「보덕왕」)의 책봉을 받고 금마저(전북익산)에 거주합니다. 둘째는 670년 고연무가 신라 설오유와 함께 연합하여 2만 군사로 요동지역 진공작전을 펼친 사건입니다. 초기에는 당군 휘하의 말갈족 부대를 격파하기도 하나, 당군의 대규모 반격을 받고 후퇴합니다. 셋째는 안시성을 포함한 요동지역의 항전입니다. 안시성은 고구려 멸망시까지 당이 함락시키지 못한 요동지역의 유일한 성입니다. 기록이 없어 성주(또는 장수)의 이름은 알 수 없으나 양만춘의 후예로 추정됩니다. 당에 끝까지 항전하다가 671년 함락됩니다. 이후 잔존세력이 672년 백수산과 673년 호로하에서 전투를 벌인 기록도 있습니다.

박기자: 이 내용이 고구려 수복운동의 전부입니까?

고선생: 고구려 수복운동의 토대는 매우 취약합니다. 첫째, 수복운동의 구심점인 왕족은 당에 투항하거나 신라로 망명합니다. 둘째, 고구려 지배층 역시 당에 전향하거나 부역자로 전락합니다. 일부는 신라로 넘어갑니다. 셋째, 그렇다면 민중봉기를 기대해야 하는데 이 역시 불가능합니다. 계속된 전쟁은 상상을 초월하는 인명손실을 가져옵니다. 멸망당시 고구려 전체인구가 3백5십만 정도이니 충분히 예상할 수 있습니다. 그나마 저항할 수 있는 백

고구려 수복운동

---

22 안승의 출신에 대한 설은 여러 가지이다. 『삼국사기』〈고구려본기〉는 고구려 왕의 서자(庶子)이고, 〈신라본기〉는 연개소문의 동생 연정토(淵淨土) 아들이다. 중국사서 『자치통감』에는 보장왕의 외손으로 나온다. 『동국여지승람』은 단지 종실(宗室)로 기록한다.

성도 당으로 끌려갑니다. 고구려는 멸망과 동시에 저항의 동력마저 모두 소진합니다. 이에 반해 백제는 다릅니다. 야마토(일본)라는 든든한 후원세력이 있습니다. 백제 수복운동은 660년~663년까지 3년에 걸쳐 체계적으로 전개됩니다. 야마토에 가있는 왕족 풍장(부여풍)을 귀국시켜 왕으로 옹립하고 백제를 재건합니다. 수도를 정하고(주유성(전북부안)/피성(전북김제)), 백성들로부터 세금을 걷으며 국가체제를 갖춥니다. 그러나 수복군내의 내분과 야마토의 마지막 구원군이 백강구(동진강하구)전투에서 나당연합군에게 대패하면서 백제의 수복운동 역시 막을 내립니다.[23]

박기자 : 결국 고구려 수복운동은 찻잔 속의 미풍으로 끝났군요.

고선생 : 마지막으로 고구려 유민의 후예 중에 당에서 활약한 고선지高仙芝의 삶을 간략히 살펴봅니다. 고선지는『구당서』와『신당서』의〈열전〉에 소개될 정도로 비중하게 다룬 인물입니다.(『자치통감』기록에도 나옴)『삼국사기』는 기록을 남기지 않아 아쉽습니다. 고선지의 아버지는 고사계로 고구려 유민출신입니다. 고선지는 721년 20세에 당의 유격장수가 되어 토번국(현 티베트)세력을 격파하며 처음으로 이름을 알립니다. 고선지의 활동영역은 주로 서역입니다. 고선지가 파미르 Pamir고원을 넘은 사건은 카르타고Carthago의 한니발Hannibal이 알프스산맥을 넘은 사건과 비교될 정도로 유명합니다. 고선지는 5차에 걸쳐 서역원정을 단행합니다. 1차는 741년 파미르(달해부), 2차는 747년 파키스탄(소발률국), 3차는 사마르칸트(갈사국), 4차는 750년

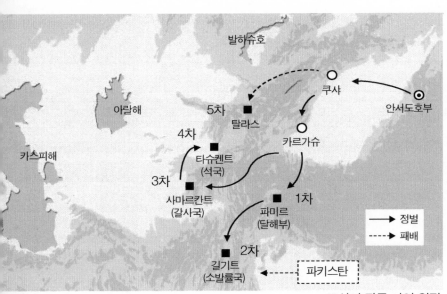

고선지 장군 서역 원정

23 정재수,『백제 역사의 통곡』(논형, 2018) 제11장 참조.

타슈겐트(석국) 등입니다. 이 공로로 고선지는 제후국 왕이 받을 수 있는 「개부의동삼사」(제1관등)의 관작을 받습니다. 마지막으로 5차 원정은 751년 탈라스Talas입니다. 그러나 고선지는 압바스Abbās 왕조의 이슬람군에게 패하며 서역원정은 끝납니다. 이후 755년 안녹산의 반란을 진압하는 토벌군의 부원수에 임명되어 수도 장안을 반란군으로부터 지키는데 공을 세우지만 부하의 모함을 받고 참수당합니다.

정교수 : 참고로 백제의 유민 출신중에는 흑지상지黑齒常之가 있습니다. 『삼국사기』〈열전〉에 수록된 인물입니다. 백제 수복운동을 배신한 전력은 있으나 당에 건너가 승승장구합니다. 특히 북쪽 돌궐 제압에 공을 세우는데 흑지상지 역시 훗날 반란에 연유된 모함을 받고 참수당합니다. 고선지와 흑지상지는 유민 출신이라는 점과 마지막에는 모함을 받아 참수당한 공통점이 있습니다. 토사구팽兎死狗烹의 전형입니다. 유민의 한계는 우리 역사의 또 다른 아픔입니다.

5. 고구려 역사의 부활을 꿈꾸며

박기자 : 고구려 역사 지키기 여행이 종착역에 다다르니 한편으론 섭섭한 마음이 앞섭니다. 돌이켜 보면 시조 추모왕의 역사부터가 실로 압권입니다. 추모신화에는 사라진 북부여의 180년 역사가 숨겨 있고, 고구려의 최초 건국 장소는 압록강 중류지역이 아닌 중국대륙 동북방입니다. 대무신왕은 강대한 영토를 개척한 군주이고, 새로운 왕조를 개창한 태조왕은 부여식 문화를 고구려만의 독특한 문화로 탈바꿈합니다. 위의 관구검과 전연의 모용황 침공은 실로 뼈아픈 역사입니다. 홀승골성, 위나암성, 환도성, 평양성, 그리고 국내성과 평양(한반도)으로 이어지는 일련의 천도과정은 고구려가 중국대륙을 상실해가는 안타까운 장면입니다. 정복군주 광개토왕의 재발견과 외교군주 장수왕의 혜안은 고구려 중흥기의 참 모습이며, 특히 수의 네 차례 침공을 모두 막아낸 수성군주 영양왕의 위대함은 또 다른 발견입니다. 그럼에도 멸망의 결정적인 계기는 내분입니다. 고구려 역사가 전하는 강렬한 메시지입니다.

고선생: 698년 고구려의 옛 강토에 대조영의 발해(대진국)가 건국됩니다. 고구려 멸망이후 정확히 30년이 지난 시점입니다. 발해는 698년~926년까지 230년을 유지하며 과거 고구려 강토인 중국동북방 대부분 땅을 수복하고 지배합니다. 중국사서는 발해를 가리켜 해동성국海東盛國이라 칭합니다. 고구려를 계승한 또 하나의 위대한 제국이 대륙 동북방에 꽃을 피웠다고 중국은 기록합니다. 이후 고구려를 계승한 또 하나의 국가가 탄생합니다. 이번에는 대륙 동북방이 아닌 한반도에서 역사가 펼쳐집니다. 918년 왕건이 건국한 고려는 430여 년(918~1392)의 세월을 통해 고구려 문화유산을 한반도에서 부활시킵니다. 다만 고려는 고구려의 옛 강토를 회복하지 못합니다. 또한 고구려 구성원이기도 한 거란족과 여진족을 흡수하지 못합니다. 이들 두 민족은 요(916~1125)와 금(1115~1234)을 세워 중국대륙을 300여 년간 지배합니다. 고구려의 혼과 기상이 중국대륙을 호령합니다. 고려말 최영은 원명元明교체기 혼란을 틈타 요동정벌을 꾀합니다. 고구려 옛 강토의 수복에 나섭니다. 이는 역사의 신神이 부여한 최적의 기회이자 준엄한 명령입니다. 그러나 이성계는 위화도 회군을 통해 소중한 기회를 일거에 날려버립니다. 조선왕조는 소중화小中華를 지향하며 거란족과 여진족을 오히려 오랑캐로 규정하고 배척합니다.[24] 당연히 고구려의 옛 강토는 수복할 수 없습니다. 대신 조선왕조는 한반도에서의 500년 세월을 오롯이 보장받습니다. 그러나 역사는 여진족이 세운 청(1616~1912)에 의해 치욕의 수난을 겪게 합니다. 병자호란입니다. 고구려의 옛 강토를 수복하지 못한 대가를 혹독히 치릅니다. 또한 그 대가는 오늘의 대한민국이 한반도라는 지정학적 울타리에 갇혀 옴짝달싹 못하는 뼈아픈 현실이기도 합니다. 중국의 동북공정이 고구려 역사의 범탈을 꾀한다 하더라도 고구려 역사는 결코 중국 역사가 될 수 없습니다. 고구려 역사는 우리의 역사이며 대륙 동북방은 우리의 강토입니다. 박은식(백암)의 고언을 빌어 고구려 역사 지키기 여행을 마무리 합니다. "국교國敎와 국사國史가 망하지 아니하면 국혼國魂은 살아 있으므로 그 나라는 망하지 않는다."(『한국통사』)

정교수: 고구려 역사 이해를 가로막는 주범은 고구려의 최초 건국지 문제입니다. 중국 길림성 집안현 일대에 고구려 수도(홀승골성, 위나암성, 국내성)가 밀집되어 있다고 규정한 일제 식민사학자들이

---

24 오랑캐는 조선에서 처음 사용한 용어로 만주지역의 여진족을 일컫는 말이다. 『조선왕조실록』을 비롯하여 문헌에는 '올량합(兀良合)', '알랑개(斡郎改)', '올적합(兀狄合)' 등으로 표기한다. 모두 오랑캐를 음으로 전사(轉寫)한 말이다.

채워놓은 족쇄가 풀리지 않고 있습니다. 『삼국사기』와 『삼국유사』도 고구려의 최초 수도가 대륙 동북방 요하유역에 소재한다고 분명히 기록하고 있음에도 여전히 유리창을 깨지 못하고 있습니다. 부끄럽습니다. 최근의 연구들은 좀 더 개방적 해석을 견지하고 있어서 식민사학자가 채워놓은 족쇄는 머지 않아서 풀릴 것으로 예상합니다. 다만, 현실적으로 중국의 동북공정을 무시할 수는 없습니다. 이미 압록강 이북의 고구려와 발해의 역사유물은 상당부분 중국화中國化되어있는 실정입니다. 고구려 옛 강토를 잃은 뼈아픈 역사가 오늘에까지 이어지고 있습니다. 그러나 고구려 역사는 우리 모두가 반드시 품고 지켜야합니다. 비록 지금 만주대륙은 중국의 소유이지만, 먼 훗날이라도 우리 후손들에 의해 반드시 수복하리라 믿어 의심치 않습니다.

| 사료 원문 |

〈1장〉

①-1. 惟昔 始祖鄒牟王之創基也 出自北夫餘 天帝之子 母河伯女郎 剖卵降世 生而有聖□□□□ □命駕 巡幸南下 路由夫餘奄利大水 王臨津言曰 我是皇天之子 母河伯女郎 鄒牟王 爲我連葭 浮龜 應聲卽爲連葭 浮龜 然後造渡 於沸流谷 忽本西 城山上而建都焉 不樂世位 因遣黃龍來下迎王 王於忽本東

①-2. 古記云 前漢宣帝神爵三年壬戌四月八日 天帝降于訖升骨城 [在大遼醫州界] 乘五龍車 立都稱王 國號北扶餘 自稱名解慕漱 生子名扶婁 以解爲氏焉 王後因上帝之命 移都于東扶餘 東明帝繼北扶餘而興 立都于卒本州 爲卒本扶餘 卽高句麗之始祖

①-3. 壬戌元年 帝天姿英勇 神光射人 望之苦天王郎 年二十三從天而降是 檀君高列加五十七年壬戌四月八日也 依熊心山而起策室蘭濱 戴烏羽冠佩龍光劍 乘五龍車與從者五百人 朝則聽事暮登天至是卽位

①-4. 初 北夷索離國王出行 其待兒於後妊身 王還 欲殺之 侍兒曰 前見天上有氣 大如雞子 來降我 因以有身 王囚之 後遂生男 王令置於豕牢 豕以口氣噓之 不死 復徙於馬蘭 馬亦如之 王以爲神 乃聽母收養 名曰東明 東明長而善射 王忌其猛 復欲殺之 東明奔走 南至掩㴲水 以弓擊水 魚鱉皆聚浮水上 東明乘之得度 因至扶餘而王之焉

①-5. 辛巳 夏 與四豪 南來 乘玄武 而至普述 與三賢 逐虎攘鞨 以開順奴

①-6. 壬午 春 與樂浪卒本定界 秋 納召西奴爲妃

①-7. 東明元年甲申 二月 卒本王延陀勃薨 召西奴以國獻順奴 卒本之民推上爲皇帝 卽位於沸流谷西城山 國號高句麗 建元曰東明壬午

①-8. 壬午 三月 與樂浪王柴吉定界 柴吉欲得奄東盖斯之地曰 "我本南沃沮也 願得沃沮故地" 上許之 烏伊諫曰 "吾等攘鞨而得地 柴吉坐領此地可乎 不如伐之" 上曰 "柴吉小虜也 驕而無謀 姑安之而擒之未晚 未曷雖喪其衆 必來報復 不可不備也"

①-9. 漢初 燕亡人衛滿王朝鮮 時沃沮皆屬焉 漢武帝 元封二年 伐朝鮮 殺滿孫右渠 分其地爲四郡 以沃沮城爲玄菟郡 後爲夷貊所侵 徙郡句麗西北 今所謂玄菟故府是也

①-10. 東明元年甲申 二月 丹公與漢素鄭共馬黎俠父吉士等議定國號 馬黎奏曰 臣聞, 古之人以山爲國者 地闢於丑而人生於寅故也 丑寅爲艮 山也 門也 門 是爲國者 居于穴也 扶餘取音于将曙 而象其門, 木之字也 今扶餘之運盡矣 當取音于穴而取義於捲簾而納明 可也 高勾其麗者納明之義也 勾麗者穴之音也 當以高勾麗爲號 況有黑驪扎升之瑞乎 上嘉之 遂用其言 漢素曰 扶餘以佳禾爲號故 其民足以自食 然未免蒙

昧 今以納明爲號則民將足以自明,宜加東作而勸民也

①-11. 二年 夏六月 松讓以國來降 以其地爲多勿都 封松讓爲主 麗語謂復舊土爲 多勿 故以名焉

①-12. 六年 秋 冬十月 王命烏伊 扶芬奴 伐太白山東南荇人國 取其地 爲城邑

①-13. 十年 冬十一月 王命扶尉猒 伐北沃沮 滅之 以其地爲城邑

①-14. 十九年 夏四月 王子類利自扶餘與其母逃歸 王喜之 立爲太子 秋九月 王升遐 時年四十歲 葬龍山 號東明聖王

①-15. 十七年庚子 八月 解素護送禮氏及類利太子 沸流松義之家 時上獵于倭山 類利來獻釰片 服皆上古服也. 十八年辛丑 十月 上與禮氏類利謁神燧 會群臣議正胤 皇后大奴與仇都仇賁等退居牛壤 上憂恨添病秘之. 十九年壬寅 正月 以類利爲正胤, 四月 上崩於西都新宮 傳釰璽于正胤類利太子, 九月 葬大行于龍山 春秋四十 以遺命禁殉葬 仙記曰 "上不樂居位 命太子治國 來黃龍而上天 遺棄玉鞭處 爲龍山陵"云

①-16. 三年甲辰 正月 以順奴鮑奴爲沸流治 都彌鄒忽 以灌奴桂婁爲溫祚治 都牛壤 涓奴黃龍荇茶卑離上與召皇后治之 以慰召后之心

①-17. "吾遷都 欲安民以固邦業 汝不我隨 而恃剛力 結怨於隣國 爲子之道 其若是乎"

①-18. "不愛珍女 違父母也 侮辱國老 輕社稷也 交通後宮 淫亂之兆也 寧其生不若死"

①-19. 三十一年 漢王莽發我兵 伐胡 吾人不欲行 强迫遣之 皆亡出塞 因犯法爲寇 遼西大尹田譚追擊之 爲所殺 州郡歸咎於我 嚴尤奏言 貊人犯法 宜令州郡 且慰安之 今猥被以大罪 恐其遂叛 扶餘之屬 必有和者 匈奴未克 扶餘 穢貊復起 此大憂也 王莽不聽 詔尤擊之 尤誘我將延丕 斬之 傳首京師 [兩漢書及南北史皆云 誘句麗侯騶斬之] 莽悅之 更名吾王爲下句麗侯 布告天下 令咸知焉 於是 寇漢邊地 愈甚

①-20. 王莽初 發句驪兵以伐匈奴 其人不欲行 强迫遣之 皆亡出塞爲寇盜 遼西大尹田譚追擊 戰死 莽令其將嚴尤擊之 誘句驪侯騶入塞 斬之 傳首長安 莽大說 更名高句驪王爲下句驪侯 於是 貊人寇邊愈甚

①-21. 三十一年壬申 七月 漢人田譚與索頭相爭 請救於勾鄒 勾鄒使延丕 擊譚殺之 嚴尤來寇 虜其將卒二千餘 馬仗無數 印顆十二 拓地七百餘里

①-22. 三十三年 秋八月 王命烏伊 摩離 領兵二萬 西伐梁貊 滅其國 進兵襲取漢高句麗縣

①-23. 三十三年甲戌 八月 烏伊領兵二萬伐涉臣 拔勾麗城 虜涉臣而歸 紫蒙十二國悉平

①-24. 其在夫餘妻懷孕 朱蒙逃後 生子始閭諧 及長 知朱蒙爲國王 即與母亡歸之 名曰閭達 委之國事 朱蒙死 子如栗立

①-25. 三十二年 冬十一月 扶餘人來侵 王使子無恤 率師禦之 無恤以兵小 恐不能敵 設奇計 親率軍 伏于山谷 以待之 扶餘兵直至鶴盤嶺下 伏兵發 擊其不意 扶餘軍大敗 棄馬登山 無恤縱兵盡殺之

①-26. 三十三年 春正月 立王子無恤爲太子 委以軍國之事. 琉璃王在位三十三年 甲戌 立爲太子 時年十一歲. 三十三年 甲戌 正月 以無恤爲東宮 敎以弓馬用兵之術

①-27. 三十七年 夏四月 王子如津 溺水死 王哀慟 使人求屍 不得 後沸流人祭須得之 以聞 遂以禮葬於王骨嶺

賜祭須金十斤 田十頃, 冬十月 薨於豆谷離宮 葬於豆谷東原 號爲琉璃明王. 三十七年戊寅 四月 解術弱
死礪津 祭須尋其尸 葬王骨岑

①-28. 解術太子禾太后出也 性溫仁至孝 有如婦女 解明沒 明王亦以解術爲太子 慰禾太后之心 群臣以其無人
君之狀 諫止之 禾氏之黨不快 設解術養士執兵 解術曰 "雖以解明之勇都切之仁不容於父王 況我母微而
行薄 安敢望太子乎" 遂不聽 及無恤爲太子 而執兵權 手下之人日歸于無恤 解術初與解明相好 有如夫
婦 恨其不爲男女 至是無恤尊大解術 年長而伏其下恥之 而往礪津 祭解明 而投水死 其歌曰 "明乎 明乎
何處去 術也 術也 此處來 吾亦從汝水中去 願到天上 作夫婦" 明王聞之 哀慟曰 "朕不慈三兒自斃 何以
見人耶" 乃求其尸 不得七日 沸流人祭須能知水性 探得于下流 以聞 王乃以太子禮葬于解明之側 賜祭
須金十斤田十頃

〈2장〉

②-1. 二年 春正月 京都震 大赦 百濟民一千餘戶來投

②-2. 三十七年 夏四月 旱 至六月乃雨 漢水東北部落饑荒 亡入高句麗者一千餘戶 浿帶之間 空無居人

②-3. 二年己丑 正月 汗南旱蝗民飢 来投者千余戶 賑恤而置之西河

②-4. 十五年壬寅 九月 多婁献汗南故地 而南下 遺兵伐新羅 以助多婁

②-5. 十年丁酉 七月 漢兵又狶至丘利城 上親至南口督戰 屋句曰 "被今盜賊蜂起 何暇無名之戰哉 此皆邊将之
窺利擅侵也 待其師老 而出奇破之必矣" 乃入蔚岩 而斷其来路 賊拔盖馬 而馳至圍蔚岩数里 日加而兵益
多 盖以為城中無水而攻之愈急也 乃用智計 以魚酒饋之 賊知有水而退 時 上 自南口来援 夾擊大破之
是謂蔚岩大戰 賊慮其中斷而不直至南口 與小城虛勞而致敗 盖馬諸城悉平

②-6. 十五年 夏四月 王子好童 遊於沃沮 樂浪王崔理出行 因見之 問曰 … 先是 樂浪有鼓角 若有敵兵 則自鳴
故令破之 於是 崔女將利刀 潛入庫中 割鼓面角口 以報好童 好童勸王襲樂浪 崔理以鼓角不鳴 不備 我兵
掩至城下 然後知鼓角皆破 遂殺女子 出降

②-7. 二十年丁未 三月 樂浪反 上親征其都沃沮拔之. 崔理北走南沃沮. 二十七年甲寅 四月 好童太子将兵東巡
獵 微行至崔理新都 與其女交好 其女為之破鼓角 而迎王師大軍 自沃沮浮海而入拔其都 虜崔理夫妻而叛
以其地為竹岑郡 樂浪自柴吉 四世八十餘年 而國除

②-8. 二十年 王襲樂浪 滅之

②-9. 十四年 高句麗王無恤 襲樂浪滅之 其國人五千來投 分居六部

②-10. 二十九年丙辰 七月 樂浪餘衆與東沃沮反 遺将軍然卑神伐東沃沮拔之為海西郡 置樂浪余衆于桓阿

②-11. 十五年 冬十一月 王子好童自殺 好童 王之次妃曷思王孫女所生也 顏容美麗 王甚愛之 故名好童 元妃恐
奪嫡爲太子 乃讒於王曰 好童不以禮待妾 殆欲亂乎 王曰 若以他兒憎疾乎 妃知王不信 恐禍將及 … 或
謂好童曰 子何不自釋乎 答曰 我若釋之 是顯母之惡 貽王之憂 可謂孝乎 乃伏劍而死

②-12. 三十三年庚申 十一月 好童伏劍而死 好童顏色美好 烏皇后 愛而欲狎之不得 反讒于上曰"好童無禮" 上 不肯罪之 后乃聲言于外 好童不自釋 曰"我若釋之 顯母之惡而貽父之憂" 遂自殺

②-13. 二十七年 秋九月 漢光武帝遣兵渡海 伐樂浪 取其地 爲郡縣 薩水已南屬漢

②-14. 建武二十年 秋 東夷韓國人 率衆詣樂浪內附

②-15. 四年 冬十月 蠶友落部大家戴升等一萬餘家 詣樂浪投漢 [後漢書云 大加戴升等萬餘口]. 二年 春 遣將襲 漢北平漁陽上谷太原 而遼東太守蔡彤 以恩信待之 乃復和親

②-16. 建武二十三年 冬 句驪蠶支落大加戴升等萬餘口詣樂浪內屬. 二十五年春 句驪寇右北平 漁陽 上谷 太原 而遼東太守祭彤以恩信招 皆復款塞

②-17. 二十年丁未 三月 蚕支落部戴升反 屬于漢 本盖馬臣也 妖諂無比 徃来赤城 蠶支落 河間 而蠶食盖馬者 也. 二十二年乙酉 正月 遣将軍于刀烏義等伐戴升于潛支落河柵 斬于柵南 進拔赤城蠶支 逐奉紫蒙王滿 離斯古涉得等 分四道進攻右北平漁陽上谷太原等地 奪其宝玩美色 絹織. 珍味等多数 歲 以為常蔡彤 大惧 約修年貢 乞和.

②-18. 帝諱解憂 大武神帝之子也 母曰烏太后 烏伊子妻之女也 容兒美麗 而能騎射 善諧謔阿諛 故武帝愛之 以 為正胤 旣得志 多亂後宮而性頗殘忍. 武帝臨崩 命閔中令行太甲故事 待其改過而傳位 又令烏后事閔中 而完其事 未幾 閔中見其改過之跡而欲襄位 烏后力止之而未得 常謂左右 曰"吾以后故未副兄志" 夜不 能寢 疾作而崩 以遺命立帝

②-19. 二年己巳 正月 擇宗室公卿女七人納後宮 又采民間女七十人分屬七宮 淫荒為事. 三年庚午 三月 作淌 水新宮 極其奢侈 日會宗戚. 命婦 飲荒度日. 四年辛未 二月 殺內使者勝人 勝人以美容得幸 上坐臥席 之 勝人不能堪其苦 而動之放尻 上怒格而殺之 … 自是 宮人內使之為席人者 多被殺傷. 五年壬申 九 月 採國中美少年 入宮中為枕臣席人 不如意則輒射之 或死或傷 勝人之弟崔裍被殺 烏俊諫 曰"人命至 重 何可如是" 上怒亦射之 人不敢言

②-20. 六年 冬十一月 杜魯弑其君 杜魯慕本人 侍王左右 慮其見殺 乃哭 或曰 大丈夫何哭爲 古人曰 撫我則后 虐我則讎 今王行虐以殺人 百姓之讎也 爾其圖之 杜魯藏刀以進王前 王引而坐 於是 拔刀害之

〈3장〉

③-1. 太祖大王[或云國祖王] 諱宮 小名於漱 琉璃王子古鄒加再思之子也 母太后 扶餘人也 慕本王薨 太子不肖 不足以主社稷 國人迎宮繼立 王生而開目能視 幼而岐嶷 以年七歲 太后垂簾聽政

③-2. 帝諱再思 又曰鹿臣 大武神帝別子也 母曰曷思太后 其父解素 柳花夫人所生金蛙子也 性聰悟好仁 讀仙 書 通医藥 又能用兵 善諧而常黙然如不知 哀其胞兄好童死於非命故也 閔中帝崩 國人欲立之 固辞 曰"嫡 子在 非庶子之所敢當也" 遂奉母而走 慕本亦義其志 封為仙王 平扶余乱有功 慕本被弑 麻藥桊等迎之 卽 位於東都神宮 大赦 改元曰神明

③-3. 三年 春二月 築遼西十城 以備漢兵

③-4. 二十八年乙卯 二月 築盖馬開魯河城丘利高顯南口紫蒙句麗車蘭河陽西安平等十城 以備漢及鮮卑

③-5. 四年 秋七月 伐東沃沮 取其土地爲城邑 拓境東至滄海 南至薩水. 十六年 秋八月 曷思王孫都頭 以國來降 以都頭爲于台. 二十年 春二月 遣貫那部沛者達賈 伐藻那 虜其王. 二十二年 冬十月 王遣桓那部沛者薛儒 伐朱那 虜其王子乙音 爲古鄒加

③-6. 四十六年 春三月 王東巡柵城 至柵城西罽山 獲白鹿 及至柵城 與群臣宴飮 賜柵城守吏物段有差 遂紀功於岩 乃還, 冬十月 王至自柵城

③-7. 二十六年戊戌 三月 上東巡至柵城西罽山 獲白鹿 入城 宴父老守吏有道之士 賜物暇有差 紀功于大岩, 十月 還是行 上遠至東海谷望日岺 壯觀湖 受藻那朱那貫那之貢 諸島酋之献白熊膃肭者亦多

③-8. 五十三年 春正月 王遣將入漢遼東 奪掠六縣 太守耿夔出兵拒之 王軍大敗, 秋九月 耿夔擊破貊人

③-9. 和帝元興元年春 復入遼東 寇略六縣 太守耿夔擊破之 斬其渠帥

③-10. 三十三年乙巳 三月 鎭北將軍麻樂重修盖馬諸城 率貊騎 伐遼東 取白岩長岺菟城汶城章武屯有等六城 漢人大驚慌忙 以耿夔為守而来戰 宮太子與使者穆度婁 率輕騎深入敵陣 左右衝突而大破之

③-11. 五十九年 遣使如漢 貢獻方物 求屬玄菟 [通鑑言 是年三月 麗王宮與穢貊 寇玄菟 不知或求屬或寇耶 抑一誤耶]

③-12. 安帝永初五年 宮遣使貢獻 求屬玄菟

③-13. 三十九年辛亥 二月 松豆智與漢約和 定彊有失 上怒 配豆智于沸流

③-14. 帝諱宮 亦曰於漱 神明仙帝之長子也 母曰芦花太后扶餘氏 東部褕太師王文之女也 帝生而開目能視 有神力善将兵 征遼東累建大功 至是受禪 時年四十五 性寬仁孝友 捨己從人 以父皇厭政 咨問於母 太后以決事 不置太輔

③-15. 六十九年 春 漢幽州刺史馮煥玄菟大守姚光遼東太守蔡風等 將兵來侵 擊殺穢貊渠帥 盡獲兵馬財物 王乃遣弟遂成 領兵二千餘人 逆煥光等 遂成遣使詐降 煥等信之 遂成因據險以遮大軍 潛遣三千人 攻玄菟遼東二郡 焚其城郭 殺獲二千餘人

③-16. 十年辛酉 二月 姚光自幽州来侵 殺丘利渠帥后突 禾直赴救大破之 乙魚誘其大軍于甬道 而設伏嶮阨 以殄滅之 穫其兵仗馬匹無数 又追擊於赤山棘城 焚其城郭糧草 虜獲生口二千余 择其技能者授職 聲色者賜将士為妾

③-17. 六十九年 夏四月 王與鮮卑八千人 往攻遼隊縣 遼東太守蔡風 將兵出於新昌 戰沒 功曹掾龍端兵馬掾公孫酺 以身扞諷 俱歿於陣 死者百餘人

③-18. 十年辛酉 四月 親征蔡諷於遼隊 戰于新城 斬其将耿毛龍端公孫酺孫壽等百四十余人 棘城以東 皆入我地 諷逃入幽州不敢復侵

③-19. 是歲宮死 子遂成立 姚光上言欲因其喪發兵擊之 議者皆以為可許 尚書陳忠 曰"宮前桀黠 光不能討 死而

撃之 非義也 宜遣弔問 因責讓前罪 赦不加誅 取其後善" 安帝從之

③-20. 六十九年 十二月 王率馬韓穢貊一萬餘騎 進圍玄菟城 扶餘王遣子尉仇台 領兵二萬 與漢兵并力拒戰 我
軍大敗

③-21. 建光元年 秋 宮遂率馬韓 濊貊數千騎圍玄菟 夫餘王遣子尉仇台將二萬餘人 與州郡并力討破之 斬首五
百餘級

③-22. 十年辛酉 十二月 姚光誘勾麗渠帥屠利爲玄菟都尉 與卑離反賊尉仇台 謀復紫蒙故地 新置玄菟府于川
西而居之 上親率馬韓盖馬軍一万騎 而攻川西 不克而還

③-23. 七十年 王與馬韓穢貊侵遼東 扶餘王遣兵救破之

③-24. 十一年壬戌 二月 上復引馬韓勾茶盖馬三國兵 伐川西勾麗 拔之 姚光逃走 爲其部下所殺 仇台逃入西紫
蒙 自稱西扶余 後爲宇文所逐

③-25. 九十四年 秋八月 王遣將 襲漢遼東西安平縣 殺帶方令 掠得樂浪太守妻子

③-26. 順桓之間 復犯遼東西安平 殺帶方令 掠得樂浪太守妻子

③-27. 順桓之間 復犯遼東 寇新安居鄕 又攻西安平 于道上殺帶方令 略得樂浪太守妻子

③-28. 三十年辛巳 四月 帶方張彦侵屯有 菟城太守乙魚擊殺之 樂浪太守龍俊侵西安平 安平太守尙岑擊破之
追擊新安居鄕 奪其妻子兵仗而歸 賊遁入幽州

③-29. 九十四年 十二月 王謂遂成曰 吾旣老 倦於萬機 天之歷數在汝躬 況汝內參國政 外摠軍事 久有社稷之功
允塞臣民之望 吾所付託 可謂得人 作汝其卽位 永孚于休 乃禪位 退老於別宮 稱爲大祖大王

③-30. 三十五年丙戌 七月 遂成與其黨彌儒等 議廢立于倭山 義臣諫曰 "殿下孝順 事上久矣 今以年老改心 非
忠也 請安分而待之" 左右欲殺之 遂成曰 "直諫藥也 亦不可無此一人", 十月 高福章勸上 誅遂成 上曰 "
兄弟不可相殘 吾將禪位矣" 福章遂成不仁 不可以委國 而貽禍, 十二月 上禪位于遂成 退去鴇川別宮 春
秋七十九

③-31. 七年壬辰 四月 田倭山 戲雪多選民女 助戲麻正諫 曰"東明之田有三 一曰天 二曰軍 三曰賢 今以農時 奪
民妻女以戲濤如是 非代鏡也" 主怒以爲吠主之狗 射殺之

③-32. 新大王 諱伯固[固 一作句] 太祖大王之季弟 儀表英特 性仁恕 初 次大王無道 臣民不親附 恐有禍亂 害
及於己 遂遯於山谷 及次大王被弑 左輔菸支留與群公議 遣人迎致… 於是 俯伏三讓而後卽位 時年七十
七歲…, 二年 春正月 下令曰 "寡人生忝王親 本非君德 向屬友于之政 頗乖貽厥之謨 畏害難安 離群遠
遯 洎聞凶訃 但極哀摧 豈謂百姓樂推 群公勸進…"

③-33. 帝諱伯固 太祖之別子也 母尙太后 溫之女也 儀表英特 性仁恕有大志次大無道民臣不親 恐禍及己 使貊
部而不返遯于山谷次大疑之 問於尙后曰"伯固誰子" 后欺以爲仙帝出次大怒曰 "伯固生時 汝爲上皇之寵
后胡云仙帝出乎" 遂與后相隔索伯固甚急后乃通明臨答夫爲援 進毒于次大 毒而未薨 答夫乃入帳中 刺
脅殺之 秘不發喪捕次大心腹壯士 凡十日而盡殺之 然後 迎帝于涓水宮卽位

③-34. 二年 …拜答夫爲國相 加爵爲沛者 令知內外兵馬兼領梁貊部落 改左右輔爲國相 始於此

③-35. 二年丙午 …命答夫總執兵馬之權兼統梁貊諸國事 位與三輔齊 三輔之權盡皈於答夫 是 乃國相之始 答夫時 稱以輔外太大加 乙巳素時 號以國相

③-36. 四年 漢玄菟郡太守耿臨來侵 殺我軍數百人 王自降乞屬玄菟, 五年 王遣大加優居主簿然人等 將兵助玄菟太守公孫度 討富山賊

③-37. 建寧二年 玄菟太守耿臨討之 斬首數百級 伯固降服 乞屬玄菟云

③-38. 靈帝 建寧二年 玄菟太守耿臨討之 斬首虜數百級 伯固降 屬遼東 伯固降 屬遼東, 熹平中 伯固乞屬玄菟 公孫度之雄海東也 伯固遣大加優居主簿然人等 助度擊富山賊 破之

③-39. 五年己酉 二月 幽州賊喬玄來寇句麗城 禾晉擊其軍於河山破之, 四月 … 漢人耿臨 自稱玄菟太守 與喬玄 來寇丘利地 禾白擊退之 獲其妻子圖釰

③-40. 八年 冬十一月 漢以大兵嚮我 王問群臣 戰守孰便 衆議曰 … 王然之 墨城固守 漢人攻之不克 士卒饑餓 引還 答夫帥數千騎追之 戰於坐原 漢軍大敗 匹馬不反 王大悅 賜答夫坐原及質山 爲食邑

③-41. 八年壬子 九月 公孫域耿臨喬玄等 與索頭 合兵來寇句麗盖馬等城 皆潰 禾晉自丘利退保河城, 答夫往南口淸野以待之 不過旬月果飢而退 … 乃以勁騎七千 擊之 禾晉亦至 合擊于坐原 大破之 匹馬不得返 是謂坐原大捷 賜答夫坐原地 後改以質山

③-42. 十五年己未 九月 梁貊公摄政 明臨答夫暴薨 年五十二 葬以梁貊大王駙馬都尉之禮于質山園 有膽力權智 謀事必成 人以爲天 得尚太后寵 專國政十五年 內外洽然, 十二月 上崩於西都鸞宮 春秋五十九 葬于故國谷 上寬厚好仁 喜聞漢人經籍 擇師而講 欲行聖人之治 而權委於尙太后明臨答夫 故不得如意而終 惜哉

〈4장〉

④-1. 故國川王[或云國襄] 諱男武[或云伊夷模] 新大王伯固之第二子 伯固薨 國人以長子拔奇不肖 共立伊夷謨爲王 漢獻帝建安初 拔奇怨爲兄而不得立 與涓奴加 各將下戶三萬餘口 詣公孫康降 還住沸流水上 王身長九尺 姿表雄偉 力能扛鼎 莅事聽斷 寬猛得中

④-2. 帝諱男武 亦曰伊夷模 新大帝之第二子也 母穆太后 度婁女也 乙未四月夢黃竜纏身而生 身長九尺 姿表雄偉 力能扛鼎 莅事聽斷 寬猛得中 帝兄玄太子徒善而無勇故 新大欲以帝爲嗣 帝以越兄爲不可而淹留提那 玄曰"從古賢者可嗣" 遂往海山爲樂仙 不得已 至是卽位於西都之皇檀

④-3. 六年 漢遼東太守興師 伐我 王遣王子罽須拒之 不克 王親帥精騎往 與漢軍戰於坐原 敗之 斬首山積

④-4. 六年甲子 四月 幽州賊大舉入寇 命罽須拒之 不利 上親征戰于坐原 大破 斬首山積 是謂坐東親戰

④-5. 十二年 秋九月 …中畏大夫沛者於畀留評者左可慮 皆以王后親戚 執國權柄 其子弟幷恃勢驕侈 掠人子女 奪人田宅 國人怨憤 王聞之 怒欲誅之 左可慮等與四椽那謀叛

④-6. 十三年辛未 四月 以乙巴素爲輔外之長 名曰國相 賜竹呂之釰以誅不道 時三輔 皆以宗戚尸位素餐故有此 新擧以匡政 於是 宗戚寵倖之震懼

④-7. 帝諱延優 亦曰位居 新大之別子也 母朱太后 夢黃龍繩其身而交之 新大奇其夢 而當夕生之 生而視人 聰 慧美容儀 于后愛之密相通 及故國川崩 秘其喪而密迎帝于宮中 矯詔而立之 然後發喪 故國川之胞弟發 岐 以嫡兄當立而不得立 乃發兵圍宮城而爭立 國相乙巴素曰 "國本已定 爭之者賊也" 國人乃戴帝而討岐 岐走杜訥而自立 求救于公孫度曰 "小國不幸 兄死 嫂姦矯詔立弟 願大王助我 得國則必報" 度曰 "烝母妻 嫂 句麗之常習 今發岐 不得妻其嫂 而見奪于其弟 格以禮者爭立也 乘此機會 聲言助岐而襲之 可得其國 也" 其小厥曰 "麗有名臣乙巴素 不可深入而衝其備 宜與岐衆掠西邊而有之 上策也" 度乃以兵三万 聲言助 岐 而奄有盖馬丘利河陽菟城屯有長岑西安平平郭等郡 而不助岐 岐慚而發疽 帝憂度將侵 遂築淌南山城 常與于后 居之 以爲密都

④-8. 元年丁丑 九月 勵須伐杜訥 拔之 發岐敗走裹川 謂其子駁固曰 "吾以嫡長 爲于女所欺 爲庶藥所逐 國之 西界亦爲公孫之有 何面目立于世乎" 遂自刎 駁固救之 不死 岐曰 "疽將發矣 不死何爲" 匍入海中 追騎至 已死矣

④-9. 八年 秋九月 太后于氏薨 太后臨終遺言曰 妾失行 將何面目見國壤於地下 若群臣不忍擠於溝壑 則請葬 我於山上王陵之側 遂葬之如其言 巫者曰 "國壤降於予曰 昨見于氏歸于山上 不勝慚恚 遂與之戰 退而思 之 顏厚不忍見國人 爾告於朝 遮我以物" 是用植松七重於陵前

〈5장〉

⑤-1. 十年 春二月 吳王孫權 遣使者胡衛通和 王留其使 至秋七月 斬之 傳首於魏

⑤-2. 靑龍四年 秋七月 高句驪王宮斬送孫權使胡衛等首 詣幽州

⑤-3. 十年丙辰 春二月 孫權使胡衛来謁請和 辭意甚慢 禮物且薄 … 命下獄治之 太輔息夫與疾入諫 乃置玄菟 監之 衛逃走 爲淵所殺

⑤-4. 十二年 魏太尉司馬宣王率衆 討公孫淵 王遣主簿大加 將兵千人助之

⑤-5. 十二年戊午 春正月 司馬懿遣使來 請共滅淵賊 乃命朱希爲注簿大加 引五千兵出南蘇 觀望聲援, 八月 滅 淵 懿背約驕傲 上怒絕之

⑤-6. 十六年壬戌 夏五月 上親率五道將軍方丑濆古朱希紇穆葰等 引兵十万 攻西安平 拔之 是爲安平大戰 初 懿拔遼東而移其主力于此 欲東 至是 其設破壞 生口珍寶皆攻于我

⑤-7. 正始五年 幽州刺史毋丘儉將萬人 出玄菟討位宮 位宮將步騎二萬人逆軍 大戰於沸流 位宮敗走 儉軍追至 峴 懸車束馬 登丸都山 屠其所都 斬首虜萬餘級 宮單將妻息遠竄, 正始六年 儉復討之 位宮輕將諸加奔沃 沮 儉使將軍王頎追之 絕沃沮千餘里 到肅愼南界 刻石紀功 又到丸都山 銘不耐城而還

⑤-8. 十八年甲子 七月 毋丘儉入寇玄菟 上將步騎二万 逆擊于沸流水上 大破之 斬首三千余級 是謂沸水大戰.

二十年丙寅 秋八月 上與酒后葉妃麥妃等 閱兵于西川 而畋杜訥之原 忽聞毋賊迂回而來 急于根等迎戰 我寡彼衆 且接其銳鋒 頗有難色 上乃抄鐵騎五千 衝其陣於梁口之西 大破之 獲其兵仗馬匹無数 上與酒 后受俘 毋之大軍又至 于根戰死 毋方陣而前 勢如破竹 又聞南路失守 且挾后妃不得如意 乃引勁騎千余 而退于鴨淥之原 朱全軍亦敗 死者萬人上東遷壅口, 十月 毋入都城 掠民收宝

⑤-9. 或稱魏將毌丘儉討高麗破之 奔沃沮 其後復歸故國 有留者 遂爲新羅 亦曰斯盧 其人雜有華夏高麗百濟 之屬

⑤-10. 二年 春正月 以伊飡長萱爲舒弗邯 以參國政 二月 遣使高句麗結和

⑤-11. 平壤：本三朝鮮舊都 唐堯戊辰歲 神人降于檀木之下 國人立爲君 都平壤 號檀君 是爲前朝鮮 周武王克 商 封箕子于此地 是爲後朝鮮 逮四十一代孫準 時有燕人衛滿亡命 聚黨千人 來奪準地 都于王險城 是 爲衛滿朝鮮 … 高句麗 長壽王十五年丁未〔劉宋太宗 元嘉四年〕 自國內城移都平壤 寶藏王二十七年 戊辰 唐高宗遣將李勣 擒王以歸 國滅 統於新羅 … 箕子廟在府城北兎山上 亭子閣石人石羊 皆南向 祠 堂在城內義理坊 檀君祠在箕子祠南 東明王墓在府巽方三十里許中和境 龍山

⑤-12. 二十一年 春二月 王以丸都城經亂 不可復都 築平壤城 移民及廟社 平壤者本仙人王儉之宅也 或云王 之都王儉

⑤-13. 東京遼陽府 本 朝鮮之地 … 元魏 太武遣使 至其所居平壤城 遼東京本此 唐高宗 平高麗於此 置安東都 護府 後爲渤海大氏所有

⑤-14. 元年戊辰 十一月 王弟預物奢勾等揚言鴆帝之說 而發兵犯闕 官軍擊破之 上命勿害預物奢勾 竟死於乱 矢之下 赦其妻子而厚葬之

⑤-15. 八年乙亥 春正月 以太子若友爲正胤 置東宮官寮 年十六 俊秀仁厚 衆望蔚然 桶公主所生門夫太子 長 于若友而知上之意 自晦以讓位

⑤-16. 十一年 冬十月 肅慎來侵 屠害邊氓 … 王於是 遣達賈往伐之 達賈出奇掩擊 拔檀盧城 殺酋長 遷六百餘 家於扶餘南烏川 降部落六七所 以爲附庸 王大悅 封達賈爲安國君 知內外兵馬事 兼統梁貊肅慎諸部落

⑤-17. 至太康六年 爲慕容廆所襲破 其王依慮自殺 子弟走保沃沮 帝爲下詔曰 夫餘王世守忠孝 爲惡虜所滅 甚 愍念之 若其遺類足以復國者 當爲之方計 使得存立 有司奏護東夷校尉鮮于嬰 不救夫餘 失於機略 詔免 嬰 以何龕代之, 明年 夫餘後王依羅遣詣龕 求率見人還復舊國 仍請援 龕上列 遣督郵賈沈以兵送之 廆 又要之於路 沈與戰 大敗之 廆衆退 羅得復國

⑤-18. 十六年乙巳 春正月 卑離王依慮爲慕容廆所敗而自殺 其屬来奔于咄固 命賜羊安之. 十八年丁未 正月 咄 固爲梁貊校尉 卑離衣羅與晋賈沈伐廆 斬孫丁而復其旧地 請援於咄固 故遣貊助之

〈6장〉

⑥-1. 帝諱相夫 亦曰歃矢婁 初號雉葛太子 西川帝長子 母于太后 漱女 性驕逸好色多猜忌 敢殘忍 故西川帝久

無傳國之志及其暴崩 于后矯詔立之 奪安國君兵權而委其兄弟 國人嗟歎

⑥-2. 元年 春三月 殺安國君達賈 王以賈在諸父之行 有大功業 爲百姓所瞻望 故疑之謀殺

⑥-3. 元年壬子 三月 詔曰 "安國君達賈 素以他族庸品 敢窃兵權累危 朕躬其賜死 籍其家" 初 達賈之臣仙潔勸
除雄葛 而不聽 至是 其臣以竟又勸出奔新羅 而不聽 曰 "吾欲殉先帝" 遂從容而盡

⑥-4. 十一年庚子 … 達賈本玉帽之子 故宗室不遇 至是 上用之 立大功 故封爲安國君 使知內外兵馬事兼統梁
猊肅愼之諸部落 初 達賈將之梁猊 引咄固而偕往 上抱乙弗于膝而送之 乙弗三歲能言必大捷 故上以初
勝地憂河爲乙弗邑 令咄固理之

⑥-5. 二年 秋八月 慕容廆來侵 王欲往新城避賊 行至鵠林 慕容廆知王出 引兵追之 將及 王懼 時新城宰北部小
兄高奴子 領五百騎迎王 逢賊奮擊之 廆軍敗退 王喜 加高奴子爵爲大兄 兼賜鵠林爲食邑

⑥-6. 三年甲寅 九月 慕容廆自桓城移都大棘 廆以涉臣之裔 起於紫蒙句麗城 與宇文相爭南下桓城 以猶有禍根
故更下大棘也 其母乙氏 豆智之裔 故廆自稱西蒙大王 以爲東明嫡孫隂養不測之心.

⑥-7. 二年 九月 王謂其弟咄固有異心 賜死 國人以咄固無罪哀慟之 咄固子乙弗出遯於野

⑥-8. 二年癸丑 九月 殺皇太弟咄固大王 咄固王太子乙弗出奔 鵠林之戰 咄固亦引兵來戰有功 故群臣請加爵封
邑 猿項曰 "咄固達賈之黨也 不可成其翼 宜以此時罪不待詔而自來 以爲有篡逆之志故假稱討廆 而實自有
窗圖者也" 上曰 "善" 乃賜死

⑥-9. 始就水室村人陰牟家傭作 陰牟不知其何許人 使之甚苦 其家側草澤 蛙鳴 使乙弗夜投瓦石 禁其聲 晝日
督之樵採 不許暫息 不勝艱苦 周年 乃去 與東村人再牟販鹽 乘舟抵鴨淥 將鹽下寄江東思收村人家 其家
老嫗請鹽 許之斗許 再請不與 其嫗恨恚 潛以履置之鹽中 乙弗不知 負而上道 嫗追索之 誣以廋履 告鴨淥
宰 宰以履直 取鹽與嫗 決笞放之 於是 形容枯槁 衣裳藍縷 人見之 不知其爲王孫也

⑥-10. 高句麗伐帶方 帶方請救於我 先是 王娶帶方王女寶菓 爲夫人 故曰 帶方我舅甥之國 不可不副其請 遂出
師救之 高句麗怨 王慮其侵寇 修阿旦城蛇城 備之

⑥-11. 十六年乙巳 三月 伐帶方 濟人來救 移攻濟城拔其二. 十七年丙午 十一月 濟古爾殂 子責稽立 身長大而
志氣雄傑 葺㙻禮城阿旦城蛇川城以備我 責稽妻宝果 帶方女故 救帶方而抗我者也

⑥-12. 十三年 秋九月 漢與貊人來侵 王出禦 爲敵兵所害 薨

⑥-13. 七年戊午 十月 責稽攻帶方漢貊五部, 遇伏兵而死

⑥-14. 七年 春二月 潛師襲取樂浪西縣 冬十月 王爲樂浪太守所遣刺客賊害 薨

⑥-15. 五年甲子 二月 汾西襲樂浪西都 破之 以其地爲郡 其地 本汾西母宝果之國都也 汾西爲其母奪之 樂浪王
子述遣使于長莫思請和 上命長莫思 與汾西相通謀分樂浪 述怒而斥和 憤汾西之襲取西都 而欲報仇 是
年十月 述臣黃倡郎者 鷄林人也 美而有膽勇 飾以美女而徃見汾西 汾西愛其美 納于車中 黃刺汾西 殺之

⑥-16. 十四年 冬十月 侵樂浪郡 虜獲男女二千餘口

⑥-17. 九年戊辰 五月 命祖文紐碧芺荄高植等 伐樂浪拔其郡 虜男女三百人 樂浪王子述遣其子龍 稱臣[貢]馬

及其土物十二而請和 仙方使其弟淡娶子述女 以爲二郡之主. 十四年癸酉 十月 仙方與樂浪王子述會獵于薩川原 子述見仙方之精騎甚多 欲退之 仙方追而擒之 又使祖文紐碧等進攻海濱諸邑 平之 倉覓破校尉府 而虜校尉屬國等七人 献之 長莫思襲破樂浪城 虜男女二千餘口 献之 以仙方爲樂浪王 進爵太公 以鎮其衆

⑥-18. 十五年 秋九月 南侵帶方郡

⑥-19. 十五年甲戌 秋九月 仙方遣祖文等伐帶方 取岑城是奚二城 献俘

⑥-20. 二十二年壬子 二月 以解發征南大將軍 率方式于莘佟利等 伐帶方虜其王張保 與近肖古戰于関彌岑大破之 築三城 虜二國男女一萬人而[阪]

⑥-21. 三十二年辛卯 二月 上疾篤 召太子至前 授神釖 曰"烽上無道 吾以次子得位 汝雖継我 無道則不徒失國 亦難保身 無失宗戚之望而興軍民之怒 與汝母并政 婦人多偏私易失 汝宜執中得正 勿與慕容爭利 固城守界 勿以土木勞民俾失農時 薄賦歛 而勧民以勤儉忠孝 養老敬賢 任才使能 雖或好色節而無過 以汝父爲鑑可也 葬宜儉實 無爲玉棺金椁 埋以珍玩 使盜掘之 汝母鄉之山水甚好 宜葬我於美川石窟 待汝母之從我而合封" 戒畢而崩 春秋五十四

〈7장〉

⑦-1. 十五年乙巳 春正月 王幸龍江 行龍珠戲 宴平壤父老七十人

⑦-2. 王身長體偉 美風采 好學問 性寬厚 愛民孝友敦睦 亦能善騎射好用兵 以紹述先王之志為己任 南征西伐 以身先人必立陣前 竟中流矢而崩 國人哀之 以為國罡上王 亦云小乙弗

⑦-3. 九年 燕王皝來侵 兵及新城 王乞盟 乃還. 十年 王遣世子 朝於燕王皝

⑦-4. 九年己亥 正月 皝大擧入寇 新城城主王子仁棄城而退 命高喜引西部兵徃救 不克. 夏五月 遣王弟玟于新城 與皝約和 以平郭太守鳥忠等為質 皝求封抽宋晃甚急 以為己逃. 十年更子 二月 遣王弟玟及世子城于皝 賂白羊三千匹 皝還鳥忠祖文

⑦-5. 十年更子 秋七月 皝見黑白二龍交首脫角于龍山 號其新宮曰和龍 立龍朔佛寺于山上 以為公卿子弟之官學

⑦-6. 燕慕容皝以柳城之北 龍山之南 福地也 使陽裕築龍城 改柳城為龍城縣 十二年 黑龍白龍見于龍山 皝親觀龍 去二百步 祭以太牢 二龍交首嬉翔 解角而去 皝悦大赦 號新宮曰龍宮 立龍翔祠于山上

⑦-7. 十二年 十一月 皝自將勁兵四萬 出南道 以慕容翰慕容覇為前鋒 別遣長史王寓等 將兵萬五千 出北道以來侵 王遣弟武 帥精兵五萬 拒北道 自帥羸兵 以備南道 慕容翰等先至戰 皝以大衆繼之 我兵大敗 左長史韓壽 斬我將阿佛和度加 諸軍乘勝 逐入丸都 王單騎走入斷熊谷 將軍慕輿埿 追獲王母周氏及王妃而歸 會 王寓等戰於北道 皆敗沒 由是 皝不復窮追 遣使招王 王不出 … 皝從之 發美川王廟墓 載其尸 收其府庫累世之寶 虜男女五萬餘口 燒其宮室 毀丸都城而還

⑦-8. 十二年壬寅 十月 … 皝大怒 發美川陵 初上以周太后万歲後 欲合葬于美川陵 而不封羨門 故賊易取梓宮 焚宮室

⑦-9. 三十五年 春二月 倭國遣使請婚 辭以女旣出嫁

⑦-10. 三十六年 春正月 拜康世爲伊伐飡, 二月 倭王移書絶交

⑦-11. 三十七年 倭兵猝至風島 抄掠邊戶 又進圍金城急攻 … 康世率勁騎追擊 走之

⑦-12. 永和二年 初夫餘居於鹿山 為百濟所侵 部落衰散 西徙近燕 而不設備 燕王皝遣世子儁帥慕容軍 慕容恪 慕輿根三將軍 萬七千騎襲夫餘 儁居中指授 軍事皆以任恪 遂拔夫餘 虜其王玄及部落五萬餘口而還 皝以玄為鎮軍將軍 妻以女

⑦-13. 布祜圖山 在建昌縣屬喀喇沁左翼東三十里 即古白狼山也 漢名鹿山 漢書地理志白狼縣有白狼山故以名縣

⑦-14. 其後高驪略有遼東 百濟略有遼西 百濟所治 謂之晉平郡晉平縣

⑦-15. 晉世句驪旣略有遼東 百濟亦據有遼西 晉平二郡地矣 自置百濟郡

⑦-16. 三十九年 秋九月 王以兵二萬 南伐百濟 戰於雉壤 敗績

⑦-17. 二十四年 秋九月 高句麗王斯由帥步騎二萬 來屯雉壤 分兵侵奪民戶 王遣太子 以兵徑至雉壤 急擊破之 獲五千餘級 其虜獲分賜將士, 冬十一月 大閱於漢水南 旗幟皆用黃

⑦-18. 三十九年土蛇(己巳) 正月 百濟還奪伊珍城 我軍多傷 … 百濟乘勝 益軍於岺 將取水谷城 其將莫古解善用兵 得士卒之心 我軍勞閒 無戦意, 五月 百濟進擊水谷城破之 時 濟人興奮 以其太子大仇首為先鋒而當陣 士卒皆願死戦 日"太子尙如此 况吾輩乎" 上聞之 乃決親征 太輔于莘諫之 不聽 增發四衛軍二万 南赴據大岩山 出屯雉壤 進圍北漢山 敵不可敵 空城而退 我軍乘勝迢至伊珍川 大暑 山中多虻蛇虎豹 兩軍俱疫 遂屯山下 抄掠而待秋, 九月 敵自海路增軍襲雉壤 時我軍大疲 死者相繼 且多虎侵 上命選精壯逐虎于山 敵知我疲 以新鋭突出 我軍大潰 上單騎入撫山 天雨不止 猝寒如冬 士卒多傷 上顧左右 日"朕不聽太輔之言 而致此敗" 遂命班師

⑦-19. 四十一年 冬十月 百濟王帥 兵三萬 來攻平壤城 王出師拒之 爲流矢所中 是月二十三日 薨 葬于故國之原

⑦-20. 二十六年 高句麗擧兵來 王聞之 伏兵於浿河上 俟其至 急擊之 高句麗兵敗北 冬 王與太子帥精兵三萬 侵高句麗 攻平壤城 高麗王斯由 力戰拒之 中流矢死 王引軍退移都漢山

⑦-21. 四十一年辛未 十月 百濟聞我移兵征西 欲勝虛來攻 時上欲伐燕以雪恥故也 楽浪又大擧入寇, 陽疇力戰死之 大仇首来攻北漢城 我軍伏兵於漢水而大破之未幾 大肖古又引精兵三万自来助其子 大仇首士氣大振 我軍欲征西而皆聚遼東 故分禦楽浪肖古仇首 兵力寡少 上自將四衛軍 躬詣陣前督勵將士 故上下皈之 至是 大戰于漢城西山 上中二流矢 一肩一胷 力拔之而復欲出陣 左右極諫止之 解明見創甚而諱之 引軍固守陣地 使仙克藍豊力戰 當解明密扈上躬退至高相岺 痛極而崩 … 解玄與解后来迎 入都發丧

⑦-22. 爱故國原山川 擬作壽陵而思民 弊而止 至是 權安於殯宮而營陵於故國原 太后欲用玉棺金椁 祖王亦贊

之 求珊瑚象牙宝貝爲之飾

⑦-23. 帝諱丘夫 亦曰小解 初稱朱留大王 母解太后夢見大武帝而生故也 身長大 有雄略 而能知政要 亦善弓馬 用兵之道 具以孝友仁睦聞

⑦-24. 二年 夏六月 秦王符堅 遣使及浮屠順道 送佛像經文

⑦-25. 二年壬申 六月 秦王符堅遺僧順道 上迎于郊外 設舘待之 順道曰"秦以佛興 燕以仙亡 陛下 亦崇信佛 法 則可以王天下"上曰"神仙祖宗之所尊也 然佛力洪大 則亦可奉之" 乃以順道爲王師 命宗室子女受經

⑦-26. 五年 春二月 始創省門寺 以置順道 又創伊弗蘭寺 以置阿道 此海東佛法之始

⑦-27. 五年乙亥 二月 以象院爲省門寺 順道法之 藏胎爲伊弗蘭寺 阿道法之 上厭王師封太折益等淫亂後宮 以 外來之佛主此大院 以示淸淨可法 仙人大駭

⑦-28. 二年 夏六月 … 立太學 敎育子弟

⑦-29. 二年壬申 九月 順道 說上 曰"臣觀陛下之國 尙武好鬼 下民多愚 大夫淫亂 請立大學以敎文字禮義"上 與 太后 議之 宗戚多以爲不便 上以符堅之送 姑試之

⑦-30. 三年 始頒律令

⑦-31. 三年癸酉 十月 頒新律令 先是 國法太嚴 犯罪者多死 自美川時雜用新法 先帝時用倉樊律 而猶未免死 上至仁好生 使解明徃秦及晋觀其刑政 而飯定律令 死流杖奴三百餘罪 使評人司講之 又禁擅奴婢淫母 淫妻 其杖三十以上者 自官爲之 而禁擅杖之弊 民情大治

⑦-32. 獣林將崩 傳釰璽于帝 曰"中國多乱 唯東方稍安 乃祖蔭也 汝其善守以傳談德"上涕泣受之

⑦-33. 四年甲戌 十一月 天罡后生談德太子 容兒奇偉 上大喜 欲名福 時阿道自晋來奏 曰"天子談德而不談利 談德則福自降"上嘉其言 乃名談德 凢十二月而生

〈8장〉

⑧-1. 五年乙未 二月 上以卑離斬違王化 親征回山富山負山至鹽水 破其部落七百余所 獲牛馬羊豕万数

⑧-2. 八年辛卯 四月 時倭侵加羅至濟南 辰斯與佳利奢其宮室 穿池造山以養奇禽 異世卒 聞此報 逃入國西大 島 已而倭退 還入横岳 恐人之笑 假托射鹿 其不振甚矣

⑧-3. 應神天皇三年 是歳百濟辰斯王立之失禮於貴國天皇 故遣紀角宿禰 羽田矢代宿禰 石川宿禰 木菟宿禰 嘖 讓其无禮狀 由是 百濟國殺辰斯王以謝之 紀角宿禰等便立阿花爲王而歸

⑧-4. 六年 夏五月 王與倭國結好 以太子腆支爲質

⑧-5. 應神天皇八年 春三月 百濟人來朝〈『百濟記』云 阿花王立无禮於貴國 故奪我枕彌多禮 及峴南 支侵 谷那 東韓之地 是以遣王子直支于天朝 以脩先王之好也〉

⑧-6. 八年戊戌 三月 遣師北貊抄莫斯國加太國 男女三百人 約修歳貢牛羊

⑧-7. 應神天皇十四年 是歳 弓月君自百濟來歸 因以奏之曰"臣領己國之人夫百廿縣而歸化 然因新羅人之拒"

皆留加羅國 爰遣葛城襲津彦 而召弓月之人夫於加羅 然經三年而襲津彦不來焉

⑧-8. 十年庚子 二月 聞倭入羅 遣胥狗解星等將五万 徃救退倭任那安羅加洛等皆遣使來朝 南方悉平

⑧-9. 應神天皇十六年 八月 遣平群木菟宿禰 的戶田宿禰於加羅 仍授精兵詔之曰"襲津彦久之不還 必由新羅人拒而滯之 汝等急往之擊新羅披其道路" 於是 木菟宿禰等進精兵莅于新羅之境 新羅王愕之服其罪 乃奉弓月之人夫 與襲津彦共來焉

⑧-10. 八年 秋八月 王欲侵高句麗 大徵兵馬 民苦於役 多奔新羅 戶口衰減減

⑧-11. 元年 三月 與倭國通好 以奈勿王子未斯欣爲質

⑧-12. 十四年甲辰 五月 時倭寇帶方 命朋連移攻倭船斬獲無算 此皆海賊之徒 仁德之所不知者也 仁德遣使謝罪 上命胥狗如倭探其眞狀

⑧-13. 應神天皇二八年 秋九月 高麗王遣使朝貢 因以上表 其表曰"高麗王敎日本國也" 時太子菟道稚郎子 讀其表 怒之責高麗之使 以表狀無禮 則破其表

⑧-14. 十七年丁未 二月 命朋連解星 引兵五萬 伐慕容熙 戰于章武之西 殺蕩盡 獲鎧甲萬領 軍資器械不可勝數 拔沙溝等六城

⑧-15. 二十年庚戌 正月 東扶餘反 報至 因伐餘城虜其王恩普処而還 六十四城千四百餘村 皆置新主

⑧-16. 白山人獻不老草 狀如童子 白山后烹之 令巨連太子嘗之 巨連飮之 發熱假死 食頃王疑其有毒 命因獻者獻者曰 靈藥有兆而發也 若有毒則 臣請飮其餘 而死 王乃命飮之亦發熱 而死一日 而起 王異之 命更求之不得

⑧-17. 傳曰 帝 諱巨連 亦曰璉 永樂帝之次子也 平陽后夢見無量壽佛而生 魁傑弘仁孝友愛民 通經史習禮節善 將兵有奇略 至是 卽位 時 年二十一

⑧-18. 元年 遣長史高翼 入晉奉表 獻赭白馬 安帝封王高句麗王樂浪郡公

⑧-19. 二十六年 春三月 初 燕王弘至遼東 王遣使勞之曰 龍城王馮君 爰適野次 士馬勞乎 弘慙怒 稱制讓之 王處之平郭 尋徙北豊 弘素侮我 政刑賞罰 猶如其國 王乃奪其侍人 取其太子王仁爲質 弘怨之 遣使如宋 上表求迎 宋太祖遣使者王白駒等迎之 幷令我資送 王不欲使弘南來 遣將孫漱高仇等 殺弘于北豊 幷其子孫十餘人 白駒等帥所領七千餘人 掩討漱仇 殺仇 生擒漱 王以白駒等專殺 遣使執送之 太祖以遠國 不欲違其意 下白駒等獄 已而原之

⑧-20. 五十四年 春三月 遣使入魏朝貢 魏文明太后 以顯祖六宮未備 敎王令薦其女 王奉表云 女已出嫁 求以弟女應之 許焉 乃遣安樂王眞尙書李敷等 至境送幣 或勸王曰 魏昔與燕婚姻 旣而伐之 由行人具知其夷險故也 殷鑑不遠 宜以方便辭之 王遂上書 稱女死 魏疑其矯詐 又遣假散騎常侍程駿 切責之 若女審死者 聽更選宗淑 王云 若天子恕其前愆 謹當奉詔 會 顯祖崩 乃止

⑧-21. 三十四年丙午 正月 潘妻馮氏 為其子弘 請婚以備六宮 云辞以已婚者非其正后故也. 七月 馮氏 又令程駿来請宗室女 乃送以阜連女元氏. 三十六年戊申 四月 魏又請他女 上笑 曰 "馮女欲自嫁 則朕當納之",

十月 魏又請婚. 三十七年己酉 二月 魏又請婚 安樂王真尙書李敦等來 献采段 辞以年幼. 三十八年 二月 魏婚 又來促婚 納幣及黄金千兩白馬五十匹

⑧-22. 於是 盡發國人 烝土築城 卽於其内 作宮樓閣臺榭 無不壯麗 又取大石於郁里河 作槨以葬父骨 緣河樹堰 自蛇城之東 至崇山之北 是以 倉庾虛竭 人民窮困 邦之阽杌 甚於累卵 於是 道琳逃還以告之 長壽王喜 將伐之 乃授兵於帥臣

⑧-23. 四十二年甲寅 七月 上如朱留宮 而還至黄山行永楽大祭 謂宗室三輔 曰"先帝 欲雪國罡之恥 而天不假壽朕 養兵待機 已久 今其期已熟 兒童皆唱 伯濟骸骨南渡水 慈悲為之警界 云 人心察天心 于黙黙之中 此乃慶奴必亡之秋也"諸臣異口同讚 上命華德引兵三万 先發

⑧-24. 四十三年乙卯 五月 好德下濟五十餘城 文周逃于慈悲 上怒慈悲逆天 欲伐之 晃太子諫 曰"貴在知止 不可逐二鹿矣"乃止之, 六月 遣風玉太子于慈悲 議分濟也 慈悲以其女二人献于太子侍枕 太子以慈悲不奉詔責之 慈悲疑貳不斷

⑧-25. 七十九年 冬十二月 王薨 年九十八歳 號長壽王 魏孝文聞之 制素委貌布深衣 舉哀於東郊 遣謁者僕射李安上 策贈車騎大将軍太傅遼東郡開國公高句麗王 謚曰康

〈9장〉

⑨-1. 文咨明王[一云明治好王] 諱羅雲 長壽王之孫 父 王子古鄒大加助多 助多早死 長壽王養於宮中 以爲太孫 長壽在位七十九年薨 繼立

⑨-2. 四十八年庚申 二月 助多太子喪來自魏 李奕 以後 太子與馮后媾好生産 妬者不少使刺客累伺 至是 為怪賊所射 中毒而薨 上哭 曰"父為東皇 汝為西皇 福已溢矣 汝何不勅 遂至此状邪"

⑨-3. 四十八年庚申 二月 助多妃 哭曰"父皇雪待馮弘馮女之殺吾夫 安知不為報讐乎"上曰"汝為曠夫 而怨父 吾豈發明哉 但汝 子已長 不須改嫁也"命皇孫 引其母而去 葬于黄山

⑨-4. 十三年白羊(辛未) 十月 麗君巨連死 連獲心狼慾 熊大虎胖 一食一羊 好兵貪淫 有子百人 其少子有助多者 娶于讚加氏 甚美 生子羅雲 連以爲宜子 而奪之 爲妾 助多由此 而病死 連悔之 乃以雲爲嗣 贊加亦以寵 專内政 連年漸老 疑獲多怒 雲恐有變 囚連 于宮中 數月而死 乃盡逐連臣 而立

⑨-5. 帝諱興安 字崇賢 明治大帝之長子也 母淵太后 晃太子之女也 聰明好學且善繪画 以母后嚴教 習禮儀孝友勤儉 故勗好太后 累欲以己子易東宮 而不得 至是卽位 春秋四十三 改元安藏

⑨-6. 十一年 冬十月 王與百濟戰於五谷 克之 殺獲二千餘級

⑨-7. 七年 冬十月 高句麗王興安 躬帥兵馬來侵 拔北鄙穴城 命佐平燕謨 領歩騎三萬 拒戰於五谷之原 不克 死者二千餘人

⑨-8. 己酉安藏十一年 九月 上親率精騎二万自黄山出水谷城 命福太子引兵一万 拔穴城 明穩與燕謨 引軍三万迎戰于五谷而敗 生擒男女二千余人而皈

⑨-9. 己亥安藏元年 四月 上御皇極殿東楼 試士百五人 選其學行俱佳者十八人為殿中舍人, 五月 置修鏡院太學士 纂修代鏡留記碑銘 以彰先德聖勳

⑨-10. 庚子安藏二年 十月 置九卿五館 先皇之遺命也 曰大府卿掌御藏及泉貨 曰小府卿掌御供營繕 曰秘府卿掌璽宝玉冊 曰太常卿掌祭享吊慰 曰司宰卿掌宴親御廚 曰衛尉卿掌羽林·鹵·簿, 曰太僕卿掌車馬曰獵 曰鴻臚卿掌禮賓使行 曰司農卿掌勸農恤民 曰孝賢館養孝子賢人 曰翰林館養文章才士 曰國射館養弓釰武勇 曰司譯館養譯語外事 曰軍器館掌造兵造船

⑨-11. 庚戌安藏十二年 三月 禁行魏五銖錢 上鑄安藏元宝 而以其銅大而不便於用 民皆易五銖錢用之 其為損不少

⑨-12. 十一年 詔太學博士李文眞 約古史爲新集五卷 國初始用文字時 有人記事一百卷 名曰留記 至是刪修

⑨-13. 安原王 諱寶延 安藏王之弟也 身長七尺五寸 有大量 安藏愛友之 安藏在位十三年 薨 無嗣子 故卽位

⑨-14. 帝諱宝延 字興壽 明治帝之第二子也 母曰鯨太后也 美容儀 善騎射 身長七尺五寸 有大量 通武術 亦能逢迎上意 明治常謂帝及大行 曰"汝兄弟互相傳位 一心而分體 非兩人也" 以是大行起居常與帝 同飮食衣服 一如孿出 大行有疾 帝常侍側極盡無所不至 臨崩 命楚雲皇后跪上璽宝 乃登祚 改元大藏 後尊為世宗景皇帝

⑨-15. 十八年白亥 五月 麗君興安病殂 寵弟宝延立 初宝延之母與興安私通 而擁立興安 故興安以宝延爲太子 至是宝延母色衰 而興安得高峻女寵之 欲廢宝延 宝延乃和通于高峻女 曰"吾少兄老 何不立我" 高峻女許 乃立宝延 而幽興安 遂殂云

⑨-16. 癸丑大藏三年 春正月 恪太子上書自辭東宮 曰"臣性懶效好遊 不宜 有為志在江湖 臣子平成好學守禮 請 東宮 之位傳之 而臣 欲晏居養疾 逍遙雲外" 上知其有淸寒之僻 而不可力止 乃以平成為東宮 改封恪 為漢王 位吊宮上

⑨-17. 欽明天皇六年 是歲 高麗大亂被誅殺者衆《『百濟本紀』云 十二月甲午 高麗國細群與麤群戰于宮門 伐鼓戰鬪 細群敗不解兵 三日 盡捕誅細群子孫 戊戌 狛鵠香岡上王薨也》. 欽明天皇七年 是歲 高麗大亂 凡鬪死者二千餘《『百濟本紀』云 高麗以正月丙午 立中夫人子爲王 年八歲 狛王有三夫人 正夫人無子 中夫人生世子 其舅氏麤群也 小夫人生子 其舅氏細群也 及狛王疾篤 細群 麤群 各欲立其夫人之子 故細群死者二千餘人也》

⑨-18. 乙丑大藏十五年 三月乙卯朔 上疾彌篤 庚辰崩 東宮以指血注口 回生 命德陽后傳璽宝 而戒勿嗜色善政 儉葬而崩 東宮卽位於牛頭殿 白檀門上受百官山呼

⑨-19. 大官有大對盧 次有太大兄 大兄 小兄 意侯奢 烏拙 太大使者 大使者 小使者 褥奢 翳屬 仙人 并褥薩凡十三等 分掌內外事焉 其大對盧 則以彊弱相陵 奪而自爲之 不由王之署置也

⑨-20. 其官大者號大對盧 比一品 總知國事 三年一代 若稱職者 不拘年限 交替之日 或不相祇服 皆勒兵相攻 勝者為之 其王但閉宮自守 不能制御 次曰太大兄 比正二品 對盧以下官 總十二級 外置州縣六十余城 大

城置傉薩一 比都督 諸城置道使 比刺史

⑨-21. 欽明天皇三一年 秋七月壬子朔 高麗使到于近江 是月 遣許勢臣猿與吉士赤鳩發自難波津 控引船於狹
狹波山 而裝飾船乃迎於近江北山 遂引入山背高威舘 則遣東漢坂上直子麻呂 錦部首大石以爲守護 更
饗高麗使者於相樂舘

〈10장〉

⑩-1. 祭前代君相：臣竊觀大明諸司職掌 遣官祭歷代君相 用以大牢 甚盛擧也 本朝以歷代君王散祭所都 而或
有當祭不祭者 又或無配享大臣 似爲欠典 乞每年春秋於東郊 合祭前朝鮮王檀君 後朝鮮王箕子 新羅始
祖 太宗王 文武王 高句麗始祖 嬰陽王 百濟始祖 高麗 太祖 成宗 顯宗 忠烈王以上十二位 以新羅 金庾
信 金仁問 高句麗 乙支文德 百濟 黑齒常之 近日所定前朝配享十六臣及韓希愈 羅裕 崔瑩 鄭地 等配享

⑩-2. 其地後漢時方二千里 至魏南北漸狹 纔千餘里 至隋漸大 東西六千里

⑩-3. 九年 王率靺鞨之衆萬餘 侵遼西 營州總管韋冲擊退之 隋文帝聞而大怒 命漢王諒王世積並爲元帥 將水陸
三十萬來伐, 夏六月 帝下詔黜王官爵 漢王諒軍出臨渝關 値水潦 餽轉不繼 軍中乏食 復遇疾疫 周羅睺自
東萊泛海 趣平壤城 亦遭風 舡多漂沒

⑩-5. 三十二年 … 且曰 "彼之一方 雖地狹人少 今若黜王 不可虛置 終須更選官屬 就彼安撫 王若洒心易行 率
由憲章 卽是朕之良臣 何勞別遣才彥 王謂遼水之廣 何如長江 高句麗之人 多少陳國 朕若不存含育 責王
前愆 命一將軍 何待多力 殷勤曉示"

⑩-6. 九年 九月 … 王亦恐懼 遣使謝罪 上表稱遼東糞土臣某 帝於是罷兵 待之如初

⑩-7. 煬皇帝上之下大業七年 四月 庚午 車駕至涿郡之臨朔宮 文武從官九品以上 並令給宅安置 先是 詔總征
天下之兵 無問遠近 俱會於涿 又發江淮以南水手一萬人 弩手三萬人 嶺南排□手三萬人 於是四遠奔赴如
流, 五月 敕河南 淮南 江南造戎車五萬乘送高陽 供載衣甲幔幕 令兵士自挽之 發河南 北民夫以供軍須,
秋七月 發江 淮以南民夫及船運黎陽及洛口諸倉米至涿郡 舳艫相 次千餘里 載兵甲及攻取之具 往還在道
常數十萬人 填咽於道 晝夜不絶 死者相枕 臭穢盈路 天下騷動

⑩-8. 煬皇帝上之下大業八年 … 四方兵皆集涿郡 帝征合水令庚質 問曰 "高麗之衆不能當我一郡 今朕以此衆
伐之 卿以爲克不？" 對曰 "伐之可克 然臣竊有愚見 不願陛下親行" 帝作色曰 "朕今總兵至此 豈可未見賊
而先自退邪？" 對曰 "戰而未克 懼損威靈 若車駕留 此 命猛將勁卒 指授方略 倍道兼行 出其不意 克之必
矣 事機在速 緩則無功" 帝不悅

⑩-9. 二十三年 秋七月 至薩水 軍半濟 我軍自後擊其後軍 右屯衛將軍辛世雄戰死 於是 諸軍俱潰 不可禁止
將士奔還 一日一夜 至鴨綠水 行四百五十里 將軍天水王仁恭爲殿 擊我軍却之 來護兒聞述等敗 亦引還
唯衛文昇一軍獨全 初 九軍度遼 凡三十萬五千 及還至遼東城唯二千七百人 資儲器械巨萬計 失亡蕩盡

⑩-11. 二十四年 二月 帝謂侍臣曰 高句麗小虜 侮慢上國 今拔海移山 猶望克果 況此虜乎 乃復議伐 左光祿大

夫郭榮諫曰 戎狄失禮 臣下之事 千鈞之弩 不爲鼷鼠發機 奈何親辱萬乘 以敵小寇乎 帝不聽

⑩-12. 二十四年 帝曰 高句麗本四郡地耳 吾發卒數萬 攻遼東 彼必傾國救之 別遣舟師出東萊 自海道趨平壤 水陸合勢 取之不難 但山東州縣 凋瘵未復 吾不欲勞之耳

⑩-13. 十四年 春二月 王動衆築長城 東北自扶餘城 西南至海千有餘里 凡一十六年畢功

〈11장〉

⑪-1. 貞觀十六年 西部大人蓋蘇文攝職有犯 諸大臣與建武議欲誅之 事洩 蘇文乃悉召部兵 雲將校閱 並盛陳酒饌於城南 諸大臣皆來臨視 蘇文勒兵盡殺之 死者百余人 焚倉庫 因馳入王宮 殺建武 立建武弟大陽子藏 爲王 自立爲莫離支 猶中國兵部尚 書兼中書令職也 自是專國政 蘇文姓錢氏 須貌甚偉 形體魁傑 身佩五刀 左右莫 敢仰視 恆令其屬官俯伏於地 踐之上馬 及下馬 亦如之 出必先布隊仗 導者長呼 以辟行人 百姓畏避 皆自投坑谷

⑪-3. 二年 閏六月 唐太宗曰 "蓋蘇文弑其君 而專國政 誠不可忍 以今日兵力 取之不難 但不欲勞百姓 吾欲使契丹靺鞨擾之 何如" 長孫無忌曰 "蘇文自知罪大 畏大國之討 嚴設守備 陛下姑爲之隱忍 彼得以自安 必更驕惰 愈肆其惡 然後討之 未晚也" 帝曰 "善"

⑪-4. 且言 "昔 隋煬帝殘暴其下 高句麗王 仁愛其民 以思亂之軍 擊安和之衆 故不能成功 今略言必勝之道有五 一曰 以大擊小 二曰 以順討逆 三曰 以理乘亂 四曰 以逸敵勞 五曰 以悅當怨 何憂不克 布告元元 勿爲疑懼"

⑪-5. 四年 … 城有朱蒙祠 祠有鎖甲銛矛 妄言前燕世天所降 方圍急 飾美女以婦神 巫言 朱蒙悅 城必完

⑪-6. 二十一年 春正月 唐左驍衛將軍白州刺史沃沮道摠管龐孝泰 與蓋蘇文戰於蛇水之上 擧軍沒 與其子十三人 皆戰死 蘇定方圍平壤 會大雪 解而退 凡前後之行 皆無大功而退

⑪-7. 天智天皇三年 十月 高麗大臣盖金終於其國 遺言於兒等曰 汝等兄弟 和如魚水 勿爭爵位 若不如是 必爲隣咲

⑪-8. 二十七年 二月 侍御史賈言忠奉使 自遼東還 帝問 軍中云何 對曰 必克 昔 先帝問罪 所以不得志者 虜未有釁也 諺曰 軍無媒 中道回 今男生兄弟鬩狠 爲我鄕導 虜之情僞 我盡知之 將忠士力 臣故曰必克 且『高句麗秘記』曰 不及九百年 當有八十大將滅之 高氏自漢有國 今九百年 勣年八十矣 虜仍荐饑 人相掠賣 地震裂 狼狐入城 蚡穴於門 人心危駭 是行不再擧矣

고구려 역사의 부활

초판 1쇄 발행 2018년 10월 15일
초판 2쇄 발행 2019년 3월 20일
초판 3쇄 발행 2021년 7월 5일

지은이 정재수
펴낸곳 논형
펴낸이 소재두
등록번호 제2003-000019호
등록일자 2003년 3월 5일
주소 서울시 영등포구 당산로 29길 5-1 삼일빌딩 502호
전화 02-887-3561
팩스 02-887-6690
ISBN 978-89-6357-206-2 03910
값 18,000원

이 도서의 국립중앙도서관 출판예정도서목록(CIP)은 서지정보유통지원시스템 홈페이지(http://seoji.nl.go.kr)와 국가자료공동목록
시스템(http://www.nl.go.kr/kolisnet)에서 이용하실 수 있습니다.(CIP제어번호: CIP2018030819)